航空装备计量学概论

Introduction to Metrology in Aeronautical Equipment

齐共金 等 编著

科学出版社

北 京

内 容 简 介

本书以现代计量学的基本理论方法为指导，以航空装备为主要研究对象，以装备性能指标测量和校准技术为主线，以装备性能指标量值精确控制为目标，论述飞行器、航空发动机、机载武器系统、机载设备的计量校准问题，探讨飞行测量与飞行校准技术，倡导装备型号的计量论证与计量设计、装备计量化与计量装备化、装备全寿命不确定性度量等理念，从传统的地面仪器设备计量向武器装备型号计量论证前伸、向装备型号计量设计拓展，向系统级计量、整机级计量及空中动态计量转变。

全书共 8 章。第 1 章是绪论，第 2~5 章分别围绕飞行器、航空发动机、机载武器系统、机载设备的测量与校准问题展开论述。第 6~7 章分别针对飞行测量和飞行校准问题，以及计量校准技术发展与理念创新展开论述。第 8 章聚焦落实航空装备全寿命计量要求，讨论装备型号的计量论证、计量设计，初步提出装备计量学概念和装备全寿命不确定性度量理论。

本书可作为武器装备、型号研制、计量校准、测试技术等相关领域以及高等院校、科研院所相关专业人员的参考资料。

图书在版编目（CIP）数据

航空装备计量学概论 / 齐共金等编著. –– 北京：科学出版社，2025.1.
ISBN 978-7-03-079210-5

Ⅰ. E154

中国国家版本馆 CIP 数据核字第 2024Q4S119 号

责任编辑：刘　冉 / 责任校对：杜子昂
责任印制：徐晓晨 / 封面设计：北京图阅盛世

科学出版社 出版
北京东黄城根北街 16 号
邮政编码：100717
http://www.sciencep.com
涿州市般润文化传播有限公司印刷
科学出版社发行　各地新华书店经销
*
2025 年 1 月第 一 版　　开本：787×1092　1/16
2025 年 1 月第一次印刷　　印张：21 1/2
字数：510 000

定价：180.00 元
（如有印装质量问题，我社负责调换）

航空装备计量学概论

主　审：杨永军　朱建太

编著者：齐共金　宋旭尧　郑荣伟

作　图：郑荣伟　李子涵

校　订：赵玉莹　张　妍

序

纵观人类的科学技术发展史，"测量"始终是人们认识世界、改造世界不可或缺的重要手段。天文学家、物理学家伽利略有句名言：测量一切可测之物，并变不可测为可测。物理学家开尔文说，只有测量出来，才能制造出来。化学家门捷列夫指出，没有测量就没有科学。

测量是现代国防工业与武器精确打击的重要基础，是制约装备发展、影响作战使用的关键因素。从计量学的视角看，计量是测量的准绳，是识别武器装备指标偏差、判别性能衰减、管控误差传递的基础性手段。

《航空装备计量学概论》以现代计量学的基本理论方法为指导，以航空装备为主要研究对象，以装备性能测量和校准技术为主线，以装备性能指标量值精确控制为目标，论述飞行器、航空发动机、机载武器系统、机载设备的计量校准问题，介绍飞行测量与飞行校准技术，分析计量理念创新的驱动力，探讨装备型号计量与装备计量学。全书涉及面较广，具有较强的系统性、针对性、参考性，可供武器装备、计量校准、测试技术等专业领域以及高等院校、科研院所的相关人员借鉴。

该书打破了面向仪器设备计量的传统思维定式，从一个新的视角即装备计量视角展开论述，旨在转变固有的计量保障观念，引领计量校准理念创新。作者倡导装备型号计量论证与计量设计、装备计量化与计量装备化、装备全寿命不确定性度量等先进理念，强调从传统的地面仪器设备计量向武器装备型号计量论证前伸、向装备型号计量设计拓展，向系统级计量、整机级计量及空中动态计量转变。

装备计量学是一门跨专业、多领域的综合性交叉学科，本书作者探讨装备计量学并初步构建了体系框架，提出了基于不确定度的计量设计理念，虽然有些观点还需要大家一起探讨，但毕竟向前迈出了一步。希望各界一起努力，为提高计量测试能力、促进武器装备发展做出更大的贡献。

于起峰

中国科学院院士

2024 年 9 月

前　言

计量源于人类对数的认识和对量的认识，在我国古代称为度量衡，有着悠久的历史。秦始皇统一六国并统一了度量衡，标志着计量工作走上了法制化道路。回顾计量的发展历程，从自然经验阶段、经典计量学阶段逐渐迈向了现代计量学阶段，以国际米制公约、实物原器和国际单位制等历史性成就为代表在全球范围内建立了统一的测量体系。

计量是计量学的简称，正如物理是物理学的简称一样。计量学的英文 Metrology 一词由希腊语 metron 和 logos 两个单词组合演变而来，寓意计量是测量的准绳和依归。所以说，计量源于测量而高于测量、严于测量。科学家门捷列夫提出"没有测量就没有科学"，居里夫人发现镭之后专门开展精细测量研究，制定了镭的第一个国际计量单位。

现代计量学是研究测量及其应用的科学，包括测量理论和实践的所有方面，不论应用领域和测量不确定度大小，比如大到飞行器试验风洞校准、全球卫星导航时间同步，小到实验室仪器校准、保障设备外场校准等。在国防军工与军事计量领域，计量是识别指标量值偏差、判别性能衰减、管控误差传递的基础性手段，是武器装备量值准确可靠、技术状态完好的重要保证。正如聂荣臻元帅指出："科技要发展，计量须先行。"

从需求牵引来看，联合作战需求、装备发展需求和装备管理需求，呼唤先进的武器装备。随着现代武器装备的快速发展，战技指标越来越先进、集成度越来越高，在总体指标向分系统、设备、传感器等成千上万的各层参数指标分解分配过程中，准确可靠的量值传递愈加重要，这些当然离不开先进计量理论和测量校准技术的有力支撑。

从问题导向来看，虽然国家有计量法、军队有计量条例、国防军工系统有系列规章和标准规范，但是传统的计量工作侧重于"建立标准、传递标准"和地面的计量保障，不同程度存在计量圈内"自我循环"的现象。那么，计量对装备体系和作战体系的贡献度如何？是否构建了涵盖型号研制、试验、生产、使用、维护等全过程的完整的溯源链，武器装备全寿命计量工作的关键环节在哪里？装备计量工作能不能做点"减法"，少计量、易计量甚至不用计量？这些问题还需要我们深刻反思。

从内生动力来看，随着现代计量学的不断发展，从基本物理常数到新的国际单位制，从实物计量基准到量子计量基准，从高端装备与智能制造精密测量，到人工智能与军事智能计量技术，已经具有强大的牵引力和驱动力。现代法制计量、科学计量、工程计量的推动，外军先进计量体系和发展模式的借鉴，装备计量性、可计量性等概念的支撑，装备全寿命计量的刚性要求，这些因素都促使装备计量进行理念创新。

装备生来为作战。本书打破传统的思维定式，以现代计量学的基本理论方法为指导，以航空装备（不是传统的地面仪器设备）为主要研究对象，以装备性能指标测量和校准技术为主线，以装备性能指标量值精确控制为目标，论述飞行器、航空发动机、机载武器系统、机载设备的计量校准问题，探讨飞行测量与飞行校准技术，倡导装备型号的计量论证与计量设计、装备计量化与计量装备化、装备全寿命不确定性度量等先进理念，探讨计量校准飞机、装备计量学等概念，旨在转变传统的计量保障观念，引领计量校准理念创新，从传统的地面仪器设备计量向武器装备型号计量论证前伸、向装备型号计量设计拓展，向系统级计量、整机级计量及空中动态计量转变。

全书共 8 章。第 1 章是绪论，第 2~5 章分别围绕飞行器、航空发动机、机载武器系统、机载设备的测量与校准问题展开论述。第 6 章和第 7 章分别针对飞行测量与飞行校准问题，以及计量校准技术发展与理念创新展开论述。第 8 章聚焦落实航空装备全寿命计量要求，讨论装备型号的计量论证、计量设计等理念，并初步提出装备计量学概念。后附相关标准、国际计量组织机构、本书的术语及缩略语。

本书由齐共金提出总体设想，拟定内容框架，并完成统稿和修改定稿。第 1~4 章和第 8 章由齐共金完成；第 5 章由齐共金完成，任剡、孙学艳参加；第 6 章由宋旭尧完成，郑荣伟参加；第 7 章由齐共金完成，宋旭尧参加；附录由赵玉莹完成。郑荣伟收集整理资料并制作图片，李子涵协助完成了部分工作。

国防科技大学于起峰院士，北京东方计量测试研究所卢耀文研究员，北京长城计量测试研究所杨永军研究员，本单位科技委主任朱建太，以及黎琼炜、毛宏宇等专家同事就计量专业发展、本书文稿提出了宝贵的意见建议，借此机会表示衷心的感谢。本书参考借鉴了国内外相关著作、学术论文、研究报告和技术标准等研究成果，已将其列入各章参考文献，在此向这些作者一并致谢。由于研究经验和知识水平有限，疏漏和不当之处在所难免，目前还只是计量学领域的一部"概论"，一些新理念新观点也有待更深入的探讨，敬请各位同行、专家和读者不吝赐教。

计量像空气一样，不可或缺，又不引人注意。计量圈外的人不太了解计量，不知道计量、测量及校准的关系，甚至有的做了很多标定、标校、校准的工作，却认为跟计量无关。另一方面，在计量圈内，广大的计量人追求精益求精，在专业上敢于"较真"，一些传统的守旧的观念在短时间内也很难改变，甚至有的干了一辈子计量测试工作，却说自己干的不是计量。

历史的车轮滚滚向前，本书虽难解决分歧，但尽绵薄之力促进圈内圈外的融合。作者早在空天科学学院读研期间初步了解学院 UMDO 团队的开创性工作，后从事装备科研管理与服务工作多年，在科学出版社出版《面向战场环境的空军武器装备特种防护材料技术》，2021 年起从事计量工作并研究不确定性度量，本书出版之时恰逢航空工业全线聚焦本质安全、加快建设现代工业体系，作者受教于"正向设计的核心是权衡/权衡的核心是定量/只有定量才能实现本质安全"的理念，并对"定量"一词粗浅认识如下：

定量离不开基本的定量方法、手段和评价尺度，定量的准绳源于度量衡（计量）。

定量不限于一般意义上的针对常规确定性的定量，定量的核心在于不确定性度量。

齐共金

2024 年 9 月

目　录

序
前言
第1章　绪论 ……………………………………………………………………………… 1
　1.1　计量、测量与校准 ……………………………………………………………… 1
　　1.1.1　计量发展历程与现代计量学 ……………………………………………… 1
　　1.1.2　测量与校准 ………………………………………………………………… 7
　1.2　测量不确定度 …………………………………………………………………… 10
　　1.2.1　测量不确定度的基本理论 ………………………………………………… 11
　　1.2.2　飞机雷达散射截面动态测量不确定度分析 ……………………………… 15
　　1.2.3　发动机飞行推力测量不确定度分析 ……………………………………… 18
　　1.2.4　发动机零部件装配测量不确定度分析 …………………………………… 21
　1.3　国防军工与军事计量 …………………………………………………………… 23
　1.4　航空装备与计量 ………………………………………………………………… 27
　　1.4.1　航空装备简介 ……………………………………………………………… 27
　　1.4.2　航空装备计量 ……………………………………………………………… 39
　1.5　本书的章节安排 ………………………………………………………………… 43
　参考文献 ……………………………………………………………………………… 44
第2章　飞行器测量与校准 ……………………………………………………………… 45
　2.1　飞机装配测量 …………………………………………………………………… 45
　　2.1.1　飞机装配及测量分类 ……………………………………………………… 47
　　2.1.2　飞机装配数字化测量系统 ………………………………………………… 52
　　2.1.3　飞机部件数字化测量案例 ………………………………………………… 61
　2.2　飞行器空气动力试验计量校准 ………………………………………………… 65
　　2.2.1　风洞试验天平及其校准 …………………………………………………… 66
　　2.2.2　风洞参数的测量与校准 …………………………………………………… 69
　　2.2.3　风洞试验光学测量技术 …………………………………………………… 78
　参考文献 ……………………………………………………………………………… 86
第3章　航空发动机测量与校准 ………………………………………………………… 87
　3.1　航空发动机制造与装配的测量 ………………………………………………… 87
　　3.1.1　航空发动机叶片制造测量 ………………………………………………… 87
　　3.1.2　航空发动机轮盘制造测量 ………………………………………………… 91
　　3.1.3　航空发动机装配测量 ……………………………………………………… 96
　3.2　航空发动机推力测量 …………………………………………………………… 104
　　3.2.1　航空发动机试车台及其计量标定 ………………………………………… 105

　　　3.2.2　航空发动机试车台推力测量与校准 ················110
　　　3.2.3　航空发动机飞行推力测量方法 ···················117
　　　3.2.4　飞行推力测量案例及发展趋势 ···················123
　　参考文献 ···127
第4章　机载武器系统计量校准 ··································128
　4.1　机载武器火控系统的校靶 ·································128
　　　4.1.1　机载武器火控系统及其误差源 ···················128
　　　4.1.2　机载武器系统的校靶要求 ·····················129
　　　4.1.3　机载武器系统校靶技术发展 ···················133
　4.2　机载光电瞄准系统计量校准 ·····························138
　　　4.2.1　机载光电系统简介 ·························138
　　　4.2.2　机载光电控制分系统的指标参数测量 ·············146
　　　4.2.3　机载光电瞄准吊舱的光轴校准 ···················150
　　　4.2.4　激光测距仪与红外热像仪的校准 ·················153
　　参考文献 ···161
第5章　机载设备计量校准 ······································162
　5.1　机载惯性导航系统的计量校准 ·····························162
　　　5.1.1　机载惯性导航系统及其误差特性 ·················162
　　　5.1.2　机载惯性导航系统的计量校准 ···················166
　5.2　机载大气数据系统的计量校准 ·····························172
　　　5.2.1　机载大气数据系统及其误差特性 ·················173
　　　5.2.2　机载大气数据系统的计量校准 ···················182
　　参考文献 ···191
第6章　飞行测量与飞行校准 ····································192
　6.1　从测量船到测量飞机 ·································192
　　　6.1.1　测量飞机概述 ·························193
　　　6.1.2　红外辐射特性测量飞机 ·····················197
　　　6.1.3　重力场测量飞机 ·························207
　6.2　导航校验飞机 ·······································215
　　　6.2.1　导航校验飞机简介 ·························215
　　　6.2.2　导航校验飞机的关键技术 ·····················217
　　　6.2.3　典型导航设备的飞行校验方法 ···················221
　　　6.2.4　导航飞行校验的发展趋势 ·····················226
　　参考文献 ···228
第7章　计量理念创新的驱动力 ··································229
　7.1　计量科学技术的新发展 ·································229
　　　7.1.1　基本物理常数与新的国际单位制 ·················229
　　　7.1.2　从实物基准到量子计量标准的转变 ···············230

　　　7.1.3　量子真空计量技术 ……………………………………………234

　　　7.1.4　量子霍尔电阻计量技术 ………………………………………237

　　　7.1.5　质量量子计量技术 ………………………………………………241

　　　7.1.6　高端装备与智能制造精密测量 ………………………………243

　　　7.1.7　人工智能与军事智能计量 ……………………………………247

　7.2　计量理念创新的基础 ……………………………………………………248

　　　7.2.1　需求牵引、问题导向与内生动力 ……………………………249

　　　7.2.2　美军计量体系的剖析借鉴 ……………………………………258

　　　7.2.3　装备计量性与可计量性的概念支撑 …………………………262

　　　7.2.4　装备全寿命计量的强制性要求 ………………………………274

　参考文献 ………………………………………………………………………275

第8章　装备型号计量与装备计量学 ………………………………………………277

　8.1　装备型号的计量论证 ……………………………………………………277

　　　8.1.1　装备型号的计量论证总要求 …………………………………277

　　　8.1.2　装备型号的计量论证理念 ……………………………………278

　8.2　装备型号的计量设计 ……………………………………………………279

　　　8.2.1　装备型号的计量设计要求 ……………………………………280

　　　8.2.2　基于不确定度的计量设计理念 ………………………………281

　　　8.2.3　基于UMDO的计量不确定度理论 ……………………………289

　8.3　装备计量化与计量装备化 ………………………………………………295

　　　8.3.1　装备标准化与装备计量化 ……………………………………295

　　　8.3.2　计量装置上装备与计量装备化 ………………………………301

　　　8.3.3　计量校准发动机与计量校准飞机 ……………………………304

　8.4　装备计量学及其体系框架 ………………………………………………308

　8.5　装备全寿命不确定性度量理论刍议 ……………………………………312

　参考文献 ………………………………………………………………………319

附录 …………………………………………………………………………………321

　A1　美国军用手册"校准和测量要求" ……………………………………321

　　　A1.1　手册概述 ………………………………………………………321

　　　A1.2　术语定义 ………………………………………………………321

　　　A1.3　总测量要求 ……………………………………………………322

　　　A1.4　校准和测量要求概要示例 ……………………………………323

　A2　国际计量组织及国外计量技术机构简介 ……………………………324

　A3　术语及缩略语 …………………………………………………………327

第1章 绪　　论

本书以现代计量学基本理论方法为指导，以航空装备（不是传统的地面仪器设备）为主要对象，以先进测量与校准技术为主线，以武器装备性能指标量值精确控制为目标，结合航空装备领域典型系统进行概要性论述，旨在推动从传统的地面仪器设备计量向装备型号计量论证前伸，向装备型号计量设计拓展，向系统级计量甚至整机级计量转变，为装备发展和作战运用提供理论、方法与技术支撑。

本章是绪论，1.1 节介绍书中涉及的基本概念，重点是计量发展历程与现代计量学，并阐述计量、测量与校准的相互关系；1.2 节介绍测量不确定度的定义及相关理论，给出测量不确定度在航空领域的典型应用案例；1.3 节介绍国防军工计量的发展历程及其与军事计量的关系；1.4 节概述飞机、航空发动机、机载武器及机载设备等航空装备，介绍航空装备型号计量师系统、航空装备领域的典型计量专业，提出航空装备计量校准体系框架；1.5 节给出本书的章节安排。

1.1　计量、测量与校准

1.1.1　计量发展历程与现代计量学

1.1.1.1　发展历程简介

计量[1-3]，起源于人类对数的认识和对量的认识，而这种认识又来源于人类的生存需要和社会发展需要。远古时期，原始人为了加工木棒、打造石器和分吃食物，萌发了长短、轻重、多少的概念。在没有专门的测量工具之前，要判断物体的长短、轻重和多少，最初是依靠自己的眼睛和手等感觉器官，逐渐发展到以人体的某一部分为参考进行比较区分，例如用手捧或肩扛来掂量多少和轻重，用身体和四肢来比较长短。古时候人们以手的大拇指和食指分开的距离作为一尺，后来逐步发展到使用实物作为量具。从夏、商、西周到春秋战国，由奴隶制社会向封建社会转化，手工业和商业的发展使度量衡得以广泛使用，促进了度量衡形成定型的器具和成熟的单位制。

我国古代计量的基本内容是"度量衡"，度指长度，量指容积，衡指重量。表示这三种物理量的"度量衡"的说法，最早见于《尚书·舜典》中的"协时月正日，同律度量衡"。在《辞源》中解说为："测量长短之器曰度；测量大小之器曰量；测量轻重之器曰衡。"曾在民间长期使用的尺、斗、秤，就是度量衡的计量器具或其俗称。中国古代把砝码称为"权"，人们至今仍用天平这一符号代表法律和公平，这些表明"计量"二字象征着权力和公正。

秦始皇统一六国后，以秦国的度量衡为基础，废除了原各国旧制，建立全国统一的度量衡制度，并以诏书形式颁布。秦始皇统一度量衡的诏书是我国第一个以皇帝最高权威发布的具有法定意义的度量衡命令。秦代不仅大量制作度量衡标准器，并用小篆刻上秦始皇诏书，发到全国各地，实施严格的管理制度。图 1-1 为 1986 年在河南省宝丰县出土的秦始皇二十六年诏书权，原先刻制的秦始皇统一度量衡的 40 字诏书文字都清晰可见。秦国结束了各诸侯国量值不统一而阻碍商品交换流通的割据局面，标志着走上了法制化管理之路，为中国几千年的文明史做出了重大贡献。到中华民国阶段，在全世界趋于统一采用米制的形势下，开始了国内和国际两种制度并行的阶段。1928 年发布了《中华民国权度标准方案》，1930 年成立全国度量衡局并先后颁布了《度量衡法》等三十多个法规，开展米制和市用制的推行工作，统一管理全国的度量衡。毕业于清华大学的化学家吴承洛先生，民国时期就曾担任度量衡局局长，新中国成立后担任国家政务院的度量衡处处长和发明处处长，主持建立了度量衡制度、标准制度、发明专利制度和工业试验制度，为新中国的计量事业做出了重要贡献。

图 1-1　秦始皇二十六年诏书权

追溯中华民族的发展历史，从原始社会到奴隶社会，再到持续两千多年的封建社会期间，一直没有"计量"这个术语。直到新中国成立后，随着科学技术和现代化工业的发展，计量工作才由"度量衡"发展到以"几何量、温度、力学、电学、无线电、放射线、声学、光学、时间频率、磁学、化学"等量值统一为主要任务的现代化计量轨道上来，并且采用"计量"这一术语取代了"度量衡"。1954 年正式组建国家计量局，我国的计量工作进入了一个新的发展时期，计量管理实现了从度量衡管理到现代计量管理的进步，计量制度实现了从市用制/米制共存发展到采用国际单位制。计量的发展具有悠久的历史，大体上可分为三个阶段，即自然经验阶段、经典计量学阶段和现代计量学阶段。其中，自然经验阶段主要依赖人的经验和权利，以人、动物和自然物为基准，例如古埃及的长度尺度为"肘尺"，依据人的肘关节到指尖的距离，约 46.4 cm；《说文解字》曰，衡十黍为累、十累为铢。经典计量阶段以实物为计量基准，其标志是 1875 年签订的《米制公约》，采用铂铱合金制成长度"米"原器，其根据是地球子午线 1/4 长度的一千万分之一；后来又制作了国际千克原器，作为唯一的千克测量参照物，放置在位于法国的国际计量局（BIPM）[①]；图 1-2 左图为 X 型截面米尺 IPM，右图为铂铱合金砝码 IPK。现

---

① 参见：国际米原器及千克原器（国际计量局网站 http://bimp.org/en）

代计量学阶段，以量子理论为基础，实物基准逐渐过渡到微观量子基准，采用真空中的光速、普朗克常数等基本物理常数具有最佳恒定性的物理量，例如 1983 年将米定义为光在真空中在 1/299792458 s 的时间间隔内所行进的长度，即认为真空中光速恒为 299792458 m/s；按此定义，长度事实上变成了时间（频率）的导出量。

图 1-2　X 型截面米尺和铂铱合金砝码图片

1.1.1.2　现代计量学

17 世纪以来，欧洲的科学技术发展迅速，物理学逐渐发展成为一种实验科学和测量科学，并引入了"物理量"的概念。18 世纪中叶，世界各国计量制度和计量单位不统一，科学家们的实验结果难以进行交流。例如，法国的长度单位 pied（32.5 cm）比英国的单位"英尺"长 6%，质量单位 livre（490 g）比英国的单位"英镑"重 8%。1790 年法国国民议会责成巴黎科学院组成计量改革委员会，被称为近代化学之父的科学家拉瓦锡为计量改革委员会主席，委员均由当时的著名科学家担任，如天文学家拉普拉斯、数学家拉格朗日、物理学家库仑等。计量改革委员会成立了测量、计算、试验摆的振动、蒸馏水的重量（质量）、比较古代计量制度 5 个小组，后来确定了长度、面积、体积、质量等标准，制作了米原器和千克原器永久保存。力学、热学、光学、静电学逐渐成为物理学的重要基础学科，测量的范围也扩展到所有的力学量、热工量、电磁学量和光学量，各种物理量都要选择合适的单位，建立起数学关系并加以定义。

19 世纪后半期，米制已被欧洲、美洲的许多国家接受，迫切要求把所有单位构成一种逻辑关系。英国科学促进协会在单位制概念的发展中起了重要作用，该协会的标准委员会选定力学领域中厘米（cm）、克（g）和秒（s）三个基本单位构成力学单位制（CGS），由此出现了第一个一贯单位制，但这个单位制只适用于力学领域。19 世纪末，陆续增加了库仑（C）、焦耳（J）、瓦特（W）、亨利（H）、韦伯（Wb）、高斯（G）、麦克斯韦（Mx）等单位，这些实用单位在电学领域可以满足一贯性原则，但是与力学单位一起出现时就破坏了一贯性原则。

进入 20 世纪，国际科技、经济交流合作日趋紧密，多种单位制长期并存严重影响了国际交流。例如，在技术领域采用米·千克·秒制，在工程领域采用米·千克力·秒制，物理学家使用厘米·克·秒制；法国采用米·吨·秒制，英语国家普遍使用英尺·磅·秒制。1948 年，第 9 届国际计量大会责成国际计量委员会（CIPM）征询各国科技、教育界的意见，制定一种所有《米制公约》签署国都能接受的实用计量单位制。1954 年第 10

届国际计量大会根据征询意见汇总，决定采用米（m）、千克（kg）、秒（s）、安培（A）、开氏度（K）和坎德拉（cd）共 6 个单位作为新单位制的基本单位。1956 年国际计量委员会把上述 6 个基本单位作为基础的单位制称为国际单位制。1960 年第 11 届国际计量大会正式将其定名为"国际单位制"，符号为"SI"。1967 年，第 13 届国际计量大会将热力学温度单位开氏度（K）改称为开尔文（K）；1971 年第 14 届国际计量大会将物质的量的单位摩尔增列为国际单位制的第 7 个基本单位。近年来，随着量子技术的发展，关于新的国际单位制详见第 7 章。

为了促进计量科学技术的发展，国际上成立若干计量组织，除了前面提到的国际计量委员会（CIPM），1958 年创立了国际计量技术联合会（International Measurement Confederation, IMEKO），旨在促进测量和仪表领域科学技术的国际交流，加强科学研究、工业领域的科学家和技术人员的国际合作。国际计量技术联合会下设若干专业技术委员会（TC），见图 1-3，至目前已经建立 25 个技术委员会，很多委员会的命名都包含"测量"这一术语，可见计量与测量的密切关系。伴随着现代科学技术的发展，通过实际测量对物理量加以定义，将相关的物理量建立数学关系用于描述或论证物理现象，逐步形成科学理论并发展成为现代科学技术体系中一门独立的学科——计量学（Metrology）。

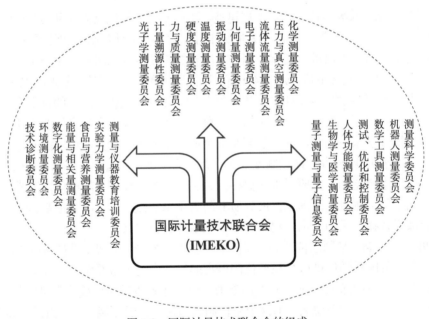

图 1-3　国际计量技术联合会的组成

计量是计量学的简称，正如物理是物理学的简称一样。计量的英文表达为 Metrology，由 metro 与 logy 两个词组成。其中，metro 源于希腊语 metron，意为测量（同英文 measure）；logy 源于希腊语 logos，意为宇宙万物的规律、绝对的准绳以及人类一切的依归。Metro 与 logy 二者组合起来，寓意"计量是测量的准绳和依归"。从中文词义来看，"计"的基本含义是测量或计算所用的仪器，例如温度计、湿度计、压力计、功率计等；"量"的基本含义是测量或估计，即利用容器、尺子等器具或工具测定长短、大小、轻重、多少或其他性质。图 1-4 展示了计量的定义，并从不同的视角总结了计量的体系要素，下面分别进行简要说明。

现代计量学是研究测量及其应用的科学，按照不同的分类方式，可将测量分为直接测量、间接测量，静态测量、动态测量，接触测量、非接触测量，手动测量、自动测量，现场测量、在线测量、远程测量等。随着科技、经济和社会的发展，现代计量学的内容也在不断拓展，包括但不限于以下方面：测量新理论和新方法，测量新技术和新仪器，测量量值准确和单位统一，测量操作正确性和有效性，测量结果分析，测量应用研究等。

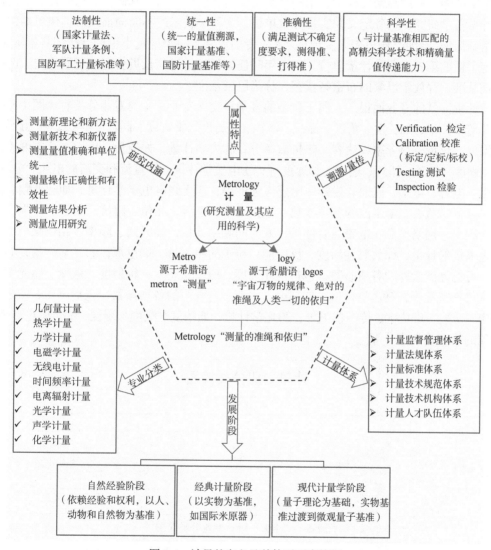

图 1-4　计量的定义及其体系要素简图

从特点属性上讲，计量主要有以下几个特性：①法制性。法制计量涉及对计量单位、计量器具、测量方法及测量实验室的法定要求，由政府或授权机构根据法规、技术和行政的需要进行强制管理，其目的是用法规或合同方式来规定并保证与贸易结算、安全防护、医疗卫生、环境监测、资源控制、社会管理、国防军工等领域有关的测量工作的公正性和可靠性。例如，国家层面有计量法，军队有计量条例，国防军工系统有若干计量标准规范。②统一性。是指统一的量值溯源，保证能够通过不间断的溯源链溯源到国家计量基准、国防计量基准等。历史上因为量值不统一导致了很多问题案例，例如抗美援朝战场上曾因为炮和炮弹两者之间的口径量值不一致导致膛炸、近炸事故。③准确性。满足测试不确定度要求，从而支撑武器装备测得准、打得准。卫星导航系统能给装备和人员提供精确的位置、速度和时间信息，而高精度的原子钟可为其提供时间频率计量技术支撑。例如 NIM5 铯原子喷泉钟，其准确度相当于 2000 万年不差一秒。④科学性。与计量基准相匹配的高精尖科学技术和精确量值传递能力，通过基础性、探索性、前沿性的计量科学研究，精确定义并实现计量单位，为科学技术的不断向前发展提供可靠的测量基础保证。例如，居里夫人发现镭之后，专门成立了一个计量小组进行精细测量研究，制定了镭的第一个国际计量单位，1913 年时任国际计量局局长贝努瓦接受居里夫人的国际镭基准，存放于巴黎的布雷特依宫，称为巴黎基准。

计量涉及的专业面很广，属于典型的多学科交叉专业，主要专业分类有（图 1-5）：①几何量计量，如长度、角度、面积、体积、平行度、垂直度、同轴度等；②热学计量，如温度、热量、热导率、热容、热扩散率等；③力学计量，如质量、压力、真空度、流量、硬度、振动、扭矩、速度、加速度等；④电磁学计量，如直流和交流的电压、电流、电阻、电容、电感、磁通、磁矩、磁感应强度等；⑤无线电电子学计量，如超低频、低频、高频、微波、毫米波的各项参数，包括功率、电压、相位、阻抗、噪声、场强、脉冲、频率、网络参数、电磁兼容性等；⑥时间频率计量，如时间、频率、相位噪声等；⑦电离辐射计量，如放射性活度、反应能、粒子的照射量、剂量等；⑧光学计量，如红外、可见光到紫外的各项参数，包括发光强度、照度、亮度、辐射度、色度、感光度、光学材料特性等；⑨声学计量，如超声、水声、空气声的各项参数，包括声压、声强、声阻、声能、声功率、传声损失等；⑩化学计量，如浓度、酸度、湿度、黏度、电导率、物质的物理化学成分等。

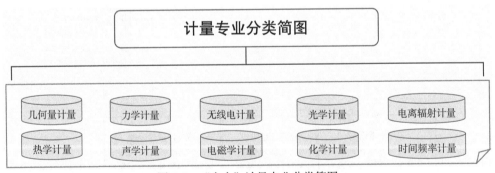

图 1-5 "十大"计量专业分类简图

从量值传递与溯源的角度看，计量工作主要有以下几个方面：①检定（Verification）。检定是指为评定计量器具的计量特性，确定其是否符合法定要求所明确的全部工作。②校准（Calaibration），包含标定、标校、定标等。校准是在规定条件下，为确定系统或仪器的量值、实物量具或参考物质所代表的量值，与对应的由标准所复现的量值之间关系的一组操作。校准结果既可给出被测量的示值，又可确定示值的修正量。校准结果可以记录在校准证书或校准报告中，给出校准值、校准函数、校准图、校准曲线或校准表格，也可以给出修正值或修正因子。由于测量标准提供的量值具有测量不确定度，因此校准值、修正值或修正因子也具有不确定度。③测试（Testing），可理解为测量+试验。测试是对给定的产品、材料、设备、生物体、物理现象等按规定的程序确定一种或多种特性的技术操作。④检验（Inspection）。检验是对产品的一个或多个特性进行测量、检查、试验或度量，并将其结果与规定的要求进行比较，以确定其是否合格的活动。有时把检验和测试简称为检测。

1.1.2　测量与校准

1.1.2.1　物理量、测量与计量

物理学是研究物质的最基础、最普遍的运动形式以及物质的基本结构的科学，是自然科学的基础，带动着其他自然科学技术的发展。物理学的研究内容极其广泛，从基本粒子到浩瀚宇宙，可以说物理学无处不在。回顾历史，一群伟大的物理学家，例如伽利略、牛顿、法拉第、麦克斯韦、居里夫人、普朗克、爱因斯坦、卢瑟福……创造了一部灿烂的物理学史，从经典力学、电动力学到相对论、量子力学，物理学的发展极大地促进了人类社会的进步。

物理学是一门实验与测量科学，小到量子力学中的量子测量，大到宇宙物理学中的天体测量，物理学家通过对物理量的测量来获取各种信息。首先创造出合适的物理量作为基本研究工具，然后通过对物理量的测量去寻找规律，或与事先假定的物理理论所预测的值去比较，这是物理学最核心的内容，也是物理学的本质。伽利略倡导测量一切可测之物，并变不可测者为可测。早在 1607 年伽利略就用"掩灯法"在两个山头间首次测量了双向光速。居里夫人发现镭之后，通过精细测量制定了"国际镭基准"。不仅物理学领域离不开测量，整个科学界都离不开测量，正如门捷列夫说："测量是科学的基础，没有测量就没有科学，至少是没有精确的科学、真正的科学。"中国光学之父、两弹一星功勋奖章获得者、两院院士王大珩指出："计量学是提高物理量量化精确度的科学，是物理的基础和前沿。"

自然界的一切现象或物质都是通过一定的"量"来描述和体现的。"量"是用来表征物体、物质和现象的特性，其大小可用一个数和一个参照对象表示。也就是说，量既要区分其特性，又要确定其量值，而计量正是达到这种目的所需的重要手段之一。从广义上说，计量是对"量"的定性分析和定量确认的过程。计量学中的量可以是广义的，如长度、质量、温度、电流、时间等，也可以是特指的，例如一枚导弹的长度、一架飞机的重量等。在计量学中把可以直接进行相互比较的量称为同种量，如宽度、厚度、周长、波长为同种量，都是长度量；某些同种量组合在一起称为同类量，如功、热量、能量等。人们通过对自然界各种量的探测、分析和确认，区分量的性质，确定量的大小，以达到认识、利用及改造自然的目的。

测量是人们认识自然界量值关系的重要手段，是人类有意识的实践活动，当人们用测量来认识客观存在的量值时，该量值就是被测的量[4]。任何测量都离不开测量单位，没有测量单位就无法测量。量值是由数和计量单位共同来表示的，为了定量表示同种量

的大小，就必须选取一个数值为 1 的特定量，以此作为比较的基础。测量单位也叫计量单位，就是为定量表示同种量的大小而约定的定义和采用的特定量。同一个量可以用不同的测量单位来表示，但无论何种量，其量的大小与所选择的测量单位无关，即一个量的量值大小不随计量单位的改变而改变，而量值则因计量单位选择不同，表现为不同的形式。量值是量的表示形式，通常任何可测的量都是由数值和计量单位组合而成，如 100 Pa、760 mmHg 是压力的量值。应当区分数值与量值，数值是数，是量值的组成部分，上述的 100、760 是数值，不包含计量单位，故非量值；而 Pa、mmHg 为计量单位。

　　在历史上，测量始于人类朴素的感观功能，尤其是依赖视觉测定的物理量如长度、大小、角度、形状、亮度、颜色等；进而又开始测量有关力学物理量，如重量、容积、力、面积、压力、速度、加速度、角速度、物体及天体运动参数等；更进一步测量与触觉有关的物理量，如振动、声音、光、热等；最后连人类的感觉不能直接接触到的电磁、化学等各种量，也可以测量出来。这些测量技术的进步促使科学技术迅速发展，目前测量技术已发展到人类感觉所不能触及的很多领域。就质量和体积的测量而言，一方面可进行细胞、分子、原子、原子核、基本粒子这些微小质量的测量，另一方面又向着巨大的天体和宇宙空间测量方向不断前进；在声的方面已经能够测量超声波，在光的方面已经能够测量超视觉范围的红外线、紫外线、X 射线和电磁波等[5]。

　　计量的概念是随着社会生产的发展逐步形成的，当生产的发展和商品的交换变成社会性活动时，客观上就需要测量单位的统一，并要求在一定准确度内对同一物体在不同地点、用不同测量手段、达到测量结果的一致。为此，就要求以法定的形式建立统一的单位制，建立计量基准/标准，并以这种计量基准/标准检定或校准其他计量器具，保证量值准确可靠，从而形成了区别于测量的新概念——计量，也可以说，准确可靠的测量就是计量。按照计量技术规范 JJF 1001—2011《通用计量术语及定义》，计量是实现单位统一、量值准确可靠的活动。可见，计量属于测量，源于测量而又严于一般测量，涉及整个测量领域，并按法律规定对测量起着指导、监督、保证的作用。按照计量的社会功能，国际上通常把计量分为三大部分，即法制计量、科学计量、工程计量（工业计量），分别代表以政府为主导作用的计量社会事业、计量基础和计量应用三个方面[6]。科学计量是基础性、探索性、先行性的研究，工程计量（工业计量）是工程、工业、企业领域的应用，法制计量是由政府或授权机构根据法制、技术和行政的需要进行强制管理的一种社会公用事业。

　　从科学的发展历史来看，计量曾经是物理学的一部分，后来随着研究领域和内容的扩展，形成了一门测量理论和实践相结合的综合性科学，成为一门独立的学科——计量学。从世界著名国家计量院的名称和研究内容，也可发现这一规律。德国的国家计量院是德国联邦物理技术研究院（Physikalisch Technische Bundesanstalt, PTB），其名称就带着"物理"一词，研究范畴包括力学、声学、电学、热力学、光学、电离辐射、精密测量工程等。英国的国家计量研究机构是英国国家物理实验室（National Physical Laboratory, NPL），其名称也带着"物理"一词，研究范畴包括基础计量、热学计量、长度计量、电磁和时间计量、电离辐射计量、机械和声学计量、光学和环境计量、材料测量和技术等。计量学是关于测量及其应用的科学，涵盖有关测量的理论及不论测量不确定度大小的所有应用领域。具体来说，计量学研究可测的量，内容覆盖物理常量、常数，计量单位，计量基准、标准的建立、复现、保存及测量仪器，量值传递与溯源，测量不确定度、数据处理、测量理论及方法，以及计量的监督和管理等。

1.1.2.2 校准的内涵与外延

1. 校准的常用定义

校准通常是指在规定的条件下，为确定系统或仪器的量值，实物量具或参考物质所代表的量值，与对应的由标准所复现的量值之间关系的一组操作。通过不间断的校准链或比较链，与相应的国际单位基准相连接，从而建立测量标准和测量仪器对国际单位的溯源性。校准主要是针对量值给出校准值及其不确定度。

2. 校准与检定

溯源性是通过一条有规定不确定度的不间断的比较链，使测量结果或测量标准的值与规定的参考标准（通常是国家测量标准或国际测量标准）联系起来的特性，校准和检定都是实现测量溯源性的一系列操作。"检定"是指按照检定规程或相关技术文件，将装备或检测设备与对应的计量标准进行量值比较，确定并证实装备或检测设备是否符合法定技术要求的活动。"校准"是指按照校准规范、相关技术文件，将装备或检测设备与对应的计量标准进行量值比较，给出校准结果量值的活动。

校准和检定的主要区别在于：①校准不具有法制性，是企业和实验室自愿的溯源行为；检定则具有法制性，属于计量管理范畴的执法行为。②校准主要确定装备、仪器的量值误差；检定则是对其计量特性及技术要求的全面评定。③校准的依据是校准规范、校准方法，通常应做统一规定，有时也可自行制定；检定的依据则是检定规程。④校准通常不判断装备、仪器合格与否，必要时可确定其某一性能是否符合预期要求；检定则必须做出合格与否的结论。⑤校准结果通常是出具校准证书或校准报告，给出校准值或修正值，也可以是校准曲线或修正曲线；检定结果则是在确定合格时颁发检定证书，不合格时颁发检定结果通知书。我国计量界常用"检定"这个术语，而在许多国家，校准与检定并没有严格的区别，不少国家尤其是欧美国家只用"校准"这个术语，"校准"二字比检定更适用于科技与工业计量。

3. "校准"概念的外延

校准不限于传统概念上的狭义的计量范畴，研究对象也不限于传统的地面设备测试，而是广泛用于包括武器装备在内的众多行业的试验测试领域。校准工作贯穿航空装备全寿命各阶段的试验测试活动中，以航空发动机为例，涡喷/涡扇发动机飞行推力确定试飞是一项集地面试验与飞行试验于一体的活动，已有的试验结果表明在飞行中直接获得满足精度要求的推力是不可能的，通常是在未知的推力与已知测量参数（包括测得的发动机转速、压力、温度、燃油流量等）之间建立一定的"校准"关系，飞行中通过测量已知参数间接得到发动机的飞行推力和油耗。所谓的"校准"关系，需要通过数值仿真计算、比例模型试验、整机地面台架试验、整机高空台模拟试验等手段获得。

校准的对象，也不限于大型装备、仪器设备，还可用于计算方法等软件领域。例如，航空发动机的推力计算，无论采用何种推力计算方法，计算方法的校准都是首先必须解决的技术问题。可以说，计算方法本身就是一个建模的过程，即建立"输入"与"输出"之间的关联关系，而这种关联关系需要借助专项试验来建立。飞行推力确定试验的典型地面专项试验包括排气系统喷流模拟试验、发动机地面台架校准试验、高空模拟试验台校准试验等；此外，还用空中的专项飞行试验来完成，详见本书第 3 章。

1.2　测量不确定度

1963 年，美国国家标准局（美国国家计量院前身）的计量专家 Eisenhart 在研究"仪器校准系统精密度和准确度的估计"时首次提出了测量不确定度的概念，并提出定量表示不确定度的建议，受到国际的普遍关注。术语"不确定度"源于英文 uncertainty，原意为不确定、不稳定、疑惑等，是一个定性的名词；当用于描述测量结果时其含义被扩展为定量，即表示测量结果的不确定度大小。

1980 年，国际计量局（BIPM）召集成立了研究不确定度的工作组，在征求各国意见的基础上起草了一份建议书 INC-1(1980)，该建议书向各国推荐了不确定度的表示原则，促使测量不确定度的表示方法逐渐趋于统一。1981 年国际计量委员会（CIPM）批准了 INC-1(1980)，并发布了 CIPM 建议书 CI-1981。1986 年，CIPM 重申采用上述测量不确定度表示的统一方法，并发布了 CIPM 建议书 CI-1986。这份 CIPM 建议书推荐的方法以 INC-1(1980)为基础，要求所有 CIPM 及其咨询委员会赞助下的国际比对及其他工作的参加者，在给出结果时必须使用合成不确定度。

20 世纪 80 年代以来，CIPM 建议的不确定度表示方法已经在世界各国许多实验室和计量机构使用。正如国际单位制计量单位不限于在计量部门使用一样，测量不确定度应当用于一切使用测量结果的领域。为了进一步推动不确定度表示方法在国际上的广泛使用，CIPM 要求国际标准化组织（ISO）起草一份能广泛应用的指南性文件，这项工作得到了国际计量局、国际电工委员会、国际临床化学联合会、国际标准化组织、国际理论化学与应用化学联合会、国际理论物理与应用物理联合会、国际法制计量组织等 7 个国际组织的支持，并决定由 ISO 技术顾问组及工作组负责起草。由于测量不确定度不仅适用于计量领域，也可用于一切与测量有关的其他领域，1993 年以 7 个国际组织的名义联合发布了《测量不确定度表示指南》（Guide to the Expression of Uncertainty in Measurement，GUM），该指南简称 GUM93（ISO1993）；1995 年又作了局部修改后重印，称为 GUM95（ISO1995）。我国 1999 年发布的 JJF 1059—1999《测量不确定度评定与表示》等同于 GUM。

从 1963 年不确定度概念的提出，到 1993 年出台国际指导性文件，前后花费了 30 多年时间，经历了不断改进、逐渐完善和成熟的过程，并最终得到国际的广泛认可。可以说，测量不确定度的概念，以及不确定度的评定和表示方法，是测量科学的一个重大进展。测量不确定度的提出，引发了经典真值误差概念、误差理论研究与应用、测量结果评定与表示的重大变革[7]。下面，简要介绍测量不确定度定义及其与测量误差的关系，说明测量不确定度的评定流程；鉴于测量不确定度的理论方法可以用于所有的测量领域，在此以航空装备雷达散射截面（RCS）测量、飞行推力测量和发动机多级转子同轴度测量为例，进行测量不确定度分析。

1.2.1 测量不确定度的基本理论

1.2.1.1 测量不确定度的定义

测量不确定度是表征合理地赋予被测量之值的分散性，与测量结果相联系的参数。测量不确定度恒为正值，由多个分量组成。定义中的"分散性"不同于表示精密度的分散性，后者只是在重复性条件下测量数据的分散性，而定义中的"分散性"则包括了各种误差因素在测试过程中所产生的分散性。计量学中的测量不确定度概念，通过对测量中的各种不确定度因素进行分析，并将这些因素对数据分散性的贡献统计出来，与测量数据的重复性进一步合成为总不确定度，最后与测量结果一起表达。定义中的"合理地"是指测量在统计控制状态下进行，所谓统计控制状态就是一种随机状态，是处于重复性和再现性条件下的测量，其测量结果及有关参数可以用统计方法进行估计。定义中"相联系的"是指不确定度和测量结果来自于同一测量对象和过程，表示在给定条件下测量结果可能出现的区间。需要说明的是，测量不确定度和测量结果的量值之间没有必然的联系，均按各自的方法统计；例如，对某一个被测量采用不同的方法测量，可能得到相同的结果，但其不确定度未必相同，有时可能相差颇大。

不确定度是建立在传统误差理论基础上的一个概念，表示由于测量误差的存在而对被测量值不能肯定的程度，比经典的误差表示方法更科学、更实用。一个完整的测量结果，不仅要表示其量值的大小，还需给出测量的不确定度，以表示被测量真值在一定概率水平所处的范围。测量不确定度愈小，其测量结果的可信度愈大，测量的质量就愈高，测量数据的使用价值愈高。从测量不确定度的词义上理解，意味着测量结果可信性、有效性的怀疑程度或不肯定程度；实际上，测量不确定度是定量说明测量结果质量的一个参数，并不意味对测量结果有效性的怀疑，而是表示对测量结果有效性的信任程度。常用的不确定度名称和相关定义如下：

（1）标准不确定度：用标准差表示的测量不确定度。标准不确定度的量纲与相应输入量或被测量的量纲相同。标准不确定度记为 u，恒为正。

（2）合成标准不确定度：当测量结果的标准不确定度由若干其他量的值求得时，按其他量的方差或（和）协方差算得的标准不确定度。是测量结果标准差的估计值，测量结果 y 的合成标准不确定度记为 $u_c(y)$，简写为 u_c。

（3）扩展不确定度：确定测量结果区间的量，合理赋予被测量之值的大部分可望含于此区间。分析测试中表示一定置信概率下被测量值的分布区间。扩展不确定度又称展伸不确定度，记为 U，恒为正。

（4）包含因子：为求得扩展不确定度，对合成标准不确定度所乘之数字因子。包含因子也称范围因子，记为 k。

（5）自由度：在方差计算中，和的项减去对和的限制数。自由度（记为 v）反映相应实验标准差的可靠程度。在重复性条件下，对被测量作 n 次独立测量所得样本方差中和的项为残差个数 n，限制数为 1，自由度 $v=n-1$。用最小二乘法回归的校准曲线中，

残差个数 nm，限制数为 2，自由度 $v=nm-2$。

（6）置信水平：对扩展不确定度确定的测量结果区间，包含合理赋予被测量值的分布概率。置信水平也称包含概率、置信概率，记为 p。

1.2.1.2　测量误差与测量不确定度

测量结果减去被测量的真值所得的差，称为测量误差，简称误差。所有的量（包括基本的测量和计算的性能）都有误差，这种误差是直接测量值或间接测量值与真值之差。直接测量的真值由专门的权威计量机构（如某一国家的计量局）测量确定，而间接测量的真值则由直接测量的"真值"计算。

真值是量的定义的完整体现，是与给定的特定量的定义完全一致的值，是通过完善的或完美无缺的测量才能获得的值。所以，真值反映了人们力求接近的理想目标或客观真理，本质上是不能确定的，量子效应排除了唯一真值的存在，实际上用的是约定真值，须以测量不确定度来表征其所处的范围。因而，作为测量结果与真值之差的测量误差，也是无法准确得到或确切获知的。

测量误差由系统误差和精密度误差（随机误差）组成。测量的准确性与系统误差、精密度误差有关，准确测量即为系统误差小且精密度高的测量。测量结果在重复性条件下，对同一被测量进行无限多次测量所得结果的平均值之差，称为随机误差。重复性条件是指在尽量相同的条件下，包括测量程序、人员、仪器、环境等，以及尽量短的时间间隔内完成重复测量任务。在重复性条件下，对同一被测量进行无限多次测量所得结果的平均值与被测量的真值之差，称为系统误差，是测量结果中期望不为零的误差分量。由于实际测量中只能进行有限次数的重复测量，真值也只能用约定真值代替，因此确定的系统误差是其估计值，并具有一定的不确定度。系统误差大抵来源于影响量，对测量结果的影响若已识别并可定量表述，称为系统效应，该效应的大小若是显著的，则可通过估计的修正值予以补偿；但是，用以估计的修正值均由测量获得，本身就是不确定的。

由于实际测量值的真值难以得到，因此国际上普遍将测量不确定度用于评定测量结果的质量。测量不确定度是与测量结果相联系的参数，表征合理地赋予被测量之值的分散性。测量不确定度可以简单地理解为，测量误差的存在使得测量结果不能确定的程度或被测量真值所处的范围。测量不确定度是测量结果质量和水平的科学表达，由测量结果给出的被测量估计值的可能误差的度量，实质上就是对真值所处范围的评定，是对测量误差可能大小的评定，也是对测量结果不能肯定的程度的评定。

测量误差表示测量结果偏离真值的程度，客观存在但人们无法准确得到。测量不确定度是表示测量结果分散性的参数，由人们对测量过程的分析和评定得到，因而与人们的认识程度有关。例如，测量结果可能非常接近真值（误差很小），但由于认识不足，人们赋予的不确定度落在一个较大的区间内。也可能实际上测量误差很大，但由于分析估计不足，给出的不确定度偏小。通过评定测量不确定度可以分析影响测量结果的主要成分、提高测量结果的质量，可以评价校准方法的合理性，评价各实验室间比对试验的结果，可以知道或给出结果判定的风险。测量不确定度的来源包括：被测量的定义不完整，数学模型的近似和假设，测量方法不理想，取样的代表性不够，环境影响，读数误差的影响，仪器设备的性能不佳，测量标准或标准物质的不确定度，引用数据或参数的不确定度，重复测量时被测量的变化。

误差按其性质分为随机误差和系统误差，而按不确定度来源也可大致分为随机效应导致的不确定度和系统效应导致的不确定度，按不确定度评定的方法又可分为不确定度 A 类评定和不确定度 B 类评定，但两者不存在简单的对应关系。表 1-1 为测量误差与测量不确定度的主要区别[8]。

表 1-1 测量误差与测量不确定度的主要区别

项目	测量误差	测量不确定度
定义的内涵	表示测量结果偏离参考量值，是一个确定的值，在数轴上表示为一个点	表明赋予被测量值的分散性，是一个区间。用标准偏差，标准偏差的倍数，或说明了包含概率的区间的半宽度来表示。在数轴上表示为一个区间
分类	按出现于测量结果中的规律，分为随机误差和系统误差，都是无限多次测量的理想概念	按是否用统计的方法求得，分为 A 类和 B 类评定，都是以标准不确定度表示。在评定测量不确定度时，一般不必区分其性质。或需要区分时，应表述为"由随机效应引入的测量不确定度分量"和"由系统效应引入的测量确定度分量"
可操作性	当用真值作为参考量值时，误差是未知的。随机误差和系统误差均与无限多次测量结果的平均值有关	测量不确定度可以由人们根据实验、资料、经验等信息进行评定，从而可以定量确定测量不确定度的值
数值符号	非正即负，不用正负号（±）表示	是一个无符号的参数，恒取正值。当用方差求得时，取正平方根值
合成方法	各误差分量的代数和	当各分量彼此独立时为分量的方和根合成；否则应考虑加入相关项
结果修正	已知系统误差的估计值时，可以对测量结果进行修正，得到已修正的测量结果。修正值等于负的系统误差	由于测量不确定度表示一区间，因此无法用测量不确定度对测量结果进行修正。对已修正测量结果进行不确定评定时，应考虑修正不完善引入的不确定度分量
结果说明	误差是客观存在的，不以人的认识程度而转移。误差属于给定的测量结果，相同的测量结果具有相同的误差	测量不确定度与人们对被测量、影响量以及测量过程的认识有关。在相同的条件下进行测量时，合理赋予被测量的任何值，均具有相同的测量不确定度
实验标准差	来源于给定的测量结果，不表示被测量估计值的随机误差	来源于合理赋予的被测量之值，表示同一观测列中，任一个估计值的标准不确定度
自由度	不存在	可作为不确定度评定可靠程度的指标。是与评定得到的不确定度的相对标准不确定度有关的参数
包含概率	不存在	当了解分布时，可按包含概率给出包含区间

1.2.1.3 测量不确定度的评定流程

首先对测量方法和测量对象进行清晰而准确的描述，包括方法名称、测量所使用的计量器具和仪器设备、测量的校准物、测量条件、测量参数等，这些信息、参数与测量不确定度评定密切相关。测量方法描述的程度和列出的测量参数应满足不确定度评定的需要，使测量者对测量不确定度的来源和评定有正确清晰的理解。如图 1-6 所示，测量不确定度的评定流程如下[9]：

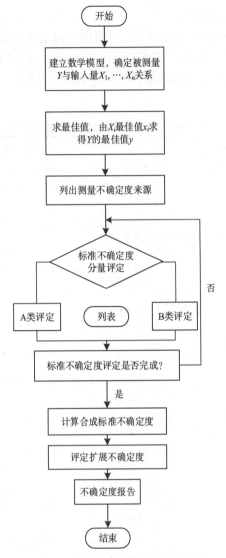

图 1-6　测量不确定度的评定流程

（1）找出所有对测量结果有影响的影响量，即测量不确定度的来源，不能重复计算，也不能遗漏，特别是对于比较大的不确定度分量。

（2）建立满足测量不确定度评定所需的数学模型，其目的是满足测量所要求的准确度，即建立被测量 Y 和各影响量 X_i 之间的函数关系：$Y=f(X_1, X_2, \cdots, X_n)$。数学模型的输入量的取舍，应与测量要求的准确度相联系；所以，对于相同的被测量和相同的测量方法，其数学模型有时也是不同的。

（3）确定各输入量的估计值 x_i 以及标准不确定度 $u(x_i)$。输入量的最佳估计值的确定方法大体有两类，通过试验测量得到，或由检定/校准证书、手册、资料、经验等获得。标准不确定度评定方法有 A、B 两类：A 类评定是指通过对一组观测列进行统计分析，并用试验标准差表征其标准不确定度的方法，如贝塞尔法和极差法；不属于 A 类的方法均为 B 类方法，是基于经验或其他信息的假定概率分布估算的，也用标准差表征。

（4）确定对应于各输入量的标准不确定度 $u_i(y)$，当确定了灵敏系数 c_i、各输入量不确定度 $u(x_i)$，则 $u_i(y)=c_iu(x_i)$；当在简单直接测量情况下 $c_i=1$ 时，$u_i(y)=u(x_i)$，量纲也相同。一般情况下，c_i 可以通过求偏导或试验测量求得。

（5）列出不确定度分量汇总表。直观看出哪些不确定度分量对测量结果起主要作用，如果合成后得到的扩展不确定度不满足要求，则应专注于改进那些起主要作用的分量。

（6）将各标准不确定度分量 $u_i(y)$ 合成，得到合成标准不确定度 $u_c(y)$。根据方差合成定理，当数学模型为线性且输入量 x_i 彼此独立时，可得：

$$u_c(y) = \sqrt{\sum_{i=1}^{n} u_i^2(y)} \tag{1-1}$$

（7）根据被测量 Y 分布情况、置信概率 p 以及评定的要求，采用不同的方法确定包含因子 k。当无法确定被测量为何种分布时，一般取 $k=2$。

（8）扩展不确定度 $U=ku_c$。

（9）给出测量不确定度报告。

1.2.2 飞机雷达散射截面动态测量不确定度分析

雷达散射截面（RCS）是研究雷达探测与识别、隐身与反隐身的基础，是评价军机隐身性能的重要指标。RCS 测量方法主要有缩比模型测量、全尺寸模型和整机的静态测量及动态测量，这些测量方式互为补充，支撑隐身飞机设计与试验的全过程。图 1-7 为典型的飞机隐身性能室内测量图片。雷达特性的动态测量试飞是军机隐身性能评估的重要手段，通过动态测量不但能够反映在真实环境背景下的目标散射特征，而且可以反映出目标活动部件运动等因素对目标整体电磁散射的贡献，对全面衡量目标的雷达隐身性能具有非常重要的意义，是确认隐身飞机隐身性能指标的最终途径。

图 1-7 典型飞机的雷达隐身性能室内测量方法

RCS 动态测量能够真实反映出飞机飞行状态下的结构变形、运动以及背景对其电磁散射特性的影响，是最终鉴定飞机隐身性能的唯一手段。F-22 飞机的 RCS 动态测量在爱德华空军基地进行，历经一年多时间，飞行时间约 143 h，测量结果不但修正了飞机设计的诸多不当之处，也最终鉴定了飞机的隐身设计效果。动态测量的不足之处是测量成本高，测量难度大，测量数据的可重复性低，测量活动容易受到环境等因素的影响。鉴于 RCS 动态测量技术是验证军机隐身性能的重要手段，在此以 RCS 动态测量为例进行测量不确定度分析。

1. 测量原理与校准技术

RCS 动态测量是依据雷达方程，测量目标在雷达波照射下向接收天线方向的散射功率，利用相对比较法最终获得目标的 RCS 测量值。单站测量时，雷达方程可表示为目标回波功率、目标 RCS、发射系统、接收系统和传播路径等若干参数的方程。

RCS 动态测量雷达标校是保证 RCS 测量可靠性的重要步骤，主要包括测量雷达校准和标准金属球定标两部分。测量雷达校准主要是通过测量雷达功率，确定回波的功率幅度与电压值的对应关系，同时确定雷达接收系统的非线性误差、线性动态范围和自动增益控制（AGC）步进精度。测量时通过使用信号发生器向雷达接收机输入一定的功率电平，得到雷达输出端的信号电压。输入的功率电平从饱和状态到接收机噪声电平，在雷达接收机的整个动态范围内逐渐增加或减少，从而获得接收机输出电压，作为输入功率电平的函数曲线和 AGC 的补偿系数。测量雷达定标试验主要是利用已知 RCS 的标准金属球进行标校，从而获取雷达方程中的常数 K 值。K 值涵盖了雷达系统损耗、大气衰减等不确定因素，是计算目标 RCS 值的关键参量，因此雷达定标试验的结果直接影响动态 RCS 测量的最终精度。

雷达截面积 σ 的定义式为：

$$\sigma = \lim_{R \to \infty} 4\pi R^2 \frac{\left|E^s\right|^2}{\left|E^i\right|^2} \qquad (1\text{-}2)$$

式中，E^i 为照射到目标处的入射波电场强度；E^s 为雷达接收天线所在处的散射波电场强度；R 为目标到雷达天线处的距离。

上式表明，雷达和目标间的距离应无限大，以使得在 RCS 特性中消去距离的影响，这种限制实际上是要求对目标作平面波照射。然而在实际测量中，由于目标与测量雷达间的距离总是有限的，所以入射到目标上的电磁波几乎都是球面波，因此需要确定在什么样的距离条件下，球面在入射波前可以作为平面波的一个良好近似，这就是 RCS 测量的远场条件。

在动态 RCS 测量过程中，远场条件与信噪比一直是相互矛盾的限制条件。一方面要求被测目标尽量满足远场条件，从而保证电磁波以平面波形式照射目标；另一方面又要求回波信噪比尽可能大，以增加测量精度。这种矛盾在隐身目标的测量过程中尤为突出，因此在实际进行 RCS 动态测量的试飞过程中，需要根据测量雷达技术指标和周围环境情况在远场条件与信噪比之间选择一个适中的测量状态，从而保证测量精度。

2. 测量不确定度计算方法

采用测量不确定度对测量结果的可信度进行分析评价是国际上的通用准则。对动态

RCS 测量不确定度进行分析是获取高质量测量数据的保证，直接关系到 RCS 测量数据后续应用的可靠程度。RCS 动态测量采用比较法来获取目标的 RCS 大小，因此 RCS 测量本质上属于间接测量，其合成标准不确定度计算方法如下[10]：

$$u_c(y) = \sqrt{\sum_{i=1}^{N}\left[\frac{\partial f}{\partial x_i}\right]^2 u^2(x_i) + 2\sum_{i=1}^{N-1}\sum_{j=i+1}^{N}\left[\frac{\partial f}{\partial x_i}\right]\left[\frac{\partial f}{\partial x_j}\right]u(x_i, x_j)} \qquad (1-3)$$

根据雷达方程，在假设方程中各变量之间相互独立或近似独立的条件下，利用下式可得出动态 RCS 测量的合成标准不确定度 u_c，即：

$$u_c^2 = \left(\frac{\Delta\sigma}{\sigma_0}\right)^2 = \sum_i\left(\frac{\Delta\sigma_i}{\sigma_0}\right)^2 \qquad (1-4)$$

式中，$\Delta\sigma_i/\sigma_0$ 代表影响 RCS 测量精度的各测量不确定度源的相对测量不确定度，直接或间接表征了各测量不确定度源对 RCS 测量过程中发射功率、回波功率、测距精度等方面的影响程度。

3. RCS 动态测量不确定度源

实际 RCS 动态测量过程一般采用相对测量法，其测量误差的主要来源有两部分，一部分是由目标测量过程引入的，另一部分是由金属球的标定过程引入的。根据 RCS 动态测量原理，可将影响 RCS 动态测量精度的主要因素归为以下几类：①环境因素，主要包括背景杂波、近场照射等；②设备因素，主要包括功率稳定性、系统非线性、交叉极化、频率漂移、通道不平衡性、测距精度、天线定位误差等；③定标因素，包括金属球的结构规则性、表面光洁度和曲率等。其中，除频率漂移、测距精度外，其他环境因素和设备因素均对回波功率产生影响。定标因素则会导致金属球的 RCS 与标称 RCS 不一致，从而对定标精度产生影响，最终影响目标 RCS 的计算结果。

4. RCS 动态测量不确定度分量估算

分析 RCS 动态测量过程，并参考 IEEE 1502—2007《雷达截面积测试程序推荐实施通则》和美国大西洋测试场的 RCS 动态测量不确定度分析方法，将 RCS 动态测量结果的影响因素与影响大小总结如表 1-2 所示。

表 1-2　RCS 动态测量不确定度分析

影响因素	影响程度
天线定位误差	$\Delta\sigma_p(\mathrm{dB}) = -40\lg\cos\left(\frac{\pi\theta}{4\theta_0}\right)$ 式中，$2\theta_0$ 为天线的 3 dB 波束宽度；θ 为最大的定位误差
多路径照射	$\Delta\sigma_m(\mathrm{dB}) = -20\lg\left(\frac{1+x}{1-x}\right), x = 2\rho\,10^{-|\Delta G|/20}$ 式中，ρ 为反射系数；ΔG 为直接路径和非直接路径的增益差
交叉极化	$\Delta\sigma(\mathrm{dB}) = -20\lg(1-2\times10^{-\varepsilon_p/20})$ 式中，$\varepsilon_p(\mathrm{dB})$ 为天线的极化隔离度

续表

影响因素	影响程度
能量漂移	可选择典型的测量时间段范围对雷达系统进行实际测量来确定
频率漂移	$\Delta\sigma(\mathrm{dB})=-20\lg(1-\Delta f/f)$ 式中，Δf 为有效的系统带宽；f 为中心频率
近场反射	由天线方向图可得到雷达对目标最大照射角范围内辐射的电磁场的能量变化
噪声与背景	$\Delta\sigma(\mathrm{dB})=-20\lg(1-2\times10^{-\varepsilon_n/20})$ 式中，$\varepsilon_n=20\lg(S/N)$
非线性	雷达接收机非线性误差
测距精度	$\Delta\sigma(\mathrm{dB})=-40\lg(1-\Delta R/R)$ 式中，$\Delta R=\Delta R_\mathrm{t}+\Delta R_\mathrm{tr}$，$\Delta R_\mathrm{tr}$ 为数据传输期间由目标运动引起的距离变化，ΔR_tr 为距离跟踪误差，$\Delta R_\mathrm{t}=v\tau$，$v$ 为目标运动速度，τ 为采样间隔
标准体	主要由球的规则性、表面光度、表面洁度等因素引起，可通过测量确定

1.2.3　发动机飞行推力测量不确定度分析

　　飞行推力的测量是一项科学的试验活动，试验过程中必然会涉及误差。误差作为一种理想情况下的评价方法，其前提是已知真值，而这在绝大多数工程情况下是不可能的。为了解决这一问题，引入不确定度作为衡量误差（或者真值）可能范围的一种分析手段。如何合理地给出飞行试验结果的不确定度，成为每个试飞工程师所面临的技术难题。早在 1978 年，飞行推力测量以及不确定度分析领域的专家们共同讨论并建立了飞行推力/阻力划分体系、推力确定方法以及推力不确定度的分析方法，美国自动机工程师学会（SAE）形成了针对飞行推力确定方法及不确定度分析的报告和指南，例如《飞行推力确定》（SAE AIR 1703-85）及《飞行推力确定中的不确定度分析》（SAE AIR 1678-85），2011 年又发布了指南《飞行推力确定中的不确定度分析》（SAE AIR 1678B）。北大西洋公约组织的航天研究与发展咨询组（AGARD）也针对性编写了《涡喷及涡扇发动机飞行推力确定指南》。针对发动机飞行推力确定试验，国外已经建立了完善的不确定度分析及合成方法，能够在试验前对多种试验方案进行参数敏感性分析，合理选择符合技术要求的飞行推力确定方法。在试验中通过对各试验环节的不确定度进行控制，使试验结果能够给出科学的不确定度范围。

　　动力装置的飞行推力确定试飞，包括地面试验及飞行试验两个环节，图 1-8 为地面试验与飞行试验之间的相互关联示意图[11]。地面试验是借助地面整机台架、全机推力台或者高空模拟试验台等手段，对选取的飞行推力计算模型进行验证或修正，其试验结果即为经过校准后的数学模型。飞行试验时会测得一系列的试飞参数作为校准后数学模型的输入，进而得到飞行推力计算结果。地面试验阶段引入的误差如测量误差、方法误差等，会通过该过程影响飞行试验结果的精度。开展不确定度分析，基本步骤如下：①针对地面试验及飞行试验参数测量，识别基本类别的误差源。②针对各基本类别的误差进行分类，归为系统误差或者随机误差。③根据飞行试验的每个测量环节，对系统误差或者随机误差进行最终归类。④对基本类别的不确定度进行合成，来定义测试环节的系统及随机不确定度分量。⑤对测量不确定度各分量进行传递。⑥计算最终的推力不确定度。⑦形成分析报告。

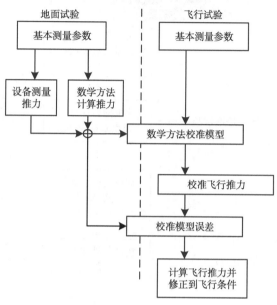

图 1-8 地面试验与飞行试验之间的关系示意图

地面试验的主要目的是为飞行试验提供不同部件的特性校准曲线，例如尾喷管流量系数曲线、尾喷管总推力特性曲线、高压涡轮导向器喉道流量系数曲线等，在飞行试验中将直接使用以上特性曲线进行性能计算，利用各测量参数结合计算模型间接得到飞行推力及油耗。从以上可以看出，地面校准试验中任何的不确定度因素将可能通过计算模型的校准过程，间接影响到飞行试验的性能计算结果。为了便于进行不确定度的分析讨论，将地面试验和飞行试验按照不确定度类型分为以下几种：①测试仪器不确定度，包括发动机截面总温总压、静压、燃油流量、转速，飞机迎角、过载等；②计算模型不确定度，包括对流动现象的简化、次要因素的忽略等；③换算模型不确定度，包括将试验点性能计算值换算至标准值过程中引入的误差等。

将地面试验中台架仪器（如应力测量传感器、压力传感器等）测量引起的随机不确定度和系统不确定度分别作出定义，用于飞行中推力计算的仪器随机不确定度和系统不确定度也分别作出定义。试验发动机的测量包括用于计算台架推力的各截面总温总压、燃油流量等参数，定义其随机偏差和系统偏差。模型计算的发动机性能结果与台架测量值之间的差别定义为模型的残差，要对残差的平均值以及残差的标准偏差进行分析。借助数学模型，飞行试验可以提供计算后的推力，通常的推力测量过程和不确定度合成关系如图 1-9 所示。通过对飞行状态以及发动机基本测量参数不确定度进行合成，可以定义飞行试验测试设备不确定度分项 s_{fi} 和 b_{fi}。再与推力计算模型不确定度分项 s_{mm} 和 b_{mm} 进行综合，可以定义飞行推力的不确定度分项 s_t 和 b_t。通常，数学模型具备将计算值换算至参考状态的功能，在此过程中可能会引入不确定度，并且不确定度的计算需要其他的一些额外信息。如果这些信息是已知的，则可以定义换算模型的不确定度分项 s_{cm} 和 b_{cm}。

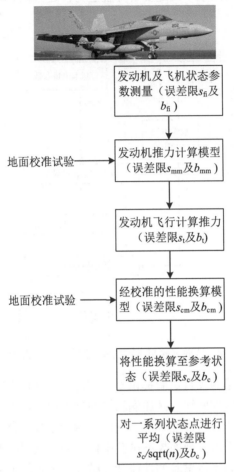

图 1-9　推力测量不确定度合成关系示意图

最终换算至参考状态下的发动机性能参数不确定度，采用以下方式进行合成：

$$b_{c} = \sqrt{b_{mm}^2 + b_{fi}^2 + b_{cm}^2} \qquad （1-5）$$

$$s_{c} = \sqrt{s_{mm}^2 + s_{fi}^2 + s_{cm}^2} \qquad （1-6）$$

如果不需要把性能计算结果换算至参考状态，则飞行中发动机性能计算结果不确定度按照以下方式进行合成：

$$b_{t} = \sqrt{b_{mm}^2 + b_{fi}^2} \qquad （1-7）$$

$$s_{t} = \sqrt{s_{mm}^2 + s_{fi}^2} \qquad （1-8）$$

不确定度估计的整个过程是循环迭代的，整个迭代的闭环组成包括误差分项的估计（试验前）以及随后的实际计算（试验后）。在飞行推力确定试飞中引入不确定度分析方法，可以通过更有效地控制基本不确定度来更好地估计飞行推力，并且有助于更好地解读和理解试验结果。飞行推力确定过程中涉及的关键不确定度分析过程如下：①项目的定义及规划。建立飞行推力确定试飞项目不确定度需求，分析可供选择的推力计算模型，对可采用的数学模型各选项进行分析，并选择最终的数学模型。②地面试验。试验前，建立发动机及试验设施、设备的测量不确定度水平，估计所选择的数学模型的不确定度。试验后，确定试验前的估计，如有必要可进行调整，对数学模型进行校准，并获得不确定度。③飞行试验。试验前，估计飞行测量不确定度，结合地面试验结果的估计值估计所选择的数学模型的不确定度。试验后，确定试验前的估计，如有必要可进行调整。④试验结果分析。检查地面试验与飞行试验数据的一致性；对推力计算结果与项目预测值进行对比；分析并解决试验数据和性能存在的潜在问题或不足；形成试验结果及不确定度报告。

1.2.4 发动机零部件装配测量不确定度分析

随着航空发动机性能指标逐渐提高，对相应的装配方法以及测量结果的准确性要求也越来越高。航空发动机多级转子为回转对称类部件，在装配过程中各级转子的加工误差逐渐累积。多级转子装配同轴度测量精度直接决定航空发动机的装配质量，因此在多级转子测量时要解决同轴度测量问题，用于指导多级转子装配，提高装配效率并降低不合格率。为验证多级转子同轴度误差测量与装配调整方法的有效性，文献[12]采用航空发动机装配测量仪对单级转子加工误差进行测量，并结合单级转子几何属性如高度和半径，建立以各级转子安装相位为变量的同轴度目标函数，进而实现多级转子同轴度的测量与装配调整。

图 1-10 为典型的航空发动机多级转子结构图，多级转子同轴度测量及装配调整流程如下：①将前轴置于回转平台上，移动垂直导轨，使径向和轴向基准传感器运动到前轴径向和轴向基准截面；②气浮转台转动，径向和轴向基准传感器采集前轴径向和轴向基准面轮廓信息，评定前轴几何轴线；③依据前轴几何轴线调整调心调倾工作台，直到前轴几何轴线和回转轴线一致度满足收敛条件；④移动垂直导轨，使径向和轴向测量传感

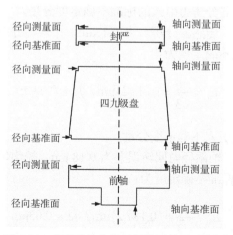

图 1-10 典型的航空发动机多级转子示意图

器运动到前轴径向和轴向测量截面；⑤气浮转台转动，径向和轴向测量传感器采集前轴径向和轴向测量面轮廓信息；⑥更换四九级盘，重复上述步骤，直到所有转子测量结束；⑦依据公式评定多级转子装配后同轴度，调节各级转子间装配相位，使多级转子同轴度达到最优，实现多级转子装配调整。

1. 同轴度测量不确定度分析的数学模型

对某一同轴度进行 n 次测量（$n=6$），用其算数平均值作为 Y 的最佳估计值 y。做好同轴度测量的原始记录，环境温度 20.2℃，相对湿度 38.9%。其中同轴度 Δc_1 至 Δc_6 分别为 34.8 μm、38.7 μm、37.8 μm、34.3 μm、36.7 μm、38.8 μm，算数平均值为 37 μm，重复性 1.8 μm，计算可得：

$$y = \overline{\Delta c} = \frac{\sum_{i=1}^{n} \Delta c_i}{n} = 37\mu m \tag{1-9}$$

2. 测量不确定度分量来源

包括同轴度测量重复性引入不确定度分量，电感位移传感器分辨力引入不确定度分量，径向回转误差引入不确定度分量，轴向回转误差引入不确定度分量，直线运动导轨引入不确定度分量，调心调倾工作台引入不确定度分量。以上不确定度分量分别命名为 u_1，u_2，u_3，u_4，u_5，u_6。

3. 标准不确定度评定

（1）同轴度测量重复性引入不确定度分量。
用 A 类方法评定，结果如下：

$$u_1 = \frac{s(\Delta c)}{\sqrt{n}} = 1.8\mu m / \sqrt{6} \approx 0.73\mu m \tag{1-10}$$

（2）电感位移传感器分辨力引入的标准不确定度分量。
采用 B 类方法评定，传感器分辨力为 0.1 μm，按均匀分布，100%置信概率，k 取 $\sqrt{3}$，则由此引入的标准不确定度为：

$$u_2 = \frac{a}{\sqrt{3}} = (0.1/2)\mu m / \sqrt{3} \approx 0.03\mu m \tag{1-11}$$

（3）径向回转误差引入不确定度分量。
采用 B 类方法评定，轴系径向回转误差为 0.18 μm，按均匀分布，100%置信概率，k 取 $\sqrt{3}$，则由此引入的标准不确定度为：

$$u_3 = \frac{a}{\sqrt{3}} = (0.18/2)\mu m / \sqrt{3} \approx 0.05\mu m \tag{1-12}$$

（4）轴向回转误差引入不确定度分量。

采用 B 类方法评定，轴系轴向回转误差为 0.1 μm，按均匀分布，100%置信概率，k 取 $\sqrt{3}$，则由此引入的标准不确定度为：

$$u_4 = \frac{a}{\sqrt{3}} = (0.1/2)\mu m / \sqrt{3} \approx 0.03\mu m \tag{1-13}$$

（5）直线运动导轨引入不确定度分量。

采用 B 类方法评定，直线运动导轨直线度误差为 5.63 μm，按均匀分布，100%置信概率，k 取 $\sqrt{3}$，则由此引入的标准不确定度为：

$$u_5 = \frac{a}{\sqrt{3}} = (5.63/2)\mu m / \sqrt{3} \approx 1.63\mu m \tag{1-14}$$

（6）调心调倾工作台引入不确定度分量。

采用 B 类方法评定，调心调倾工作台最小调整量为 0.2 μm，按均匀分布，100%置信概率，k 取 $\sqrt{3}$，则由此引入的标准不确定度为：

$$u_6 = \frac{a}{\sqrt{3}} = (0.2/2)\mu m / \sqrt{3} \approx 0.06\mu m \tag{1-15}$$

4. 合成标准不确定计算

因为 u_1、u_2、u_3、u_4、u_5、u_6 之间互不相关，因此：

$$u_c = \left(u_1^2 + u_2^2 + u_3^2 + u_4^2 + u_5^2 + u_6^2\right)^{1/2} = 1.79\mu m \tag{1-16}$$

5. 扩展不确定度计算

在工作台台面 600 mm 范围内：

$$U = k \times u_c = 2 \times 1.79\mu m = 4\mu m \ (k = 2) \tag{1-17}$$

6. 测量不确定度报告

经以上分析，同轴度如下：

$$y = \overline{\Delta c} = \frac{\sum_{i=1}^{n} \Delta c_i}{n} = 37\mu m, \quad U = k \times u_c = 4\mu m \ (k = 2) \tag{1-18}$$

1.3　国防军工与军事计量

20 世纪 50 年代初，在抗美援朝战场上使用的国产无坐力炮发生膛炸、近炸等严重事故。事故发生的原因主要是当时我国还没有建立统一的长度计量标准和有效的量值统一制度，致使制造出来的火炮和炮弹的口径量值不一致。血的教训让国防工业部门认识到计量的重要性，并决定在我国创建国防工业计量体系。1952年国防工业部门建立了第一个专门从事枪炮口径量规和枪弹/炮弹尺寸样板研究、制造及测量工作的计量机构——精密计量室，应用精确的校准样板来统一不同厂家军工产品的量值，后来以此为基础组建了航空工业部第三〇四研究所（即现在的北京长城计量测试技术研究所），专门从事国防计量技术研究，以保证我国军工企业量具与计量单位的量值统一、准确和正确使用，从而保证武器装备的生产制造质量。1955年国防工业主管部门颁发计量规定和条例，开始实施强制性的周期检定工作。为发展"两弹一星"尖端武器装备，1957年国防尖端技术计量应运而生，聂荣臻元帅把计量列为国防尖端技术"开门七件事"之一，负责人是钱学森。60年代，根据发展国防尖端技术的需要，经中央军委批准，国防科委成立了标准计量局，进一步加强了国防尖端技术系统计量工作的组织领导，促进了国防科技计量工作的发展。80年代，国防科委和国防工办合并成立国防科工委，实现了尖端与常规、生产与使用的统一管理，国防工业计量和国防科技计量实现了统一管理，并与军队计量一起形成国防计量力量。1983年成立国防计量的第一计量测试研究中心和第二计量测试研究中心，以及长热力计量一级站、电学计量一级站、真空计量一级站、放射性计量一级站。1985年建立了第一计量测试专业组（长度、热学、力学、光学、化学、放射性专业）和第二计量测试专业组（无线电、时间频率、微波、电磁学专业）。1998年随着国务院机构改革的体制变化，国防科技工业的计量工作称为"国防军工计量"。国防军工计量是实现国防科技工业产品和现代化武器装备量值准确一致、测量数据可靠的全部管理和技术活动，包括了国防科技工业系统在武器装备和军工产品科研、生产、服务全过程中，保证计量单位统一、量值准确一致的全部理论和实践。国防军工计量除了具有计量学的统一性、科学性、准确性、法制性等基本特点外，还具有技术先进性、保障基础性、服务公益性和任务保密性。

1983年11月全国第一次国防计量工作会召开，聂荣臻元帅致贺信时强调："建国后，我们早在五六十年代，即向现代化进军时起，就着手筹建了组织，开展了计量工作。虽然当时有人嫌麻烦，不愿管这件事，但我们还是坚持要抓好管好。因为，科技要发展，计量须先行。这个道理，我们祖先在两三千年前就已懂得，所谓'不以规矩，不能成方圆'，这是孟子的话。那时已讲究计量标准了。科学技术发展到今天，可以说，没有计量，寸步难行。计量就是现代化建设中一项必不可少的技术基础。国防计量更是重要，我希望国防计量工作者要懂得自己身负重责，要为确保武器装备的质量而努力奋斗，要为国防现代化继续贡献力量！"由此可见，聂荣臻元帅明确提出"科技要发展　计量须先行"，并为此专门题词，见图1-11左图。

与国防军工计量密切相关的是军事计量，或称军队计量工作，基本任务是按照计量法律法规和其他有关规定，构建完整的量值溯源传递体系，对装备和检测设备开展计量检定、校准、测试，确保其计量单位统一和量值准确可靠。所谓的"量值溯源传递体系"是指为实现计量单位统一和量值准确可靠，通过建立一条具有规定不确定度的不间断比较链，使装备和检测设备的量值最终与国家或国际计量基准联系起来的体系。2020年12月，国防部网站发布信息，新修订的《军队计量条例》着眼联合作战计量保障需求，构建整体优化、协同高效的计量管理体系、技术体系和监督制度体系。既然军事计量是军事领域中确保装备和检测设备计量单位统一、量值准确一致和测量结果正确可信的全部活动，那就必须涵盖装备论证、研制、试验、生产、采购、使用、维修等各个阶段[13]。从学科研究的角度看，计量学包括测量理论和实践的所有方面，不论应用领域和测量不确定度大小，而军事计量学正是针对军事领域的测量及其应用的科学。

回顾历史，国防军工计量与军事计量工作相伴而行、密不可分，二者在最终目标上是统一的。国防军工计量侧重武器装备的研制、试验、生产，而军事计量关注武器装备的全寿命各阶段，首先应当从计量源头上对国防军工计量发挥牵引和指导作用，最终贯通装备研制论证、试验鉴定、装备采购、使用保障和维修全过程。国防军工和军事计量工作的目的是要保证武器装备在全寿命各阶段量值准确统一，测量数据可靠，实现武器装备的战术技术性能，确保武器装备的质量和可靠性，这就对计量工作提出了更高的要求。随着武器装备的发展和科学技术的进步，国防军工和军事计量工作从无到有、从小到大，从分散到统一、从经验到科学，逐步发展成为涵盖几何量、无线电、时间频率等多专业，贯穿装备论证、研制设计、试验鉴定、生产制造、使用保障等全寿命周期，覆盖作战、后勤、装备等多领域的现代化计量体系。下面，重点介绍国防军工计量体系的组成及其现状[1]。

（1）计量监督管理体系。国防军工计量监督管理体系是指在国防科技工业系统内，依照计量法律法规和有关制度对计量的有效性进行检查监督的工作体系。长期以来，国防军工系统十分重视计量监督管理体系的建设，已形成了一个比较健全的国防军工计量监督管理体系，从而保证武器装备研制、试验和生产全过程的量值准确统一，测量数据可靠。为加强国防军工计量的法制化管理和规范化管理，先后成立了国防科工委计量考核办公室，负责计量标准和计量人员考核工作；成立国防科技工业军工计量测试标准化委员会，负责计量技术法规和标准的制定审查工作；成立国防专用标准物质定级鉴定委员会，负责标准物质定级鉴定与技术咨询工作；成立国防科技工业实验室认可委员会，负责校准实验室和检测实验室认可工作；成立国家计量认证国防评审组，负责实施实验室计量认证工作。随着形势和任务的变化，相关职能机构也会不断优化调整。

（2）计量技术体系。计量技术体系是指为武器装备和其他军工产品提供量值传递溯源、实施计量保证和计量技术服务的保障工作体系。先后建立了计量测试研究中心、一级计量技术机构、二级计量技术机构，以及企业事业单位的计量技术机构；建成了国防最高计量标准，区域最高计量标准，以及军工企事业单位最高计量标准；形成了整体协调、布局合理、专业配套、水平先进、管理科学的适应国防科技工业和武器装备发展需求的国防军工特色保障体系。先进计量技术是推动装备自主创新发展的技术基础，必须加大技术攻关实现高精度测量，例如北斗卫星导航系统配置了新一代原子钟，通过提升原子钟性能从而提升了卫星性能。原子钟利用原子跃迁频率稳定的特性保证产生时间的精准性，目前国际上主要有铷原子钟、氢原子钟、铯原子钟等。氢原子钟虽然质量和功耗比铷原子钟大，但稳定性和漂移率等指标更优。国产氢原子钟 2015 年完成首次在轨应用验证，为北斗卫星导航系统提供了有力的技术支撑，至今功能性能都十分稳定。由于原子钟的精度极高，使得北斗卫星导航系统可以达到几百万年至上千万年才偏差 1 秒。星载原子钟的在轨应用，对实现北斗导航定位目标发挥了重要作用。图 1-11 右图为典型的星载原子钟图片。

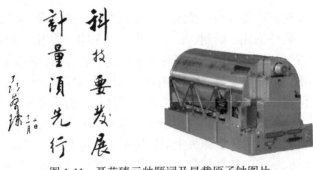

图 1-11　聂荣臻元帅题词及星载原子钟图片

（3）计量法规体系。计量法律法规主要包括国家《计量法》以及国务院、中央军委制定的规范计量工作的条例、办法等，还有军队或国家有关部门颁发的各种计量管理规定、办法和国家军用标准、计量技术规范等，都对计量工作提出了管理性要求，应当遵照执行。其中，国防军工计量法规体系按其适用范围不同分为三个层次：①国防计量法规即《国防计量监督管理条例》，是根据国家《计量法》专门制定的国防军工系统的最高计量法规。②国防计量规章，主要包括《国防科技工业计量监督管理暂行规定》《国防科技工业计量标准器具管理办法》《国防科技工业专业测试设备计量管理办法》《国防专用标准物质管理办法》《国防科技工业计量检定人员管理办法》《国防科技工业计量监督实施办法》等配套规章，国家军用标准等计量技术法规性文件，计量检定人员考核规范、计量标准器具考核规范、计量监督检查细则等指导性文件。③各军工企业集团公司内部适用的规章。经过多年努力，国防军工系统已基本形成了以计量管理规章、计量技术标准构成的国防计量法规体系，为国防计量法制化建设和法制管理创造了必要条件。

（4）量值传递与溯源体系。测量器具的量值传递、量值溯源，是计量管理的重要环节和主要活动，对确保量值准确可靠起着十分重要的作用。①量值传递。量值传递是指通过对测量器具的检定或校准，将国家基准所复现的单位量值通过各级计量标准传递到工作计量器具，以保证被测量的量值准确和一致性。量值传递必须按计量器具检定系统表自上而下进行。计量测试研究中心、一级计量技术机构建立国防最高计量标准，其量值接受国家计量基准的传递，然后将国防最高计量标准的量值传递到二级计量技术机构，由二级计量技术机构将最高计量标准的量值传递到企业的最高计量标准，再由企业将最高计量标准的量值传递到工作测量器具，直到最终的产品。②量值溯源强调从下至上寻求更高的计量标准，直至国家基准。在量值溯源时，必须考虑溯源链中每一级测量不确定度的影响。当上一级计量标准的不确定度为被检定的测量器具允许误差极限的 $1/10 \sim 1/4$ 时，其影响可以忽略不计。当计量标准的测量不确定度的累积影响不能满足量值传递要求时，可以越级溯源。③国防科技工业计量器具等级。根据法规要求，国家未制定计量检定系统表的，应制定国防科技工业计量器具等级图。该等级图由国防科学技术工业委员会组织制定颁布，对从国防最高测量标准到各级其他测量标准直至工作测量器具的检定主从关系作出明确的技术规定。国防科技工业计量器具等级图是国防计量器具的量值传递图，基本要素包括计量标准名称、计量标准主标准器名称、标称值或测量范围、不确定度或允许误差、量值传递方法名称等。

1.4 航空装备与计量

世界各国空军是主要遂行空中作战任务的军种，通常包括航空兵、防空兵、雷达兵、空降兵等。其中，航空兵是空军的主体，是空军遂行作战任务的主体力量，可分为战略航空兵、歼击航空兵、强击航空兵、轰炸航空兵、运输航空兵、侦察航空兵、支援作战航空兵等。从装备的视角看，航空装备是空军装备的主体。下面简要介绍航空装备，并对航空装备计量（不是传统意义上的地面设备计量）工作进行讨论。

1.4.1 航空装备简介

作为空军装备的主体，航空装备是航空器及航空器上各种装备的统称[14]。一般指飞机（广义的飞机可包含直升机、无人机）、航空发动机、机载武器、航空电子设备、空中侦察设备、空中加油设备、空中电子对抗设备、空降设备、救生设备等。

1.4.1.1 飞机

1. 歼击机

歼击机是主要用于拦截和摧毁敌方空中目标、空战、夺取制空权的飞机，习惯上称之为战斗机。战斗机可歼灭的空中目标种类繁多，包括轰炸机、攻击机和巡航导弹，以及预警机、护航战斗机、空中优势战斗机、高空侦察机和电子干扰机等。战斗机一直是各国空军重点发展的机种，喷气式战斗机如 F-22、F-35 飞机（图 1-12）。随着航空技术的不断发展，现代战斗机已能执行空中优势、防空截击、纵深遮断和近距空中支援等多种任务。在不久的将来，跨代战斗机即将出现，作为未来分布式空中作战体系中具有远程、穿透、强感知、强火力和快速决策能力的强有力的骨干节点平台，其形态将颠覆对传统战斗机概念的认知，必将带动空中作战样式和航空科技与产业的新一轮革命。

图 1-12 F-22 与 F-35 战斗机

2. 轰炸机

轰炸机是专门用于对地面、水面（水下）目标实施轰炸的飞机，具有航程远、突击能力强的特点，是航空兵实施空中突击的主要机种。轰炸机按航程分为远程（8000 km 以上）、中程（3000~8000 km）和近程（3000 km 以下），按载弹量可分为重型（10 t 以上）、中型（5~10 t）和轻型（3~5 t），按速度可分为亚声速轰炸机和超声速轰炸机，按遂行任务范围可分为战略轰炸机和战斗轰炸机。继经典的隐身战略轰炸机 B-2 之后，2020 年初美国空军又发布了新的 B-21 隐身战略轰炸机（图 1-13）。B-2 轰炸机的典型特征是隆起的机背进气道，而 B-21 的进气道为埋入式，隐身性能更为优异，可有效减小正面的雷达反射截面积，同时减小飞行阻力，有助于提升速度。B-2 驾驶舱为四片式风挡，而 B-21 改为两片式风挡，优化了驾驶舱的视野，也减轻了结构重量。

图 1-13　B-2 与 B-21 隐身轰炸机

3. 运输机

运输机是实施军事空运的主要装备，可以空运军用物资、军事装备和人员，空投军用物资、军事装备和伞兵等，同时可作为改装预警机、加油机、侦察机、电子战飞机等特种飞机的平台。现代军用运输机可分为战略运输机和战术运输机。战略运输机承担远距离、大量兵员以及大型、重型武器装备运输任务，战术运输机主要运输中近距离的兵员、物资和中小型武器装备。现代高技术局部战争的突发性强、作战节奏快、作战空间广，在民族矛盾突出、边境冲突不断、局部战争多发的现实条件下，军用运输机成为军队空中立体推进、大纵深快速机动的基本平台，必须能够快速投送兵力和装备物资并迅速形成战斗力。军用运输机未来发展重点提升宽体运输机装运能力，提高运载大量人员和轻型装甲战斗车辆的能力，以及超低空空投中型和轻型作战装备的能力。

4. 特种飞机

预警机装有远距离搜索雷达、数据处理、敌我识别以及通信导航、指挥控制、电子对抗等完善的电子设备，集侦察、通信、指挥、控制等功能于一体，在提供预警信息、快速反应、机动部署方面具有独特的优势。未来重点发展固态有源相控阵预警雷达，从单一的主动监视改为主/被动监视，将微波雷达或激光雷达和被动红外传感器结合起来；推动载机平台多样化，机载任务系统不断升级，功能更加完善。

侦察机装有电子侦察设备，并借此截收敌方电磁波，是专用于搜集对方军事情报的军用飞机，具有高空、高速、远航的优良性能和良好的隐秘性，是现代战争中的主要侦察工具之一。侦察机装有航空照相机、图像雷达、摄像仪及红外、微波等电子光学侦察设备，有的还装有实时情报处理设备和传递装置，可进行目视侦察、成像侦察和电子侦察。

电子战飞机包括电子侦察飞机、电子干扰飞机和反雷达飞机等，是专门用于对敌方雷达、电子制导系统和无线电通信设备进行电子侦察、电子干扰和攻击的飞机。其主要任务是使敌方的防空体系失效，掩护己方飞机完成作战任务。

空中加油机是专门用来为飞行中的其他飞机补充燃油的作战保障机种，是现代空战体系中的力量倍增器，典型的空中加油机如图 1-14 所示。空中加油机增大了作战飞机的活动半径、滞空时间及相对的载弹量，更重要的是提高了作战飞机的连续进攻和远程作战能力。

图 1-14　KC-135 加油机与伊尔-78 加油机

5. 教练机

教练机是用来培养飞行员的机种，是飞行员成长的摇篮，是空军战斗力生成和发展的基本手段。军用教练机有活塞式、涡桨式和喷气式，其中型号最多的是喷气式教练机。新一代高级教练机可以兼顾攻击机或轻型战斗机的作战使命，还可衍生为攻击机、轻型战斗机。

6. 直升机

直升机是一种主要由动力驱动的旋翼产生升力、纵横向拉力及操纵力矩的航空器，能垂直起降、定点悬停和回转，并能前飞、后飞和侧飞，不需要专用跑道，能在舱外吊运物资，还能贴近地面作机动飞行。按照不同的任务要求，直升机大致可以分为运输直升机、武装直升机、战场勤务直升机、教练直升机等。其中武装直升机是配有机载武器系统并用于执行战斗任务的一种专用直升机（图 1-15 左图），根据作战任务不同，现代武装直升机分为反坦克、反潜、反舰，火力支援和空战等类型；战场勤务直升机是配备专用机载设备完成特定战场勤务（如侦察、电子对抗、通信、校射、布雷、扫雷、营救）的直升机，简称战勤直升机。

7. 无人机

军用无人机是用遥控设备或自备程序控制装置操纵的无人驾驶飞机。大多数无人机是专门设计的，也有用有人驾驶飞机或导弹改装的。无人机的使用需要一套专用设备和装置，这些与无人机构成一个完整的系统，称为无人机系统，具体包括若干架无人机、控制站、信息接收/处理/传输系统、起飞/回收装置等。军用无人机主要执行侦察、监视、通信、反潜、骚扰、诱惑、电子对抗和对地攻击任务，还能用于靶机、校正弹着点、军事测绘等，特别适宜执行危险性高的任务。与有人驾驶飞机相比，无人机机动性高、隐蔽性好，结构简单、重量轻、尺寸小、成本和使用费用低，并能完成有人驾驶飞机不宜执行的某些任务。随着微电子技术、计算机技术、制导控制技术及新材料技术的发展，军用无人机在现代战争中运用越来越广，必将发挥越来越重要的作用。图 1-15 右图所示为无人机编队。

图 1-15　武装直升机及无人机编队

1.4.1.2　航空发动机

飞机早期的动力装置是活塞式发动机和螺旋桨的组合，直到第二次世界大战末期，燃气轮机才被用作飞机的动力装置并得到广泛应用。目前，航空发动机通常有五种基本类型，即活塞发动机、涡轮喷气（涡喷）发动机、涡轮风扇（涡扇）发动机、涡轮螺旋桨（涡桨）发动机和涡轮轴（涡轴）发动机。其中活塞发动机主要优点是技术成熟、价格低，主要缺点是功率提高受到限制，功重比低、振动大。涡喷涡扇发动机的工作方式是把燃料燃烧产生的热能转变为喷射气流的动能，涡轴涡桨发动机则是把燃料燃烧产生的热能转变为发动机输出轴上的机械能，因此在发动机结构形式上有很大不同。

涡喷发动机由进气道、压气机、燃烧室、燃气涡轮和尾喷管组成，发动机的全部推力来自高速喷出的燃气流所产生的反作用力。涡喷发动机的主要优点是速度特性好，在相同推力下发动机的迎风面积小，主要缺点是低速飞行时耗油率大。

涡扇发动机又称内外涵发动机，是介于涡喷和涡桨之间的一种发动机，由两个同心圆筒的内涵道和外涵道组成，在内涵道中装有涡喷发动机的压气机、燃烧室和涡轮，在外涵道中装有内涵转子带动的风扇，如图 1-16 所示。涡扇发动机的推力是内、外涵道气流反作用力的总和，内、外涵道空气流量之比称为涵道比或流量比。

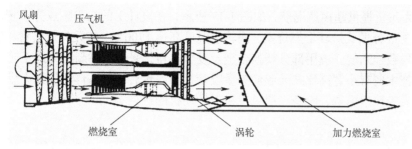

风扇　压气机

燃烧室　涡轮　加力燃烧室

图 1-16　涡扇发动机结构简图

与涡喷发动机相比，涡扇发动机主要优点为：涡扇发动机不加力推进效率高，耗油率低，且涵道比越大，不加力耗油率越低；全加力推力与不加力推力的比值较涡喷发动机大，即加力比大；由于涡扇发动机有外涵道，对发动机燃烧室、涡轮形成隔热作用，壁温低，有利于在飞机上安装；不加力工作时，发动机喷气速度小，噪声低。但涡扇发动机也有其缺点：风扇直径大，在相同推力下发动机的迎风面积大；不加力条件下速度特性不如涡喷发动机，特别是涵道比较大时，随着飞行速度的增大其推力下降较快。

涡桨发动机是在涡喷发动机的基础上发展的一种在压气机前面装有螺旋桨的喷气式发动机，属于混合推进的动力装置。涡轮除带动压气机供给发动机所需的空气外，还带动螺旋桨产生飞机前进的拉力。

涡轴发动机是燃气通过涡轮（自由或定轴）驱动转轴输出功率的燃气涡轮喷气发动机，主要用作直升机的动力装置。自由涡轮发动机在燃气发生器后面装有专为输出功率用的自由涡轮，通过传动轴带动直升机旋翼旋转或带动其他负荷。与活塞发动机相比，涡轴发动机的主要优点是功率大、功重比高，主要缺点是结构复杂、价格高。

下面以涡扇发动机为例，介绍其发展历程[15]。第一代涡扇发动机是 20 世纪 60 年代末、70 年代初发展起来的，第一台用于战斗机的加力涡扇发动机 TF30 于 1967 年 10 月进入美国空军服役。这一代发动机的性能水平还比较低，推重比只有 5～6。西方国家在研制这一代涡扇发动机时，通常也花费 5~7 年的时间。第二代涡扇发动机是 20 世纪 70 年代中后期、80 年代发展起来的，用于配装第三代战斗机，第一台高性能的第二代涡扇发动机 F100 于 1974 年 11 月进入美国空军服役。第二代涡扇发动机是当前世界各国广泛使用的军用航空发动机，这一代发动机性能较高，可靠性、维修性、耐久性好，作战适用性强，除 M53-P2 的推重比为 6.6、不加力耗油率为 0.9 kg/(daN·h) 外，其他发动机的推重比都达到 7.5～8.0，不加力耗油率都降至 0.6～0.8 kg/(daN·h)。第二代涡扇发动机在设计上的突出特点有：中等涵道比（0.6～1.0），短环形燃烧室，涡轮前温度高（1300～1400℃），收/扩喷管，单元体设计，带有状态监控的数控系统，应用部分新型合金及复合材料等。第二代涡扇发动机结构比较复杂，在研制中通常走从验证机到原型机的发展道路；而且在原型机研制成功之后，还在进行不断的改进改型。这一代涡扇发动机的研制，从验证机研制开始到原型机研制结束，通常用 10 年左右的时间，研制费用达 4 亿～5 亿美元。第三代涡扇发动机是 20 世纪 90 年代发展起来的，用于配装第四代先进战斗机。代表机型有美国的 F119（配装 F-22）、法国的 M88-2（配装"阵风"）、西欧四国（英国、德国、意大利、西班牙）的 EJ200（配装 EF2000）等。以 F119 为例，推重比超过

10，能够为飞机提供超声速巡航，如图 1-17 所示，在设计上的突出特点为小涵道比（只有 0.2~0.3），浮壁式短环形燃烧室，涡轮前温度高达 1700℃，二元矢量喷管，第三代双余度全权限数控系统，应用部分新型合金及复合材料，采用多种新型先进工艺等；采取的隐身措施主要有小宽高比二元俯仰矢量喷管，与涡轮后框架一体化的加力燃烧室设计及冷却，尖锥风扇帽罩，隐身涂层，飞机对发动机的遮挡等。

图 1-17　F119 发动机示意图

下一代涡扇发动机及其在下一代飞机上应用的设想，以自适应多用途发动机 ADVENT 为例，如图 1-18 所示[16]，其进/排气系统与传统发动机相比有明显的不同，进气道采用非规则横截面的大弯曲 S 形流道，这将有利于降低进气系统的雷达散射特征；排气系统采用 S 形二维喷管，可以同时降低雷达特征和红外特征；从外涵道引气对排气系统高温表面进行冷却，可进一步降低其红外特征。发动机进气道唇口形面与前机身高度融合，喷管的出口与后机身高度融合，在很大的视角范围内对进/排气系统及其内部结构进行遮挡，这样设计的飞机既具有良好的气动特性，又具有良好的隐身性。

1.4.1.3　机载武器

1. 空空武器

空空武器包括空空导弹、空空火箭弹、航空炮弹等，其中空空导弹是从军机上发射用于攻击敌方各类有人无人飞机、来袭导弹等空中目标的导弹，是歼击机的主要武器，也可用作歼击轰炸机、强击机、直升机的空战武器，还可作为加油机、预警机的自卫武器。

空空导弹是现代空战的主要利器，谁拥有先进的空空导弹，就拥有了决定空战胜负的拳头力量，进而影响整个战争的进程[17]。第四次中东战争中，阿拉伯国家在空战中被击落 331 架飞机，其中 81% 是被空空导弹击落的。英阿马岛战争中，英国的"鹞"式舰载攻击机发射空空导弹 27 枚，击落阿根廷"幻影"等战机 25 架，命中率高达 93%。

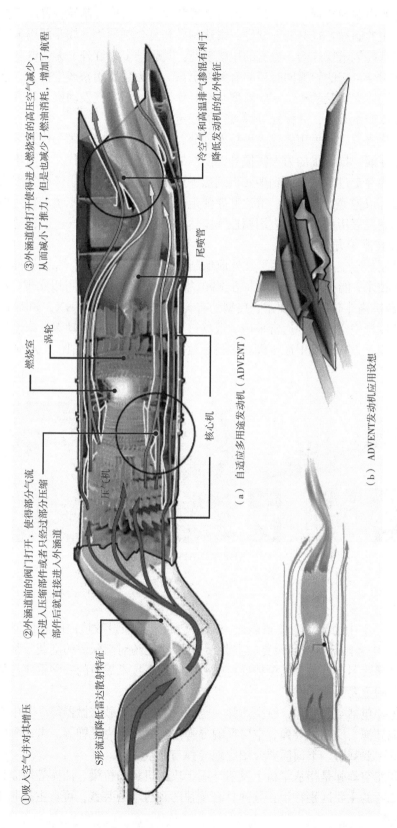

①吸入空气并对其增压

②外涵道前的阀门打开，使得部分气流不进入压缩部件或者只经过部分压缩部件后就直接进入外涵道

③外涵道的打开使得进入燃烧室的高压空气减少，从而减小了推力，但是也减少了燃油消耗，增加了航程

冷空气和高温排气掺混有利于降低发动机的红外特征

尾喷管

燃烧室

涡轮

核心机

压气机

S形流道降低雷达散射特征

（a）自适应多用途发动机（ADVENT）

（b）ADVENT发动机应用设想

图 1-18 下一代发动机及其配装隐身飞机设想图

空空导弹主要由制导装置、战斗部、动力装置和弹翼等组成。制导装置用于控制导弹跟踪目标，常用的制导方式有红外制导、雷达制导和复合制导等。战斗部用来直接毁伤目标，多数装有高能常规炸药，也有的用核装药。其引信多为红外、无线电和激光等不同类型的近炸引信，有的导弹同时还装有触发引信。动力装置用来产生推力，推动导弹飞行，多采用固体火箭发动机，一些新型空空导弹采用冲压喷气发动机，具有更好的机动性。弹翼用以产生升力，并保证导弹飞行的稳定性。

按照导弹的攻击方式和采用的标志性技术划分，空空导弹已走过第一代到第四代的发展历程，探测性能、抗干扰能力大幅提升，使空战进入了超视距时代，目前正在发展第五代。红外型导弹走过了从单元到多元再到焦平面阵列探测器的导引体制发展历程，正在向多波段红外成像等方向发展。雷达型导弹走过了从波束制导到半主动雷达再到主动雷达的导引体制发展历程，正在应用相控阵雷达制导技术，向多频段主动雷达、共口径雷达/红外多模技术等方向发展。

第四代红外制导空空导弹，采用了红外成像制导、小型捷联惯导、气动力/推力矢量复合控制等关键技术，能有效攻击载机前方±90°范围的大机动目标，可以实现"看见即发射"，降低了载机格斗时的占位要求，典型的有美国"响尾蛇"AIM-9X，如图 1-19 左图。第四代雷达制导空空导弹，通常采用"数据链 + 惯性中制导 + 主动雷达末制导"复合制导，具有超视距发射、发射后不管和多目标攻击能力，图 1-19 右图为 AIM-120 空空导弹。

图 1-19　AIM-9X 空空导弹与 AIM-120 空空导弹

2. 空面武器

现代战争中，空中力量的主要贡献之一是用空面武器摧毁敌境内的高价值目标。1991 年海湾战争中多国部队对伊拉克的空袭，1999 年北约对南联盟的空袭，都充分证明：利用精确制导武器进行远程纵深精确打击，已成为高技术战争的一种重要作战模式和制约战争胜负的重要因素。

空面武器主要包括空面导弹、航空炸弹、空面火箭弹和机载布撒器等。其中空面导弹又可分为空地导弹、反辐射导弹、空射反舰导弹、空射反坦克导弹等。考虑到空军地面目标所面临的主要威胁，下面简要介绍空地导弹与航空炸弹。

空地导弹和航空炸弹是指从军机上发射，用于攻击机场、桥梁、油库等地面目标的导弹或炸弹，二者的主要区别在于：导弹具有单独的飞行动力装置，可自主控制飞行，具备区域外远程打击能力；炸弹仅有飞行控制装置，只能通过调整尾翼等控制飞行轨迹，一般不具备区域外远程打击能力。

空地导弹普遍采用物理毁伤技术，而航空炸弹可采用特殊的毁伤技术并形成了一些特殊用途炸弹，如电磁脉冲炸弹、碳纤维炸弹、燃料空气炸弹及温压弹等。碳纤维炸弹属定位制导的集束炸弹，用于攻击敌电力设施。燃料空气炸弹通过燃料气溶胶云团产生的剧烈爆炸或化学反应，用于摧毁敌隐藏在坑道和掩体内的指挥中心。温压弹通过固体炸药气雾剂爆炸粒子云引爆形成极强的爆炸力，主要用于城区和山地作战。

空地制导炸弹是在普通航空炸弹上加装制导装置和气动力控制面，与普通航空炸弹相比拥有较高的效费比，可实现对目标的精确轰炸，减少附加伤亡，而且可以充分利用库存常规炸弹进行改装。无论越南战争期间美军轰炸清化大桥，还是海湾战争期间美军摧毁巴格达附近的桥梁，都充分证明了激光制导炸弹的精确打击威力。

随着地面防空火力的不断增强和防空范围的不断扩大，为了提高载机安全性，载机配备的空面武器更加强调防区外打击。采用加装小型推进器和可折叠式长翼展弹翼滑翔技术，可使航空炸弹具备防区外攻击能力，从而大幅提高载机的生存能力和持续打击能力。

图 1-20(a)为洛克希德·马丁公司 JASSM 导弹攻击地面目标的试验图片。他们还研发了增程型联合空面防区外导弹 JASSM-ER，以涡扇发动机取代涡喷发动机，射程达到 926 km，可打击敌纵深地区的高价值目标，是目前世界上射程最远的空地导弹之一，2018 年初美国空军已将 JASSM-ER 配装 F-15E 歼击机。2020 年 2 月美国空军宣布取消高超声速常规打击武器 HCSW 项目，转而重点发展 AGM-183A 空射快速响应武器 ARRW 项目，原因是后者体积更小、挂载方便，如图 1-20(b)。俄罗斯研制的"匕首"导弹，2018 年在米格-31 战斗机上完成了作战试验，如图 1-20(c)，作为一型具有精确制导打击能力的高超声速导弹，可携带常规战斗部或核战斗部，打击固定目标以及航空母舰、巡洋舰等移动目标。

(a)　　　　　　　　　　(b)　　　　　　　　　　(c)

图 1-20　JASSM 导弹、AGM-183A 导弹和"匕首"高超声速导弹

1.4.1.4　机载设备

1. 机载电子设备

机载电子设备是军用飞机的重要组成部分，是发挥飞机效能、提高战斗力的重要手段。早期的机载电子设备主要有机载雷达、无线电通信导航设备及电子显示器等。随着

作战需求的牵引和科技的发展，新的机载电子设备不断涌现，如惯性导航设备、光电探测设备、电子对抗设备等，其功能逐渐增强、性能不断提升，大量高新技术的应用使机载电子设备占整个飞机造价的比例越来越高，如F-16A飞机机载电子设备的价格占飞机总价的19%，而F-22飞机机载电子设备价格占飞机总价的43%。

　　航空电子系统是飞机完成作战使命任务的重要系统，主要实现通信导航、电子对抗、火力控制、任务计划管理、座舱显示与控制、飞行控制与管理以及状态监控、检测、记录、告警等功能，已经成为衡量现代作战飞机先进性的重要标志。战斗机的航空电子系统是在火力控制系统的基础上发展起来的，先后经历了瞄准具火控系统、平显/武器瞄准火控系统、综合火控系统和航空电子系统阶段，形成了集火控、电子战、通信导航、显示控制等多功能于一体的航空电子系统，其系统结构也由分立式发展到综合式。综合化、模块化、智能化航空电子系统，已配装在第四代作战飞机上，其典型构型如图1-21所示。随着高速微处理器、单片微波集成电路、专家系统和人工智能技术的发展，以及射频元器件、相控阵和共形天线技术的进步，航空电子系统将向更高层次的综合化和智能化方向发展。

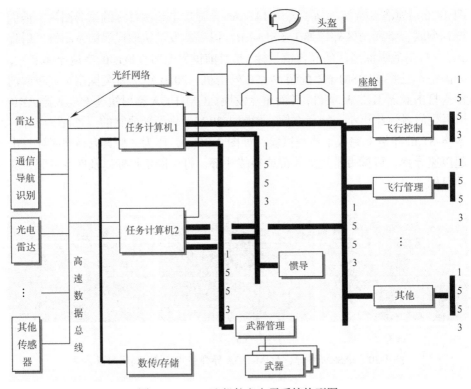

图 1-21　F-22 飞机航空电子系统构型图

　　座舱显示控制系统是飞行员与飞机之间交换信息的人机界面，如图1-22左图所示。驾驶员主要依靠视觉观察显示器获取信息，依靠手操纵开关、旋钮、手柄发出指令。显示控制系统作为飞行员与载机信息交互的主要手段，直接关系到飞行员战技水平和飞机作战能力的发挥。战斗机座舱显示控制技术经历了由机电到电子、由硬线连接到总线多路传输、由空分制到时分制、由专用到多功能、由分立到系统的漫长发展过程。例如 F-22、F-35 等飞机座舱的显示控制系统是在上一代飞机基础上，采用有源矩阵彩色液晶显示器、战术情况显示器、头盔显示器、平视显示器、触敏显示屏和话音识别/合成等新技术，使综合显示控制系统跨上了一个新台阶。未来飞机显示控制系统以头盔显示器为主，辅以平视显示器了解视距战术情况，用大图像大屏幕显示器了解超视距全局情况，采用握杆操纵控制、触敏控制、头位跟踪和话音识别等技术实现多通道综合控制。

雷达的基本原理是利用目标对电磁波的反射特性，发现目标并测定目标在空间的位置。随着雷达技术的发展，雷达的任务不仅是测量目标的距离、方位角和俯仰角，还包括测量目标的速度，以及从目标回波中获取更多的有关信息。机载雷达不同于地面与舰载雷达，其使用环境苛刻、性能要求特殊，世界上只有为数不多的国家具有机载雷达研制能力。不同航空器的机载雷达按用途大致可分为：多功能攻击火控雷达（或称多功能火控雷达），轰炸、导航雷达，预警雷达，监视与资源勘探雷达，地形回避与地形跟随雷达，气象雷达（航行雷达），多普勒导航雷达、测高雷达，敌我识别雷达及其他二次雷达，雷达告警接收机，进场/着陆雷达。未来军用机载雷达除了担负为各种对空/对面先进武器提供目标信息的使命外，还要应对目标隐身技术和电子战技术的严峻挑战。图 1-22 右图为 F-35 飞机的相控阵雷达。

图 1-22　典型的座舱显示控制系统和相控阵雷达

航空通信装备是航空器之间或航空器与地面站之间通信的设备，实现对航空器的指挥、控制，为飞行人员提供敌情、气象、空中交通管制等信息，保障飞行安全和完成空中飞行任务，按通信频段分为超短波电台和短波电台两大类。航空导航装备用于测定飞机的位置并引导飞机按预定航线飞行和返航着陆，为机载火控系统提供解算信息，通常分为近程导航、远程导航和进场着陆引导，后来又出现了很多新体制的导航装备，如惯性导航、卫星导航、天文导航、地形辅助导航、多普勒雷达导航以及相对导航等；由于各种导航系统单独使用很难满足要求，于是逐渐出现了将多种导航传感器信息融合的组合导航系统。

电子对抗是为了探测敌方无线电电子装备的电磁信息，并削弱或破坏其使用效能所采取的一切战术技术措施。按作战使用方式不同主要分为专用干扰机和自卫电子对抗设备。目前电子战已突破通信、雷达对抗的范畴，扩展到指挥、控制以及光电、水声对抗等领域，出现了利用电磁信号摧毁电子系统的硬杀伤武器，使电子设备由原来的自卫、监视型发展到进攻型。电子对抗技术的未来发展趋势，一是机载自卫电子对抗系统和远距、随队等专用电子干扰机配套发展；二是电子对抗系统高度的综合化、一体化和智能化，例如电子对抗各子系统（探测、告警、干扰等）的综合，雷达对抗系统与光电对抗系统综合，电子对抗系统与机上其他航空电子系统综合；三是系统的小型化、模块化和通用化；四是积极发展导弹逼近告警技术；五是大力发展反辐射武器系统。图 1-23 左图为雷达有源干扰技术中的拖曳式诱饵，右图为红外有源干扰技术中的红外诱饵弹。

图 1-23　拖曳式诱饵系统及红外诱饵弹

2. 机载特种设备

以机载电源系统为例，是飞机操纵系统、燃油系统等重要机电系统及任务电子设备的动力源，尤其是在采用主动控制技术的第三代战斗机及其后的先进飞机上，电源系统的重要性更加凸显。飞机供电系统包含电源系统和配电系统，电源系统主要是低压直流电源系统、交流电源系统及高压直流电源系统。如 F-22 飞机装备了 270V 高压直流供电系统，配电采用了微处理机控制的配电中心和功率控制器等新技术。飞机附件的电气控制主要是对各个舵面的电气控制，已由简单的电气系统发展到电传操纵系统，未来飞机的电力传动将逐渐取代液压传动和气压传动，可能出现全电/多电飞机。

再如飞行参数记录系统，简称飞参系统，能够自动记录飞行过程中重要系统的工作信息和飞机状态参数，并能够在极端条件下完好地保存飞行数据。所记录的飞参数据经过处理后，可为飞机状态监控、故障分析、辅助飞行训练等提供重要手段，特别是发生飞行事故时为事故调查分析提供客观数据支撑。飞参系统主要由采集器、记录器及相关传感器组成，核心部件是具有防护功能的飞行记录器，人们常称作"黑匣子"（Black Box）。此处 Black 的含义不是通常所讲的颜色"黑"，而是因为黑匣子坚固的外壳内部隐藏着能够帮助查明飞行事故原因的大量秘密。事实上，为了便于寻找在意外事件中失落的黑匣子，将其外罩涂成国际标准通用的橙红色，外贴反光条。2009 年法国航空 AF447 号航班的空客 A330 飞机坠入大西洋，导致 228 人遇难，直到 2011 年才在大西洋海底找到飞机残骸，图 1-24 左图为打捞黑匣子的图片，右图展示了在海底发现黑匣子后用机器手抓牢的场景。

图 1-24　AF447 号航班飞行事故后打捞黑匣子的图片

1.4.2　航空装备计量

在航空装备全寿命各阶段中，计量工作能够前伸也必须前伸到型号研制阶段。下面，首先介绍航空装备型号计量师系统的基本情况，然后介绍航空装备计量专业及其典型应用范围，并初步提出航空装备的计量校准体系框架。

1.4.2.1　航空装备型号计量师系统简介

在国防科技工业系统，型号工程的计量保证工作已经开展了多年，在型号实践中积累了丰富的经验，其主要工作是在研制产品时从可行性论证开始就考虑相应的计量测试手段和管理问题，最终保证量值的统一和数据的准确可靠，并确保产品的质量。型号工程计量保证的核心就是计量与型号研制紧密结合，使计量贯穿于科研生产全过程。传统计量工作的工作客体主要是计量器具，型号计量保证工作要求其贯穿型号研制、试验、生产全过程，对全过程的量值、数据进行有效控制。型号工程计量保证工作不仅保证了计量器具的量值准确可靠，而且保证了型号工程从立项论证开始到产品交付使用全过程的量值准确可靠。为做好型号工程的计量保证工作，型号计量师系统工作机制是一种有效的机制，由各级型号计量师组成武器装备型号计量保证工作的系统，称为型号计量工作系统或型号计量师系统。航空装备研制工作是个庞大的系统工程，其系统复杂、技术难度大、相关性极强，承担研制任务的单位要跨系统、跨行业、跨地区、跨部门工作。型号系统总体的最优技术性能必须以各分系统的最佳配合为保证，这就决定了型号计量保证工作具有很强的系统工程特点，需要总体考虑、系统协调。型号计量师系统就是在这种条件下应运而生，其重要作用是传统的计量工作模式和量值传递系统无法做到的。航空装备型号计量师系统的主要职责是[1]：制定型号计量保证大纲，确保有效开展型号研制全过程的计量保证；组织召开型号计量师系统工作会议，编制计量师系统的工作计划，审批型号计量保证工作的有关文件或制度；参与型号方案论证、重要测试设备引进和技术改造等计量保证条件的评审工作，确保相应的计量保证条件充分落实；组织进行型号设计、试验和生产定型前所用测试设备和测试方法的计量审查工作，确保测试设备和测试方法的有效性；对型号各承制单位计量保证工作实施监督，并向型号管理部门汇报情况。

1.4.2.2 航空装备计量专业类别及其典型应用

在计量领域通常分为几何量、热学、力学、电磁学、无线电电子学、时间频率、电离辐射、光学、声学、化学等十大专业，在此结合航空装备特点选取典型计量专业进行举例说明，如图 1-25 所示。随着航空装备及计量技术的进步，这些专业还将不断扩展，例如多参数综合校准、系统级校准、在线校准、现场校准、动态校准等先进技术。下面从计量专业分类的角度，简要论述计量技术在航空装备领域的典型应用[1]。

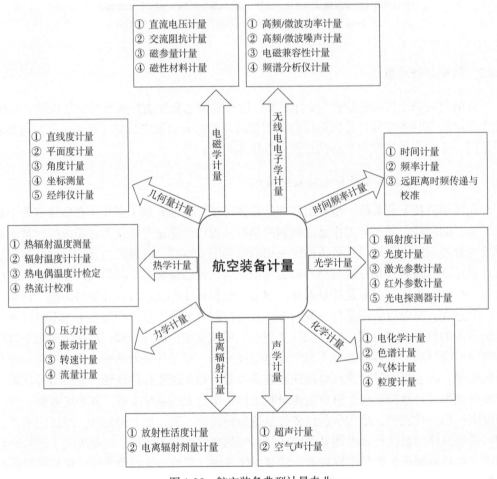

图 1-25　航空装备典型计量专业

1. 几何量计量专业

长度量已涉及纳米领域，例如纳米位移传感器校准、超高精度粗糙度校准、平面度校准，可用于超大规模集成电路的线宽、膜厚、平面网络的校准等；角度量可用于火控瞄准系统、飞机伺服阀和发动机喷嘴的空间轴线夹角测量；大尺寸量用于飞机生产制造，例如经纬仪测量系统、激光跟踪仪校准等。

2. 热学计量专业

在高推重比发动机和高超声速飞行器研制试验中，需要对高速气流和燃气的温度进行测量校准；非接触测量的辐射温度量也非常重要，例如红外、激光和多波长光电测温技术；材料的热物性测量技术，例如特种航空材料的热物性（导热系数、热发射率、红外辐射特性等），直接关系到航空装备的红外隐身和红外对抗效能。

3. 力学计量专业

动态压力、动态应变、振动量和冲击量校准是主要研究内容，用于航空器着陆、发动机运转等典型工况；气体计量参数主要有流量、流速、流体密度和黏度等，包括动态流量和空速管的校准等；惯性系统、组合导航的综合校准技术，并进一步扩展到重力计校准；飞机和导弹的重量、重心测量，发动机推力传感器和风洞试验传感器准确与否，都与计量校准专业密切相关。

4. 电磁学计量专业

主要关注电学量（或称电量），涉及机载航电系统、飞控系统、电传操作系统、火控系统，以及通用和专用地面检测系统等。

5. 无线电电子学计量专业

通信系统（各种电台、机内通话器等）、导航系统（无线电罗盘、全球定位系统、微波着陆系统、无线电高度表等）、火控系统、电子对抗系统、敌我识别系统等的计量与校准，涉及高频和微波功率计量、高频微波噪声计量、衰减计量、微波阻抗计量、射频微波相位和时延计量、脉冲参数计量、调制度计量、失真度计量、场强与干扰计量等分专业。

6. 光学计量专业

随着光电雷达、机载吊舱等光电系统的广泛应用，需要解决光学系统的校准问题，例如在高速和多自由度下的动态测试校准。

7. 时间频率计量专业

卫星导航定位所需的全球卫星导航系统 GNSS 和接收机之间的时间、频率量的校准，是计量研究的重要内容。

8. 电离辐射计量专业

需研究射线等电离辐射的测量方法和标准装置。

9. 声学计量专业

需要关注装备隐身相关的低噪声需求以及飞行器舱内的降噪需求，开展声强测量及校准研究、高声压级校准装置研究等。

10. 化学计量专业

研究电化学计量、物化特性量计量、工程特性量计量等技术，用于先进材料成分控制、工程特性测量及效能评价，支撑新材料和新装备的发展。

1.4.2.3 航空装备计量校准体系框架

本书从武器装备的作战需求和装备效能出发，对航空装备计量校准开展正向设计，聚焦飞行器、航空发动机、机载武器系统、机载设备，初步构建了航空装备计量校准体系框架。按照武器装备系统、计量校准工作及计量专业类别，该体系可分为三个层次，即装备层、测量/校准层和计量专业基础层，如图 1-26 所示。

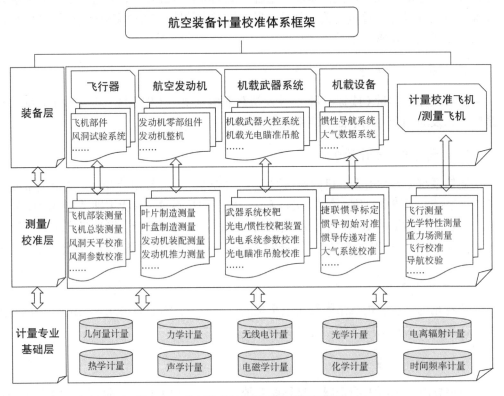

图 1-26　航空装备计量校准体系框架简图

1. 装备层

包括飞行器、航空发动机、机载武器系统和机载设备，此外还有配套的保障装设备（图中未列出）。本书论述内容涉及飞机部件、风洞试验系统，发动机零部组件、发动机整机，机载武器火控系统、光电瞄准吊舱，惯性导航系统、大气数据系统，以及测量飞机和计量校准飞机等。

2. 测量/校准层

包括飞机部装测量与总装测量、风洞天平校准、风洞参数校准，叶片制造测量、叶盘制造测量、发动机装配测量、发动机推力测量，武器系统校靶、光电/惯性校靶装置、光电系统参数校准、光电瞄准吊舱校准，捷联惯导系统标定、惯导初始对准与传递对准、大气数据系统校准，以及飞行测量、光学特性测量、重力场测量和飞行校准、导航校验等。

3. 计量专业基础层

即通常所说的十大计量专业，以及近年来出现的计量新技术。

1.5　本书的章节安排

本书以现代计量学的基本理论方法为指导，以航空装备为主要研究对象，以装备系统性能指标测量和校准技术为主线，对飞行器、航空发动机、机载武器系统、机载设备的计量校准进行概要性论述，探讨飞行测量与飞行校准技术，倡导型号计量论证和计量设计、装备计量化与计量装备化等理念，提出计量校准飞机、装备计量学等概念，旨在引领计量校准理念的创新，提升计量专业对武器装备作战的体系贡献率。本书是计量学领域的一部"概论"，尚未作全面深入的系统性研究，每章概括性选取典型装备和系统进行剖析，重点介绍"测量"与"校准"两个方面。全书共 8 章，各章内容安排如下：

第 1 章是绪论，1.1 节介绍了书中涉及的基本概念，重点是计量发展历程与现代计量学，并阐述计量、测量与校准的相互关系；1.2 节介绍了测量不确定度的定义及相关理论，给出了测量不确定度在航空领域的典型应用案例；1.3 节介绍了国防军工计量的发展历程，及其与军事计量的关系；1.4 节概述了飞机、航空发动机、机载武器及机载设备等航空装备，介绍了航空装备型号计量师系统、航空装备领域的典型计量专业，提出了航空装备计量校准体系框架；1.5 节给出了本书的章节安排。

第 2 章围绕飞行器的测量与校准问题展开论述。2.1 节介绍飞机部件装配测量、总体装配测量，并介绍飞机装配数字化测量系统及数字化测量典型案例；2.2 节聚焦与飞行器试验密切相关的空气动力试验，讨论风洞试验天平及其校准方法、风洞参数测量及校准方法，并介绍风洞试验的光学测量先进技术。

第 3 章围绕航空发动机的测量与校准问题展开论述。3.1 节聚焦航空发动机的制造与装配，介绍航空发动机叶片制造测量、整体叶盘制造测量及发动机装配计量校准；3.2 节聚焦发动机试车台推力测量及空中推力测量，探讨航空发动机关键性能指标——推力的测量校准方法。

第 4 章围绕机载武器系统的计量校准问题展开论述。4.1 节聚焦机载武器火控系统的校靶，讨论误差来源、校靶流程及先进校靶技术；4.2 节介绍机载光电系统及典型指标参数的校准方法，并讨论机载光电瞄准吊舱光轴校准技术，以及激光测距仪和红外热像仪的性能参数校准方法。

第 5 章围绕机载设备的计量校准问题选择典型设备展开论述。5.1 节聚焦机载惯性导航系统，介绍惯性导航系统及其误差特性，讨论惯性导航系统的地面校准和空中校准方法；5.2节聚焦机载大气数据系统，介绍大气数据系统及其误差特性，讨论大气数据系统的地面校准和空中校准方法。

第6章针对飞行测量和飞行校准问题展开论述。6.1节从测量船出发，介绍测量飞机的发展历程、作用分类及典型案例，并以红外辐射特性测量飞机和重力场测量飞机为例展开论述；6.2节介绍导航系统校验飞机及其关键技术，典型导航设备的飞行校准方法，介绍导航飞行校准的发展趋势。

第7章围绕计量校准技术发展与理念创新展开论述。7.1节介绍计量科学技术的新发展，包括量子计量标准、量子计量技术、高端装备与智能制造精密测量、人工智能与军事智能计量等；7.2节探讨计量理念创新的基础，归纳需求牵引、问题导向及内生动力的相关要素，参考借鉴美军计量体系，介绍装备计量性与可计量性的研究现状，进一步强调装备全寿命计量的强制性要求。

第8章聚焦落实航空装备全寿命计量要求，倡导装备型号的计量论证、计量设计等理念，并初步提出装备计量学概念。8.1节讨论装备型号的计量论证，介绍型号计量论证要求和计量论证理念。8.2节讨论装备型号的计量设计，介绍型号计量设计要求，提出基于不确定度的计量设计理念，初步探讨基于不确定性多学科设计优化（UMDO）的计量不确定度控制理论。8.3节探讨装备计量化与计量装备化，先从装备标准化引出计量化，介绍计量装置上装备及计量装备化的概念，阐述计量校准发动机与计量校准飞机。8.4节提出装备计量学的概念，初步构建体系框架。8.5节初步讨论装备全寿命不确定性度量理论。

附录列出美国军用标准手册"校准和测量要求"，介绍国际计量组织及国外主要国家计量技术机构，给出本书的术语及缩略语。

参 考 文 献

[1] 北京长城计量测试技术研究所. 航空计量技术[M]. 北京: 航空工业出版社, 2013
[2] 施昌彦. 现代计量学概论[M]. 北京:中国计量出版社, 2003
[3] 任玲玲. 石墨烯材料质量技术基础: 计量[M]. 上海: 华东理工大学出版社, 2021
[4] 杨先麟, 戴克中. 测量不确定度与《测量不确定度表示指南》[J]. 武汉化工学院学报, 2002, 24(1): 74-78
[5] 李荣, 杨晔. 测量和计量的起源[J]. 甘肃科技纵横, 2006, 35(3): 175
[6] 军事计量编写组. 计量基础知识[M]. 培训教材, 1999
[7] 施昌彦. 测量不确定度评定与表示指南[M]. 北京: 中国计量出版社, 2000
[8] 倪育才. 实用测量不确定度评定[M]. 北京: 中国质检出版社, 2014
[9] 侯敏杰, 安玉彦. 高空模拟试验技术[M]. 北京:航空工业出版社, 2014
[10] 梁相文, 李金梅, 姚丽瑞. 未来试飞新技术挑战[M]. 北京: 航空工业出版社, 2014
[11] 高扬, 姜健, 屈雾云, 等. 航空燃气涡轮发动机飞行推力确定[M]. 北京: 航空工业出版社. 2019
[12] 孙传智. 基于矢量投影的多级转子同轴度测量方法研究[D]. 哈尔滨: 哈尔滨工业大学博士学位论文, 2017
[13] 张玘, 吴石林, 欧阳红军, 等. 军事计量学基础[M]. 长沙: 国防科技大学出版社, 2013
[14] 《空军装备系列丛书》编审委员会. 现代空军装备概论[M]. 北京: 航空工业出版社, 2010
[15] 《空军装备系列丛书》编审委员会. 航空发动机[M]. 北京: 航空工业出版社, 2008
[16] 吉洪湖. 飞发一体化设计中的发动机隐身问题[J]. 航空动力, 2018(2): 67-71
[17] 齐共金, 等. 面向战场环境的空军武器装备特种防护材料技术[M]. 北京: 科学出版社, 2021

第 2 章　飞行器测量与校准

　　飞行器是在大气层内、外空间飞行的器械，可分为航空器、航天器、火箭和导弹等；在飞行器全寿命周期的研制、试验、制造、使用、维修等阶段，都离不开先进测量与计量校准技术的支撑，以保证其性能参数量值准确可靠及装备全系统的精度链。在飞行器试验过程中，空气动力试验是必不可少的重要试验内容，风洞作为空气动力试验的大型设备，与计量校准的关系非常密切。

　　本章围绕飞行器的测量与校准问题展开论述。2.1 节介绍飞机部件装配测量、总体装配测量，并介绍飞机装配数字化测量系统及数字化测量典型案例；2.2 节聚焦与飞行器试验密切相关的空气动力试验，讨论风洞试验天平及其校准方法、风洞参数测量及校准方法，并介绍风洞试验的光学测量先进技术。

2.1　飞机装配测量

　　飞机一般可分为前机身、中机身、后机身、机翼、垂直尾翼、水平尾翼等部分。飞机部件由一定数量的组合件和零件装配而成，通常分为以下结构：机身类部件如机身、短舱、吊舱，机身还可再分为前段、中段、后段；翼类部件如机翼、水平尾翼、垂直尾翼，还可再分为中翼、外翼、襟翼、副翼、水平安定面、升降舵、垂直安定面、方向舵等；起落架类部件如前起落架、主起落架等。图 2-1 为国外典型飞机的结构分解图。

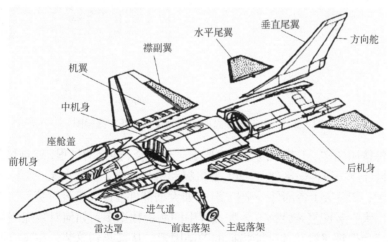

图 2-1　国外典型飞机的结构分解图

　　飞机装配是将各零件或组合件按产品技术要求相互准确定位，并按规定的连接方法装配成部件直至整机的过程。工艺分离面划分是装配工艺的首要环节，将全机按照一定的装配顺序划分为部件、段件和组合件等各个不同层级的装配单元，一般的飞机装配基本流程如图 2-2 所示[1]。工艺分离面划分明确后，再针对不同装配单元的结构特点进行装配方案设计。飞机装配时首先完成装配单元内部的装配，然后按照由底而上的顺序将各装配单元组装到一起，进而完成飞机全机的装配。飞机装配组合件一般可分为平面类、壁板类、立体类和翼面类，其中平面类组合件主要有地板组件、框组件、肋组件等，壁板类组合件主要包括机身上下壁板、侧壁板和起落架护板等，立体类组合件主要包括雷达罩、机尾罩、进气道等，翼面类组合件主要包括机翼前缘、方向舵、襟副翼和活动舵面等。

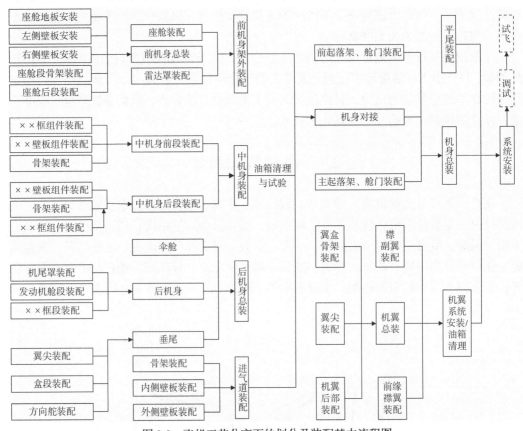

图 2-2　飞机工艺分离面的划分及装配基本流程图

将零部件按照图样、工艺规范等技术要求进行组合、连接的过程，通常可分为：①部装（零件→组合件→段件→部件），如大型机翼和机身壁板、机翼大梁、飞行操纵面等大型组件的装配；②总装（各部件→全机身），如大型部件装配、机身对接等。由于飞机的零部件数量巨大，装配复杂性高，装配过程中的测量数据多，如何对装配测量数据进行准确度控制成为保证飞机总体性能指标的关键因素。从部装到总装，在飞机设计、工艺计划、零件生产、部件装配和全机对接总装的各个环节都需要进行精确的测量和评价，以严格确保最终的装配质量。随着数字化装配技术及精密测量仪器的大量应用，保障装配特别是大型部件的对接测量数据准确、研究先进装配测量仪器及校准技术的重要性愈发凸显。下面，分别从部装与总装展开论述，并介绍数字化装配测量技术[1-3]。

2.1.1　飞机装配及测量分类

2.1.1.1　飞机部件装配的测量

对飞机部件的测量依据是装配工艺的准确度要求,主要包括:①部件气动外形准确度。是指飞机装配后的实际外形偏离设计给定的理论外形的程度,一般翼面类部件如机翼和尾翼比机身部件的外形准确度要求高。②部件内部位置准确度。主要是大梁轴线、翼肋轴线、隔框轴线、长桁轴线等实际装配位置相对于理论轴线的位置偏差。③部件间相对位置准确度。包括机身各段的同轴度要求,以及机翼和尾翼相对于机身的安装角、上反角、下反角和后掠角的准确度要求。④各部件之间对接准确度。取决于各部件对接接头之间和对接接头/外形之间的协调准确度。

飞机结构件很多是钣金件或复合材料壁板件组成的薄壁结构,形状复杂、连接面多、工艺刚性小,在加工装配过程中会产生变形。为保证装配质量,整个过程需要高精度的计量测试技术,在装配线上用来测量和定位工装或直接定位装配构件,常用的测量设备有三坐标测量机、电子经纬仪、光学准直仪、激光自动跟踪仪、激光雷达扫描仪、摄影测量系统及室内空间定位测量系统(indoor Global Positioning System,iGPS)等。根据不同部件的技术要求,应选择不同的计量测试技术,表 2-1 为飞机部装典型的测量技术。

表 2-1　飞机部装典型测量技术

部件名称	技术要求	典型测量仪器
机身类部件	相对位置准确度及同轴度 机身外形准确度	三坐标测量系统、三维扫描仪、激光跟踪测量系统、关节臂、iGPS 测量系统、摄影测量系统、经纬仪坐标测量系统、水准仪等
短舱类部件	展向位置 短舱轴线偏角和安装角	激光跟踪仪、经纬仪坐标测量系统等
机翼类部件	安装位置准确度 机翼外形准确度 表面平滑度	经纬仪坐标测量系统、摄影测量系统、激光跟踪仪等
水平尾翼类部件	水平安定面的厚度 翼尾夹角	三维扫描系统、摄影测量系统等
飞机安装辅助设备	安装位置准确度 壁面变形	经纬仪坐标测量系统、iGPS 测量系统、激光跟踪仪等
发动机辅助设备	安装位置准确度 型面变形	经纬仪坐标测量系统、iGPS 测量系统、激光跟踪仪、数字摄影测量系统等
起落架类部件	尺寸及型面要求	三坐标测量系统、激光跟踪仪等
部件对接	定位准确度 对接准确度	三坐标测量系统、经纬仪坐标测量系统、iGPS 测量系统、激光跟踪仪、数字摄影测量系统等

机身类部件一般由框、梁、壁板、门框、前罩、尾罩等组成,装配技术要求包括机身外形准确度、相对位置准确度,以及机身各段间、机身与机翼、尾翼间及各部件对接等。为满足部装过程中机身的外形准确度及各组件相对位置准确度的测量要求,利用三

维扫描技术获得机身表面参数，用测量获取数据进行三维建模，分析各分部件相对位置准确度。为满足飞机机身部件对接装配过程中的位置测量要求，在加工前对机身机翼接头进行在线三坐标测量，保证每个构件的加工准确性和互换性；在飞机机身部段对接工程中，利用激光跟踪测量系统、经纬仪坐标测量系统等作为大部件位置测定与反馈装置，与定位器等装置组成实时闭环控制系统，计算部段的实时姿态，从而实现部段两两精密对合。

飞机翼盒通常包含前加强杆、后加强杆、肋板、壁板，加强杆形成机翼的前部和后部结构，相应地称为引导边和跟随边。两个加强杆由肋板连接在一起，构成机翼的主体框架，上下壁板覆盖在机翼框架上构成完整的翼盒。装配中机翼被垂直放置在一个大型工装上，其中引导边在上方，如图 2-3 左图所示。机翼气动性能主要关注上反角、下反角、后掠角及安装角，对这些参数的测量主要在飞机水平测量中实现，其部件装配时的技术要求主要包括机翼安装位置准确度、外形准确度及表面平滑度等。为满足机翼各项技术要求，首要任务就是部件尺寸变化的测量。常用的测量设备是电子经纬仪坐标测量系统、激光跟踪仪和摄影测量系统。①经纬仪系统测量精度高，属于非接触测量，适合于测量机翼中的易变形件，通过预先在机翼型面上粘贴瞄准测量目标进行机翼上各个项目的非接触测量，但采点效率较低。②激光跟踪仪是大型工件测量精度最高的系统，是目前飞机装配测量中最常用的测量手段，其通过反射球进行逐点测量，但测量效率仍较低。在机翼的部件装配过程中，一般是通过对机翼型面的测量获得型面变形，通过对各定位孔的测量获得组件安装位置的准确度，通过测量机翼关键点在整机坐标系下的位置获得机翼部件安装位置的准确度。③摄影测量是目前效率最高的测量方式，属于非接触快速测量，适合于机翼中易变形件的测量。其在飞机机翼部件数字化测量过程中，几秒钟就能采集一幅图像，但测量精度相对前两种稍低，图 2-3 中图为摄影测量中的机翼模型。

水平尾翼在飞机上主要起到方向安定和方向操纵的作用，因而在制作水平安定面过程中须严格控制水平安定面的厚度和尾翼夹角。水平尾翼属长而薄的产品，容易发生形变，为保证检测完整性和准确性，检测设备需要具备瞬间采集产品表面数据信息的功能，并且检测过程中不能因接触被检测产品而导致其变形。激光扫描技术突破了传统的单点测量方式，具有速度快、非接触、高密度、自动化等特性，非常适合于飞机水平尾翼的测量，通过扫描被测水平尾翼的外形获得包括厚度、长度、角度、平行度、平面度、全局误差等评价指标。图 2-3 右图为飞机尾翼水平安定面的现场测量示意图，其优点是检测效率高。

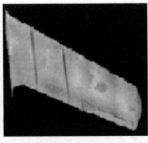

图 2-3　机翼装配现场、摄影测量机翼模型及水平安定面测量示意图

组成部件的组合件很多，有平面型组合件如隔框、翼肋、梁等，壁板型组合件如机身和机翼壁板等，立体型组合件如机翼尾翼前缘、导流片、整流罩等。组合件的关键要素在于外形准确度及安装位置准确度。为满足组合件的外形准确度，可利用三坐标测量系统获得其关键尺寸，与设计要求进行比对，评价其加工质量。为满足飞机组合件的安装位置准确度，可利用激光跟踪仪测量其安装孔，与设计要求进行比对，评价其装配质量。

2.1.1.2　飞机总体装配的测量

飞机总体装配（总装）是部件装配过程的延续，将已制成的各部件对接成整架飞机，包括机身各段的对接（机身前、中、后段的对接等），机翼各段的对接（中央翼、中外翼、外翼或者半机翼对接等），机身与机翼及尾翼的对接，各操纵面与定翼面的对接（前缘缝翼、襟翼、副翼、扰流板、方向舵、升降舵的对接等），各类承力整流罩对接（机身/机翼整流罩、起落架短舱、发动机短舱对接等），然后在飞机上安装各种设备和系统并进行调整、试验和检验。

大型部件通常更容易产生形状变化和尺寸变化，在装配阶段更加需要有效的手段确保装配准确。装配过程中部件的搬运移动、部件的精确定位以及部件的固定，任何一个环节都要给出准确数据及部件的尺寸变化量。装配过程中的计量测试技术能够确保各项数据的准确及量值溯源，成为飞机装配过程中一项重要的基础性工作。

当飞机各部件装配完成后，送到总装配车间进行对接，如机身各段的对接、机身和机翼的对接等。特别是影响飞机气动特性参数（如机翼安装角、后掠角、上反角等）和飞机对称性的，要通过飞机水平测量来保证。水平测量用于检查飞机机身、机翼的变形程度，以判断飞行性能是否满足飞机安全飞行基本条件，主要内容有角度测量和距离（或高差）测量，飞机水平状态调整，机翼、平尾、垂尾等部位的安装角和上下反角，机身的位置偏移与扭转角，各部件的对称性（机翼对机身、平尾对机翼、平尾对机身、垂尾对平尾），起落架的轮距、对称度、平行度等。飞机机身、机翼的变形程度，可以根据水平测量点的坐标差来进行判定。

一般采用水平测量的方法调整和检验各部件间的相对位置，基本过程是：部件装配时在部件表面规定的位置上按型架专用指示器做出测量点的记号（如涂红色漆的凸头或空心铆钉），这些记号称为水平测量点，实际上是将飞机理论轴线转移到部件表面的测量依据。在整架飞机对接好之后，用水平仪测出其相对位置，经过换算即可得到实际参数值，由这些点的相对位置数值就可确定部件间相对位置是否符合技术要求。飞机水平测量的方式主要有水准仪与经纬仪组合法、激光跟踪仪法，下面简要介绍水准仪与经纬仪组合法。

水准仪和经纬仪是水平测量常用的仪器，水准仪用于测定产品的水平状态，经纬仪用于测定产品的垂直平面内状态，如图 2-4 上图所示。对接时以机身中段为基准，将中段用千斤顶和托架托起，利用调整好的水准仪观测挂在机身上的刻度标尺，测定机身测量点的高度值读数，调整测定机身各段纵轴在同一个水平面内。利用经纬仪测定机身对称面上的测量点，调整测定机身各段纵轴在同一个垂直平面内。用同样的方法测前段和后段上的测量点，就可以确定机身的同轴度。利用水准仪及刻度标尺，测量机翼和尾翼各测量点的高度，可以得到安装角及上反角等角度的实际值。对于机翼的后掠角、起落架的位置，仅测量其对称性（图 2-4 下图），其中后掠角测量机翼两端处测量点至机身测量点的距离 L_1、L_2、L_3、L_4，看其是否符合水平测量给定的尺寸差值；对于起落架测量三点的位置尺寸 l_1、l_2 是否符合水平测量给定的尺寸差值。

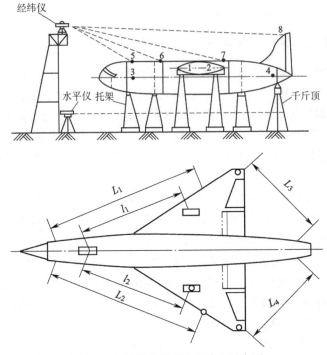

图 2-4　水平测量及对称性检查示意图

2.1.1.3　飞机装配过程的测量类型

无论部装还是总装，为提高飞机装配质量、确保装配精度，利用先进的测量技术和方法进行装配过程控制，使产品最终几何特征达到设计要求是现代飞机制造的重要环节。飞机几何特征的多样性、装配流程的复杂性及装配协调与准确度的要求，使得飞机装配测量具有多种需求，但从测量类型看主要分为两大类，即空间点位测量及复杂结构形貌测量。

1. 空间点位测量

在飞机数字化装配过程中，经常需要将工装和零部件上的某些特征点作为定位基准或质量评价要素，并用测量手段获取空间坐标数据来进行定位和评价。常见的应用有以下几种。

（1）装配定位与调整。飞机的装配定位就是要确定零组件之间的相互位置，如果用零件的结构特征定位，就要准确地确定这一特征的空间点位，以此来保证零件处于准确的空间位置。在飞机数字化装配中，为了提高装配精度、简化工装结构，可在装配过程中测量零组件上的结构特征，进行零组件的定位或调整，也可在组合件上安装光学目标件作为组件安装定位基准，便于应用激光跟踪仪等测量设备。通常，定位特征一般都选择主要结构件的开孔、交点孔、叉耳端面等，这些都是在飞机装配中需要严格控制的关键特征点。虽然这些关键特征点的测量精度要求较高，但是由于其几何要素比较简单，通常易于测量。这种将测量结果直接用于零组件定位的工艺方法，使得测量设备成为飞机装配工艺过程的主要工具和手段。目前零组件装配定位一般选择激光跟踪仪作为测量设备（图 2-5），测量精度较高，适用性和通用性好。

图 2-5　利用激光跟踪仪进行装配定位

（2）部件对接。飞机总装过程中，采用数字化柔性对接工装是提高对接精度和效率的有效手段。在大部件对接过程中，测量系统对各部件上已标记出的对接装配控制点进行实时测量，将测量数据传递给对接工装的分析计算系统，分析计算系统将实测值与理论值进行分析比对，然后将结果反馈给控制系统，进而驱动柔性对接工装运动实现部件的自动对接。对接测量一般可以采用室内空间测量系统或激光跟踪仪，也可以将两个测量系统组合应用。为提高对接效率，有效控制装配精度，对接过程中可以依靠室内空间测量系统进行实时动态引导，部件到位后再应用跟踪仪进行坐标精确测量和定位精度确认，可有效地提高对接系统的运行效率。

（3）全机水平测量。全机水平测量是飞机制造阶段最后的综合性检验工序，反映了飞机总体装配后各个部件的相对位置及各个部件的安装质量，是确保飞机整机质量及安全性的重要环节。传统的飞机水平测量检查方法是在全机调平的前提下，利用水准仪与标尺等配合进行高度方向基准测量，利用铅锤和卷尺等对飞机上的水平测量点进行测量，再将各测量数据向全机坐标轴系投影并计算各部件的安装角度，通过与水平测量公差进行对比，评价飞机的装配质量。由于传统测量工具自身的精度较低，加之飞机调平精度难以保证，全部测量过程都是人工实现，给测量结果造成较大误差；而且实施过程较为复杂，工作量很大。先进测量设备与技术的采用，使飞机水平测量变得更加简单、高效与准确。利用激光跟踪仪或室内空间测量系统可以直接获取水平测量点的三维坐标，无需进行飞机调平操作，可实现自动测量，与传统方法相比测量精度和效率均得到大幅提高。

（4）工装使用监测。装配工装是飞机装配的重要装备和手段，其质量与可靠性直接影响飞机的装配质量。目前对工装使用过程中的质量状态采取定期检查方式进行控制，若在定检周期内没有采取有效的方法进行监控，可能会造成部件装配不协调，产生装配质量问题。因此需要对关键工装的关键定位器位置进行监测，及时发现问题，采取纠正措施。工装监测可以在工装的关键定位器上设置目标点，通过检测目标点位置的一致性和稳定性来评价工装质量。这种使用过程中的监控测量是一种长时间的动态测量，可采用室内空间测量系统进行自动化测量，以便在无人操作情况下长时间工作，自动记录目标点的实测值，提高工作效率。

2. 复杂结构形貌测量

飞机部件结构形貌检测是产品质量评定的一项重要内容，主要针对部件结构外形和表面质量。随着飞机性能的提高，对飞机表面质量、要求也在不断提高，如铆钉钉头的凸凹量、蒙皮对缝间隙与阶差等，这些与表面质量相关的要素也越来越受到关注，并有严格的精度控制要求。

根据航空工业出版社《航空制造工程手册》第 2 版的飞机装配分册，大型和小型飞机气动外缘型值偏差、蒙皮对缝间隙及阶差的极限偏差、沉头螺栓（螺钉）头凸凹量的极限偏差要求如下：基本外形偏差最大为 ±3.0 mm；蒙皮对缝间隙的最大允许值为 +1.5 mm；阶差（包括顺航向和垂直航向）的最大允许值为 +2.5 mm；不同区域中沉头螺栓（螺钉）头凸凹量的极限偏差最小仅为 ±0.15 mm；若是新型飞机，表面质量比此处描述的要求更高。如果利用普通的测量手段，难以精确显示测量结果，只能采用简单定性的方式给出结论。

长期以来，飞机装配的外形都依据装配型架上的外形卡板用塞尺等进行检查，蒙皮对缝间隙及阶差、紧固件钉头的凸凹量也是用塞尺等进行检查，测量手段落后，测量精度低，难以进行全面的质量评定。近年来，随着数字化测量技术的发展，激光雷达、数字近景摄影测量系统以及光学扫描仪等用于部件气动外形的检测，如摄影测量用于大型整体特征测量，激光扫描用于一般形貌测量，光栅投影结合立体视觉用于局部形貌高精度测量等。数字化光学测量设备的运用，不仅在精度上满足了测量需求，同时极大地提高了测量效率。

2.1.2　飞机装配数字化测量系统

20 世纪 80 年代后期以来，飞机数字化装配技术在西方航空工业发达国家得到迅速发展。完全不同于传统的飞机装配技术，现代数字化装配技术集成了工业界各领域最先进的科技成果如数字化技术、虚拟现实技术、激光跟踪定位技术、自动控制技术等，具有自动化、数字化、柔性化与信息化特点，显著提高了飞机装配质量和效率，同时也提高了飞机的疲劳寿命。在 F-35 飞机研制中，洛克希德·马丁公司首次将连续不间断的移动装配线用于战斗机生产，其主要目的是对大部件或部段工作站位转移进行精确控制和自动移动。采用这种装配方式能够提高生产效率，节省操作空间。数字化柔性装配技术已在 F-22、F-35 等国外先进飞机上获得了成功的应用，形成了部装和总装的数字化柔性装配生产线，并取得了显著的成效，集成化的飞机柔性装配生产线已成为新型飞机制造技术先进性的标志。下面介绍典型的数字化测量技术[1]。

　　为实现工装的数字化定位，现代工装越来越多地集成了数字化测量设备，特别是在部件装配及大部件对接的柔性工装系统中。在线测量系统是整个柔性工装系统的重要组成部分，由其提供装配过程的实测数据，为实现装配全数字量传递、工装调形全闭环控制提供了基础保障。在线测量系统通常由数字化测量设备和测量分析软件构成，前者实时采集测量对象的形位信息，后者对测量信息进行快速分析处理，然后将实测数据传递给离线编程与仿真管理系统进行分析、优化。已经获得广泛应用的数字化测量设备种类很多，如图 2-6 所示，在飞机装配中应用较多的有激光跟踪仪、数字照相测量系统以及 iGPS 等。

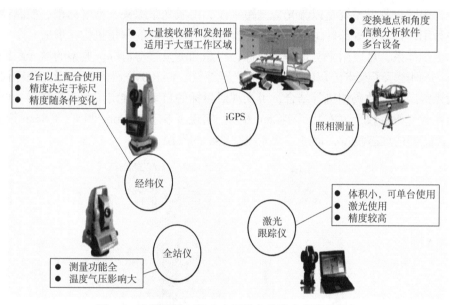

图 2-6　飞机柔性工装中应用的各种数字化测量设备

　　以典型的飞机电子装配对接系统（EMAS）为例，所涉及的硬件和软件主要包括：①16 个柱形定位器和 3 个激光跟踪仪。每个定位器都具有三向运动调整能力，主要用于支撑并调整飞机的部件；激光跟踪仪可实时测量部件的关键装配特征位置数据和定位器的位置数据，保证对接精度。②专用的控制软件和用户操作界面。在对接时用户可通过此界面实现对定位器的精确运动控制，同时利用控制软件还可以分配每个测量关键点的优先顺序和待对接部件的权重，规划测量顺序和对接顺序。③对接模拟软件和优化计算软件。在对接装配前使用 EMAS 软件对整个过程进行仿真，预先判断可能发生的碰撞干涉等问题，并提供定位器位置调整的理论数据；优化计算软件则在对接装配中根据理论数据和实测数据优化计算生成工装驱动数据。EMAS 柔性好、精度高，同一条装配线可以装配 F-35 飞机的 3 种机型，包括常规起降型、短距垂直起降型及舰载型。EMAS 缩短了 F-35 飞机对接过程中的工装设置时间和部件的定位时间，提高了部件对接的精度，图 2-7 为 F-35 飞机的自动化对接装配平台。

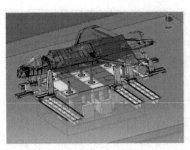

图 2-7　F-35 飞机自动化对接装配平台

2.1.2.1　激光跟踪仪测量系统

激光跟踪仪测量系统是以激光为测距手段，由激光跟踪头、反射标靶、控制器、测量附件和用户计算机等部件组成，同时配有绕两个轴转动的测角机构，形成一个完整的球坐标测量体系，可以用来测量静止目标，跟踪和测量移动目标。典型的激光跟踪仪如图 2-8，分别展示了莱卡公司的 AT901 激光跟踪仪、FARO 公司的 ION 激光跟踪仪。此外，激光跟踪仪与数码相机等结合，可实现对目标的自动瞄准定位和姿态测量，例如莱卡公司在激光跟踪仪上方安装了 T-Cam 相机，实现了基于 T-Probe 测头、T-Scan 扫描头、T-Mac 传感器的动态测量，促进了激光跟踪技术的发展。

图 2-8　典型的激光跟踪仪

激光跟踪仪是精度相对较高的测量设备，一般情况下分辨率为 0.00126 mm，角编码器分辨率为 0.14″。理论上在不超过 10 m 测量范围内，激光跟踪仪系统误差不超过 0.01 mm，但随着测量距离增大，系统误差也将增大。图 2-9 为激光跟踪测量定位法在飞机部件装配过程中的典型应用（机身和舱门）。

图 2-9　激光跟踪测量定位法在飞机部件装配中的应用

激光跟踪仪兼具激光干涉测距和自动跟踪测角测距功能，跟踪头的激光束、旋转镜和旋转轴构成了激光跟踪仪的三个轴，三轴相交的中心是测量坐标系的原点。系统的主要硬件包括：①传感器头。读取角度和距离测量值。激光跟踪器头围绕着两根正交轴旋转，每根轴有一个编码器用于角度测量和一个直接供电的直流电动机进行遥控移动。传感器头包含一个测量距离差的单频激光干涉测距仪和一个绝对距离测量装置。激光束通过安装在倾斜轴和旋转轴交叉处的一面镜子直指反射器，也可用作仪器的平行瞄准轴。挨着激光干涉仪的光电探测器接收部分反射光束，使跟踪器跟随反射器。②控制器。包含电源、编码器和干涉仪用计数器、电动机放大器、跟踪处理器和网卡。跟踪处理器将跟踪器内的信号转化成角度和距离观测值，通过局域网卡将数据传送到应用计算机上，同理从计算机中发出的指令也可以通过跟踪处理器进行转换再传送给跟踪器，完成测量操作。③电缆。传感器电缆和电动机电缆分别用来完成传感器和电动机与控制器之间的连接。局域网电缆则用于跟踪处理器和应用计算机之间的连接。④计算机。加载了工业用的专业配套软件，用来发出测量指令和接收测量数据。⑤反射器。采用球形结构，测量点到测量面的距离是固定的，可采用三面正交镜的三重镜反射器。⑥气象站。记录空气压力和温度。计算激光反射时必须用到这些数据，并通过串行接口被传送给联机的计算机应用程序。⑦测量附件。包括三角支架、手推小车等。支架用来固定激光跟踪仪，调整高度，保证各种测量模式的稳定性，且三角支架底座带有轮子，可方便地移动激光跟踪仪。手推小车可装载控制器等设备，方便快捷运送。

2.1.2.2　全站仪测量系统

全站仪是一种集光、机、电为一体的测量仪器系统，具有水平角、垂直角、距离（斜距、平距）、高差测量功能，因其一次安置就可完成该测站上的全部测量工作，所以称为全站仪。根据测角精度，全站仪可分为若干等级，如 0.5″、1″、2″、3″、5″等。全站仪主要包括电子测角系统、电子测距系统、数据存储系统、自动补偿设备等，还有与测量数据相联接的外转设备及进行计算、产生指令的微处理机。如图 2-10，分别展示了莱卡公司生产的 TC 系列全站仪和索佳公司生产的 SET 系列产品。

图 2-10　典型的工业全站仪

利用全站仪能够测量得到方位角、俯仰角和距离信息，通过坐标转换后计算得到被测点的空间坐标。在实际装配测量过程中，往往需要在待测部件周围布置 3 个以上的控制点，如

图 2-11 所示的 C_1、C_2、C_3、C_4，利用全站仪在机体周围架设若干站（$S_1, S_2, S_3, \cdots, S_7$），对所有标志点（$J_1, J_2, J_3, \cdots, J_n$）进行测量，最后采用多测站数据拼接技术对数据进行处理。

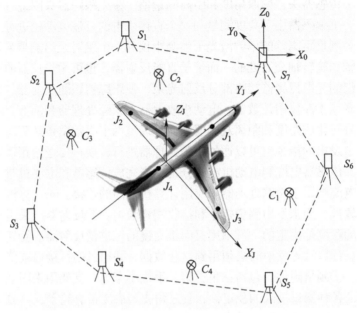

图 2-11　多测站测量示意图

2.1.2.3　电子经纬仪测量系统

电子经纬仪是基于角度测量的光学仪器，可以较为精确地测量水平角和竖直角。多数经纬仪的测角原理是动态测角技术，以 T3000 型电子经纬仪为例，其核心部件是编码度盘，如图 2-12 左图所示，度盘直径为 52 mm，刻有 1024 条分划线，刻线线宽是刻线间隔的 2 倍，分划线之间的角值为 $\varphi_0=360°/1024=21'6''$，刻线的分划误差为 $4''$。度盘除一般刻划线以外，还刻有 4 组比较特别的刻划线 A、B、C、D，各组刻划线的宽窄和排列顺序不相同，起始位置依次相隔 90°。识别划线 A 用于测量，其余 3 组（B、C、D）用于检验。T3000 电子经纬仪将编码度盘与光栅结合起来进行测角，如图 2-12 右图所示，在光栅度盘的内外两侧分别安装有一对光电扫描系统（两组对径安装）。

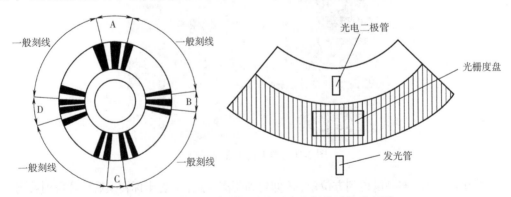

图 2-12　电子经纬仪编码度盘及光电扫描系统示意图

　　两对光电扫描系统的结构相同，都是由一个光电二极管和一个发光管组成，若发光管、指示光栅和光电管的位置固定不动，当度盘随经纬仪照准部转动时，由发光管发出的光信号通过莫尔条纹落到光电管上。度盘每转动一条光栅刻线，莫尔条纹就移动一个周期，通过莫尔条纹的光信号强度也变化一个周期，所以光电管输出的电流就变化一个周期。当望远镜照准零方向后，使仪器中的计数器处于 0 的状态，当度盘随着照准部转动到第二个目标时，流过光电管的光信号的周期数就是两个方向之间的光栅数，可用输出电流的周期来表示。由于光栅之间的夹角是已知的，所以经过处理显示就可得到两方向之间的夹角。如果在电流波形的每一个周期内再均匀内插 n 个脉冲，用计数器对脉冲进行计数，则相当于光栅刻线增加了 n 倍，即角度分辨率提高了 n 倍。因此，对于任意角度 φ，可将其表示成 $\varphi = n\varphi_0 + \Delta\varphi$，即 φ 角的测量包括 $\Delta\varphi$ 的测量和 n 个 φ_0 的测量，分别称为粗测和精测。

　　电子经纬仪作为一种典型的高精度测角仪器，在对被测物进行瞄准后，通过读取当前水平角和垂直角，可以给出目标点在空间的精确方位。两台以上经纬仪同时瞄准目标后，根据交会定位原理，可以得到被测点三维空间坐标。利用经纬仪精密空间方位角度测量功能，结合基准尺、计算机软硬件系统可以构成高精度、非接触、大量程的空间坐标测量系统。目前已在航空航天等领域得到广泛应用，极大地提高了产品检测的速度和精度。在实际应用过程中需要 2 台以上电子经纬仪配合使用，测量的精度步进取决于标尺。此外，经纬仪还可以与视觉测量相结合，进而得到更广泛的应用，瑞士莱卡公司 TM6100A 工业级经纬仪的角度精度可达到 0.5″，对应的空间长度测量精度优于 10 ppm。

2.1.2.4　摄影测量系统

　　摄影测量通过分析记录在胶片或电子载体上的影像来确定物体的位置、大小和形状，比如航空摄影测量、航天摄影测量和近景摄影测量等，其中近景摄影测量是测量范围小于 100 m、相机布设在被测物附近的摄影测量。摄影测量经历了从模拟、解析到数字方法的变革，硬件也从胶片相机发展到数字相机。数字近景摄影测量技术是建立在摄影测量、数字成像、图像处理和精密测量基础上的测量技术，是目前工业现场精密测量的热点。近年来，数字成像电荷耦合器件（CCD）、计算机图像处理和模式识别技术快速发展，使得数字近景摄影测量技术成为最有前途的现场精密三维坐标测量技术之一。

　　三维数字摄影测量的基本原理是通过一台或多台高分辨率数字相机对被测物摄影，采用回光反射标志得到物体的准二值数字影像，经计算机图像处理后可以得到反射标志点精确的 X、Y、Z 坐标。应用不同位置的相机对多个目标同时测量，可以解算出相机间的位置和姿态关系，以及目标点的三维坐标。设测量点 P_i 处有 j 个摄站（j 条光线）相交，如图 2-13 所示，则共有 j 个共线方程。根据最小二乘法原理，将多个光线（束）的共线方程联立求解（光线束法平差）可以求得目标点的空间坐标 (X, Y, Z)。

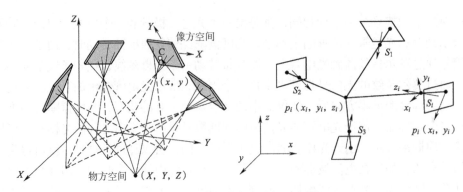

图 2-13　多摄站交会几何示意图

数字近景摄影测量系统分为单相机多站位移动式测量和多相机联机在线测量方式，前者利用一台数字相机在多个位置拍摄被测物，可以离线处理测量图像获得被测信息，便于现场测量，但只能测量静态目标；后者由多台数字相机同步拍摄被测物，并将测量图像传输到计算机进行实时处理，能够在振动等不稳定环境中测量，适于测量动态目标。数字近景摄影测量具有以下特点：①精度高。相对测量精度高达二十万分之一。②测量效率高。单次测量可以获得大量的目标几何信息。③测量空间的需求小。距离被测目标0.5 m 即可拍照、测量。④自动化程度高。利用计算机自动识别、匹配目标特征，无需人工干预。⑤适应性好。可以覆盖 0.5 ~ 100 m 以内测量空间范围。目前已有多型基于数字近景摄影测量原理的工业测量系统，如 GSI 公司的 V-STARS 系统，标准配置为一台专业测量相机、一组回光反射标记（包括编码标志和非编码标志）、一个投点器、一个自动定向靶标、一套基准尺、一台计算机和一套专业系统软件，如图 2-14 所示。

图 2-14　典型的数字近景摄影测量系统

2.1.2.5　室内空间测量系统

室内空间定位测量系统（iGPS）是一种基于角度前方交会原理的新型网络式坐标自动化测量系统，借鉴地球定位导航系统的思想，通过在区域空间内布置多个发射基站，采用光电扫描的角度测量方式，构建整体测量控制场。多个接收器（传感器）可以在测量场内同时工作，摆脱人工瞄准测角的局限性，可实现多任务测量，提高了自动化水平和测量效率。通过增加发射基站的方式来拓展测量空间，能够很好地解决量程范围和测量精度之间的矛盾。iGPS 测量系统主要由覆盖工作空间的发射站网络、接收传感器、中央计算机、无线通信系统和其他辅助设备组成，如图 2-15 所示。

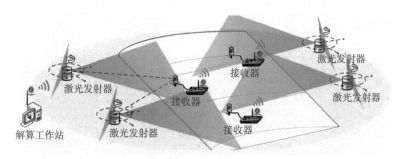

图 2-15　室内空间测量系统的组成

图 2-16 所示，为 iGPS 系统的坐标定位原理。发射站由固定基座和转动部分组成，转动部分基准面上固定至少两个线激光器，两个激光器所产生的光平面与垂直方向呈 V 字形。坐标测量定位原理为三角法交会原理，在开始测量前需要对测量系统进行标定，获取系统中所有测站的外部参数。系统工作时，传感器能获得测站与传感器之间的相对方位角（包括水平方位角和垂直方位角），每个测站的方位角可以确定一条空间定位线，通过两条定位线就能够解算出传感器的三维坐标，多个测站的定位线可以通过最小二乘法获得最优解。

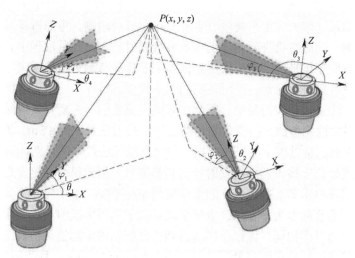

图 2-16　室内空间测量系统的坐标定位原理

iGPS 系统为大尺寸空间精密测量与定位提供了一种新的方法，能够建立一个统一的大尺寸空间坐标系，所有的测量任务如坐标测量、跟踪测量、准直定位、监视装配等，都能在这个统一坐标系下完成，使测量过程更加简捷高效。与激光跟踪仪等其他三维坐标测量技术相比，室内空间测量系统具有独特的优势，其光电自动扫描无需人工参与，易于进行多站配置与管理，有效地提高了测量精度，在几十米以上空间的测量效率优于激光跟踪仪，且测量空间自由扩展和多任务测量能力强，在百米尺度空间内有望成为取代激光跟踪测量的新手段。图2-17是波音777飞机的机身前后段对接示意图，装配过程中通过 iGPS 不断测量点位信息反馈给控制计算机，计算机根据实时反馈数据驱动控制系统移动部件并在整个过程中调整姿态，从而完成部件之间的精准定位，保证飞机前后两段的装配准确度。

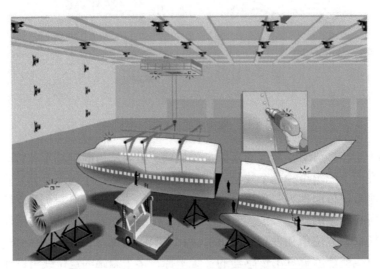

图 2-17　应用 iGPS 进行大部件对接定位示意图

下面以飞机的水平测量为例，简要介绍在飞机装配过程中如何建立并应用 iGPS。鉴于机身长度方向尺寸较大，水平测量点主要分布在机身两侧，考虑机身对测量视线存在一定的遮挡影响，因此在机身两侧分别布置多台发射站。在测量过程中，首先测量机身两侧水平测量点的三维坐标，然后采用坐标系配准算法将测量坐标系统一到机身坐标系下，最后与机身数模进行比对，并对飞机的水平位姿进行评估。由于全机水平测量的网络覆盖范围大，测量过程较为复杂，因此在方案实施之前，需要对发射站布局方案进行仿真分析。发射站性能参数为扫描角测角精度 2″，最大测量距离 15 m，垂直角测量范围 −45°~45°。考虑到测量过程中飞机的遮挡，测量网络无法严格满足两侧通视的条件，大部分水平测量点处仅能接收到同侧发射站的测量信号，因此仅对同侧发射站的坐标测量精度进行仿真，飞机水平基准线所在的水平面为 $x0y$ 平面，水平向右为 x 方向，背离发射站为 y 方向，垂直向上为 z 方向，坐标系原点位于飞机中线前端点，多台发射站的高度均与飞机水平面高度相同，优化布局后得到各发射站的坐标值。仿真结果表明，该测量布局方案满足飞机整机水平测量误差最小为 ±2.5 mm 的要求，且使用发射站为最少。如果考虑机身尾部伞舱及垂尾上测量点的测量精度要求，发射站最好增加至 9 台，布局方案为机身左右两侧各 3 台，机身尾部 3 台，如图 2-18 所示，图中数字的单位为 mm。

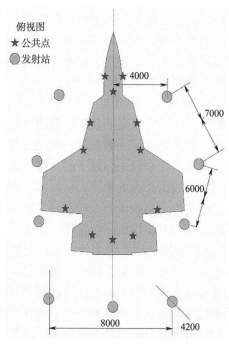

图 2-18　全机水平测量发射站布局示意图

2.1.3　飞机部件数字化测量案例

下面以飞机前机身试验件装配后的外形及内部结构数字化测量为例[1]，介绍机身全尺寸三维数字化测量的方法，采用数字摄影测量、结构光扫描测量和手持光笔测量等综合测量手段，实现蒙皮、内部结构、关键特征等复杂部件各部位的全尺寸数据获取。此方法是用于大型复杂部件的一种综合测量方法，可为部件质量评价提供准确的数据，还可帮助找出影响复杂部件装配质量的关键因素，从而不断提高产品质量。

2.1.3.1　部件结构测量规划

前机身试验件的结构如图 2-19 所示，包括前后框、前后座舱地板、前后座椅滑轨、风挡配合件、舱盖配合腹板、蒙皮等。由于被测部件尺寸大、结构复杂、特征类型多，

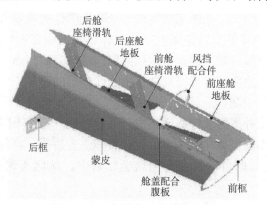

图 2-19　典型的前机身部件结构

且关键特征多处于隐藏部位，无法采用单一测量设备在某单一坐标系下完成所有部位的测量，需采用多设备组合的测量方案。本案例采用数字近景摄影测量、结构光面扫描测量和手持式光笔接触测量等测量方法，对飞机装配部件进行现场数字化综合测量，各测量方法分别采用广泛使用的商业测量系统。

数字近景摄影测量方法是通过数字相机在不同角度和方位拍摄一系列有一定重叠区域的图像，基于共线约束条件，运用光束平差算法重建目标点的三维坐标，如图 2-20 左图所示。该方法通过一个全局优化目标函数求解各次拍摄时的相机位置和姿态，一次性获取所有被测目标点（控制点）在全局坐标系下的三维坐标，以此作为后续结构光面扫描测量和手持式光笔接触测量数据拼合的依据，可以解决由于不同设备多视角、局部测量造成的数据拼合困难、逐次拼合累积误差大的问题。结构光面扫描在被测物体表面投射结构化光场，并采用两个 CCD 摄像机同步拍摄，分析经由物体表面调制过的结构光场图像，结合三角法立体成像原理获得物体表面密集点云的三维坐标，如图 2-20 中图所示。单次拍摄可以得到上百万的点云数据，能够获得物体表面丰富的细节特征和复杂自由曲面的全场数据。通常双目立体结构光面扫描一次可测量的范围有限，要得到更为完整的表面点云数据，需变化测量系统的角度和方位进行多次测量。手持式光笔测量系统由双目立体成像子系统和带有反光目标点的光笔组成，如图 2-20 右图所示。操作者手持光笔用测头接触被测部位，并利用遥控装置控制立体成像系统对光笔进行拍摄获取图像，通过分析和解算光笔上的反光目标点图像，获得测头中心的三维坐标。

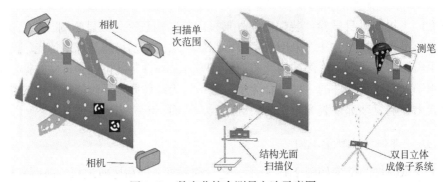

图 2-20　数字化综合测量方法示意图

上述测量方法相互配合，共同完成飞机复杂装配部件的现场数字化综合测量任务。数字近景摄影测量系统提供全局控制点空间坐标，实现局部测量到全局系统的数据融合，有效减少逐次转站拼合带来的误差累积问题；结构光面扫描测量系统可以高效获得表面点云数据，用于快速实现蒙皮等复杂自由曲面外形的密集点云精确测量；手持式光笔接触测量系统主要用于测量前后框、座椅滑轨、风挡配合件等形位特征、被部件自身遮挡配合孔，以及蒙皮外形的关键截面离散、局部特征。为使不同测量方法获得的测量数据能够有效融合，本案例以相互兼容的视觉目标点为桥梁，将各种测量手段、各个测量视角下获得的测量数据自动拼合到全局坐标系中，从而实现多源数据的融合，如图 2-21 所示。

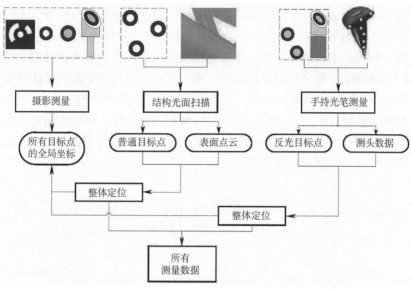

图 2-21　多源测量数据融合示意图

对于大型复杂部件的数字化测量，将测量数据与理论数模进行对比分析的前提是数据对齐，坐标系统一。采用测量数据与理论数模进行最佳配准的方法，往往会使得配准结果偏离实际情况，工程上更多选用基准要素来进行数据对齐。因此，在规划产品测量方案时还要规划数据比对基准，否则由于没有采集到合适的基准数据，会造成分析结果与实际情况偏差较大。根据前机身的装配定位基准、结构特征及开敞性等条件因素，本测量方案的数据比对基准设为两处主基准和 3 处辅助基准，见图 2-22。主基准第 1 处为前框的孔中心线和腹板面，第 2 处为后框的腹板面；辅助基准第 1 处为座舱盖连接支臂的交点孔和耳片平面，第 2 处为前座椅滑轨的 3 个腹板面，第 3 处为后座椅滑轨的 3 个腹板面。

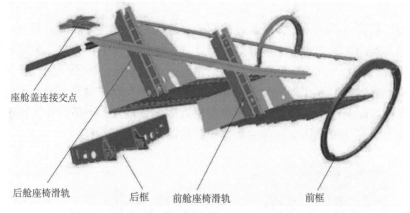

图 2-22　典型的数据比对基准示意图

2.1.3.2　测量数据处理分析

本案例的测量过程分为以下步骤：测量辅助准备工作，数字近景摄影测量，表面点云的结构光面扫描，局部特征的手持式光笔测量。多种测量方法相互配合，共同完成飞机复杂装配部件的现场数据采集，各设备获取的测量数据必须进行融合，才能完成整体统一的综合测量。数据分析工作的主要内容为数据融合、测量数据优化处理和对比分析。

　　摄影测量的数据不但用于测量的整体定位，还用于座舱地板等部分部位的描述。采用结构光面扫描测量了部分机身底部蒙皮、侧面蒙皮。采用光笔测量系统测量了前框、后框、前舱座椅滑轨、后舱座椅滑轨、舱盖配合腹板、风挡配合件、左右两侧外部蒙皮。将各系统测量的数据存储为点坐标文件后导入数据处理软件，可实现所有测量数据的融合。图 2-23 显示了本案例中的测量数据及融合结果，展示了摄像测量数据、光笔测量数据、扫描测量数据及各测量数据融合的结果。

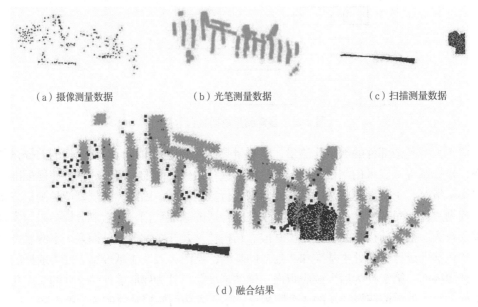

（a）摄像测量数据　　　　　　（b）光笔测量数据　　　　　　（c）扫描测量数据

（d）融合结果

图 2-23　综合测量方法的数据融合示意图

　　进行测量数据分析的关键，是通过检测基准使测量数据与产品模型对齐。本案例采用多个检测基准约束的方式对测量数据进行处理，优化过程中首先进行关联对齐得到初步对齐结果，然后加入其他基准点进行约束，根据总偏差最小的原则进行优化，获得最终对齐结果。图 2-24 显示了对齐后的测量数据与产品模型。在对总体偏差进行分析计算时，如果发现实际测量中某些规划的基准测量数据误差较大，不适合作为检测基准时，可以舍弃或另选其他测量精度较高的数据作为检测基准。

图 2-24　模型对齐后的测量数据与产品数模

在模型对齐的基础上可以计算测量数据与产品模型之间的偏差，实现对测量数据的对比分析。对于已获得的数据，也可以根据每个测量点的偏差来对各部位的偏差情况进行综合分析评价，计算偏差统计结果。可以采用彩色云图的方式直观显示误差，如图 2-25 为左侧前机身误差分布云图。

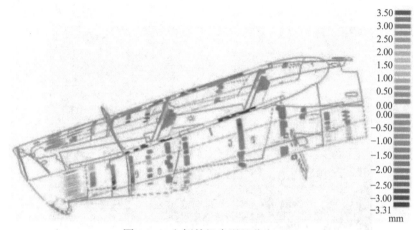

图 2-25　左侧前机身误差分布云图

测量数据还可以帮助分析查找误差原因，例如座舱盖下的左右加强板存在较大的负向偏差，表明此处装配误差较大，原因可能有以下几种：①零件制造误差较大，造成装配误差积累较大；②定位方式不合理或装配定位操作不当，造成装配误差较大；③装配应力释放，造成误差积累；④装配工装整体应力释放与变形，导致各定位器之间协调性降低，造成误差积累；⑤装配工装定位器安装误差大、位置不准确，造成装配误差较大。从偏差数值上看，装配工装存在问题的可能性较大，应首先检查工装的准确性。

2.2　飞行器空气动力试验计量校准

空气动力试验技术[4-6]研究空气的流动特性、空气和物体相对运动时的相互作用规律以及其他空气动力学问题，主要通过风洞试验揭示流动的本质并为理论研究提供物理模型和验证结果，与理论方法相结合研究飞行器气动布局，给出飞行器模型的空气动力数据等。风洞试验、飞行试验和数值计算是空气动力学研究的三大手段，其中风洞试验具有测量方便、试验状态易于控制、不受外界条件影响、易于重复验证、与飞行试验相比费用较低等优点，在空气动力学研究中占有重要地位，迄今为止大部分飞行器的空气动力试验都是在风洞中完成的。

风洞是通过人工产生和控制气流，来模拟飞行器或物体周围气体的流动，从而量度气流对物体的作用并观察物理现象的一种管道状试验设备。风洞在空气动力学研究和飞行器设计中起着十分重要的作用，与航空航天技术的发展进步密切相关。早在 1871 年，英国的韦纳姆在格林尼治建造了世界第一座低速风洞。20 世纪 70 年代以来，世界上相继建成了若干现代化风洞，具有代表性的是 1979 年建成的德荷风洞联合体 LLF 风洞，1982 年建成的 NTF 风洞和 1993 年建成的 ETW 风洞。据不完全统计，目前世界上有亚声速、跨声速、超声速风洞数百座。图 2-26 上图为中国航空工业空气动力研究院的 FL-3 风洞，是一座直流暂冲下吹式三声速风洞，风洞全长约 85 m（不含消声塔），设计马赫数范围为 0.3 ~ 2.5，主要由蝶阀、调压阀、稳定段、收缩段、喷管段、试验段、超声速扩散段、亚声速扩散段、消声塔等部段组成；下图为典型的风洞试验模型及其支撑系统，常用的模型支撑有腹部支撑和尾支撑两类，前者多用于低速风洞，后者低高速风洞均可。

图 2-26　FL-3 风洞及试验模型

2.2.1　风洞试验天平及其校准

2.2.1.1　风洞试验天平

风洞试验天平又称空气动力天平，用于测量作用在试验模型上的空气动力和力矩。模型在风洞中做测力试验时，天平可以将作用在模型上的总空气动力分解为三个互相垂直的力和绕互相垂直轴的三个力矩，并把各分量传递到各测量元件，然后精确地测量出数据。风洞试验天平主要有机械天平、应变天平、液压天平、磁悬浮天平和压电天平等，目前在低速风洞中多使用机械天平和应变天平，高速风洞中多使用应变天平和压电天平。典型的风洞试验天平如图 2-27 所示。

空气动力天平按测力数目可分为单分量天平和多分量天平，其中多分量天平以三分量和六分量最为常见。按测力元件相对于模型的位置可分为内式天平和外式天平，前者的测力元件安装于模型内部，反之为外式天平。按照天平形状还可分为杆式天平和盒式天平，其中杆式天平的一端与模型连接，另一端与模型支杆连接，天平中间的斜缝将天平分为前、后两部分，二者由前后支撑片和轴向力应变梁连接，结构紧凑，对机械加工的工艺要求高；盒式天平的刚度大，力矩分解合理，各分力之间的干扰小。

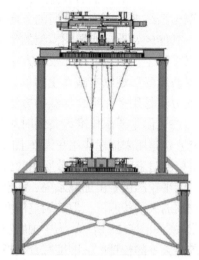

图 2-27 典型的风洞试验天平示意图

风洞试验所用的天平通常由风洞试验单位根据型号任务需要而设计，按照不同的测力要求最终制成结构复杂、形状各异、大小不同的各种形式。尤其是一些特殊天平，如直径 3 mm 微量天平的体积只比火柴杆稍大，加工极其困难；水冷式天平一般用于高速风洞，为防止受热变形要在天平元件外加一套水循环冷却装置，但由于尺寸限制和防止渗漏要求，导致加工难度很大。

2.2.1.2 风洞试验天平的校准

以应变天平为例，完成设计、加工、应变计粘贴和测量线路连接等工作后，在用于风洞内部测力试验之前必须进行校准。天平校准就是模拟天平的实际工作状态（包括受载情况和工作环境）对天平进行标定，检查天平的质量，鉴定天平的性能，为天平的使用提供必要的技术数据。按校准时对天平施加的载荷性质的不同，分为静态校准和动态校准两种。利用校准装置对天平进行静态标定称为天平静校，目的是证明天平能够承受多大载荷，测定每个分力的校准系数、灵敏度，测定天平的干扰和变形，校验载荷数据的重复性，从而确定天平使用公式和天平的精度、刚度和强度。在风洞内把标准模型装在经过静校的天平上，进行吹风试验称为天平动校。动校目的是检验天平的性能，确定天平的精度，在风洞试验条件下检验天平的结构强度，测定天平的温度效应，检查模型试验的重复性及天平的其他工作特性。

1. 天平的静态校准

天平静校的校准方法主要有：①地轴系天平校准。是一种施加载荷方向与地轴系一致的天平校准方法。在地轴系天平校准设备上校准天平时，对天平受载后产生的变形不作调整。为了提高天平静校的准度，可通过测量天平受载后产生的变形量，对施加载荷进行坐标轴系修正，获得近似于在体轴系天平校准设备上的结果。②体轴系天平校准。

是一种施加载荷方向始终与天平体轴系一致的天平校准方法。在体轴系天平校准设备上校准天平时，由于天平受载后产生的变形，施加载荷的方向与天平的体轴系不一致，因此需要通过校准设备的自动调整系统来保证施加载荷的方向始终与天平体轴系一致。目前，大多采用体轴校准方法，其能较好地反映风洞模型的气动力和力矩。

天平校准时要正确模拟天平的工作状态，单元校准方法采用单元加载的方法来确定天平的校准公式，因为天平受载后变形难以实施真正的单分量加载，所以只能在体轴校准设备上校准天平；多元校准方法是用多元组合加载的方法来确定天平的校准公式，可以更真实地模拟天平的工作状态，但是要求校准设备同时对各分量施加载荷，才能实现真正的多元校准。天平的校准公式是用来描述作用在天平上的载荷值与天平输出信号值之间的关系式，校准通式是天平校准时求天平校准系数所用的公式，工作公式是风洞试验时求空气动力系数所用的公式。天平校准设备由加载系统、调整系统、测量系统与控制系统等部分组成，载荷范围与被校准的天平相匹配，但其调整精度要比风洞模型支撑设备高一个量级。典型的天平静态校准系统如图 2-28 所示，为中国航空工业空气动力研究院的高准确度自补偿天平静态校准系统。天平静校精度、准度有合格指标与先进指标之分，合格指标是天平必须达到的指标，先进指标是天平争取达到的指标，具体指标值见表 2-2。

图 2-28　高准确度自补偿天平静态校准系统

表 2-2　天平静态校准性能指标

		天平测量分量					
		Y	M_z	X	M_x	Z	M_y
综合加载重复性（%FS）	合格指标	0.2	0.2	0.3	0.3	0.2	0.2
	先进指标	0.06	0.06	0.1	0.1	0.06	0.06
综合加载误差（%FS）	合格指标	0.4	0.4	0.5	0.5	0.4	0.4
	先进指标	0.1	0.1	0.2	0.2	0.1	0.1
测量不确定度	合成标准不确定度（%FS） 合格指标	0.5	0.5	0.6	0.6	0.5	0.5
	先进指标	0.15	0.15	0.25	0.25	0.15	0.15
	扩展不确定度（$k=2$）（%FS） 合格指标	1.0	1.0	1.2	1.2	1.0	1.0
	先进指标	0.3	0.3	0.5	0.5	0.3	0.3

2. 天平的动态校准

天平动校的内容一般包括冲击载荷试验、温度效应试验、精度与准度试验。

（1）冲击载荷试验。高速风洞天平要进行冲击载荷试验，目的是检验天平在冲击载荷作用下的强度、刚度与连接情况，并观察应变计的粘贴质量与测量线路连接问题。一般是在冲击载荷大的马赫数下进行启动与关车试验，观察天平输出信号回零及天平的抖动情况，检验天平在承受冲击载荷时的刚度与连接情况，并考验应变计的粘贴质量与测量电路的连接可靠性。

（2）温度效应试验。一些特种应变天平的温度效应，除了在地面校准设备中进行校准与修正外，还要在风洞试验时进行测定。风洞试验时天平温度随风洞流场温度变化而变化，使天平不能准确地测量载荷，因此要测定风洞流场温度变化对天平性能特别是轴向力的影响，一般要在有载荷与无载荷两种情况下进行温度效应试验。如果天平存在温度效应，无载和有载试验的记录数据均有变化，而且有不回零现象。当温度效应超过设计载荷的 1.0% 时，就应进行温度补偿或修正。

（3）精度与准度试验。天平精度、准度试验是与风洞标准模型试验一起进行的，是对风洞天平、风洞流场、测控系统与试验模型等诸因素的综合评估。天平的精度试验是用标准模型在不同马赫数下进行纵向与横向试验，每个试验状态要重复 7~10 次，试验后对测量数据进行坏值判别与剔除，然后再通过计算得到天平精度。天平的准度试验是用标准模型在不同风速或马赫数下进行纵向与横向试验，将试验测得的空气动力系数与相同外形的标准模型在其他风洞或用其他天平在相同试验状态下所测得的空气动力系数进行比较，验证试验数据的合理性，视其吻合程度来评价天平的动校准度。虽然天平是影响标准模型试验准度的一个重要方面，但除了天平以外，还有动压控制、风洞流场品质、模型姿态角测量、洞壁干扰与支架干扰修正等诸多因素，因此用标准模型试验准度来评价天平的动校准度是相对的。

2.2.2　风洞参数的测量与校准

2.2.2.1　风洞测量参数与参数控制

1. 风洞测量参数

虽然风洞类型多种多样，试验项目各不相同，但是风洞的很多测量参数是相同的，一般测量参数如下：

（1）压力测量。压力是风洞试验的主要测量参数，一些重要的试验参数如风速、马赫数、动压、稳定段总压、参考点静压、模型表面压力、模型底部压力等，都是以压力测量为基础而确定的。通过压力分布的测量可以确定风洞的流场品质，在变压力风洞中通过压力测量确定试验的模拟条件，试验模型表面压力测量数据可以作为飞行器部件强度和气动设计的依据。脉动压力测量是一个非常重要的试验项目，要根据试验要求选择合适的压力传感器和测试系统，影响测量精度的重要因素是风洞背景噪声。

（2）气动力测量。试验模型在与气流相对运动时将受到空气动力的作用，通常将空气动力分解为升力、阻力、侧力及俯仰力矩、滚转力矩、偏航力矩，这些参数采用气动力天平测量，测得的力和力矩通过转换得到无量纲的系数。气动力测量的精度除了受天平、测控系统影响外，还与其他设备以及试验条件有关。

（3）模型姿态角的测量。模型姿态角测量精度直接影响气动试验的模拟精度，例如飞行器模型试验迎角测量误差为±0.01°时，就可能造成阻力系数测量误差±0.001。间接测量的误差较大，因此希望在试验中直接测量模型角度，如利用测角器测量迎角，利用激光干涉图像方法测量角度，用 CCD 光学位移测量装置等测量模型姿态角，测量精度可达到±(0.005°~0.02°)。

（4）位移测量。风洞中很多机构要进行直线位移调整，如通气壁、柔壁喷管、栅指调节、阀门位置、移测架等，可以采用不同的位移传感器测量。

（5）温度测量。温度是风洞试验的状态参数，除了对天平等测试设备的精度有影响外，还直接影响风洞试验的雷诺数，特别是在低温风洞或变压力风洞等高雷诺数风洞中，要想精确计算风速和雷诺数，必须精确测量风洞温度。温度测量可分为接触式测量和非接触式测量。接触式测量的测温敏感元件必须与被测物体接触，当达到热平衡后两者的温度相同。常用的热敏元件有水银温度计、酒精温度计、热电偶、热电阻等。非接触式测温方式是依据热辐射原理，测温元件不必与被测物体接触，如红外测温。

（6）其他物理量的测量。根据不同风洞和不同试验要求，还有一些物理量需要测量，如噪声、流量、振动、光学等。

2. 风洞参数控制

在风洞试验中，为了保持稳定的工作状态，重点要做好以下参数的控制：①风速或马赫数控制。在低速风洞和亚声速风洞中通常以电机驱动风扇为动力，因此采用控制风扇转速或桨距作为控制风速的主要手段。以高压气源为动力的跨声速风洞，通常以控制调压阀开度及柔性喉道面积等方式进行粗调，根据风洞形式不同采用栅指、驻室压力引射调节片、旁路阀等进行微调。也有些风洞以航空发动机或轴流压气机为动力，通过调节转速、静叶角调节马赫数。超声速风洞只能用改变喷管型面的方法改变马赫数，对不同的马赫数还要控制和改变前室压力。②模型姿态角控制。用角度机构控制模型姿态角，即控制改变模型的迎角、侧滑角和滚转角，一般采用机电或液压驱动，要求尽量高的控制精度和一定的运行速度。③压力控制。对容器中的压力进行控制，通常是利用调节阀门控制压力。④温度控制。通常要求在一个稳定的温度下进行风洞试验，而动力源能量损耗转化的热量与风洞散热不可能自然达到平衡，因此要通过温度控制装置控制温度，如压力风洞就是通过冷却器对温度进行控制，低温风洞通过控制低温介质控制温度。另外，还有一些特种风洞需要在特定温度下试验，如结冰风洞是通过控制制冷器来控制温度。⑤试验装置的位置控制。在风洞系统和试验设备中，很多装置要进行精确的位置控制，如风洞的开槽壁、开孔壁、自适应壁，试验设备的移测架、尾旋天平、动态试验台和活动地板等。

2.2.2.2 风洞数据采集系统校准

系统精度是指测试系统测量某一量值的结果与其真值（约定真值）偏离的程度，有时也称为系统误差限、系统准确度等，在计量标准中称为误差限。在此用"精度"二字，仅为与习惯称呼一致。

根据国家计量技术规范《数据采集系统校准规范》的规定，数据采集系统某通道测量量值 E 时的系统精度（误差限）A 按下式计算：

$$A = \pm \frac{|\bar{x} - E| + 2\sigma}{E_r} \times 100\% \tag{2-1}$$

式中，$\bar{x}$ 为折合到输入端的采集数据的平均值；E 为约定真值；E_r 为通道量程；σ 为均方根误差（标准偏差）。计算时还需要折合到输入端的采集数据值 x_i，明确通道采集数据个数 n。

根据计量标准要求，检定某通道精度时要在该通道量程内均匀地选取 11 个测试点，计算出每个点的精度值 A，以其中的最大值为通道的系统精度值。

由系统精度的公式可以看出，系统误差包括两部分，一部分为系统的固有误差，另一部分为系统的随机误差。随机误差由干扰等各种偶然因素造成，表征同一对象多次测量结果的分散性。温度对数据采集系统精度影响较大，产品技术指标中通常给出增益和零点的温度漂移指标。不同的厂商在给出产品精度时可能采用不同的表述，需要注意鉴别，如有的通道量程用单向满量程，有的用正负满量程；误差计算时有的加 3σ，有的加 2σ，甚至还有的产品以线性度、增益稳定性等指标代替系统精度指标。

数据采集系统能够测量来自传感器、变送器及其他信号源输入的信号，并能对测量的量值进行数据存储、处理、显示、打印。数据采集系统的系统精度要根据风洞试验要求确定，目前影响风洞试验精度的主要因素是传感器，例如测力天平的精度。由于选择高精度的数据采集系统较之提高传感器的精度更容易实现，因此应适当提高数据采集系统的精度，以使其对试验数据测试误差的影响降至最小。目前风洞稳态试验所采用的数据采集系统大多数是循环采集系统，系统精度较高的如 0.02%~0.05%（包括信号调理器在内），相对目前的天平指标是比较理想的。具有这一精度的系统大多是成套的数据采集系统，如 AMC300、HBM、VXI 总线、PXI 总线和 LXI 总线等，这些系统为了提高精度在设计和工艺上采取了很多措施，特别是增加了自动校准功能，可以在试验前对零点和增益进行自动校准，以减少漂移对系统精度的影响，确保系统的长期稳定精度。而一些用普通数据采集卡和调理器自行集成的系统，很难达到这样高的长期稳定精度。动态试验时影响试验准确度的因素很多，主要是试验方法和试验设备，不全是因为测试系统的精度。因此可根据实际需要确定系统的精度，不是精度越高越好。

数据采集系统是风洞主要的测量设备，其测量精度直接影响风洞试验数据的可靠性。而数据采集系统给出的技术指标，往往与测试环境和一定的时间范围相对应，特别是系统的测量精度更是如此。具有在线校准功能的数据采集系统，每次试验前都要用标准信号源对零点和增益进行校准，只要标准信号源具有长期稳定性就可以保证系统测量精度的长期稳定性。不具备在线校准功能的设备，由于元器件老化等原因，系统的零点和增益往往随时间变化，因此每次检定的精度并不能作为长期使用的技术指标。典型的风洞数据采集系统的主要性能指标，如表 2-3 所示，表中的通道数是指风洞现有设备所具有的通道数，系统精度是指包括调理器在内的精度。

表 2-3　典型的高速风洞数据采集系统一览表

风洞代号	采集系统	通道数	采集速率	分辨率	输入范围/增益	系统精度	通道滤波
FD-12	HBM 数据采集系统	48	19.2 千次/秒	20 bit	±80 mV	0.1 %	数字滤波
CG-01	DYPCHD16 数据采集系统	24	20 千次/秒	16 bit	增益（100、300、500、1000）	±0.1 %FS	1 Hz
NH-1	NEH 620 数据采集系统	32	50 千次/秒	16 bit	±5 mV~10.24 V	±0.1 %（量程 5 mV）	DC~5 kHz 可调
NF-6	VXI-16026 动态采集系统	32	2 兆次/秒	18 bit	±10~±100 mV 分四档	0.1%FS	100 kHz

2.2.2.3　风洞参数常用测量仪器

在风洞试验中测试仪器的使用范围很广，从单项测量到综合性测量，从静态测量到动态测量，从宏观测量到微观测量，从定性分析到定量测量等。因此，要求风洞测试仪器具有灵敏度高、分辨率高、测量范围宽、快速响应、可靠性好、防振性能好、抗过载/抗冲击/抗电磁场干扰能力强等特点，此外还应尽可能满足以计算机为中心的自动采集、检测、控制和处理要求。风洞测试仪器按照测试内容可以分为气动力和力矩测量仪器，压力测量仪器，温度、热流和总焓测量仪器，流场密度与密度变化测量和显示仪器，气流速度测量仪器等。下面简要介绍压力、速度测量及密度显示等常用仪器。

1. 压力测量仪器

（1）机械式压力传感器。风洞试验早期采用液体压力计（如 U 形管压力计）测压，测量多点压力则用多管压力计。压力传感器可将压力转换成电流或电压信号，用于测量各种风洞的静态压力和动态压力，按工作原理可以分为如下形式：电阻压力传感器依据电阻随压力而改变的原理来测量压力；应变压力传感器通过弹性元件将压力转变成应变，粘在弹性元件上的应变片再将应变转变成电信号；晶体压力传感器利用晶体在特定轴向受力时产生电荷的效应来测量压力；电容压力传感器通过电容器的一个极板感受压力，并将其变化转变为电容量的变化；电磁压力传感器将压力的变化转变为磁阻或电感量的变化来测量压力，可分为磁阻式和电感式；谐振式压力传感器将压力的变化转变为弹性元件自振频率的变化来测量压力。

（2）电子压力扫描阀。电子压力扫描阀模块具有多种结构形式，一个模块内通常可安装几十个硅压阻传感器，每个传感器通常对应一个压力接管，模块内装有模拟信号电子开关、带宽滤波器、放大器、控制电路及电源等。扫描阀内设有气阀，控制四种工作状态：工作、校准、隔离、清除。每个传感器对应一个测量压力，采用电子开关对模块内的多个传感器输出信号扫描测量，从而极大地提高测量速度。对每个传感器进行实时校准，以消除传感器和信号调理电路的漂移及非线性，提高测量结果的精确度。扫描阀模块可以直接安装在模型里面，缩短压力管道，减少压力平衡时间，使测压系统具有较高的频率响应。同时，进出模型的小直径线缆可减少对模型的气动干扰。在风洞外可将压力气源和扫描阀模块连接、拆除和进行气密性检查，操作使用方便。

（3）光学压力传感。基于氧的作用使一定量有机物分子发光猝灭，这些分子的发光特性（强度和衰减时间）与当地氧的压力（即空气的压力）成反比。将发光压力传感器喷涂在模型表面就可以进行以下试验：模型表面的压力场测量，模型运动部件如螺旋桨和转动的机械叶片上的压力场测量，模型振荡部位上的压力场测量，飞行器气动力载荷分布测量，干扰影响的测量，模型表面压力场的观察显示等。此外，将压力敏感涂料覆盖在模型表面，可以测定发射光强度场并计算压力分布，详见本章 2.2.3 小节；这样，风洞试验模型不再需要开设大量的测压孔和连带的硬件设施，测力试验和测压试验可同时进行，能够缩短风洞试验时间，降低模型设计加工及风洞试验成本。

2. 速度测量仪器

（1）风速管（总静压管）。总静压管由皮托管演变而来，皮托管是一根圆柱形管子，一端开口，另一端连在压力计上，用以测量气流总压，1872 年皮托用来测量河流的水深和流速关系。总静压管可以感受气流总压，还可同时测量气流静压。根据伯努利方程，由总压孔和静压孔测得的压差经过换算即可得到流速。

（2）热线风速仪。用于测量气流速度、温度和密度，其传感器（探头）是一根长度远大于直径的细金属丝（简称热丝），或是一片厚度非常薄的金属膜（简称热膜），测量时将此热丝或热膜置于待测气流中，同时又连接于电桥的一个臂，用电流加热使热丝或热膜本身温度高于待测气流介质的温度，气流状态变化引起热丝或热膜与气流介质之间的热传递发生变化，从而使热丝或热膜两端的电压发生变化，由此可测得气流的速度、温度或密度的平均值和瞬时值。热线风速仪的电路有两种类型：一是恒流式，亦称定电流法，加热金属丝的电流保持不变，气体带走一部分热量后金属丝的温度就降低，流速越大温度降低得就越多；二是恒温式，亦称定电阻法（即定温度法），改变加热的电流使气体带走的热量得以补充，而使金属丝的温度保持不变，即金属丝的电阻值不变，这时流速越大则所需加热的电流也越大，根据所需施加的加热电流值可以得知流速的大小，比恒流式应用更加广泛。

（3）激光多普勒测速仪。基于光的多普勒频移效应，用激光做光源，光学系统将激光束照射到跟随流体运动的粒子上，并使被测点的散射光汇聚进入光电接收器，从而测量气体、液体、固体的速度。按光学结构可分为参考光型、双散射型、条纹型和偏振光型，图 2-29 为前向双散射型的原理图。光电接收器（光电倍增管、硅光二极管等）接收随时间变化的两束散射光波，经混频后输出信号的频率是两部分光波的频率差，与流速成正比。采用信号处理系统把反映流速的真正信息从各种噪声中检测出来，并转换成模拟量/数字量，作进一步处理和显示。在风洞试验中可测量局部速度、平均速度、湍流强度、速度脉动等，适用于研究激波和边界层的分离干扰区、旋翼速度场、有引射的边界层以及高温流等。试验中有时需要用专门的粒子播放装置，把跟随性好、不污染风洞、对人体无害的粒子掺入气流中。

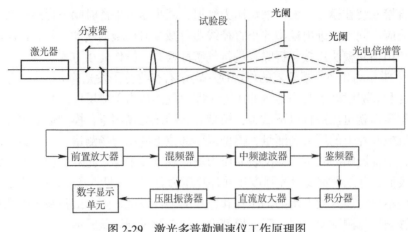

图 2-29　激光多普勒测速仪工作原理图

（4）马赫数测量。超声速气流的马赫数常借助气流压力类参数而间接测量出来，这些参数包括正激波后总压与正激波前总压之比、气流静压与总压之比、气流静压与正激波后总压之比。实际测量时可根据具体情况而选用适当的测量方法，如在 $Ma=1$ 附近根据气流静压与总压之比测量马赫数，$Ma>2$ 时根据正激波后与正激波前总压比测量马赫数。跨声速气流马赫数可用测量总压、静压的方法，按等熵关系式计算出来。在跨声速风洞中，测量总压常用的是在稳定段中测量总压作为试验段气流的总压，马赫数低于 1 时也可用总压管在试验段中测量总压；在亚声速、跨声速模型试验过程中，可用参考点压力来确定马赫数，这个参考点通常选为驻室外壁上的静压孔，并将上下驻室的测压孔连在一起作为参考点，也可选取试验段入口附近离模型位置尽可能远的壁面上的测压孔作为参考点。

3. 密度显示仪器

风洞中流体的密度一般通过测量气流的压力和温度利用状态方程计算得出，仪器可以显示流场中流体密度的变化情况。阴影仪是通过观测不均匀透明介质内部折射率变化，并转换成记录平面上照度变化，从而确定透明介质内部密度梯度的一种光学仪器。马赫-曾德尔干涉仪是利用光的相干原理确定透明介质中折射率值的一种光学仪器，风洞试验中可用来测量流场局部密度变化。

在风洞试验中，常用阴影仪来观测模型和气体相对运动时流场密度梯度变化的位置和形态。图 2-30 为其工作原理，准直镜 L 将点光源 S 的发散光变成平行光射出，经试验段 D 到达屏幕 Q 上。若 D 内流场密度梯度为零或密度梯度均匀，则平行光不偏折或向同一方向偏折，屏幕 Q 上照度均匀；若 D 内流场各处气体密度变化不均匀，则通过流场各处的光线偏折也各有差异，有些光线汇聚，有些光线发散，屏幕上便会出现明暗不同的阴影图像，反映出流场气流密度梯度的变化。屏幕上照度同流场中垂直入射光方向上密度的二阶导数与至屏幕距离乘积的积分值成正比。用阴影法原理制成的阴影仪有平行光柱式和发散光锥式两类。点光源常采用电火花或激光脉冲光源，屏幕 Q 区放置感光胶片进行记录或采用光学系统成像。阴影仪的设备结构简单，图像直观，可获得空气相对模型高速运动时周围激波和尾流中旋涡的清晰图像，还可观测到边界层过渡区位置和湍流区的流动情况。

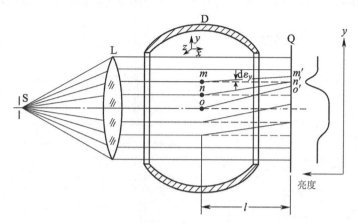

图 2-30　阴影仪工作原理图

2.2.2.4　结冰风洞测量系统

飞机结冰的基本条件是大气中存在过冷的水滴,当飞机穿过云层飞行时往往会在飞机表面出现结冰现象。飞机结冰不仅导致飞机的性能下降,有时也会使飞机的稳定性突然恶化,甚至出现反操纵现象,极易造成飞机失事,严重威胁飞行安全。如图 2-31 所示,为典型的飞机结冰图片。评估飞机结冰过程和结冰影响是飞机设计及安全飞行的重要问题,要评估有多少冰堆积在飞机部件表面,结冰之后对飞机气动特性以及安全性的影响如何,这些可以通过飞行试验实测、结冰风洞试验或理论计算得到,其中风洞试验仍然是最重要的手段。

图 2-31　典型的飞机结冰图片

与一般风洞不同,结冰风洞具有大气结冰环境模拟装置,是专门用于研究试验物体结冰和防(除)冰装置特性的重要基础地面试验设备。世界上第一座结冰风洞建于 20 世纪 20 年代,到 50 年代末已经兴建了许多结冰风洞,并进行了大量试验研究工作,为保证飞机全天候飞行安全做出了贡献。始建于 1944 年的美国 NASA Glenn IRT 风洞是建设较早、试验段口径较大的一座结冰风洞,如图 2-32 所示,该风洞为一座单回路闭口风洞,试验段尺寸为 2.74 m(宽)×1.83 m(高)×6.1 m(长),最大风速为 179 m/s(空风洞),具有一套制冷装置和热交换器以便在洞内得到理想的空气温度,还有一套独特的喷雾系统以提供结冰条件。洞体内的最低温度可达－42℃，液态水含量为(0.2~3.0) g/m³，水滴平均直径为(10~40) μm。下面，就结冰试验的特殊测量与控制技术作简要介绍。

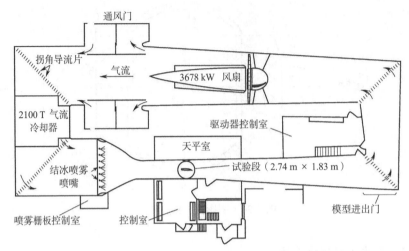

图 2-32　美国 NASA Glenn IRT 结冰风洞简图

1. 喷雾耙生成云雾的测量控制系统

对于喷雾耙测控系统，每个喷雾耙在垂直方向自动上下移动，移动行程根据要求确定，精度通常为(1~2)mm。在进入每个喷嘴的水路（可使用两路水路）上位，在耙内安装电磁阀，每个电磁阀均可控制开与关，使两路水压不同，以形成连续与间断式喷雾条件，并可互相切换。进入每个耙的总水管路的水压控制在一定范围内，例如(0~2.9) MPa，控制精度为 0.1%。进入每个耙的气体压力控制在一定范围内，例如(0~0.65) MPa，控制精度为 0.1%。进入喷嘴的水压超调量≤10%。为防止在低温时引起气路、水路因结冰而堵塞，设有蒸汽管路加热装置，蒸汽管路的最高压力为 0.68 MPa，降低到 0.24 MPa 后在－40℃时开启工作。为了控制湿度，能单独向风洞中喷蒸汽，使湿度达到 70%~100%。

2. 喷雾耙标定系统

喷嘴特性的测量选用相位多普勒粒子分析仪，可以测出云雾中水滴直径的大小；通过水流量的测量可以计算出液态水含量，通过改变通入喷嘴的气压可以在试验段一定风速下得到液态水含量与水滴直径的关系曲线。喷雾特性的测量可用粒子图像测速技术，对喷雾锥形状和速度进行测量。系统动态响应校准通过快速改变液态水含量，测量达到稳定的时间和超调量。

3. 冰型检测视频系统

结冰风洞的冰型试验是将不同部件上的结冰形态，冰生长的状态、速率甚至冰生成的时间历程记录或测量下来，以待做成仿真的冰型继续进行结冰对飞机气动特性影响研究和结冰机理研究。为此，需要选用自动化程度高、准确度高、效率高的冰型测量技术。视频检测一种新型的检测手段，具有大量程、非接触、直观、瞬态、精度高等特点，目前已获得广泛应用。

冰型测量方法是将结冰成形的部件迅速放入试验段附近的冷室中（室温足够低）已定位好的测试平台上，在测试平台周围安装若干已用高精度经纬仪标定好位置坐标的视频传感器，然后拍摄结冰模型，通过各关键点校正可以准确地测量出飞机模型外结冰轮廓，见图 2-33；对于内涵道（如发动机）冰型，可用常规的坐标仪测量，对部分冰型的生长过程可用摄像机记录全部时间历程。典型的冰型测量所需设备包括 CCD 摄像机 10台，精密经纬仪 2 台，坐标测量仪 1 台，视觉传感器包括双目立体视觉传感器 3 个、轮廓传感器 33 个、定位传感器 3 个。

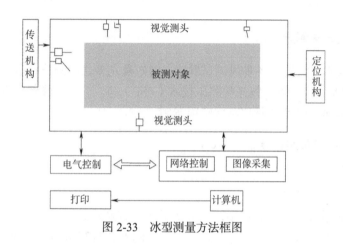

图 2-33　冰型测量方法框图

4. 云雾水滴直径的测量

在结冰风洞中对水滴平均直径的测量可采用相位多普勒粒子分析仪（PDPA），能同时测出流场的速度和粒径；或采用前向散射光谱仪探头、光学阵列探头方法。美国 NASA Glenn IRT 风洞对这三种测量水滴尺寸的方法进行比较，发现 $10\mu m$ 以下的粒子尺寸测量结果有不同之处；$30~\mu m$ 以上如果用 PDPA 常用光学布局，则因粒子尺寸较大而产生无效取样，结果也有差别。目前，水滴直径在 $(10\sim30)~\mu m$ 的测量以 PDPA 为准，改变 PDPA的光路可以测量小到 $0.5~\mu m$ 和大于 $30~\mu m$ 的粒子，测量精度达 1%。

5. 温度测量系统

传统的测量方法是使用温度传感器，如铂电阻、热电偶等各种类型的传感器，这些传感器的输出信号一般要经过变送器或放大器才能被二次仪表使用，现在可采用 Dallas 公司生产的高精度数字温度传感器 DS18B20 来测量洞体和喷雾耙内的温度。①洞体内温度的测量。在热交换器下游的每个拐角导流片上，试验段内安装高精度传感器，测量范围为 $(-40\sim+15)$℃，测量精度为 ±1℃，传感器数量为 $11\sim15$ 个。②喷雾耙内温度的测量。在每个喷雾耙内安装高精度数字式温度传感器，测量范围为 $(-40\sim+100)$℃，测量精度为 ±1℃。

图 2-34 左图为典型的结冰风洞现场试验图片，右图展示了机翼结冰的形貌。根据风洞获得的冰样，还可以进一步制作冰造型，将冰型粘贴在光滑模型表面相应的位置，通过带冰型与不带冰型的模型吹风试验对比，可以研究结冰对模型气动特性的影响。

图 2-34　典型的结冰风洞试验及机翼结冰形貌图片

2.2.3　风洞试验光学测量技术

光学测量技术广泛用于各种风洞试验中，例如激光多普勒测速技术（LDV）、粒子图像测速技术（PIV）和压敏涂料光学测压技术（PSP）等。下面，重点介绍 PIV 和 PSP 测量技术的系统原理、误差来源和典型应用案例。

2.2.3.1　粒子图像测速技术（PIV）

1. 系统组成及测量原理

典型的 PIV 系统主要由成像系统、分析显示系统及示踪粒子发生和投放系统组成，其中成像系统由激光器、片光发生装置、同步控制器和具有跨帧功能的科学级摄像机组成，分析显示系统主要由帧抓取器和图像分析软件及计算机组成，示踪粒子发生和投放系统由示踪粒子发生器和粒子投放装置组成。三维 PIV 测量技术的原理如图 2-35，与二维 PIV 测量相比可以测得片光厚度所决定的一个空间薄片内粒子的全部 U、V 和 W 三个速度分量，对粒子速度进行完整的描述，并且提高 U 和 V 两个速度分量的测量精度。对每一个测量截面进行立体 PIV 测量，都要调整两个摄像机的光路布局，反复调整图像敏感元件的角度使其严格满足测试条件，并且要用校准板进行严格的校准试验从而得到准确的校准函数，其试验准备时间是二维 PIV 测量的许多倍，导致试验效率下降。由于风洞窗口大小和位置等条件限制，三维 PIV 测量在风洞中可行的布局受到很大制约，再加上校准板大小等因素的限制，导致可以进行测量的模型姿态角范围和测量截面都比二维 PIV 测量方法小得多。一般情况下，只在非常必要的情况下才选择三维 PIV 测量，并要尽量选择较少的测量截面。另外，当二维 PIV 测量时截面很大、物距较小并且垂直测量截面的第三维速度分量很大的情况下，如果片光平面内二维速度分量的精度要求较高，则可用三维 PIV 测量方式代替二维 PIV 测量，使整个片光平面内二维速度分量的精度提高，并保证精度比较均一。当两个摄像机的光轴成 90°时，所测得的三个速度分量的精度相等，所得速度矢量的总体精度最高。目前在大型风洞常用的是专门为 PIV 技术制备的两个集成在一起的掺钕钇铝石榴石固体激光器，由于每个激光器发出光脉冲的时间都是独立控制的，相互之间没有关联，分别由两个激光器发出的一对光脉冲的时间间隔 Δt 可以是任意值，而且可以精确控制，这样的激光光源可用于测量从极低速至 2 倍声速以上的高速。此外，还需要专门配套具有跨帧功能的科学级摄像机。

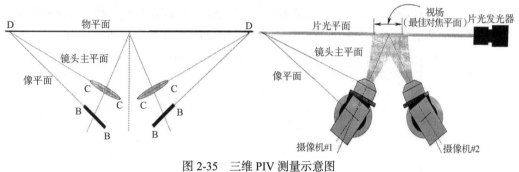

图 2-35　三维 PIV 测量示意图

2. PIV 测量误差分析

在 PIV 测速试验中，试验环境、示踪粒子、硬件设备性能指标、测试光路布局、光路调整对准状况、试验参数选定以及软件数据处理方法等许多因素，都会给测量结果带来一定的误差。关于摄像机的分辨率、焦距、景深、图像噪声，计算参数如查询区、脉冲时间间隔，以及三维试验中的误差源如摄像机布局带来的误差、两摄像机夹角带来的误差、三维校准误差，在此不再赘述，下面重点介绍示踪粒子及图像背景噪声。

PIV 技术是在流场中撒播随气流或水流运动的示踪粒子，通过图像的方法计算出示踪粒子的速度场间接得到气流的速度场，这种间接测量方法必然与真正的气流速度场有一定的差异，主要表现在示踪粒子的跟随性如何，示踪粒子的运动是否真正反映气流或水流的流动。①粒子的大小与跟随性。示踪粒子的运动与流场运动之间是否有显著的误差主要在于粒子的流体力学特性，其中气流流场中最主要的误差来源是粒子的密度与流场密度不匹配时重力的影响，所以要保证较好地跟踪流场运动，示踪粒子的直径必须很小，小到可以忽略示踪粒子的阻力与重力影响；但另一方面，从粒子成像的光散射特性方面来考虑，示踪粒子又不能太小，粒子要有足够的大小才能散射足够的光强使摄像机感光。目前在 PIV 试验中通常选用球形的示踪粒子，粒子直径(1~5) μm 并且较为均匀。②粒子像密度。粒子像密度对测量结果的不确定性影响很大，当有效粒子像密度≥10 时检测概率接近 100%，这就是有效粒子像对最好大于 10 对的原因。图 2-36 是粒子像位移与位移计算不确定性的关系，匹配粒子像对越多则粒子像位移计算的不确定性越小。因此，粒子像密度的影响是双重的，既影响粒子像位移的检测概率又影响粒子像位移计算的不确定性。在不出现多个粒子像重叠的情况下，向流场中投放的粒子越密越好，使粒子像密度越大越好，既提高了粒子像位移的检测概率，又提高了粒子像位移计算的精确度。

除了示踪粒子本身，粒子图像的背景噪声对测量结果亦有影响，背景噪声越大测量误差会越大，图 2-37 是通过计算机生成的粒子图像背景噪声影响曲线。总体来看，从测量精度的视角分析，PIV 的速度测量精度主要取决于粒子位移测量中的精度和脉冲时间间隔的精度。粒子像直径比两个像素稍大时，粒子像位移精度最好，但在大型风洞中很难做到。计算得到的粒子像位移越接近 0，粒子像位移精度越好，可以采用查询区偏移递归计算方法充分利用这一特性。匹配粒子像对≥10 时粒子像位移有效检测率接近 100%，并且测量不确定性较小。查询区越大计算精度越好，但空间分辨率越低，会丢失流场细节，所以需要综合考虑。粒子像的量化分级越高，粒子像位移精度越好。背景噪声越低，测量不确定性越小。粒子像位移梯度越小，测量不确定性越小。摄像机镜头焦距越长，可以提高远离中心区域的测量精度。经过以上优化，大型风洞的 PIV 测量精度可达 1%左右。

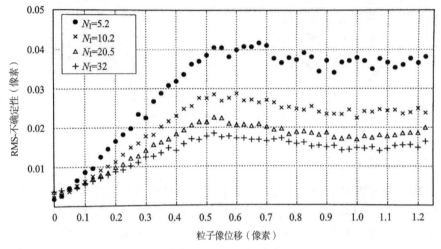

图 2-36　粒子像位移与位移计算不确定性的关系

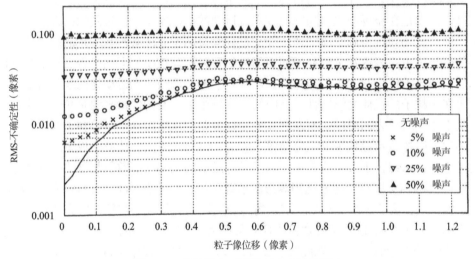

图 2-37　背景噪声对测量不确定性的影响

3. PIV 测量技术应用案例

PIV 测量技术已经成功用于大型风洞，是测量飞行器周围流场速度的好方法，不仅能测量定常流场，而且能测量特定时刻特定截面的非定常流场分布，这是其他技术难以实现的。目前，PIV 技术能够测量 600 m/s 以上的流速，测量横截面 1 m² 左右。利用大功率的激光器，能满足 5 m 量级的大型风洞应用。PIV 技术之所以能够测量高速气流流动，依赖于具有跨帧技术能力的摄像机，其空间分辨率越高，就可以获得越精细的流场细节。同步控制器用于控制整个测量过程，其性能直接影响测量范围和精度。计算机处理速度和传输速度的进一步提高，将使每秒的测量次数更多。数据处理软件的不断改进，能从获取的图像中提取更多更准确的流场信息。图 2-38 是三角翼流场三维 PIV 测量的试验布局，试验所用的三角翼为金属薄板模型，三角翼根弦长 750 mm、展长 375 mm、半展长 187.5 mm。图 2-39 上图为三角翼翼面某个剖面上的三维速度矢量场，下图为三角翼横截面 75% 根弦长三维等涡量线图。

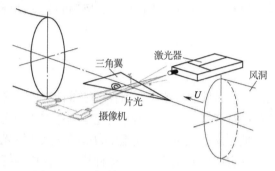

图 2-38　三角翼三维 PIV 试验布局示意图

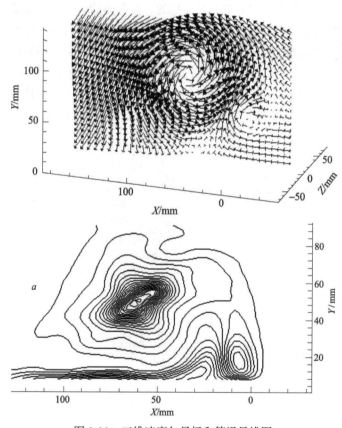

图 2-39　三维速度矢量场和等涡量线图

　　PIV 技术不断向前发展，在原有二维和三维技术基础上又出现了多种新的技术，例如对一个空间体积内的各点同时进行测量的体积层析 PIV 技术和全息 PIV 技术，一秒钟可以测量 2 万次至 10 万次的高速 PIV 技术，与激光诱导荧光技术相结合的 PIV 技术等，但由于受到激光器功率的限制只能测量厘米量级或 10 cm 量级的体积或截面。随着激光器技术的进步，这些技术将在大风洞中得到更广泛的应用。影响 PIV 技术性能指标的因素主要有激光器、跨帧式数字摄像机、同步控制器、计算机性能、数据处理方法和相应的软件。各种硬件设备的性能指标不断提高，数据处理方法主要集中在改善各种复杂流场的测量可行性和提高测量精度，诸如动态范围大的流场、梯度变化大的流场等。随着硬件水平和数据处理方法的发展，将进一步提高大型风洞的 PIV 精确测量能力。

2.2.3.2　压敏涂料光学测压技术（PSP）

1. 基本原理

表面压力测量是风洞模型试验的一项重要内容，随着计算机、光学技术和材料技术的发展，采用压力敏感涂料进行模型表面压力测量的光学测量方法随之发展起来。与传统的测压技术不同，通过涂在被测模型表面上对气流压力敏感的涂料发光强度的变化，可利用光学方法测量出被测区域的表面压力及其分布。这种技术不使用传统的测压管路和各种压力传感器，也不必为测压试验专门设计加工埋有多条管路的复杂的测压模型，能够大幅节省成本和时间，而且所获得的压力数据是连续的、大范围的，不仅可以测量常规的模型表面压力，尤其是可以测得无法装设测压管路区域处（如薄机翼边缘、襟翼、水平尾翼、垂直尾翼以及机翼与发动机短舱结合部）的压力，还可以测量模型运动部件（如螺旋桨和旋转机械的叶片）的压力分布以及振荡部位的压力分布。PSP 技术的基本原理，是利用氧分子对荧光或磷光的猝灭效应，由荧光/磷光的亮度变化或发光寿命的变化通过光学方法测量压力。图 2-40 上图为氧猝灭效应，下图为压敏涂料测压技术示意图。

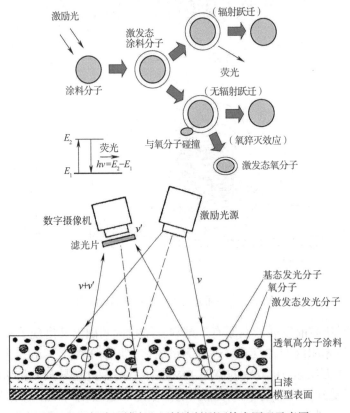

图 2-40　氧猝灭效应和压敏涂料测压技术原理示意图

压敏涂料测压系统由各种不同类型的压敏涂料和测压设备组成，硬件设备主要包括涂料特性曲线校准设备、激励光源、科学级摄像头及由多台计算机组成的图像采集和数据处理系统等；软件主要由压敏涂料特性曲线校准软件、风洞试验控制与图像采集软件、图像位移与形变判读校正软件及压力数据计算求解软件等组成。图 2-41 是飞机模型上下表面同时测量的一种布局，可以清晰看出其系统组成。

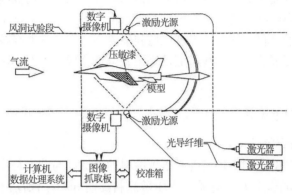

图 2-41　飞机模型 PSP 测量布局示意图

俄罗斯和美国分别研制了多种压敏涂料的配方，大多采用卟啉类的高分子化合物，分别由铂基、钯基及钌基化合物等组成。单色压敏涂料经激励光照射后只发出一种波长的荧光，该荧光对压力敏感，绝大多数压敏涂料都是单色压敏涂料。双色压敏涂料经激励光照射后同时发出两种波长的荧光，典型的如俄罗斯 LPS-B1 双色压敏涂料。不论哪种压敏涂料，在每一次实际使用前都需要作校准试验，得出一组不同温度下的压力与荧光强度的关系曲线，以备测压试验中使用。压敏涂料的特性测试需要专门的特性曲线校准设备，典型的校准设备如图 2-42 所示，由盛放被测涂料样片的压力罐、压力控制系统、温度控制系统、激励光源、数字摄像机、数据采集和处理系统及各种光学元件等组成。

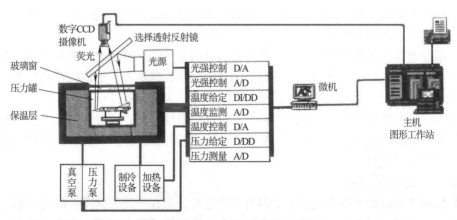

图 2-42　典型的压敏涂料校准系统

涂料特性曲线是以温度为固定参数的压力与荧光强度之间的关系曲线，因此校准过程中压力罐中的温度固定在某个定值后，压力要按照预先设定的一组数值变化，在每一个定值压力状态下用激励光激励涂料样片上的涂料发出荧光，用高质量的科学级数字摄像机采集并存储该压力下的样片荧光图像，当每一个设定压力值下的荧光图像都已经采集并存储后，选定涂料样片上的某一个点，由计算机取出每一个压力值下的荧光图像上的相应点的亮度值，即可计算得到该涂料在该温度下的特性曲线。换一个温度，再重复上述的过程，就可以得到另一个温度下的特性曲线。温度的取值范围应覆盖整个吹风试验过程中可能的温度变化范围，温度值的取值间隔要适当，取值间隔过大则试验精度会下降；取值间隔过小则特性曲线校准的试验量过大，导致试验成本上升。对于受温度影响特性变化大的压敏涂料，试验的温度取值间隔要小，即特性曲线校准要做得较密。将预先计划的各个温度下的特性曲线都测试完毕，也就完成了针对本次试验要用的涂料特性曲线测试工作。

2. PSP 技术的测量误差

1）与压敏涂料有关的误差

压敏涂料灵敏度的空间不均匀性。压敏涂料的灵敏度与荧光物质在基底材料中的分布密度及基底材料的厚度差异有关，当压敏涂料配制和喷涂操作技术比较成熟的情况下，可以将这部分误差控制在 0.3%~0.6%范围内。

荧光亮度饱和引起的误差。荧光物质发出荧光的量是有限的，荧光强度与激励光强有关，当激励光强超过一定值以后所激励的荧光强度将趋于饱和，由此引起测量误差。所以，应控制激励光的强度，使荧光物质发光不致出现饱和。

温度误差。因温度不准或不均匀产生的误差，是 PSP 测量技术中最主要的误差来源之一。减少这一误差的常用方法是风洞达到额定流速后推迟一定时间，待模型表面温度稳定以后再开始采集荧光图像，在风洞停风、流速达到零时立即采集零风速的参考荧光图像，以尽量减少吹风和停风两种状态的温度差别。试验时准确地获得模型表面的温度分布，将大幅减少温度误差，尤其是当模型表面温差较小时可以在适当位置布置多个温度传感器。当模型表面有强涡系或有激波分离时，温度引起的误差将会加大，也较难以消除；如果有条件，测压的同时利用温度敏感漆测量温度分布，是一个好的解决办法，这样可以逐点运用该温度下的特性曲线计算其压力。

压敏涂料特性的光学衰减。激励光的照射会引起荧光材料的发光能力下降，激励光越强影响越明显，所以应尽量减少激励光的照射时间，激励光要加快门控制。光学衰减在常规光线下也会发生，因此涂有压敏涂料的模型应避光保存。

此外，压敏涂料本身的特性随时间推移也在不断地变化，因此每一次试验前都要进行压敏涂料的特性校准试验，使用新的特性曲线进行测压计算，而且校准试验和风洞试验应尽可能接续进行。

2）测量系统的误差

任何种类的激励光源发光强度都具有不稳定性，应在采集荧光图像的同时采集激励光强度，以便减少因激励光不稳定带来的误差。摄像机的噪声来源，主要包括由热引起的暗电流（无光照电流）、散粒噪声和读出噪声。A/D 转换的量化误差，由数字摄像机 A/D 转换的二进制位数决定其量化误差的大小。由于摄像机存在一些振幅特性的非线性，引起压敏涂料发射的荧光强度测量的误差。通常摄像机不同像素之间的振幅特性稍有不同，即使振幅特性呈线性关系时不同像素的增益也有不同。以上是一些主要的误差来源，其中最后两项误差源当使用双色压敏涂料时被消除，因为压力测量荧光图像和参考荧光图像都是同时摄取的，只要事先完成所使用两台摄像机的振幅非线性和像素特性的比对试验，用所得到的对应关系在测量计算压力时进行修正即可。

3）试验产生的其他误差

气流中模型的位置偏移和自身的形变。用单色压敏涂料测压试验，模型的位置偏移和自身的形变会产生较大的误差。例如机翼上的荧光射到机身上，机身上的荧光射到机翼上等，这些反射的荧光会改变反射区的荧光真实状态而产生压力测量误差。这种误差不易消除，可以对不同的部分单独作试验，每次让激励光只照射单独一部分表面。

气流中灰尘或油滴落到模型表面。任何风洞气流中都会有灰尘，有的还含有油滴，试验时这些灰尘及油滴会散落在模型表面，而灰尘和油滴影响激励光及荧光，使模型表面照射不均匀并引起荧光强度发生变化，从而使试验产生误差。这种误差是通过计算方法无法消除的。每一次试验前后，用浸有不会影响压敏涂料性能的清洗剂或纯净水的湿布，仔细擦拭模型表面可以减少这种误差。

气流中的水分凝结。当相对湿度较高时，一些风洞运行时会产生雾化，气流中的水分凝结成水珠将直接影响激励光和荧光的传输，产生误差甚至导致压力测量无法进行。这样的风洞只能选择干燥的季节，天气条件较好且风洞运行时不出现雾化的情况下进行试验。

以上是常见的测量误差来源，此外试验人员的熟练程度和对各个误差源的理解深度也有很大影响。当试验由非常熟练的人员实施，各项误差源可以得到有效控制。与双色压敏涂料试验相比，单色压敏涂料试验在误差源控制上要困难得多，因此双色压敏涂料试验更容易得到较高的试验精度和准确度。

3. PSP 测压试验案例

压敏涂料在高速风洞试验中的应用案例如图 2-43 所示，采用 337 nm 波长的紫外激光器作为激励光源，给出了试验模型的一组伪彩色试验结果，马赫数 Ma=0.8，迎角 α=4°、10°、14°。图中左侧是三角翼飞机模型，上表面涂有 FOP-1 压敏涂料，三个矩形块是定位标记；机翼表面上分布有测压孔，在压敏涂料测压的同时用测压孔进行传统测压；右侧给出了不同迎角时的翼面上压力分布，是用伪彩色编码显示的连续的压力分布图。可以看出，翼面上压力分布随着迎角的变化呈现明显变化，α=10°时机翼边缘的低压区说明该处有较强的涡存在，α=14°时翼面上的涡进一步发展，低压区变宽。

光学压敏涂料测压技术已经在跨/超声速风洞达到实用水平，尽管测量精度和准确度与其他测压技术相比还稍低，但其明显的优越性越来越被重视。为了提高测量精度，除了双色涂料技术外，在模型上选定特殊部位设置多个测压孔，利用测压孔的压力数据校正周围的压敏涂料测量值，也是一个常用的提高精度的有效方法。另外，如何进一步提高双色压敏涂料测压技术和发光寿命衰减测压技术的测量精度，是 PSP 技术研究的重点。双色涂料 PSP 技术有其特殊的优势，避免了模型位移、形变、光照角度变化、环境和温度差异的影响，及荧光测量图像和参考图像一致性的影响，大幅减轻后续数据处理的难度和工作量，并能够显著提高测量精度，代表了大型风洞 PSP 测压试验技术的主要发展方向。

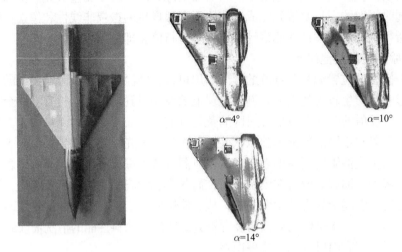

图 2-43　PSP 测压模型和测量结果伪彩色编码图

参 考 文 献

[1]　冯子明, 姚丽瑞, 郭倩旎. 飞机数字化装配技术[M]. 北京: 航空工业出版社, 2015
[2]　北京长城计量测试技术研究所. 航空计量技术[M]. 北京: 航空工业出版社, 2013
[3]　何胜强, 姚丽瑞. 大型飞机数字化装配技术与装备[M]. 北京: 航空工业出版社, 2013
[4]　中国航空工业空气动力研究院. 航空气动力技术[M]. 北京: 航空工业出版社, 2013
[5]　李周复. 风洞试验手册[M]. 北京: 航空工业出版社, 2015
[6]　李周复, 邵箭. 风洞特种试验技术[M]. 北京: 航空工业出版社, 2010

第 3 章 航空发动机测量与校准

航空发动机被称作飞机的"心脏",被誉为现代工业"皇冠上的明珠",航空发动机的发展水平反映了一个国家的综合国力、工业基础和技术水平。无论发动机的性能试验、适用性试验,还是耐久性试验和环境试验,以及生产制造和使用维护等各阶段,都离不开精确的计量校准技术。

本章围绕航空发动机的测量与校准问题展开论述。3.1 节聚焦航空发动机的制造与装配,介绍航空发动机叶片制造测量、整体叶盘制造测量及发动机装配计量校准;3.2 节聚焦发动机试车台推力测量及空中推力测量,探讨航空发动机关键性能指标—推力的测量校准方法。

3.1 航空发动机制造与装配的测量

航空发动机零部组件的制造,是按照规定的设计规范等技术文件生产出满足功能性能指标要求的叶片、轮盘、机匣和附件等产品。航空发动机的装配,是把制造合格的零部件、组件、单元体,按设计图样、工艺规程等技术文件组成发动机整机。发动机是典型的复杂结构产品,装配过程需把上万个零件形成组件、部件、单元体和整机,其装配质量和技术水平直接影响航空发动机的工况特性,决定着发动机运行过程的主要性能指标及可靠性、寿命。无论零部组件制造,还是部件装配和整机装配,在制造工艺和装配工艺实施过程中都离不开严格的检查测量方法,离不开专用工装、夹具、卡具及通用/专用测量器具,这些都需要高精度测量和校准技术的支持。下面,以航空发动机叶片制造、整体叶盘制造和发动机装配为例,介绍相关的测量及校准技术[1-4]。

3.1.1 航空发动机叶片制造测量

航空发动机叶片包括压气机叶片和涡轮叶片,前者是将进入压气机的空气压缩为一定比例的高温高压气体,送入燃烧室参与燃烧;后者是将燃烧的高温高能气体的能量转换成涡轮转子的动能,带动压气机持续工作。为保证气流在叶片长度方向上均匀做功,并以均匀速度进入排气系统,在叶片设计时从叶身根部到顶部扭转角度要逐渐增大,并对外形轮廓变化进行严格控制;同时,由于叶片在高温、高压和高速状态下工作,承受交变应力及热应力负荷,容易产生疲劳破坏,因此必须对叶片进行多参数综合测量,以保证叶片的制造质量。叶片检测的要素主要包括[2]:叶型轮廓、叶型位置、叶型扭角、叶型偏斜、前后缘位置、前后缘轮廓、榫头轮廓、安装板尺寸、阻尼台轮廓、喉道面积等。叶片检测是叶片制造工艺的重要环节,需要大量的专用测具,配置带有叶片专用测量软件的三坐标测量机或测量仪等。

3.1.1.1　专用测具测量

1. 叶身型面测量

叶身型面属于叶片检测的主要项目，专用测具有样板测具、摇摆测具等。样板测具利用盆背样板、进排气边推规、外卡及专用型面夹具，对叶型轮廓、叶型位置、进排气边位置、叶型扭角、叶型偏斜等要素进行测量，典型测具如图 3-1 左图所示。将叶片盆背型面分别设计成独立的型面样板，通过检测样板与型面的透光来判断叶型轮廓是否合格；利用进、排气边推规和外卡检测进排气边的位置，可实现定性测量。测量叶型偏移、扭转及偏斜时，可将叶片调整在允许的偏移、扭转或偏斜位置上，叶型合格代表叶片合格。样板型面测具的测量误差在 0.05 mm 左右，这种方法测量的精度较低。摇摆测具如图 3-1 右图所示，利用仿型靠模测具的原理，将实际叶片轮廓与标准轮廓进行对比测量。先将两个百分表在标准对表销上对零，然后摇动摆杆，按截面摇摆检测叶片，测量时两个百分表的读数差即为叶型实际偏差。该测具每次只能检测叶型盆侧轮廓或背侧轮廓，且要求叶型接近圆弧轮廓时才比较精确。

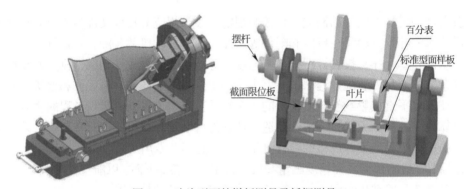

图 3-1　叶片型面的样板测具及摇摆测具

2. 相关尺寸测量

进排气边 R 轮廓的测量：对 R 大于 1 mm 的轮廓可以采用 R 成组样板检测，对于 R 较小的轮廓可采用样膏法检测。一些专用光学成像仪能对进排气边进行光学成像，并分析出轮廓大小，也可采用三坐标测量机扫描法进行 R 检测。

弦长测量：一般采用靠模法，如图 3-2 左图所示，百分表安装在滑动的测量臂上，由进排气边标准靠模板驱动其运动，测量时百分表先在叶片进排气边标准件上对零，然后检测实际对应点，进排气边百分表代数和即为实际弦长的偏差值。

边缘厚度测量：可以采用专用边缘测具，如图 3-2 右图所示，测量前先调整测量点位，再用标准块规调整百分表零点位置，测量时要在所测截面处将叶型位置标示出来，并摆动测具寻找最小值的位置，这种测量方法精度较低。采用专用的叶片测量分析软件，可进行高效高精度检测。

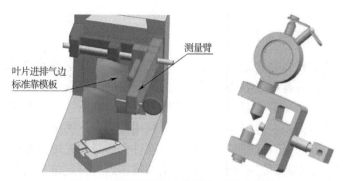

图 3-2　弦长测具及边缘厚度测具示意图

3. 榫头测量

燕尾形榫头的测量，主要是榫头宽度 N 和工作面角度，如图 3-3 所示。测量榫头宽度尺寸时以榫头底面作为基准，用工作面一侧的尺寸测量点作为测量固定点，来测量工作面另一侧的测量点，测具需要与榫头宽度尺寸标准件配套使用。工作面角度的测量也用榫头底面作为基准，通过测量榫头工作面沿叶片长度方向上与标准件对应的两点位置的变化量来计算角度公差。一般将两点中的一点固定，仅测另一点的变化值，换算成角度变化量。

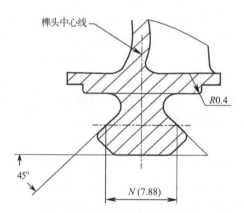

图 3-3　燕尾形榫头结构示意图

枞树形榫头的测量：枞树形榫头需要检测的主要尺寸有榫头轮廓精度，榫头厚度，对应榫齿在长度方向的错齿量，对应榫齿在厚度方向及长度方向的平行度。榫头厚度检测一般通过测量两个对应齿的量针厚度尺寸代替。榫头轮廓检测一般采用投影仪，将榫头外形轮廓与投影屏幕上的放大图进行比对。错齿检测需要专用测具，先用叶片一侧的两个榫齿定位，分别检测对应榫齿上的对应点在叶片长度方向的差值，再将叶片用另一侧两个榫齿定位，检测对应榫齿在叶片长度方向的差值，每个齿两次测量值最大的结果为错齿量。榫齿平行度检测同样需要专用测具，将叶片用磨齿时的加工基准定位，测量对应榫齿工作面上对应点在长度方向及宽度方向的差值，榫齿两侧对应点测量值的代数差即为榫齿的平行度。

4. 导向叶片喉道面积测量

涡轮导向器两个相邻叶片之间形成一个气流通道,按规定的方向测得该通道的截面面积称为喉道面积,所有单级喉道面积之和为导向器的喉道总面积。喉道轮廓通常简化为空间梯形,通过测量梯形上宽、下宽和高度三个值,利用计算出的梯形面积代替喉道面积,也称喉道当量面积。专用喉道面积测具是用几套专用测量工具分别测出三个值,然后计算出面积。专用测具需配备一套检测标准件,测量前先用标准件将专用测具上的百分表调整为零。专用测具还需利用设计给出的喉道点进行定位,测量时转动测具测出某一喉道点最小尺寸,测具转动过程中一般定位点会有变动,因此测量结果会有误差。还有一种测具采用叶片排气边及喉道缘板部分定位,测量时夹具固定不动,测量固定喉道点,测量的数值与最小值有偏差。两者相比,通常前一种测具测量的数值较后一种测具测量的数值小。

3.1.1.2 三坐标测量及光学测量

三坐标测量机是叶片测量中广泛使用的高精度测量设备,可以实现叶片型面、缘板、榫头等部位的线形尺寸及位置检测,也可用于叶片喉道面积测量。①叶片装夹定位基准。可以设计专用的叶片三坐标检测夹具,测量时先利用检测夹具的装夹基准建立坐标系,即叶片在三坐标设备上的位置坐标系;测量每片叶片时不用重复建立坐标系,直接进行测量和扫描,测量效率高;但由于测具设计制造及装夹误差,影响测量分析结果,特别是尺寸精度高的叶片;为减少夹具及人为因素的影响,对于尺寸精度高的部位通常先粗建基准,后建立精基准,精基准建立的基本原则是与设计和工艺基准吻合。如图 3-4 所示,以毛料两侧圆柱形工艺台粗建基准,此时叶片可以简单固定,在粗基准的坐标系下用燕尾榫头基准面建立精基准,可以将部分测量随机误差降到最低。②叶型检测。叶型检测通常需借助叶片专用测量软件如 PC-DIMS、BLADERUNNER 及分析软件 BLADE,测量时通过连续扫描或单点采集某截面数据点,再利用专用分析软件进行分析,并输出检测结果。③榫头和缘板检测。叶片榫头和缘板也可用三坐标检测,测量软件如 PI-DIMS,能快速、高精度地检测分析榫头和缘板上的长度量;带轴颈叶片两端的轴颈同轴度,短圆弧大半径几何量的测量等,测量结果受采集点影响较大,仍需研究更精确的测量方案。

图 3-4 叶片基准示意图

光学测量是通过光学投影或反射投影成像原理,将检测轮廓在屏幕上成像进行对比分析的方法。随着光学制造精度及光源技术的提高,光学检测在叶片加工工艺中的应用越来越广。①光学投影测量。主要包括断面投影仪和光学跟踪投影仪，可以用于检测叶型形状、叶型厚度、位置偏差、叶型扭转、榫头轮廓等。断面投影仪主要用于检测榫头工作面轮廓曲线和叶身单截面轮廓，利用光的漫反射现象和光切面法将不规则的立体断面形状按一定的放大倍数投影到屏幕上，与标准轮廓曲线及公差带对比，分析判断轮廓精度；其测量效率高，适用于现场，缺点是检测精度较低。光学跟踪投影仪主要利用仿形测量原理，通过等臂仿形同步接触测头和跟踪测头，将接触测头与零件实际轮廓的接触轨迹通过跟踪测头投影到屏幕上，并与叶型放大图进行对比分析。②白光扫描测量。是一种基于光学三角测量原理的非接触式测量方法，利用光源、像点和物点之间的三角几何关系间接计算测得物点的空间坐标。光源向物体发射一束光，在测量点处形成物点，光束到达并经物体反射后，传感器接收到反射光束形成像点；光源点、物点和像点构成三角几何关系，其中光源点和传感器上像点的位置已知，由此可以精确计算得出物点的位置。典型的白光测量设备是全自动叶片单轴超速光学测量机，配备大理石工作台面，台面上设置一个定位叶片的旋转台，配备一个白光测量传感器及叶片测量模块；测量有两种模式，即坐标测量模式和扫描模式，坐标测量模式每秒测量的点数不少于 3 点，扫描模式每秒测量的点数不少于 70 点；该设备相比三坐标测量机的测量速度高，按坐标模式计算，一个 200 点的截面扫描时间约为 1 min，且能测量分析叶片前后缘半径小于0.2 mm 的轮廓。

3.1.2　航空发动机轮盘制造测量

3.1.2.1　发动机轮盘的类型及测量要求

　　按发动机轮盘的工作部位可分为压气机盘和涡轮盘，两种轮盘的功能结构和工作温度条件虽然有别，但都是处在高速环境状态下，盘件承受很大的应力。涡轮盘分为低压涡轮盘和高压涡轮盘，典型结构由轮缘榫齿、辐板、封严篦齿、安装边、定位连接孔、中心孔组成，如图 3-5 左图；在轮盘外缘上有安装涡轮叶片的枞树形榫槽，对称型面的辐板，连接涡轮轴和隔圈的定位凸缘，安装涡轮轴的端面和螺栓孔，传动安装边上的定位销孔和安装平衡螺钉的螺纹孔等。压气机盘分为高压压气机盘（图 3-5 中图）和低压压气机盘（图 3-5 右图），高压压气机盘由轮盘外缘、辐板型面、内腔型面、内花键部分组成，轮盘外缘上有安装叶片的轴向燕尾形榫槽，盘与盘相连接的定位凸缘，对称型面的辐板，连接轴的内花键；低压压气机盘由轮盘外缘、辐板型面、内腔型面、内花键部分组成，轮盘外缘上有安装和限制叶片的卡圈槽、限动销孔，盘与盘相连接的定位凸缘，轮毂处的内花键与轴上的外花键等。

　　关于轮盘的尺寸精度、位置精度、表面形状精度、表面粗糙度等，都有严格的要求。以涡轮盘为例，技术要求如表 3-1 所示。典型的盘类件的检测项目、方法要求如下：①盘类件的轴向、径向、角度、圆弧尺寸的一般公差，选用通用量具、卡钳、专用卡板、样板等进行检验；高精度级公差，选用专用测具、量具、标准件进行检验。②盘辐板面上理论点厚度尺寸用带表的壁厚卡钳对块规检测，辐板理论点到榫齿端面的深度尺寸用带有标准件和多个测量杆的专用桥式深度测具，辐板的面轮廓度采用三坐标检测。③盘的

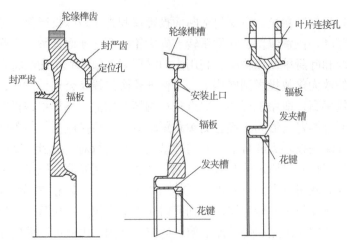

图 3-5　涡轮盘、高压压气机盘、低压压气机盘结构示意图

各配合直径，根据公差情况分别采用专用测具和通用量具检测。④榫槽的检验。涡轮盘、压气机盘榫槽检验包括槽型投影检查、槽型位置检查、各槽滚棒间尺寸、表面粗糙度检查，选用卧式、立式投影仪和投影板检查榫槽槽型，加上专用塞入式转接器和综合测具进行测量。⑤花键的检测。专用测具对标准件检测节径最大值，卡尺检测花键内径和外径尺寸，花键综合量规用以控制内花键作用齿宽的最小值或外花键作用齿厚最大值，从而控制作用尺寸侧隙的最小值。⑥封严齿检测。设计有专用的样板和卡板，检测齿形、齿距。⑦盘技术条件的检测。涡轮盘、高压压气机及低压压气机盘的技术条件主要是盘各配合表面之间的相互跳动，采用机床和转盘打表检测。⑧表面粗糙度的检测。表面粗糙度是评定产品质量的一项重要指标，对保证配合的可靠性和稳定性都有非常重要的作用；测量方法有比较法（样块）、光切法（光切显微镜）、干涉法（干涉显微镜）、触针法（电动轮廓仪）、印模法（印模），常用的盘类件检测方法是比较法、触针法和印模法。

表 3-1　涡轮盘的技术要求

项目	内容	精度	项目	内容	精度
尺寸精度	配合环面	IT6~IT7	位置精度/mm	外圆对基准的跳动	0.025~0.05
	径向尺寸	IT7~IT8		重要表面对基准同轴度	0.01~0.025
	轴向尺寸	IT6~IT8		端面对基准跳动	0.013~0.025
	精密销孔直径	IT7~IT9		端面之间平行度	0.015
	枞树形榫槽滚棒尺寸/mm	±0.038		端面销孔位置度	ϕ 0.025
表面形状精度	径向配合表面圆度	0.005~0.01		榫槽均布位移度	0.05
	轴向配合表面平面度	0.01~0.015		榫槽对理论对称平面位移度	0.05
	辐板轮廓度	0.05~0.1		首、末槽之间的公差	+0.051/−0.15
	枞树形榫槽面轮廓度/mm	0.02		榫槽对基准端面的倾斜度和垂直度	0.025
表面粗糙度 R_a/μm	榫槽	0.8	其他要求	超声波探伤	
	基准表面	0.8		荧光检验	
	非工作面	1.6		磁粉探伤	

关于榫槽的测量，可用千分尺或专用卡钳式卡带表等距规进行，必须测量整个盘件所有榫槽的尺寸值，最大值与最小值之差即为位移度误差。须准确测量榫槽工作面至零件中心的半径值，榫槽对基准端面的垂直度、倾斜度，榫槽的位置度，具体可采用顶丝式转接器，转接器形状与盘件榫槽相对应，顶丝顶紧在榫槽底面，且使定位块与榫槽工作面靠紧；转接器型面精度要求很高，尽量减小与榫槽的配合间隙，将转接器顶紧后再通过综合测具进行测量。如图 3-6 分别为榫槽深度测具、中心线偏移测具及均匀分布测具。

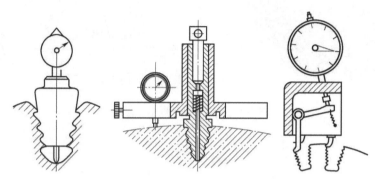

图 3-6　榫槽深度测具、中心线偏移测具及均匀分布测具

3.1.2.2　发动机整体叶盘测量

与传统的叶盘相比，采用盘和叶片一体化结构设计的整体叶盘通常能减少 55% 以上的零件，减轻 25%～35% 的重量，提高 5%～15% 的效率。整体叶盘的直径较大、腹板较薄、刚性弱，宽弦大扭角设计的叶片厚度小、悬臂长，设计尺寸公差严，形状和位置要求的项目多且公差小。例如，叶片截面积叠轴的位置度公差为 0.12～0.3 mm，叶尖跳动公差为 0.3 mm，辐板两面跳动公差为 0.02 mm，轮毂内孔跳动公差为 0.01 mm。美国普惠公司研制的 F119-PW-100 发动机，3 级风扇和 6 级高压压气机的转子全部采用整体叶盘结构。整体叶盘叶片的测量参数主要有：叶尖尺寸，叶盆、叶背的型面轮廓度，前、后缘位置，叶片弦宽，叶片扭角偏差，进、排气边厚度，积叠点位置度，叶片表面粗糙度等。

关于坐标系的建立，以基准圆 A 的圆心确定坐标系原点，角向槽的中心线（过基准圆 A 的圆心）确定为 X 轴，垂直基准 C 的方向确定为 Z 轴，建立测量坐标系，如图 3-7 所示。测量基准圆 A、叶盘工艺孔及基准面 C 时，各元素测点数应不少于 8 点，且沿圆周均匀分布。坐标系由基准面沿 Z 轴平移 H 值至积叠轴平面，找正角向槽中心线，旋转角度，确定首片叶片的积叠轴。

测量叶盘叶尖尺寸时，为保证能够测量到圆锥母线最大直径处，将坐标系类型确定为极坐标，在叶片叶尖处依据设计理论点，按照 Z 值测量相对应的叶尖尺寸 R_t 值。测量时测针沿曲面的法向方向探测，叶盘叶尖尺寸 R_t 如图 3-8 所示。

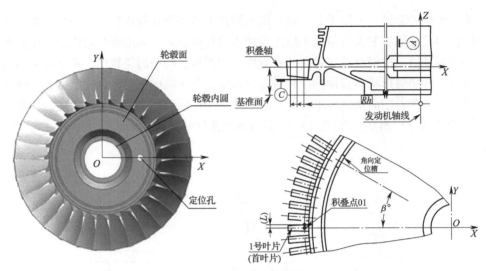

图 3-7　整体叶盘坐标系示意图

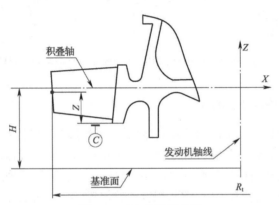

图 3-8　叶尖位置示意图

由于整体叶盘叶片型面为复杂自由曲面，扭曲度大，相邻叶片之间的通道深而窄，不仅增加了整体叶盘制造难度，也增加了测量难度。将三坐标测量机与三维实体软件系统相结合，可实现叶型轮廓度等特性的检测。在整体叶盘的叶型检测过程中，确定测量叶片数、测量截面数和测量点数非常重要，既要减小测量误差，提高测量效率，还要考虑降低测量成本。三坐标测量机根据测量点的坐标和触测方向进行测量，在路径规划方面常用流道线测量路径法。流道线是指叶片工作时气流流经叶片型面的近似路线，其区别于等半径测量路径线的最大特点是曲线封闭，测量路径线呈均匀态势且尽可能覆盖整个叶片型面，易于分析叶片型面的扭转和变形误差，且检测数据能够覆盖全型面。如图3-9所示，等半径法测量路径及流道线法测量路径示意图。

利用三坐标测量整体叶盘，如图3-10所示，三坐标测量的结果经过处理后与三维模型进行比较，并对两者之间的误差做出自动分析后生成数据报告和矢量分析图，从而大幅提高检测效率和准确性。

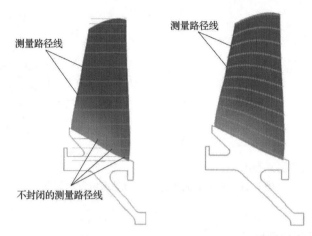

图 3-9　等半径法及流道线法的测量路径示意图

图 3-10　三坐标测量整体叶盘示意图

在叶型检测坐标系下，前后缘位置检验分别检测叶片截面上的前后缘的最大点，评价其最大点到叶片积叠点的距离。前后缘指定点厚度的检验，是指距离进排气边最大点 2 mm 处的叶型厚度，可利用 BLADE 叶片测量软件，评价通过指定点垂直于叶型中弧线所形成的直线与叶盆叶背两个交点的距离。叶片弦长的检验，利用卡钳法测量弦长，测量时旋转检测截面对应弦角，确定该截面叶型弦线方向，找出叶型前后缘转接处的最大点，利用 BLADE 叶片测量软件进行评价。叶片扭角偏差的检验，先扫描叶片型面，将实际扫描曲线与理论叶型进行最佳拟合，经过调整的角度即叶盘叶片的扭角偏差，或通过 BLADE 叶片测量软件进行直接评价。实测叶型应位于理论叶型沿积叠轴顺、逆时针转动 5′允许的范围内，否则叶型扭角超差。

积叠点位置度的检验，是在叶盘检测坐标系下控制叶片截面高度进行闭合扫描，并利用最佳拟合功能确定该截面积叠点的位置。评价该积叠点在检测坐标系下的 X、Y 坐标值，其变化量为积叠点的位置度。实测叶型截面的坐标零点如图 3-11 左图所示，位于以理论叶型的积叠点为圆心、以图样规定的位置度值为直径的圆内，否则叶型位置度超差。关于盘缘表面轮廓度的检验，见图 3-11 右图所示的盘缘位置示意图，测量盘缘表面的面轮廓度时，为保证能够测量到圆锥母线最大直径处，将坐标系类型确定为极坐标，在盘缘处依据设计理论点坐标值，按照 Z 值测量相对应的值，测量时测针沿锥面的法向方向探测。

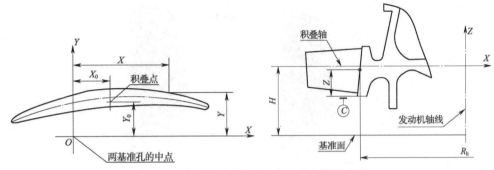

图 3-11　叶型截面坐标零点与盘缘位置示意图

3.1.3　航空发动机装配测量

　　航空发动机的装配过程可分为航空发动机零部组件的装配和发动机的总装配，如图 3-12 所示。典型的零部组件装配包括压气机装配、燃烧室装配、燃气涡轮装配、加力燃烧室部件装配、传动装置装配、滑油系统附件装配、启动系统附件装配等。零部组件装配是一项复杂细致的工作，对螺纹连接最佳预紧力、螺纹连接件装配拧紧次序都有严格的装配工艺程序和测量精度要求。总装配过程包括传动机构装配及整机装配，其中传动机构装配包括压气机、燃烧室、涡轮、主传动机匣等部件组件的安装、连接以及安装过程支点同心度、转子轴向活动量的测量，转子、静子机匣之间间隙的测量和调整等；整机装配是包含附件传动机匣、扩散器、加力燃烧室喷口等外部部件组件，外部管路系统、电气系统、调节和操纵系统等元件及其附件的安装、连接、调整和试验，最后形成完整的发动机。

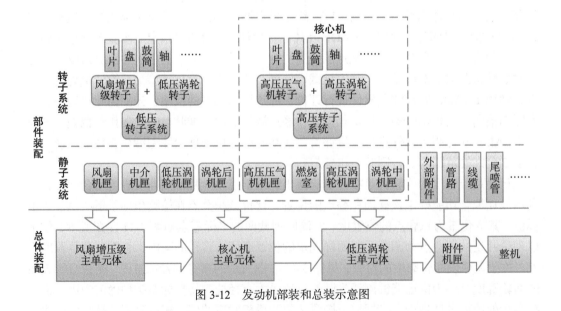

图 3-12　发动机部装和总装示意图

航空发动机工作条件恶劣，必须具有良好的可靠性、稳定性、安全性，因此对装配质量有着苛刻的要求。航空发动机的装配工艺复杂，装配所需相关工程设备繁多，对工人操作水平要求高，加之航空发动机制造所需零件众多，需要多次平衡试验和装配质量检测，同时需要大量非标辅助装配工具，因此离不开高端精密测量技术的支持。下面，简要介绍发动机装配的一般要求[3]，以多级转子装配测量为例展开讨论[4,5]，并介绍基于数字孪生驱动的装配技术[6]。

3.1.3.1 发动机装配的一般要求

航空发动机的装配和检验是发动机制造过程的重要组成部分，是发动机制造中的后期工序，在整个生产过程中占有十分重要的地位，也是一个相对独立的生产阶段。发动机装配过程不是零件的简单堆积过程，而是按照规定的技术标准、技术要求及一系列复杂程度不同的工艺程序和质量控制程序进行的。这些程序包含理论和实际的方法，应用这些方法将若干零件连接、固定起来组成组件、部件、单元体，并由组件、部件、单元体、附件和成品件组合成整机。与机械加工、钣金焊接、锻造铸造等其他工艺过程相比，装配工艺过程有以下四个特点：①装配过程是一个对零件制造质量和部件、组件、成品件、附件装配质量的复检及验证过程，很多加工过程中发生的但未暴露的技术质量问题会在装配中被发现。②装配质量直接影响到发动机的性能（推力、油耗、温度、流量等）、寿命及工作可靠性，装配过程不清洁生产和不规范操作会引起航空发动机服役后的提前失效，甚至引发严重飞行事故，给用户造成巨大损失。③装配过程的人工劳动量较大，装配平均工作量约占发动机制造工作量的 30%，若在试生产阶段几乎成倍增加。④装配工人的技术水平、质量意识、诚信态度和各项管理制度的落实情况，对航空发动机的整机质量有很大影响。

在装配工艺过程中，基准与基准零件发挥重要作用，这些基准具体包括：①装配基准。是指某些零件上的表面、轴或点被用来确定装配相对位置所采用的基准。②主基准。是零件上用以确定相对于其他零件位置的一种面，并在产品中与其他零件相接合。③辅助基准。是零件的一种面，供其他零件用来同该零件相连接，并能确定其他零件相对于该零件主基准的位置。④基准零件。是指任意装配对象在其装配过程开始时所用的主要零件，主基准与装配夹具或装配支架的安装基准重合。⑤主基准轴。当主基准属于轴线对称时，在装配过程中能预先确定整个产品各部分的位置，称为主基准轴。

装配精度既是发动机整机、单元体、部件和组件的设计技术要求，也是装配图样中所规定的技术要求。为保证组件、部件和单元体的使用特性，调节系统的稳定性，提升整机的性能和寿命，必须正确地实施整机、单元体、部件、组件、附件和各系统的装配。装配单元的实际装配精度是指对该装配单元的设计技术要求、装配图样所规定技术要求相符合的程度，是由零件制造精度、装配和测量误差决定的。装配精度要求既影响发动机的整机质量，又影响整机零件制造的经济性，是确定装配工艺措施的一个重要依据。在选择装配方法、工夹量具、设备、仪器、检测方法时，必须综合考虑各方面的影响。

　　从精度类型上看，发动机的装配精度包括：①相对运动精度。指两个零件或两个以上零件装配后能够保证相对运动的技术要求，例如齿轮的啮合间隙，着色检查齿的接触印痕，传动杆的摆动量，封严胀圈与胀圈座的端面间隙，可调节叶片摆动量（转动角度），加力作动筒的同步性等。②相对位置精度。指零件、组件装配后的相互位置的技术要求（距离精度、平行度、垂直度、同轴度等），如压气机转子、涡轮转子各级内环与静子机匣相应各级前后纵向间隙，叶片榫头与盘的榫槽的径向间隙；发动机各轴承支点的同心度（跳动量），轴承装配后的轴向活动量，滚柱轴承的滚动体与内、外套圈的偏移量等。③形状精度（或称微观几何精度）。是指两个零件装配后的配合表面、连接表面规定的接触面积大小、接触点分布的技术要求，主要影响机件变形及泄漏，如轴承机匣与轴承支座结合面的着色检查，滑动轴承轴瓦与轴承座接触面的着色检查，阀座与阀配合面的着色检查等。④配合精度。指两个零件装配后的配合面以及连接面之间规定的配合间隙或过盈技术要求，影响配合性质和质量，如轴承内套与轴、轴承外套与轴承座，盘与盘、盘与轴、盘与轴颈，螺桩与机匣壳体，销子与壳体孔的配合等。⑤参数精度。指影响整机性能以及各系统正常工作而对某些零件、组件规定的流量、分布、转速、时间、面积、质量和尺寸等技术要求，如燃油及滑油系统喷嘴的流量和分布，火焰筒涡流器的流量，附件的协动转速和时间，导向器排气面积，零件质量以及整机或组件的外廓尺寸要求等。⑥平衡精度。指高转速、大质量的零件、组件以及部件规定的许用不平衡量和许用重心偏移量等技术要求，如离心式压气机、轴流式压气机以及风扇转子，涡轮转子，盘/轴组件，油泵叶轮和离心通风转子平衡时许用不平衡量等。

　　发动机装配技术文件、装配图样通常给出两个允许的极限值，其差值即为装配参数的允许误差（公差），装配时所得到的实际参数不应超出公差范围。为了满足上述要求，应预先对精度进行计算（求出装配参数的期望精度值），并根据计算结果选择最适合该生产条件的装配方法。精度计算一般是在设计阶段完成，但由于不可避免的结构变化和一系列工艺因素的影响，也要求在装配过程中进行计算。装配过程中常用的尺寸链如下：①长度尺寸链。即全部组成环均为长度尺寸的尺寸链。②角度尺寸链。全部组成环均为角度尺寸的尺寸链，由平行度、垂直度和角度构成。③装配尺寸链。全部组成环为不同零件设计尺寸所构成的尺寸链。④零件尺寸链。全部组成环为同一零件设计尺寸所构成的尺寸链。⑤工艺尺寸链。全部组成环为同一零件工艺尺寸所构成的尺寸链。⑥标量尺寸链。全部组成环为标量尺寸所形成的尺寸链。⑦矢量尺寸链。全部组成环为矢量尺寸所形成的尺寸链。⑧直线尺寸链。全部组成环平行于封闭环的尺寸链，由长度尺寸组成，且处在相互平行的平面内。⑨平面尺寸链。全部组成环位于一个或几个平行面内，但某些组成环不平行于封闭环且构成平面矢量多边形的尺寸链。⑩空间尺寸链。全部组成环位于几个平行面内，且构成空间矢量多边形的尺寸链。图 3-13 为几种典型的尺寸链示意图。

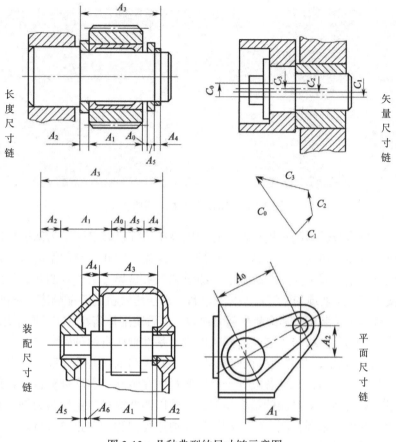

图 3-13　几种典型的尺寸链示意图

3.1.3.2　发动机转子装配测量

随着航空发动机技术指标逐渐提高，对装配方法及测量结果的准确性要求也越来越高。发动机转子是回转体类多级构件，多级转子由多个单级转子堆叠而成（图 3-14），同轴度是考核多级转子装配质量的核心参数。如果装配精度较低，会造成转子高速运转时产生较大的离心力，引起整机振动和碰磨，降低发动机使用寿命。发动机多级转子装配采用止口配合，导致装配后同轴度测量截面被覆盖，传统的同轴度测量方法无法直接测量。在装配过程中，即使单个部件的加工均满足设计指标，但是装配后也可能达不到设计要求。因为单个部件的加工误差会在装配过程中逐级传递、累积和放大，甚至最终导致装配指标超差。目前多部件装配理论方法主要用于部件加工前的公差分配，用于机械产品设计之初，当机械部件加工完毕后并不能指导装配；成熟的测量仪器可对加工后的机械部件进行表面形貌检测，但是操作人员在装配过程中只能结合表面形貌参数依赖经验进行装配。目前，多级转子同轴度测量和装配调整技术是航空发动机装配的难点。

图 3-14　发动机核心机与多级转子

航空发动机多级转子的结构相似，在此以高压压气机多级转子为例进行说明。某型高压压气机多级转子包括一二级盘、前轴颈、三级盘、四九级盘和篦齿盘，转子采用止口定位、螺栓拧紧。其中，一二级盘由一级盘和二级盘焊接组成，四九级盘由四级盘到九级盘焊接组成，前轴颈和三级盘一体化装配。高压压气机的装配顺序，先将一二级盘、前轴颈和三级盘进行装配，其次装配四九级盘，最后装配篦齿盘。转子间采用过盈配合，装配前需液氮冷却。多级转子装配后同轴度测量基准轴线有两种确定方法，一是通过径向基准面 A 和 B 确定，二是通过径向基准面 A 或 B 和轴向基准面确定。只有篦齿盘径向测量面在装配后外露，其他各级转子径向测量面在装配过程均被覆盖，导致装配后无法直接测量。多级转子接触面的结构相似，在此以四九级盘和篦齿盘为例说明多级转子装配过程中主要误差来源。四九级盘和篦齿盘通过径向和轴向止口进行定位，因此单级转子的加工误差通过径向和轴向接触面进行传递；轴盘类零件止口加工后，表面形貌非理想状态，在航空发动机多级转子装配中径向和轴向误差会不断累积，且随着转子级数增加可能导致装配后同轴度超差。

图 3-15 为三级转子同轴度调整仿真结果[4]，综合单级转子同心度误差调整结果影响，当第二级转子旋转 165°，第三级转子旋转 56°时，三级转子装配后同轴度误差最优达到 4.7 μm；当第二级转子旋转 0°，第三级转子旋转 0°时，三级转子装配后同轴度误差最大值达到 40.6 μm。因此，当各级转子选取合适安装相位时，可以实现多级转子装配后同轴度调整，并使同轴度达到最优。

英国 RPI 公司以精密转台为基准，研发了一套高压转子综合测量装配系统，如图 3-16 所示，可实现回转类零件表面轮廓的测量。Aerospect SPS 1000L 测量仪主要面向 CFM56 发动机，该测量系统的 4 套传感器通过一次测量即可提取出被测转子的径向和轴向装配面轮廓信息，从而提高单级转子测量效率。该系统具备装配指导功能，避免多级转子装配后产生曲轴形状。仪器的气浮轴系径向和轴向精度均优于 0.125 μm，载重最大可达 454 kg，主要用于评定航空发动机转子径向跳动、轴向跳动、同心度、偏心角、装配相位等参数。

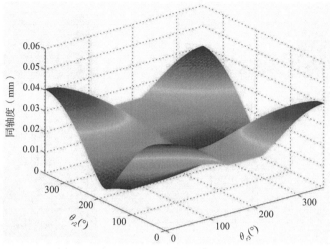

图 3-15　三级转子同轴度调整仿真结果图

图 3-16　Aerospect SPS 1000L 测量仪

　　哈尔滨工业大学研制了针对航空发动机不同位置部件进行检测的装置，测量原理如图 3-17 左图所示，主要针对航空发动机转子径向跳动、轴向跳动、同心度、圆度、静子机匣内表面跳动等参数进行评定，转台径向/轴向回转精度均优于 0.08 μm，轴系角回转误差为 0.1″，承重为 3100 kg，具备检测数据记录、数据库存储、测试报告打印等功能。基于转子加工误差类型，将单级转子几何误差分为定位误差与定向误差；分析多级转子装配过程中误差传递累积问题，利用空间矢量投影法得到多级转子装配后各级累积偏心误差，进而得到多级转子装配后的同轴度；通过调整各级装配相位，对转子装配后整体同轴度进行优化。研制了单立柱、双立柱、龙门架式装配测量仪，可用于不同型号转子装配同轴度评定，其中双立柱航空发动机超精密装配测量仪如图 3-17 右图所示。

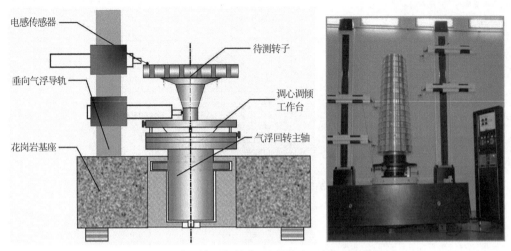

图 3-17　发动机转子部件装配测量原理及典型测量装置

此外，建立了同轴度和不平衡量双目标优化模型及优化调整装配策略，以三级转子装配为例，如图 3-18 所示。三级转子直接装配未调整时，第二、三级转子形心 O_2、O_3 偏心和质心 C_2、C_3 偏心均偏离回转轴线较远，装配后同轴度和不平衡量超差，装配不合格。基于各级转子几何参数和不平衡量参数，依据同轴度和不平衡量预测方法，利用双目标优化模型求解得到转子同轴度和不平衡量双目标优化装配相位。以此为依据，对第二、三级转子进行旋转调控，转子调整为最优状态，第二、三级转子形心 O_2、O_3 偏心和质心 C_2、C_3 偏心均得到优化，使转子同轴度和不平衡量同时得到优化。

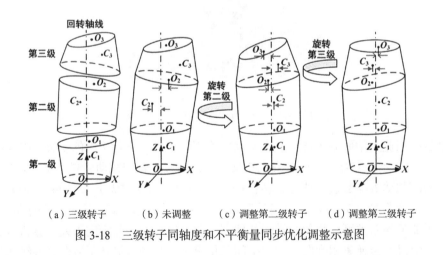

（a）三级转子　　（b）未调整　　（c）调整第二级转子　　（d）调整第三级转子

图 3-18　三级转子同轴度和不平衡量同步优化调整示意图

3.1.3.3　数字孪生驱动的航空发动机装配技术

航空发动机是典型的复杂结构产品，其装配过程由上万个零件形成组件、部件、单元体和整机。装配技术水平和装配质量直接影响发动机的工况特性，决定着发动机运行过程的可靠性、寿命及主要性能指标。针对航空发动机关键工艺环节，发展数字化、自动化技术对于提高装配过程质量一致性、稳定性及效率具有重要意义。

数字孪生（Digital Twin，DT）以数字化方式创建物理实体的虚拟模型，具有实时同步、真实映射、高保真度特性，可促进物理世界与信息世界交互融合，为物理实体增加并扩展新的能力。基于数字孪生驱动的航空发动机装配技术，通过装配物理过程与数字模型的交互融合，可以提高航空发动机装配工艺过程的智能性、主动性、预测性，促进装配质量和水平提升。如图 3-19 所示，数字孪生驱动的航空发动机装配技术由物理装配过程、虚拟装配过程和孪生数据组成。其中，物理装配过程是航空发动机装配的客观活动和实体集合，涵盖装配生产线、装配执行、装配操作、装配工艺、物料配送、技术状态等。虚拟装配过程是物理过程的真实映射，并对实际装配过程进行监测、预测和管控。孪生数据包括与物理装配过程、虚拟装配过程相关的数据集合，支持虚实数据的深度融合和交互。通过物理装配过程与虚拟装配过程的双向映射与交互，数字孪生驱动的航空发动机装配过程可将两者集成和融合，实现发动机执行状态和技术状态在物理现实、虚拟模型之间的迭代运行，支持装配过程、工艺参数、装机状态的智能优化和决策，最终实现发动机装配的精准执行和优化控制[6]。

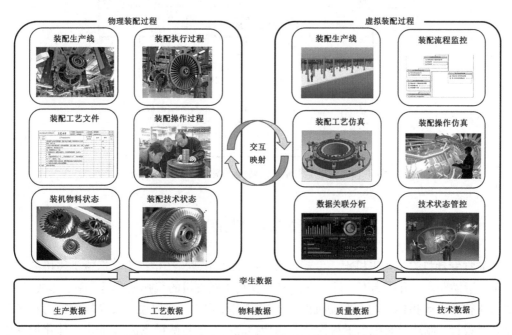

图 3-19　数字孪生驱动的航空发动机装配技术示意图

如图 3-20 所示，在数字孪生的驱动下，以转子、机匣实物的椭圆度、径向跳动、偏心度、平面度、平行度、平面跳动和角度位置等实测数据为输入，建立转静子装配的误差传递模型，采用模拟仿真的方法求解转子轴向变形，以及转子弹性支承、弯曲变形量、轴线下沉量等，以平均间隙最小为优化目标，以最大间隙、最小间隙满足要求为约束建立优化模型，采用智能优化算法求取最佳转子角向位置，建立角度间隙分布图，同时考虑振动特性控制要求，求取最佳的转静子同轴度控制值。在实际装配操作中，以机匣止口为基准进行转子的安装和调试，以静子机匣轴线为基准测量监控转静子同轴度，采用传感器测量各级转静子的径向间隙，从而保证最大间隙、最小间隙和平均间隙值达到质量控制要求。

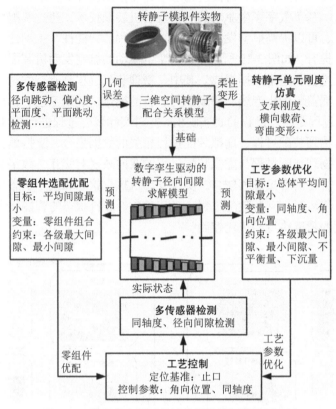

图 3-20　数字孪生驱动的转静子装配间隙控制方法

3.2　航空发动机推力测量

航空发动机安装于飞机上，发动机最主要的作用就是产生推力。运输类飞机的有效载荷、运输距离、升限高度、最大飞行速度以及作战飞机的载弹量、爬升率、作战半径、最大飞行速度等指标，均与发动机推力直接或间接相关。可以说，发动机的推力水平是衡量其设计、制造及装配水平最为重要的指标之一，也是衡量飞机/发动机一体化设计水平的重要指标之一。

随着高性能航空发动机不断推陈出新，涡轮前温度和推力得到很大提升。新型发动机出厂前需进行大量的台架试验来评估其性能指标是否满足设计要求，发动机配装飞机之后必须进行发动机性能试飞来评估发动机性能是否满足设计要求，进而为评估整个飞机的性能提供支持。不同类型的发动机，其性能评估方法不同，评估涡喷/涡扇发动机的性能是测量其产生的推力，评估涡轴/涡桨发动机的性能是测量其产生的轴功率；不管评估发动机的推力还是轴功率，目的都是评定发动机性能是否满足用户需求。本节首先介绍发动机试车台及其计量标定，讨论试车台推力测量与校准方法，然后介绍飞行测量方法、典型测量案例及其技术发展趋势[7-13]。

3.2.1　航空发动机试车台及其计量标定

3.2.1.1　航空发动机试车台类型

航空发动机试车台分为地面试验台和飞行试验台，其中飞行试验台又称空中试车台、飞行台，用于在真实大气条件下对发动机进行研制试飞和取证试飞。下面重点介绍几种常用的试车台[8]，包括露天试车台、室内试车台、高空模拟试验台和全机推力台。

1. 露天试车台

露天试车台是航空发动机整机地面试验最为重要的一类支持试验设备，与室内试车台相比其进气/排气条件不受周围结构的影响，台架测得推力所需的修正工作也相应大幅减少。实际上，国内外通常将标准露天试车台作为室内试车台的校准基准，用一台标准发动机在规定的时间内分别进行标准露天试车台试车和室内试车台试车，就可以实现对室内试车台推力测量结果的动量修正。在航空发动机研发过程中，除发动机基准性能试车外，还有相当一部分试验需要在露天试车台上完成，包括吞咽试验（吞鸟、吞沙、吞水、吞冰、吞入火药气体等）、包容性试验、转子结构完整性试验、环境试验、发动机循环疲劳试验等，所以露天试车台可以完成室内试车台无法完成的一些试验任务。图 3-21 为国外典型的露天试车台。

图 3-21　典型的露天试车台

2. 室内试车台

室内试车台与露天试车台、地面全机推力台、高空模拟试验台等相互结合，共同支持航空发动机性能试飞地面校准及验证试验。室内试车台主要获得静止条件下的发动机台架推力、进口空气流量、燃油消耗量等重要性能指标，同时由台架试验可以得到包括部件压比、温升比、效率等一系列其他性能参数。在室内试车台进行试验，突出的优点是可以不受外界气象条件的限制，如雨雪天气、侧风环境等。图 3-22 为典型的室内发动机试车台 U 形结构示意图。

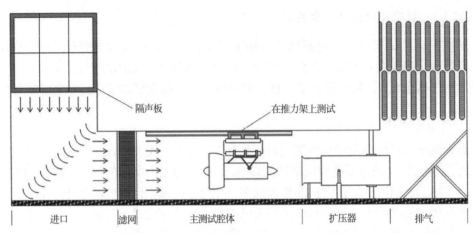

图 3-22　典型的室内发动机试车台结构示意图

3. 高空模拟试验台

图 3-23 为典型的发动机高空模拟试验台结构简图。高空模拟试验台（简称高空台）是能够模拟发动机在空中飞行时的高度、速度等条件的地面大型试验设备，是研究航空发动机和推进系统的有效试验手段。

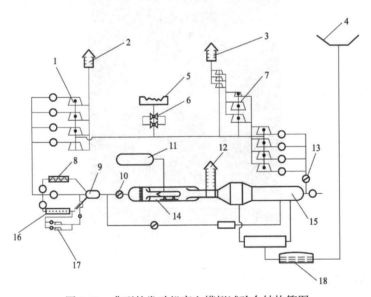

图 3-23　典型的发动机高空模拟试验台结构简图

1-供气气罐；2-压气机进气过滤、降噪设备；3-压气机和抽气机排气降噪设备；4-供水池；5-变电站及供电设备；6-变频启动设备；7-抽气设备；8-空气加温设备；9-混合器；10-进气调压系统；11-燃油供应系统；12-发动机高温排气降噪设备；13-排气调压系统；14-高空试验舱；15-排气冷却设备；16-空气降温设备；17-膨胀涡轮；18-循环冷却水系统

　　研制一台新的高性能航空发动机，除要进行大量的零部件试验和地面试车台试验外，还必须利用高空台进行整个飞行包线范围内各种模拟飞行状态下的部件和全机试验。当发动机飞行推力确定试验方案形成以后，所需的飞行试验测试参数和发动机推力计算方案也已确定，高空台试验是验证飞行推力确定试飞方案是否合理的最有效手段。试验过程中涉及到的部件特性和相关性能变化规律曲线是飞行试验方案成立的前提条件，发动机配装飞机平台之前要利用高空台试验结果来确定发动机部件特性曲线。利用高空台试验测量的性能参数，按照飞行试验方案中给定的计算方法计算得到发动机推力。将计算推力与高空台直接测量推力进行对比，验证飞行试验方案的合理性。然后根据对比结果检查飞行试验方案是否存在缺陷，并制定相应的应对措施，最终形成一套合理的飞行试验方案。

　　4. 全机推力台

　　全机推力台是直接将发动机安装于飞机（可以是原型机或它机），从而实现推力实测的大型试验设备。发动机安装于飞机之后在同一工作状态下，受安装条件（包括引气、进气损失、排气干扰等）以及工作环境（侧风条件等）的影响，会比发动机在试车台上的性能水平要低。真实的装机条件无法在发动机室内试车台、露天试车台以及高空模拟试验台上进行完全的模拟，而通过全机推力台可以比较容易实现对各种影响因素的验证。全机推力台能够实时测量在地面静止条件下的发动机装机推力（包括正推力及反推力），并能够进行发动机装机后地面静止最大起飞状态的推力实测。借助全机推力台，可以在飞行推力确定试飞中验证推力计算方法，考核装机条件对发动机性能的影响，与飞机飞控系统结合还可以验证先进控制律。图 3-24 为位于爱德华空军基地的全机推力台试验图片，可用于验证性能寻优控制规律和引气对发动机性能影响。

图 3-24　典型的全机推力台试验图片

3.2.1.2　航空发动机试车台的计量标定

航空发动机试车台是发动机研制中最重要的试验平台，由于发动机试验涉及参数多、工况复杂恶劣，如何确保发动机试车台试验测试数据准确至关重要。西方航空发达国家在深入开展试车台校准研究的基础上，制定了大量的标准规范，形成了完善的校准体系，为试车台的试验和校准提供了充分的依据。例如美国自动机工程师学会（SAE）的航空航天推荐标准 ARP 741《燃气涡扇和涡喷发动机试车台交叉校准》，1961 年制定，2008 年改版为 ARP 741B；美国联邦航空管理局（FAA）的咨询通报 AC43-207《涡喷/涡扇发动机试车台的校准、运行、设计和改造》；美国空军技术规程 TO 33DA-6-261《试车台校准系列技术手册：操作、维护和局部分解细则》；普惠公司和 GE 公司的《商用发动机试车台校准程序》等。

航空发动机试车台的计量标定工作非常重要，各种试验设备能不能承担发动机试验任务，关键取决于试验测试系统的计量标定结果能否满足试验任务书中的测试技术要求。在测试报告给出测量结果时，必须对测量结果给出足够的证据，以确定测量结果的可信程度。测量不确定度就是对测量结果质量的定量表述，测量结果的可用性完全取决于其不确定度的大小。测量不确定度是一种比测量误差更全面的评定方法，正如国际单位制计量单位已经渗透到科学技术的各个领域并被全世界普遍采用一样，无论哪个领域开展测量工作，在出具准确测量结果的同时都要给出测量不确定度。测量不确定度的评定与表示方法，具有广泛性和实用性，是国际公认的普适性规则，在本书第 1 章 1.2 节已有详细介绍。

以高空模拟试车台为例，作为航空发动机重大关键试验设备，其测试系统的计量标定是一项十分严谨细致的科学工作，必须满足国家计量技术法规的相关规定和型号试验任务书的测试技术要求。高空模拟试车台的计量标定工作通常包括以下内容：①建立国家航空发动机高空模拟试验计量基准、计量标准；②航空发动机高空模拟试验标准物质、标准参考数据；③高空模拟试车台试验的测量方法，测试系统检定规程、检定系统、校准规程等；④航空发动机高空模拟试验的测量方法及程序等；⑤计量认证、计量确认、质量认证以及实验认可；⑥测量仪器的校准和检定；⑦航空发动机高空模拟试验过程中的质量保证；⑧航空发动机高空模拟试验的检验和测试；⑨国际航空发动机高空模拟试验比对。

根据发动机试验要求，只有当高空台试验测得的发动机推力、空气流量、耗油率等性能参数的不确定度在规定范围内，才具备承担发动机高空模拟试验的能力。由于在高空模拟试车台获得的发动机推力、空气流量、耗油率等主要性能参数均为间接测试参数，要确定这些间接参数的试验结果，应按照高空模拟试验试车台的试验测试系统组成，进一步根据相关机械系统、流体动力学系统、热力学系统的科学定律，构建完备适应的数学模型。在确定的数学模型中，应考虑诸多试验因素的影响，如高空舱的结构布局、直接测试参数的测试系统精度、发动机在试验舱内的安装连接方案、发动机与试验舱辅助工艺系统连接方式，以及试验方法和发动机工作介质等。要检验间接测量参数所使用的数学模型的准确性，需要通过与同类试验设备用同一台标准发动机进行比对试验，通过比对评估应给出如下的主要结论：试验舱测试系统和测试布局的有效性，发动机在高空舱内的布局合理性，试验结果的可信程度等，比对试验的评估结论可为发动机试验性能评定工作奠定科学基础。

对于参加高空台发动机试验的所有传感器和测试系统，应在其试验的全部工作测试范围内完成现场校准标定，以便为准确获取发动机性能参数奠定基础。高空台发动机试验测试系统的构成极其复杂，必须认真研究其单个直接测试参数及测试系统的测试不确定度，才能进一步上升到对间接测试参数的确定，从而给出间接测试参数的不确定度。在航空发动机试验中，主要性能参数为间接测量参数，如空气质量流量、发动机推力、燃油消耗量等，这些间接测量参数所涉及的直接测量参数包括压力、温度、台架测量推力、燃油流量、转速、湿度、线位移、角位移、时间、频率、面积、电压、电流等。必须严格对数据采集系统的每个测量通道进行计量标定，并计算其系统误差与随机误差，再按有关误差理论加以合成，得到测量通道的总误差和不确定度。通过现场校准，对发现的不合格测试项目必须予以纠正，以保证试验中各直接测量参数的不确定度满足发动机试验要求。

高空模拟试车台作为航空发动机大型试验设备，结构复杂、系统庞大，国家鉴定机关应派聘专家评审委员会对"计量标定"工作进行指导和评审，须用具有"标准性能"的航空发动机对其进行计量标定校准试验。大型高空模拟试车台计量标定工作所涉及的范围广、专业面宽，周期长、经费多，需要列为专项、组织专门团队开展工作，通常可分以下几个阶段：

（1）计量标定内容确定阶段。①向国家鉴定机关提出高空模拟试车台"计量标定"鉴定申请；②选择被试"标准"航空发动机；③确定计量标定总要求；④确定试验内容、试验方法和试验程序。

（2）获得"标准性能"阶段。①选择同量级的"标准"高空模拟试车台；②由国家鉴定机关派聘的专家评审委员会对其"标准"高空模拟试车台进行认可；③在"标准"高空模拟试车台上用"标准"航空发动机完成第 1 阶段中规定的高空模拟试验内容；④得到"标准性能"及其不确定度。

（3）测试系统计量标定阶段。①按照计量技术法规完成被标定高空模拟试车台试验测量系统计量标定工作；②用试验测量系统的计量结果评估即将进行的试验结果误差及其不确定度；③如果评估结果不能满足要求，则须完成测量系统的改进工作，直至满足要求为止。

（4）被标定高空模拟试车台调试阶段。①不带试验发动机情况下高空模拟试车台进排气试验全范围、全流程调试；②带同等量级的发动机情况下按第 1 阶段中确定试验内容进行高空模拟试验调试；③试验结果分析，并确定需要改进的相关问题；④完成高空模拟试车台设备改进。

（5）"比对"试验阶段。①在被标定高空模拟试车台上用"标准"航空发动机进行"比对"校准试验，得到"标准"航空发动机在被标定高空模拟试车台上的试验结果；②"比对"试验结果分析；③分析差异的原因，完成被标定高空模拟试车台改进；④开展验证试验，直至被标定高空模拟试车台满足航空发动机高空模拟试验的通用要求。

（6）工作评审阶段。①向国家鉴定机关递交"计量标定"结果报告；②由国家鉴定机关派聘的专家评审委员会对"计量标定"结果进行评审；③评审不通过时，则须重复以上第 3、4、5 阶段的各项工作，直至通过评审；④由国家鉴定机关颁发高空模拟试车台计量标定鉴定合格证书。

3.2.2 航空发动机试车台推力测量与校准

推力是航空发动机最重要的一个性能参数，直接影响配装飞机的技战术指标。由于飞机结构的限制，发动机在飞机上的装机状况与地面试车台试验状况有一定差异，尤其是进气、排气和安装固定形式等均不同，实际装机后的推力往往低于在地面台架所获取的推力。从有限的试验数据来看，对于采用翼吊式安装的发动机，其装机推力与台架试验相比差异较小，而采用机腹式安装的发动机，这种差异则较为明显，甚至超过 20%。因此，进行全机推力试验，包括地面试验和空中试验，准确获取发动机装机状态下的推力指标非常重要。下面介绍试车台的推力测量与校准方法。

3.2.2.1 试车台架及推力测量方法

试车台架一般分为低重心类（地面安装类）和悬挂类（悬挂上方类），低重心类试车台架可以固定在试车台地面或车辆上，悬挂类试车台架需要安装在试车台天花板或上方结构上，通常比低重心类更大更重，适用于大型涡扇发动机试车。被测发动机通过发动机安装架连接至试车台架的动架，试车台架的动架和静架必须能够传递发动机的全部推力、重力负载，作用于发动机轴的正常或不正常力矩、径向旋转负载，以及由于发动机中线和推力测量传感器轴线的偏移量所造成的力矩。

在试车台架上测量推力，难点在于发动机推力方向是沿发动机中心线，而将推力测量设备安装在发动机前面或后面都不可行，安装在前面时测量设备将干扰发动机进气状况，安装在后面又受到高速高温尾流的影响。用于燃气涡轮发动机测量的架空试车台架，采用刚性框架提供支撑并限制测试发动机的运动。静架连接至地面或者封闭建筑物（试车间）的某一部分，动架安装有测试发动机。动架由静架支撑，其支撑零件承受动架和测试发动机的总重量。动架能响应发动机推力，并能实现最大自由度的运动。发动机产生的推力经过力测量设备从试车台架的动架转移至静架，然后再转移至地面或者试车台架所在的建筑物。发动机安装时使用匹配的机械适配器，安装方式和发动机安装在飞机机翼上的方式一样。要测量发动机推力，需要一个张力负载传感器、一个压力负载传感器、一对压力传感器或一对张力传感器。当使用一对传感器时，传感器输出结果相加，以获得加载值。一些发动机推力测量系统可能有很多负载传感器，负载传感器越多时需要防止低量程负载传感器过载，因为过载会带来负载传感器的机械暂停；在不确定度分析时，还需要考虑由所连悬挂低量程负载传感器施加在高量程负载传感器上的侧向载荷。如图 3-25 所示，典型的悬挂类试车台架的发动机安装适配器。

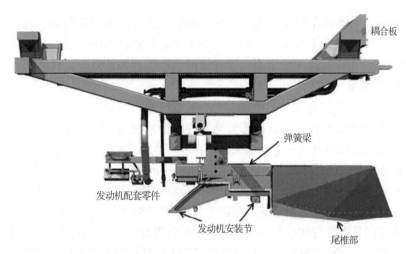

图 3-25　典型的悬挂类试车台架的发动机安装适配器

3.2.2.2　试车台推力测量的主要误差来源

1. 试车台架的内在误差

（1）刚度。可分为与基本结构刚度相关，以及与悬浮部分刚度相关两种类型。对于传统的试车台架，测量推力是通过在静架和动架之间安装负载传感器。静架是刚性安装，一般悬挂在建筑物地面上。动架支撑测试发动机，一般是自由悬挂于静架之上，从而允许施加的推力转移至负载传感器。这种悬挂的方法不会产生摩擦，不会在推力测量中带来滞后影响，而且要求这种悬挂必须具有一定的柔韧性，从而最大程度地减少悬挂部分偏转所需的力。这些偏转力会引起负载传感器上实际施加的推力和测量得到的力之间的差动，这种差动在理想的试车台架上可以在校准过程中测量，如果具有一致性和重复性则可在数据简化中消除。如果在载荷的作用下试车台架发生偏转或变形，那么试车台架模型就不再理想，使这种偏转力变得不可预测，在校准过程中不可测量，在数据简化过程中难以消除，因此就会导致推力测量精度的下降。加载发动机重量和推力时试车台架发生偏转、变形，会给负载传感器带来非轴向负载、侧向负载或弯曲负载，还会带来严重的重力影响，这些都会造成负载传感器的测量精度下降。非轴向负载会引起负载传感器的运动组件之间出现摩擦力，或者在传感器机身和体内的负载传感元件之间造成变形力，这些力通常不可预测、不可重复、难以消除，也会增加推力测量的总体测量不确定度。所以，试车台架设计时必须考虑基本结构刚度和悬浮部分刚度特征，将试车台的偏转减至最低，并且将负载传感器与非轴向力隔离。

（2）重力影响。试车台架的动架一般通过悬挂元件与静架相悬挂，在静止状态下这些悬挂元件垂直悬挂，动架在稳定位置静止。然而，随着动架往推力方向运动，悬挂元件偏离垂直位置，像钟摆一样运动，当钟摆试图恢复到其垂直的静止位置时会产生一个重力恢复力，以及弯曲恢复力。恢复力引起实际施加在负载传感器上的推力和测量得到的推力之间的误差，且恢复力随着发动机和适配器的质量/重力作用中心点的变化而变化，不同的发动机类型也有不同的力。通过柔性设计或使用完全折叠的挠性构件，能减少这种钟摆效应。基本试车台架结构的变形或偏转也会导致重力恢复力,且该力随发动机重量和推力条件变化而不可预测,会影响推力测量的总体不确定度。有的试车台架动架是通过柔性元件支撑悬挂在静架上,这种情况会产生倒钟摆效应,此时钟摆运动不产生恢复力,而是附加力。

(3)摩擦。试车台架运动件之间的摩擦,是造成推力测量中的滞后和可重复性误差的主要因素。对于弹性元件、负载传感器连接件来说,使用无摩擦连接件如挠性构件特别关键,应该避免使用球状关节、U形夹销。在应用压缩式负载传感器的场合,由于负载传感器工作面和动架之间的摩擦,动架相对于静架的侧向位移会导致滞后;如果摩擦很大,该位移将会在负载传感器工作面上产生一个侧向负载。相对运动在负载传感器上产生侧向负载甚至侧滑,就会增加推力测量的不确定度。负载传感器内部摩擦是负载传感器设计的一个函数,在侧向负载和弯曲载荷的误差曲线中可以得到验证。通过最大程度减少试车台架结构的偏转或变形,可以减少施加在负载传感器上的任何侧向负载或弯曲负载。

(4)装配及公差。试车台架组件的生产和装配公差会影响推力测量的精度。如果试车台架组件装配不好,公差影响组件尺寸变化,例如负载传感器装配与推力作用线不平行、弹性元件长度不等、前后挠性构件之间长度不等,试车台架出现不对称从而导致推力读取误差。作用位置偏离轴线的载荷会导致负载传感器上出现侧向载荷,使用挠性构件可以减少其影响。试车台架元件尽量保持在原来位置,特别是经常发生工作状态转换的连接处。所以,在设计时必须选择合适的公差和装配方法,以减少推力测量不确定度。

(5)动态响应。试车台架对发动机动态输入的动态响应,会导致推力测量误差。与静态校准读数相比,发动机运转范围内的自然共振频率会引起推力读数的误差,谐波分量会引起推力读数的波动。自然共振频率也对负载传感器的内部元件造成损坏。为使动态响应最小化,使试车台架元件不受动态驱动的影响,必须合理设计试车台架。

2. 与外部配套零件相关的误差

(1)柔性。在布置和维护配套零件线路时,必须减少对动架运动的限制,尽可能与推力方向垂直,使静架和动架之间的连接点距离尽可能大。连接配套零件线路两端时要保持一致,使配套零件线路的弯曲具有最大可重复性,从而减少推力测量中的滞后。在选择配套零件线路的材料和结构时,必须考虑到发动机的运转温度影响。

(2)拖曳或摩擦。如果配套零件线路或动架的其他附件在静架表面拖曳或摩擦,就会产生推力测量误差和滞后。为减少这种常见的推力误差来源,有必要对动架的所有链接元件进行仔细检查。

(3)加压。在压力作用下柔性软管会变直并改变刚度,所以流体线路的加压会对推力读数产生影响,在大直径软管中更为明显。在安排配套零件线路至试车台架时,应该避免柔性流体线路的弯曲。如果弯曲无法避免,这种弯曲应该与发动机推力垂直。试车台架校准时尽量在所有配套零件线路已加压至被测发动机正常工作压力的情况下进行,从而真实地模拟运转条件。

(4)液体动量。由于流体动量的影响,流体流经配套零件线路时可能会产生推力,这种影响在带有高速质量流的大流体线路中最为明显。相比其他误差来源,这种误差的影响通常较小。

3. 环境影响

（1）框架温度影响。温度梯度会导致推力架组件扩张或收缩，从而影响试车台架的整体几何结构，增加推力测量的不确定度。几何结构的改变会影响试车台的刚度和偏转、重力效应和试车台的装配，只要框架不再符合理想几何尺寸，任何变形都会导致推力测量的误差。环境温度的影响难以量化和预测，影响因素包括总体温度梯度、局部温度梯度（如排气管加热和空气流冷却）、暖机时间以及经过不同横截面的热量传递。发动机启动后短时间内周围温度改变非常大，试车台架会受此影响，很难预测试车台架何时达到热平衡并取得最大精度。减少温度对推力架精度的影响通常难以实施，并且在校准过程中很难进行重现和量化。

（2）负载传感器的影响。在实际试车台使用中，难以预测的温度梯度既影响推力架，也影响负载传感器。热防护之类的简单设计有助于减少负载传感器的温度影响，对要求更高的场合利用加热套可帮助负载传感器处于相对稳定的温度下而不受周围环境影响。与电加热套相比，流体加热套费用更高，但对温度控制的稳定性更好。加热时应该在负载传感器的底部、工作面与相关的试车台架结构之间加入热隔离器，以最大程度地减少对试车台架的热传递。

（3）校准温度条件影响。推力测量中的热影响与运转条件、校准条件有关，如果试车台架在一个与校准温度严重不符的温度下工作时会产生误差。因此，进行试车台架校准时，大气温度应该与大多数发动机测试的预期大气环境接近。发动机能在一个可控的温度下安装和校准，然而实际测试过程中推力系统元件会暴露在大气条件下，包括季节、昼夜变化导致出现不同的温度状态。所以，使用的推力测量系统应尽量对温度不敏感，测试工作应包括不同温度下的平行加载和中心加载校准，系统记录发动机测试前后零点读数以及温度、时间变化时的零点漂移。

4. 采集误差

采集误差与负载传感器输出电路中的噪声、模数转化、信号放大、温度对放大的影响、激励电压的漂移等因素有关。电路中的电磁干扰会产生噪声，与其他电路接近或连接至带有噪声的电路中都会引起噪声，噪声会覆盖负载传感器的输出信号，使测量结果不确定。当负载传感器的输出结果落在模数转化器使用的离散步长内时，就会出现模数转换误差，误差的幅值取决于使用的模数转化器离散步长的大小，可以通过提高模数转化器的精度来减少该误差。放大误差是由放大器的放大率所致，假如放大率是稳定的，该误差属于系统误差；如果发生漂移，则属于非系统性误差。放大器的工作温度发生变化，会影响放大器的零点和量程值，从而导致另一个非系统性误差。负载传感器的输出结果随激励电压的变化而变化，提供激励的电源输出可能随工频电压变化而变化。发动机瞬时推力不是一个常数，尾喷气流中的湍流引起推力波动，对测量系统产生影响，导致推力读取不稳定。为此，应有一个低通抗混叠滤波器来减少排气湍流带来的读数扰动。

3.2.2.3　试车台推力校准方法

试车台推力测量系统需要进行定期校准，由校准实验室提供误差曲线，以维持其测量精度。校准要求是能得到模拟推力及一个独立的稳定可靠的测力系统（推力校准系统），将模拟推力传递至试车台架的动架，施加的系列校准力就可与工作推力测量系统的读数进行比较。校准方法常分为平行加载方法和中心线方法，前者模拟推力施加于试车台架静架和动架之间，后者模拟推力施加在发动机中心线的高度，施加于地面（或建筑框架）和校准挠性构件之间，校准挠性构件被暂时安装在试车台架上，安装方式和发动机测试时一样。

推力模拟器负责提供可控、合理、稳定的力，为满足大推力要求需要多种机械及液压系统。推力模拟器应远程控制，操作员可以一边调节模拟推力，一边观察和记录校准测力系统和工作推力测量系统的读数。实际上，大多数推力模拟器提供的力并不稳定，在读取推力校准指示器和工作推力指示器读数的时间内，其漂移率变化必须小于允许的测量误差。由于采样率、指示器不同步性、指示器变化响应时间常数滞后等影响，即使自动数字化数据采集系统也会产生误差。使用相同的信号调节器或指示器，通过外部激发使测量取样同步进行，可以减小误差影响。

平行加载推力校准方法是最便捷最普遍的推力校准技术，不要求安装或移除任何设备，可以进行频繁的推力测量验证。模拟推力通过推力校准负载传感器传输到试车台架的动架，可以增加或降低推力负载。记录每个传感器测量得到的校准力，并和工作推力测量系统的读数进行比较。校准完成后撤除推力模拟器，以确保正常测试操作中没有任何校准力进入推力测量负载传感器。校准的作用就是降低试车台架缺陷的影响，比如挠性构件的弹力、发动机套的拖曳以及工作传感器传输的系统误差等。在校准过程中，可以通过调节工作推力指示器零点、量程控制或曲率控制，从而获得推力校准器和工作推力指示器读数之间的最小差异。如果使用自动数字化数据采集系统，校准过程还包括调整推力转换表或算法中的常数，从而使任何校准点的误差都尽可能接近零。不论手动校准还是自动校准，测量系统的滞后和不可重复性都会使流程变得复杂。发动机和适配器的重量、重力作用的中心点，可能会改变试车台架动架的平衡位置，发动机适配器和相关的快连设备也会影响推力测量，所以必须确保校准时配置是典型的、可重复的，校准时发动机要安装到位且处于非运行状态，同时燃油供应管中最好有压力；如果压力线的配置可控，且压力线的影响与总不确定度无关，就没有必要对压力线加压，有些线路比如液压加载系统可能在发动机没有运转时无法实现加压。

相比平行加载推力校准，中心加载是一种更慢、更不便捷的校准方法（图 3-26）[11]，但是能更精确地模拟实际的发动机测试情况，用于为平行加载推力校准提供一条中心线推力校正曲线，或者在特殊的试车台内验证平行加载推力校准方法的准确度。将一种特殊的测试挠性构件安装于试车台架以代替发动机，模拟推力通过中心加载测量系统传递至测试挠性构件的连接点处，连接点位于被测发动机中心线的高度。模拟推力可以是沿试车台中心线的推力或拉力，具体根据试车台结构的定位点而定。中心加载方法的特点在于，模拟推力在实际被测发动机的高度被传递，从而产生一个较大力矩，该力矩垂直作用于试车台架。既然中心线技术能更近似地模拟实际被测发动机产生的力，因此当要求最佳校准精度时通常采用这种方法。整个试车台应该符合中心加载方法的应用要求，包括拉臂或附件夹具以及专用于推力校准的模拟发动机和适配器，用于中心加载方法的测试夹具应该称重，以尽可能与实际发动机的重量、重力作用的中心点重合。

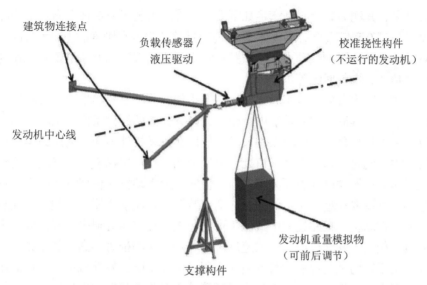

图 3-26　用于试车台推力校准的中心加载方法示意图

　　任何测力系统都有一定程度的滞后和不可重复性，推力校准的影响主要来自于试车台架弹性元件和传感器。在进行实际校准之前，将模拟推力从零加至最大，然后减至零，如此重复两次。在模拟推力增长的过程中选取大致平均分布在从零点到满量程之间的若干点，在模拟推力降低的过程中也选取相同数目的点，取自上升阶段和下降阶段的每一对读数对应的力应该大致相等，各个点的误差是工作推力减去校准推力。上升阶段和下降阶段观察到差异，是度量系统滞后的一个量度。一个好的试车台架，各种因素造成的滞后在任何点都应该小于满量程的 0.1%。当挠性构件发生了破坏，安全链接元件有拖曳时，会导致滞后超标。如果滞后的程度可以接受，通常的做法是对上升阶段和下降阶段的两个误差值取平均，以得到该校准点的校正值。实际发动机测试中，推力发生波动可能是由于进气空气流不稳定、发动机控制伺服（燃油控制）发生变化、测试发动机振动、相邻设备振动和发动机尾气发生大规模湍流，这些波动会对系统滞后产生影响，在推力上升和下降的过程中当推力接近平均值时系统滞后趋于稳定。负载传感器也有一定的不可重复性，在相同条件下施加同样的力也会得到不一样的结果；连接静架和动架的发动机配套零件所产生的微小轴向力变化，难以经过校准充分消除，为此应选择优质负载传感器、保持发动机配套零件尽可能柔韧且配置连接一致，才能将这些影响控制在较低水平。

3.2.2.4　推力计算修正与交叉校准试车

　　发动机地面试验的主要目的是为飞行试验提供不同部件的特性校准曲线，如尾喷管流量系数曲线、尾喷管总推力特性曲线、高压涡轮导向器喉道流量系数曲线。在飞行试验中将直接使用这些特性曲线进行性能计算，利用各测量参数并结合计算模型间接得到飞行推力及油耗。所以，地面校准试验中任何的不确定度因素都可能间接影响到飞行试验的性能计算结果。为了支撑发动机飞行推力确定试飞，地面室内试车台要完成推力及空气流量校准任务，其主要工作部件为测力装置，包括与基础刚性连接的支座、安装发动机的测力平台、校准装置、推力传感器及指示仪表等。为了保证能够获得准确可信的推力试验结果，其测力装置必须满足如下要求：①测力装置要保证在高灵敏情况下系统综合误差不超过 0.5%。②要求静架和动架拥有足够的强度和刚度。③试车台的设计应尽量避免对发动机产生附加气动力。④试验过程中不应出现影响发动机正常工作的不利因素（如进气畸变、燃气回流等）。

当发动机在室内台架上试车时，试车台推力传感器所显示的推力与发动机实际产生的推力存在差异。其原因主要是室内台架推力计算公式的假设条件与试车台的各种因素并不一致。推力计算公式的假设条件如下：作用在发动机外表面上的压力是不受任何扰动的大气压力，此时发动机进排气口处环境压力相等；作用在进气口气流流管外侧的压力等于大气压力；发动机外表面无摩擦力。但实际上发动机在台架试车时由于室内台架的结构限制，气流要经过试车台的防尘、消声装置并且流动需要发生偏转后通过工艺进气道才能流入发动机，在此过程中气流不可避免地会存在压力损失。气流以一定的速度流入发动机，相当于发动机以一定的速度进行飞行，实测推力会高于静止条件下的推力值。另外，由于室内试车台引射筒的引射作用和反压影响，发动机进出口截面压力并不相等，这不但会引起推力变化，而且当尾喷管处于亚临界状态时出口反压还会影响发动机的共同工作。试车间内气流的流动不但会对发动机产生摩擦力，还会引起发动机表面压力不均匀并产生轴向分力。进气流动的不均匀性会在发动机进口产生压力和速度畸变，进而影响发动机的共同工作和台架性能。以上各因素决定了室内试车台的推力实测值必须经过修正后方可使用，否则可能产生较大误差。室内试车台的推力修正通常被称为"动量修正"，国外多采用在室内试车台与露天试车台上选择合适发动机进行交叉标准试车得到，为尽量降低随机误差带来的影响，通常需要选择一台发动机在二者间进行往复试车。表 3-2 为国外典型的室内试车台动量修正结果。

表 3-2　国外典型的室内试车台动量修正结果

发动机型号	国别	推力/kgf	空气流量/(kg/s)	最大状态动力修正值/kgf	室内试车台
JT3D-7	美	8618	214.0	576.0	惠普公司 67#试车台
JT9D	美	22682	706.4	1155.0	惠普公司试车台
CFM56	美、法	10886	375.0	503.0	通用电气公司试车台
康维尔	英	10442	181.6	158.9	罗罗公司 42#试车台
斯贝 Mk202	英	9313.8（不加力）	90.8	63.4	罗罗公司 42#试车台
阿杜尔	英、法	2270（不加力）	43.1	27.2	罗罗公司 42#试车台

交叉校准试车通常需要关注以下问题：①试车台的结构布局要符合试车台设计要求，台架必须具有足够的刚性，其自振频率应小于被试发动机慢车转速的 80%，并应根据发动机的空气流量来确定试车间的截面尺寸，以防止试车间压降过大。②要获得准确的动量修正值，测试系统是关键，要求其精度高、重复性好。试车台的测试仪表、传感器等均需经过校准，室内试车台与露天试车台应尽量采用相同型号的测试仪器，以消除设备差异带来的系统偏差，获得更加准确的数值。③除了发动机台架本身结构形式对发动机性能的影响，大气温度、大气湿度、燃油热值等差异也会对发动机性能产生影响，应当对各因素进行修正，如引入温度修正因子、大气湿度修正因子、燃油热值修正因子

等。④试车间内设施对性能影响的主要因素，包括试车台布置形状，发动机所需的空气流量，以及发动机在试车间内的位置等。发动机安装于试车间，其尾喷管出口截面与排气扩压器截面之间的距离会显著影响动力修正值计算结果，因此在设计试车间时必须选择最佳的距离并保持不变。⑤为了尽量降低试验时系统偏差的影响，在交叉校准试车时应当采用相同的试车大纲，相同的发动机阶梯转速、稳定时间、运转程序及数据处理方法，而且在实际工作中除试验设备应保持一致外，还应当由熟练试车员进行操作。⑥交叉校准用的发动机应当是经验收合格的发动机，为了防止发动机性能发生过多衰减最好选用只运转了几小时的发动机作为校准发动机。如果在交叉校准试车时出现了发动机性能数据的衰减，都应将发动机返回原校准试车台进行重新校准。一般来讲，校准发动机的有效使用时间不得超过两年。

3.2.3　航空发动机飞行推力测量方法

　　飞行中的发动机总推力是评定发动机装机性能的关键参数，也是准确获取飞机极曲线的重要途径。从 20 世纪 60 年代开始，美国和欧洲航空强国就投入大量人力物力进行飞机极曲线飞行试验研究；70 年代建立了相关飞行试验体系，形成了一套完善的发动机系统推力确定和飞行阻力修正方法；80 年代以欧美、俄罗斯为代表，掌握了精度较高的燃气发生器法（GGM）等多种计算方法，形成了推力测量计算标准，研究成果在多型飞机的飞行试验中得到广泛应用，取得了令人非常满意的试验结果。图 3-27 和图 3-28 分别为运输机和战斗机性能飞行试验确定简图。下面，介绍航空发动机飞行推力测量方法，包括总性能法、燃气发生器法、安装节推力测量法。

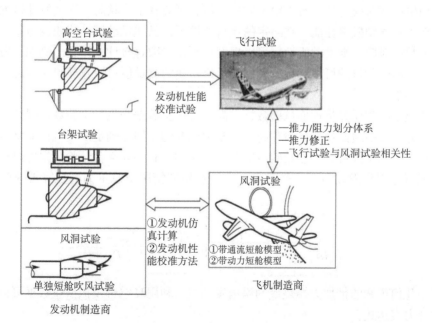

图 3-27　运输机性能飞行试验确定简图

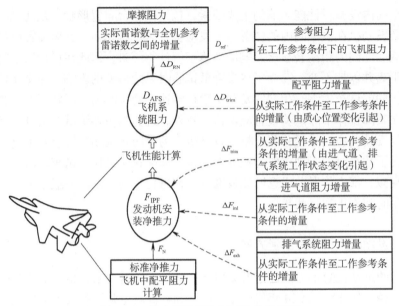

图 3-28 战斗机性能飞行试验确定简图

3.2.3.1 总性能法

总性能法是一种利用发动机自带设备测量工作参数的试验方法，不需要在发动机流道中加装额外的测量设备，在飞行试验过程中需要测量的参数最少。该方法由一套无量纲曲线、表格，以及将推力与可测量的发动机参数相关联的计算程序组成，基于一台或多台发动机试验曲线得到。对于给定的进气道和尾喷管工作状态，通过发动机的主要控制参数来表示发动机总性能。在给定的飞行条件下，已知发动机性能曲线与某一可测量的工作参数相对应，则发动机性能可以根据该测量参数直接计算得到。例如，发动机转速是一个能精确测量的可用参数，通过发动机转速的测量值可以直接得到与之对应的发动机性能参数。

总性能法的实质是将地面试验数据、高空台试验数据和飞行试验数据联合分析得到发动机推力，其中地面台架试验和高空台模拟试验的作用是确定发动机性能参数与某个（或某些）可测（或可算）参数的对应关系。例如，利用高空台试验数据可以得到涡喷发动机或混排涡扇发动机（不带加力）喷管在堵塞情况下总推力与换算转速的对应关系式：

$$f\left(\frac{N}{\sqrt{\theta_{t2}}}\right) = \frac{P_{t7}}{P_{t2}} = \frac{1}{2}\left(\frac{\gamma+1}{2}\right)^{\frac{1}{\gamma-1}}\left(1 + \frac{1}{C_g}\frac{F_{g9,act}}{A_8 P_{s0}}\right)\frac{P_{s0}}{P_{t2}} \tag{3-1}$$

对于几何可调的带加力燃烧室的涡扇发动机，利用高空台模拟试验数据可以得到发动机的推力表达式：

$$\frac{F_{g9,act}}{P_{s0}} = f\left(\frac{P_{t2}}{P_{s0}}, \frac{N_1}{\sqrt{\theta_{t2}}}, \frac{N_2}{\sqrt{\theta_{t2}}}, \frac{W_{f,AB}}{\delta_{t2}\theta_{t2}^x}\right) \tag{3-2}$$

　　同样，发动机进口换算空气流量、风扇进口导叶角度等参数也可以表示为某些可测参数的函数关系式。利用地面台架试验和高空台模拟试验计算分析得到足够的发动机性能曲线或表格数据之后，根据飞行试验数据可以很方便地计算得到发动机性能。计算过程中不需要利用任何发动机流道参数，极大简化了飞行试验方案。

　　图 3-29 为某型单轴尾喷口不可调涡喷发动机总性能法流程图，在实际飞行试验过程中需要测量的参数包括发动机进口总温（T_{t2}）、总压（P_{t2}）、转速（N_1）、尾喷管出口面积（A_8）和外界环境静压（P_{s0}）。根据少量的飞行试验测量参数计算得到发动机标准净推力 F_N，计算过程中用到的修正因子和校准关系式都必须事先通过高空台性能试验得到。流程图中的雷诺数修正因子是用来修正由于飞行高度变化导致发动机不能满足相似条件而产生的误差，实际气体影响修正因子用来修正进气总温变化对气体比热的影响，这两个修正因子只有通过高空台模拟试验的分析才能确定其对应关系。总推力校准关系和空气流量校准关系是总性能法的核心内容，通过高空台直接测量的总推力和空气流量来确定它们与飞行测量参数对应的关系。同样，利用总性能法确定涡扇发动机飞行推力，也

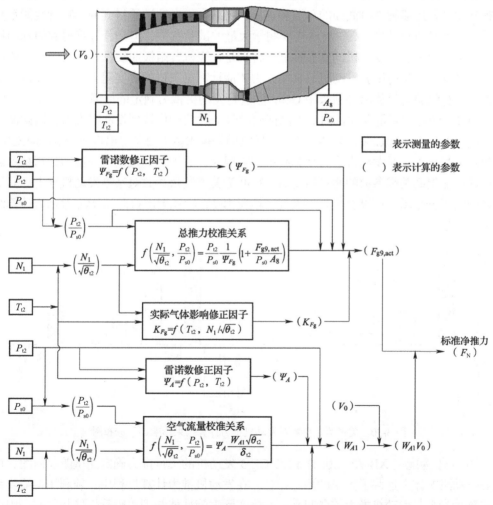

图 3-29　单轴尾喷口不可调涡喷发动机的总性能法流程图

必须通过高空台性能模拟试验数据分析确定换算推力与发动机转速的对应关系。因此，利用总性能法进行发动机飞行推力确定试飞的前提条件是，已知由高空台试验确定的发动机推力和空气流量与发动机可测参数的对应关系。

虽然总性能法具有测试参数少、飞行试验方案简单的优点，但也有缺点。首先，利用总性能法得到发动机推力并不能代表当前试验发动机的性能，因为计算过程中用到的发动机性能曲线或数据表有可能是利用多批次发动机高空台模拟试验数据分析得到的，或是利用同类型发动机单次试验数据得到的，由于发动机个体之间存在性能差异，因此得到的发动机飞行推力精度并不高。其次，总性能法需要进行大量的高空台模拟试验才能得到发动机性能关系曲线，这些工作不仅增加了型号研制成本，而且减缓了型号研制进度，可能导致型号研制工作不能顺利按照任务节点完成。

3.2.3.2　燃气发生器法

燃气发生器法（GGM）是较为常用的推力确定方法，通过测量发动机关键截面流道参数和部件试验测量数据，利用流量连续、动量守恒、能量守恒原理和空气动力公式计算得到发动机尾喷管进口截面的总温和总压，再结合由专项试验得到的尾喷管性能系数计算得到发动机总推力。GGM 法需要测量大量的试验参数，但是其计算得到的发动机推力结果代表了试验发动机的真实性能，特别是在飞机升阻极曲线确定科目飞行试验过程中，必须利用当前试验发动机的真实推力才能计算出飞机的真实阻力，这是飞机升阻极曲线飞行试验科目要求必须采用 GGM 法进行发动机推力确定的原因。

GGM 法通过测量发动机内部不同截面的气动参数计算得到发动机推力，因此需要在发动机本体上额外加装许多测量设备，所测的关键参数（如风扇出口压力、燃油流量、外界环境静压等）对发动机推力计算结果影响很大，为了提高发动机的推力计算精度就必须尽可能提高关键参数的测量精度。图 3-30 为关键测量参数对某型发动机推力计算结果影响因子分布图，可以看出外界大气环境压力 P_{s0} 和风扇出口总压 P_{t14} 对推力计算结果的影响最大。

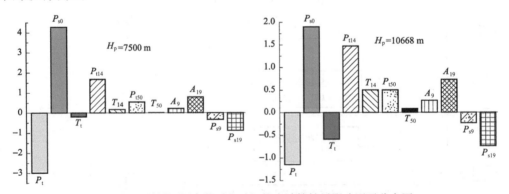

图 3-30　关键测量参数对发动机推力计算结果影响因子分布图

图 3-31 为配装 XB-70 飞机的 YJ93-GE-3 发动机的飞行推力确定测试改装简图，可见在发动机本体上加装了大量的测试设备。在发动机推力计算过程中，须利用尾喷管系数将测量参数与发动机推力关联起来，并将实际喷管性能与理想喷管性能相关联，因此

开展飞行推力确定试验之前必须知道尾喷管性能系数。

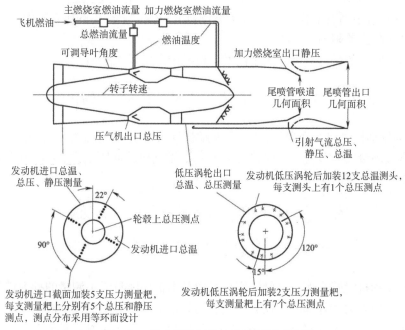

图 3-31　发动机飞行推力确定测试改装图

3.2.3.3　安装节推力测量法

安装节推力测量法是在发动机安装节的连接销上加装应变片，通过应变装置的地面校准试验和全机联合校准试验等，将发动机提供的轴向力由发动机安装节处受力分离出来，并通过一系列修正和转化得到发动机的标准净推力。安装节推力测量法具有应用方便、改装成本低等优点。典型的发动机受力如图 3-32 所示，总推力与安装节受力、发动机表面力、发动机入口压差阻力和冲压阻力等有关。

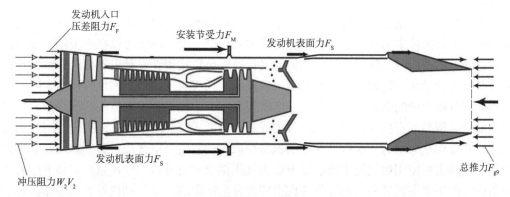

图 3-32　典型的发动机受力示意图

发动机的总推力，可用下面的方程式表示：

$$F_{g9} = F_M + F_F + W_2 V_2 - F_S \qquad (3\text{-}3)$$

式中，F_M 为安装节所受的作用力；F_F 为发动机入口截面上产生的压差阻力；F_S 为发动机表面上产生的压差阻力。

根据压差阻力的受力特点，测量的发动机总推力可以表示为：

$$F_{g9} = F_M + W_2 V_2 + \int_0^{A_2} \left(P_{s2} - P_{s0} \right) \mathrm{d}A - \int_{A_9}^{A_2} \left(P_{s,e} - P_{s0} \right) \mathrm{d}A \qquad (3\text{-}4)$$

式中，P_{s2} 为发动机入口截面静压；$P_{s,e}$ 为发动机外表面静压；P_{s0} 为大气静压。

假定直接测量安装节受力的矢量合力为 $\vec{F_T}$，发动机的冲压阻力、外部阻力方向与受力示意图中一致，则有关系式：

$$
\begin{aligned}
\vec{F_T} &= \vec{F_{g9}} - W_2 V_2 - \int_0^{A_2} \left(P_{s2} - P_{s0} \right) \mathrm{d}A + \int_{A_9}^{A_2} \left(P_{s,e} - P_{s0} \right) \mathrm{d}A \\
&= \vec{F_{g9}} - F_D + \int_{A_9}^{A_2} \left(P_{s,e} - P_{s0} \right) \mathrm{d}A
\end{aligned}
\qquad (3\text{-}5)
$$

以矢量发动机喷管为例，喷管的实际推力是由推力测量天平测量的推力销载荷，结合发动机的冲压阻力和外部阻力反算出喷管的矢量推力。典型的发动机受力载荷示意图如图 3-33 所示。实际推力的测量步骤如下：发动机前安装节上载荷的测量，发动机后吊挂上载荷的测量，发动机入口截面阻力测量，发动机表面压差阻力测量，喷管几何偏转角和扩张角的确定，发动机推力矢量的计算。根据上面得到的计算结果，可进一步计算出不同偏转条件下矢量喷管的流量系数、推力系数和推力偏转角度。其中，前两步的测量如下：①发动机前安装节上的载荷测量，通过六分力天平完成，六分力天平元件采用复合式布局，阻力元件设置在中间，利用对称设置在天平设计中心前后的天平测量元件可同时测量施加在安装节上的 6 个载荷（三个方向的力和三个方向的力矩）。②发动机后吊挂上载荷的测量，使用二分力天平完成。利用垂直设置的三片梁式组合元件测量轴向力，利用水平设置的三片梁式组合元件测量法向力，并测量作用在连杆上的轴向力和横向载荷。

安装节推力测量法和燃气发生器法是两种常用的推力测量方法，下面进行简要的对比分析。①从两种推力确定方法获取的结果比较。燃气发生器法可以在空中获得发动机出口总推力和进口空气流量，结合测量的飞行速度可直接得到发动机的标准净推力。而安装节推力测量法是通过测量发动机和尾喷管系统在飞机安装节上的反作用力，经过一系列的积分压力项的修正，同时忽略一些次要分量，才能得到发动机的标准净推力，即安装节测量值并不直接等价于标准净推力或者动力装置安装净推力，需要进行适当的变换才能获得标准净推力。这些变换的前提是获取发动机进口空气流量，所以安装节推力测量法仍然需要使用燃气发生器法等方法为其提供发动机进口空气流量。安装节推力测量法面临的主要问题之一就是如何考虑次要力分量的影响，如发动机外表面的摩擦力、管路及其他设备引起的阻力等。某些情况下这种额外付出的试验成本是相当高昂的，甚至在技术上难以实现。但是，考虑到燃气发生器法获取矢量推力的技术难度和昂贵代价，安装节推力测量法在矢量推力发动机推力分量确定的研发试飞中仍然不失为一种有效的测试手段。②从计算复杂程度和试验成本方面比较。燃气发生器法需要开展部件特性试验、高空台试验、风洞部件校准试验等，并在发动机内流道中加装若干总温和总压测量耙，使用较多数量的不同量程和不同精度的传感器，并涉及大量的发动机改装工作，同时需要编制复杂的气动热力学计算模型，这样才能获得有效的飞行推力测量值。整个试验项目成本较高，而且这些多步骤的工作环节对试验方案编制、实施以及数据处理都会产生较大压力，任何一个环节失效都会引起推力测量结果不可靠。而安装节推力测量法的优点就是不需要复杂的计算模型，算法相对简单，使用的传感器也较少，应变装置的加装和校准代价也更低，并且不涉及发动机内流道的加改装，降低了试飞风险。③从试飞方法和推力计算精度上比较。燃气发生器法需要在性能试飞中保持稳态或准稳态，如稳定平飞或稳定盘旋等。若应用于过渡态则需进行计算方法的修改，且对输入参数较敏感，需要借助输入参数敏感性分析确定哪些测量参数是整个试验的关键参数，从而保证推力计算精度。而安装节推力测量法则不存在上述问题，且应变装置具有的高动态响应使其可以适用于包括瞬态和稳态的所有状态，由于其算法简单因而适合于飞行试验中的实时推力监控。鉴于发动机推力在空中无法直接测量，所以任何一种推力算法都无法真正得到验证，只能依靠高空台试验来佐证。由于燃气发生器法算法成熟，整机校准环节较多，更接近真实推力，因此根据国外的工程经验，通常是以燃气发生器法获取的飞行推力作为评价其他推力确定方法的基准。

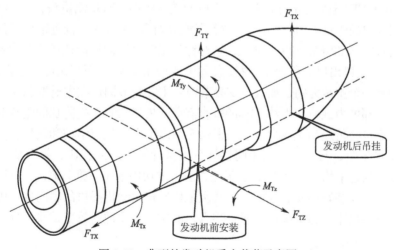

图 3-33 典型的发动机受力载荷示意图

3.2.4 飞行推力测量案例及发展趋势

3.2.4.1 F-14A 与 F-15 飞机的推力测量

20 世纪 80 年代，美国诺·格公司对 F-14A 装备的 TF30 发动机开展了推力直接测量技术研究。飞行试验安排的马赫数为 0.4~1.6，基本包含了飞行包线中的大部分典型试验点，整个飞行计划验证了安装节应变直接测量方法用于预测发动机稳定工作状态推力的可行性，并证实直接测量法的测量精度与传统的推力模型法很接近。图 3-34 为 F-14A 飞机 TF30 发动机主安装节和推力销应变计安装位置示意图。根据发动机结构和工作特性，考虑安装节推力中包含的附加力项，得到安装节推力与有效净推力之间的关系，并编制了发动机飞行环境下一般工作状态的推力计算程序，形成了推力计算及结构细节数据库。

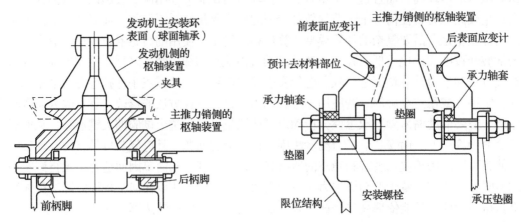

图 3-34　TF30 发动机主安装节和推力销应变计位置

　　20 世纪 90 年代，NASA 德莱顿飞行研究中心与美国空军、普惠公司和波音公司共同在 F-15 ACTIVE 飞机上成功应用了基于应变装置的推力直接测量法，对超声速飞行器在全包线范围内的矢量推力系统优势进行了演示验证。ACTIVE 推进系统配备两台带轴对称矢量喷管的 F100-PW-229 发动机，轴对称矢量喷管可向周向任何位置偏转，最大机械偏转角 20°，喷口出口面积独立控制，使得喷管的出口/喉道面积比可以达到最佳状态。发动机每侧有一个主承力销，插入主安装节内，主安装节固定在主舱壁和支承座上，主承力销传递全部推力载荷和大约 75% 的垂直载荷。矢量喷管产生附加的垂直载荷，而偏航产生的力矩也会传递到主承力销上。图 3-35 给出了主安装节结构和贴片后的主承力销图。试验结果表明，与试飞后利用间接计算模型计算的结果相比，最大状态平均相差 4.2%，全加力状态平均相差 3.8%，表明此方法可成功用于飞行推力确定。应用此方法的关键，首先是应变装置的安装和校准，其次是如何将发动机提供的轴向推力由发动机安装节处的力分离出来。为解决以上两个难点，安排了 4 项地面校准试验，分别是应变装

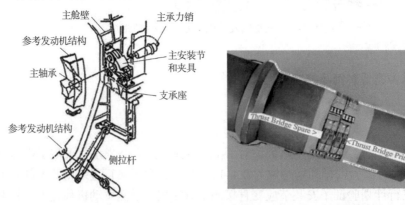

图 3-35　F100 发动机主安装节结构和贴片后的主承力销

置剪力加载试验、应变装置加热试验、空机校准试验（不装发动机）、全机联合校准试验（发动机工作）。此方法的优点是简单、经济，且不需要在发动机流道中安装测量耙，缺点是获得的推力介于可用推力和发动机标准净推力之间。因为在分析过程中，根据发动机的实际安装方式，无法单独考虑进气系统/机体的气动阻力项。

3.2.4.2　F/A-18E 飞机的推力测量

1995 年 11 月，美国开展了 F/A-18E 飞机性能飞行试验计划，选取了 5 架单座和 2 架双座 F/A-18E 飞机作为试验机，其中进行动力装置性能飞行试验的验证机代号为 E2。美国军方、波音公司和通用电气公司成立了飞行试验工作组，在正式飞行试验开始之前该小组进行了长达 32 个月的研究和前期的相关试验，其中通用电气公司主要负责飞行推力计算方法及敏感性分析，选择了压力-面积法和流量-温度法作为主要计算方法。波音公司主要负责制定和调整飞行推力/阻力性能确定方案，给出试验和测试数据的需求，同时负责编制计算飞行推力的程序。美国海军则负责高空台校准试验，以及调整预算和试验计划。根据可信的飞行试验数据，以飞行推力确定为基础，给出飞机的升阻特性，然后结合飞行试验获取的升阻特性以及 F414 发动机的性能特性计算和验证飞行试验结果，最终建立了发动机推力/飞机阻力的划分体系。

敏感性分析是性能确定的一个关键步骤，可以将计算方法与实际测试参数的精度分配联系起来。以压力-面积法为例，由于尾喷管喉道截面面积 A_8 的敏感系数较大，所以在测量时通过加装双精度的线位移传感器测量设备减小测量误差，同时在阿诺德工程发展中心进行尾喷管测量校准，以进一步提高测量精度。燃油热值对推力计算也有较大影响，因此 1993 年美国海军研究中心对 5 辆油罐车中的燃油进行采样，一共采集了 32 个样本，测量了燃油密度和燃油热值；在每次性能试飞前和空中加油后，必须对燃油进行热值和密度的测量，以避免因采用固定参考值所带来的误差。编制的飞行推力计算程序必须经过高空台试验数据的修正，而且整个试飞过程中可以根据实际飞行数据进行调整。

F414 发动机在阿诺德工程发展中心的高空台进行了试验，台架测量参数如图 3-36 所示。试验结果表明，采用流量-温度法获取的推力值与台架实测推力值的比值不确定度为 1.4%，采用压力-面积法获取的推力值与台架实测推力值的比值不确定度为 1.7%，发

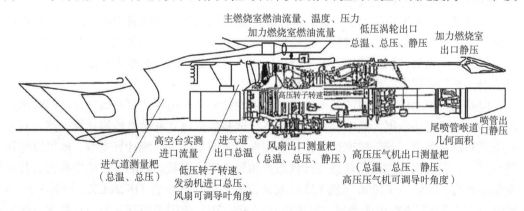

图 3-36　F414 发动机高空台试验测量参数示意图

动机进口空气流量与台架实测值的比值不确定度为 0.5%，A_8 测量值与台架测量值的比值不确定度为 1%。

在 F/A-18E 飞机的性能飞行试验中，分别使用压力-面积法和流量-温度法计算动力装置净推力的结果如图 3-37 所示。若以流量-温度法的计算结果为基准，在发动机净推力小于 2500 lbf 时，压力-面积法与流量-温度法的相对误差不超过 1.5%，而在其他功率状态下两者的相对误差小于 1%。

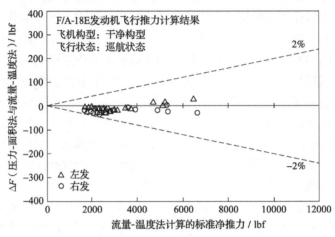

图 3-37　F414 发动机飞行推力计算结果示意图

3.2.4.3　飞行推力确定试飞的发展方向

早在 20 世纪 70 年代，NASA 的刘易斯研究中心就开始了旨在彻底解决飞行推力确定问题的性能仿真研究，采用了先进的综合发动机数字仿真（AIDES）辅助模拟飞行试验，利用大型专用数字计算机/模拟计算机对 F100 发动机和 TF30 发动机进行混合仿真研究，取得了良好的效果。20 世纪 80 年代，又发展了双轴和三轴加力涡扇发动机稳态和瞬态过程数字仿真软件，并利用 CRAY 巨型计算机进行计算，解决了高空舱中发动机出口附近的流场和排气扩压器回流对发动机推力的影响，以及进气道/发动机匹配自由射流试验时流动状态分析的难题。

近年来，随着航空技术的进步，军用超声速飞机配装了尾喷管面积可调、风扇和压气机静子叶片可调的变几何的航空发动机，运输机采用风扇直径较大的分开排气的涡扇发动机，发动机的控制规律也日益复杂，国内外早期提出的一些推力确定方法已不能满足要求，必须开展新的推力确定方法研究。

国外飞行推力确定领域的发展方向是开展发动机性能模型仿真，即通过风洞吹风试验数据、地面台架数据、高空台数据以及飞行试验数据建立发动机性能计算模型。对于一型发动机只需进行若干校准试验，并将校准试验结果输入性能计算模型，就可以替代飞行试验，获取飞行包线内任意飞行状态点和发动机功率状态点的发动机净推力，甚至安装净推力。例如，EF2000 飞机 EJ200 发动机的性能计算模型 TIF DECK，如图 3-38 所示[8]，此模型计算飞行中的净推力精度可达到 5%~6%。美国国防部认为仿真技术是保证美国武器系统长期质量优势而需要优先发展的技术，在历年制定国防关键技术时均将"仿真与建模"列在关键项目的前列；海湾战争后美国国防部制定并发布了国防建模倡议，批准了"建模与仿真管理计划"，并成立了"国防建模与仿真办公室"，提出新的建模与投资战略。所以，飞行推力建模与仿真研究是未来的重要发展方向。

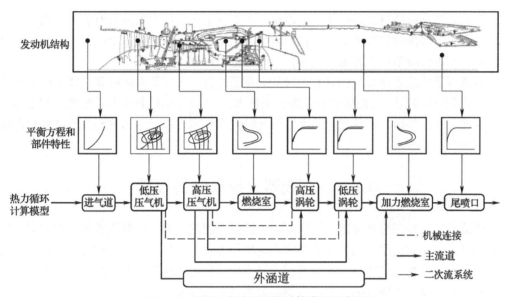

图 3-38　EJ200 发动机性能计算模型示意图

参 考 文 献

[1]　北京长城计量测试技术研究所. 航空计量技术[M]. 北京: 航空工业出版社, 2013

[2]　王聪梅. 航空发动机典型零件机械加工[M]. 北京: 航空工业出版社, 2014

[3]　《航空发动机检验技术手册》编委会. 航空发动机检验技术手册[M]. 北京: 航空工业出版社, 2008

[4]　孙传智. 基于矢量投影的多级转子同轴度测量方法研究[D]. 哈尔滨: 哈尔滨工业大学博士学位论文, 2017

[5]　刘泽伟. 航空发动机转子同轴度和不平衡量双目标优化装配方法[D]. 哈尔滨: 哈尔滨工业大学硕士学位论文, 2019

[6]　孙惠斌, 颜建兴, 魏小红, 等. 数字孪生驱动的航空发动机装配技术[J]. 中国机械工程, 2020, 31(7): 833-841

[7]　《航空制造工程手册》总编委会. 航空制造工程手册: 发动机装配与试车[M]. 北京: 航空工业出版社, 1996

[8]　高扬, 姜健, 屈霁云, 等. 航空燃气涡轮发动机飞行推力确定[M]. 北京: 航空工业出版社, 2019

[9]　侯敏杰, 安玉彦. 高空模拟试验技术[M]. 北京: 航空工业出版社, 2014

[10]　范静, 王光发, 荆卓寅, 等. 航空发动机测试校准技术译文集: 试车台测试校准技术[R]. 中航工业计量所发动机测试校准中心, 2012

[11]　魏海涛, 刘涛, 许思琦. 全机推力试车台推力测量和校准方法[J]. 计测技术, 2019, 39(2): 51-55

[12]　雷晓波, 张强, 文敏, 等. 航空发动机安装节推力测量技术与试验[J]. 航空学报, 2017, 38(12): 16-23

[13]　文敏, 解梦涛, 张强, 等. 基于推力销应变计改装的发动机推力测量方案与推力销校准试验研究[J]. 机械研究与应用, 2016, 29(6): 93-96

第 4 章　机载武器系统计量校准

机载武器是以航空器为载体，向地面、水面或空中目标发射的具有破坏杀伤作用的弹药。机载武器作为最直接的空中打击力量，从早期的机载射击武器已经发展到精确制导武器，在现代战争中占有重要地位，发挥着越来越显著的作用。

本章围绕机载武器系统的计量校准问题展开论述。4.1 节聚焦机载武器火控系统的校靶，讨论误差来源、校靶流程及先进校靶技术；4.2 节介绍机载光电系统及典型指标参数的校准方法，并讨论机载光电瞄准吊舱光轴校准技术，以及激光测距仪和红外热像仪的性能参数校准方法。

4.1　机载武器火控系统的校靶

机载武器火控系统是决定飞机作战能力的重要因素，为了控制飞机火力的方向、密度和精度，在作战使用、实弹靶试之前或更换相关设备之后必须进行校靶，即通过重新校准来保证火控相关传感器、显示器和武器系统的制造安装精度及相对位置精度，确保火控系统所有设备工作性能正常，以满足火力打击精度要求[1-3]。

4.1.1　机载武器火控系统及其误差源

根据航空工业出版社《飞机设计手册》[1]，需要校靶的武器包括航炮、火箭发射器、悬挂发射装置或挂架安装基准等，需要校靶的火控系统瞄准装置有瞄准显示装置（平视显示器、瞄准具的光学显示器）、雷达天线、照相枪、头盔瞄准具、红外方位仪、激光测距仪、速率陀螺（角速度测量装置）等。这些武器和瞄准装置相对飞机轴线的距离位置是确定的，校靶机构应使它们在角位置（俯仰、方位和倾斜）上达到调整要求。有的武器和瞄准装置在飞机结构中满足安装精度要求时，如在生产飞机壳体的型架上给出符合精度要求的定位面，可以不进行速率陀螺等校靶工作，这些由具体型号飞机的专门规范来确定。机载武器火控系统的主要误差源有：①飞行员允许瞄准误差。一般说来，要求瞄准时在方位与俯仰方向上的均方差量值不大于 3 mrad。②弹丸散布误差。航弹（低阻弹、中阻弹、高阻弹）在方位、俯仰方向上散布的均方差及散布中心值。机枪（含吊舱及活动枪架）在方位、俯仰方向上散布的均方差及散布中心值。航炮（含活动炮塔）在方位、俯仰方向上弹丸散布的均方差及散布中心值。航空火箭弹（含发射筒及活动挂架）在方位、俯仰方向上弹丸散布的均方差及散布中心值，以及导弹捕获目标的概率及导弹杀伤概率。③参数测量误差。参数测量装置应尽量消除其系统固有误差，并提供误差的分布特性，在不得已时系统误差通常会大于概率误差的 1/2。综合不同机型配备情况，参数测量误差应包括：气压高度误差，真空速度误差，马赫数误差，法向加速度误差，载机姿态角误差（航向、俯仰、横滚），载机姿态角速度（航向、俯仰、横滚）误差，迎角误差，侧滑角误差，测距、测速误差（雷达等），瞄准线方位角误差、方位角/俯仰角速率误差（雷达、红外及电视跟踪平台），无线电高度误差，地速误差，偏流角误差，大气密度比误差，头盔方位角测量误差、俯仰角测量误差，其他参数误差等。④弹道拟合误差。包括航炮炮弹的弹道拟合误差，航空火箭弹的弹道拟合误差，反坦克子母弹弹道拟合误差，炸弹弹道拟合误差等。⑤瞄准工作式简化误差。⑥火控计算机计算误差。数字计算机的计算误差应不大于 0.5%。⑦显示器定位误差。包括平视显示器的定位误差，下视显示器的定位误差，电光显示器的定位误差等。⑧校靶误差。含平视显示器校靶误差，航炮的校靶误差，航空火箭弹的校靶误差，导弹校靶误差等。⑨安装校准误差。含迎角、侧滑角校准误差，航姿仪安装校正误差，惯导安装校正误差，陀螺安装校正误差等。⑩座舱变形误差。⑪座舱玻璃畸变误差。⑫投放条件误差。包括投放条件中的弹射速度误差和释放器滞后误差。⑬后坐力对载机姿态影响的误差。

4.1.2　机载武器系统的校靶要求

1. 校靶目的与分类

由于制造和安装过程中的误差，武器和瞄准装置相对飞机轴线的位置在安装初始状态下一般不能满足设计要求；因此必须进行校靶，建立飞机轴线、各武器轴线（发射方向）和火控系统各瞄准装置瞄准线之间正确的相对位置，使其位置关系达到设计要求。

按校靶方法可分为冷校靶、热校靶和自身校靶。冷校靶（仪器校靶）是各种武器和瞄准装置的基本校靶方法，先将飞机架水平，借助靶板和辅助仪器调整各武器轴线和瞄准线的位置（角位置），使这些轴线相对飞机轴线置于符合设计要求的位置。热校靶（实弹校靶）仅用于航炮的校靶，是将飞机架水平，借助靶板和辅助仪器，以实弹射击的平均弹着点进入理论弹着点允许误差圆内为依据校正航炮。自身校靶是一种简化的冷校靶，用于外场，飞机自由停放（不架水平），将靶板设置在飞机机头处，借助安装在飞机校靶基准和武器瞄准装置基准上的校靶仪器，测量出武器和瞄准装置相对飞机校靶基准的偏差并进行调整，使其置于正确的位置。

按武器轴线与瞄准线关系，还可分为平行校靶和相交校靶。平行校靶是常用的方法，所依据的靶图采用以武器轴线、瞄准线相互平行的原理绘制而成。相交校靶的靶图，是采用以武器轴线、瞄准线在飞机垂直和（或）水平平面某一距离上投影相交的原理绘制的。

2. 校靶机构与校靶时机

以平行校靶为例，一般利用校靶机构来调整武器和瞄准装置，校靶机构应保证足够大的调整范围，即能够校正由于飞机制造和武器/瞄准装置制造及其安装所引起的偏差。一般对航炮、火箭发射器的调整范围为±30′，瞄准装置的调整范围为±(1°~1°30′)；同时应留有一定的校靶余量，考虑在飞机使用寿命周期内，当飞机结构变化、武器和瞄准装置更换等情况下需要重新校靶时保证校靶机构有足够的校靶范围，校靶余量一般留±30′。校靶机构一般为机械装置，但瞄准显示装置和雷达天线等可用电气校正的方法将瞄准线对准到靶板的相应校靶点上。无论校靶机构是机械的还是电气的，都必须在飞机、武器及火控系统的总体设计时就要论证清楚并做好协调，合理地确定安装结构、校靶形式及校靶量。

冷校靶的时机通常在飞机总装后（总装车间），瞄准显示装置更换或进行影响瞄准字符位置的修理时，更换火箭发射器、悬挂发射装置时，更换风挡或防弹玻璃时。热校靶的时机通常在试飞前（试飞站），交付部队时，更换航炮时。还有些视情选择校靶工作，如武器、瞄准装置的安装基准被破坏时，飞行员怀疑校靶的准确性时。实际的校靶时机，应由不同型号飞机的专门规范规定。

3. 靶图设计要求

靶图是校靶的基本依据，应按不同型号飞机要求开展设计。设计靶图的主要依据，包括武器、火控系统安装图，航炮的弹道数据，风挡（防弹）玻璃的厚度及其相对飞机纵轴线的安装角，以及火控精度要求。靶图的设计方法和步骤如下：

（1）设计校靶点，即设计并计算飞机纵轴线、各种武器轴线和瞄准装置瞄准线在靶图上校靶瞄准点的位置。根据武器和火控系统在飞机上的安装图进行校靶点的设计，当武器轴线、瞄准线与飞机纵轴线平行时，其在靶板上的位置与在飞机对称轴线上沿升力轴（Y 轴）和飞机对水平基准线上沿横轴（Z 轴）方向的安装位置相同。

（2）确定校靶允许误差范围，即计算确定各种武器和瞄准装置校靶允许误差范围。校靶时因为校靶机构和操作的原因，不可能将武器轴线或瞄准线正好调到相应校靶点上（没有误差），因此应对各校靶点给出校靶允许误差范围。图 4-1 中 C、C_1 和 D 以圆的形式（圆心为校靶点）给出航炮冷校靶、热校靶和火箭发射器的校靶允许误差范围，对平视显示器的校靶允许误差则以粗十字线给出（即十字线的中心为校靶点、十字线的宽

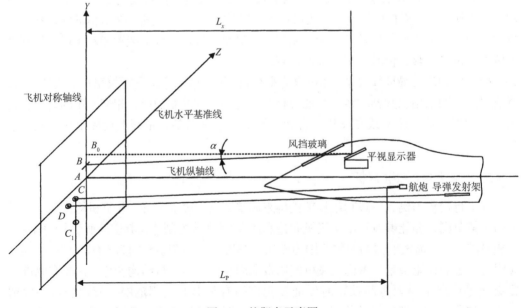

图 4-1　校靶点示意图

度为校靶允许误差范围）。校靶允许误差范围根据武器、火控系统相关专门规范的火控精度要求（一般偏离校靶点不大于1~2千分）来计算确定。图4-1仅给出显示器、航炮和左侧一个导弹发射架的校靶点，这些武器轴线和瞄准线都相对飞机纵轴线下倾α角。校靶时靶图平面与飞机纵轴线垂直，靶板距各武器、瞄准装置的距离按其在飞机上沿飞机纵轴线方向上的安装位置不同而不同。从航炮炮口到靶板平面的距离称为靶板距离（或校靶距离），通常为25 m或50 m。

（3）修正风挡玻璃对校靶的影响，即计算修正瞄准线经风挡玻璃、防弹玻璃和瞄准显示装置反光玻璃时产生的偏移。瞄准线是从靶板上与瞄准字符相对应的校靶点发出的并与瞄准字符方向相互平行的光线，经风挡玻璃、防弹玻璃、瞄准显示装置反光玻璃（假设这些玻璃都是平板玻璃）时产生偏移，瞄准线的偏移量可通过公式进行计算。

（4）绘制靶图，即根据确定的校靶点和校靶允许误差范围绘制靶图，如图4-2所示。设计靶图可按缩小的比例绘制，但校靶时实际使用的靶图必须按1∶1的比例绘制。平视显示器和各种武器的靶图，以十字的中心和各圆的圆心为校靶点，十字的宽度和各圆的直径为校靶允许误差范围。

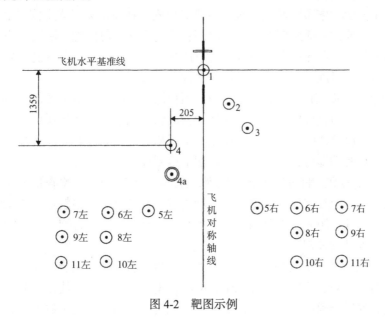

图4-2 靶图示例

4. 靶板设计要求

靶板是靶图的固定设备，其结构应能牢固地固定靶图，并能使靶图在上下、左右、倾斜和垂直方向上进行调整，以便调整靶图使其相对飞机置于正确位置。实际靶板一般都比较大，制造各方向可调的靶板框架结构庞大、复杂，使用维护也不方便。因此在校靶中可不设计制造专门的靶板框架，而是在规定的距离上仅设立靶板（贴有白纸），在靶板白纸上按校靶需要并根据靶图图纸现场绘制1∶1的靶图，采用一次性的调整措施使靶图相对飞机处于正确位置后即可进行校靶。

5. 冷校靶实施要求

校靶应按不同飞机的专门校靶规范实施，在此介绍实施冷校靶的一般要求。

（1）冷校靶准备。准备 1 : 1 靶图和靶板；准备飞机、武器及瞄准装置的校靶仪器和工具；用千斤顶顶起飞机，调整千斤顶将飞机架水平，架水平后飞机机轮应离地；在飞机前方规定距离处（25 m 或 50 m）放置靶板，并将靶图固定在靶板上。

（2）调整靶板使靶图相对飞机处于正确的位置。利用水平仪、经纬仪和飞机机身上的基准点，在上下、左右和倾斜方向调整靶板，使靶图上的 Y 轴和 Z 轴分别与飞机对称轴线和飞机水平基准线重合，同时使靶图与水平面相互垂直。

（3）瞄准显示装置的校靶。以平视显示器为例，利用平视显示器过渡支架和安装梁之间的校靶机构调整平视显示器在方位、俯仰和倾斜方向上的角位置，使平视显示器"校靶"画面中的校靶字符与靶图上的相应校靶点重合。锁紧校靶机构，检查校准状况，如有偏离应重复调整校靶机构，直至重合为止。为保证校准精度，可采用校靶镜，校靶镜应置于平视显示器物镜光轴上。

（4）雷达天线的校靶。将雷达天线校靶装置安装在雷达天线规定位置上，采用在雷达天线固定螺栓处加合适厚度垫片的方法调整雷达天线的角位置，使校靶装置靶镜的十字线中心落入相应校靶允许误差圆内，反复调整直至校好为止。在飞机总装车间利用工艺天线校靶时，应对准雷达工艺天线校靶允许误差圆。

（5）照相枪、视频记录摄像头的校靶。照相枪和视频记录系统摄像头的视场比平视显示器的视场大，而且仅用来记录平视显示器的画面和平视显示器视场范围内的目标，因此其校靶允许误差范围可以稍大，校靶时采用相应的校靶装置并以平视显示器的校靶字符为基准进行校准即可，一般不必在靶图上绘制校靶点。

（6）航炮的校靶。将校靶镜插入炮管，通过靶镜瞄准靶图，检查靶镜的十字中心是否落入靶图上的航炮校靶允许误差圆内。利用航炮校靶机构调整航炮的角位置，直至靶镜十字中心落入其校靶允许误差圆内。当多管炮校靶时，应使各炮管轴线的中心位置的轴线落入圆内来进行校靶。

（7）火箭发射器和悬挂发射装置的校靶。将相应的校靶装置装到火箭发射器或导弹发射架中，通过校靶装置靶镜瞄准靶图，同时调整其校靶机构，使靶镜的十字中心落入相应的校靶允许误差圆内。火箭发射器一般在飞机出厂前校靶定位后不再进行校靶，有些飞机由飞机结构保证发射器的位置精度而不进行校靶。

（8）其他设备的校靶或校正。对激光测距仪、红外方位仪等火控设备的校靶类同上述的校靶，在靶图上应设计绘制其校靶点及允许误差范围。头盔瞄准具以平视显示器的校靶字符为基准进行校靶。飞机上还有一些与火控系统相关的设备也要相对飞机轴线进行校正，如速率陀螺、迎角传感器、侧滑角传感器、惯导等，对这些设备的校正一般以飞机结构上的相应安装基准面为基准，利用专用装置根据其专门的规范进行校正。

6. 热校靶实施要求

上面介绍了冷校靶，下面介绍实施热校靶的一般要求。

（1）热校靶准备。航炮热校靶的准备工作类同冷校靶，但在靶板的背后应按规定设置靶堆土坪，以保证安全。热校靶应在完成冷校靶的基础上进行，应按规定做好实弹射击准备工作并采取相应的安全措施，靶场地面、靶堆符合规定的要求，靶板固定可靠、板面平整，检查校靶仪器和准备工具设备及瞄准显示装置（平视显示器或瞄准具的光学显示器）是否正常工作，充足冷气并装好武器挂架，在炮口前 50 m 处设置好靶板，飞机架水平（同冷校靶）。

（2）调整靶板并建立靶图相对飞机的正确位置。调整靶板位置的方法类同冷校靶。接通瞄准显示装置，以瞄准显示装置的校靶点为基准建立靶图相对飞机的正确位置，绘出航炮热校靶基准点。

（3）消除间隙和暖炮。为了消除间隙和暖炮，首先进行航炮的一次单发或两连发发射，单发或连发的数量及其次数由不同型号飞机的专门规范规定。

（4）检查平均弹着点。单发实弹射击四次，利用几何平均法求得靶板上的平均弹着点（单发散布中心），检查平均弹着点是否落入靶图上热校靶允许误差圆内；落入热校靶允许误差圆内则合格，否则应反复调整航炮的角位置，利用其前后固定点上的校靶机构在方位和俯仰方向上调整航炮位置，再射击并检查调整，直至落入误差圆内为止。

（5）检查连发散布中心和密集度。在单发散布中心满足要求的基础上进行连发发射，检查连发散布中心和弹着点的密集度是否在规定范围之内，连发散布中心采用几何平均法求得（系统误差），密集度用概率偏差检查（随机误差）。一次连发的发数由航炮的射速决定，具体连发发射方案应按不同型号飞机的专门规范确定。

4.1.3　机载武器系统校靶技术发展

校靶装置用于飞机武器系统及其他相关机载设备的光电/机械轴线相对于基准轴线的校准，实现这些空间轴线间的协调关系检验、初始偏差测量以及辅助偏差修正等。20世纪 60~70 年代开始，军用飞机校靶工作广泛采用靶板-望远镜校靶装置，属于较为复杂的机械-光学装置，部件尺寸和重量大，使用不便，校靶作业工作量大、效率低，图 4-3

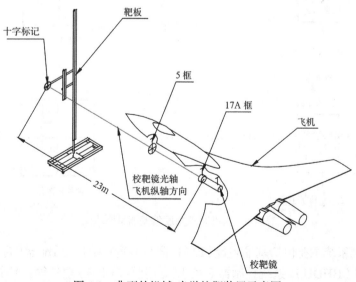

图 4-3　典型的机械-光学校靶装置示意图

为典型的机械-光学校靶装置。70 年代美国提出基于惯性技术的新型校靶系统，80 年代末实施了"先进校靶设备系统"项目并于 90 年代中期成功研制出 ABE 300 光电-惯性先进校靶设备，申报了专利"使用光学获取、转移平行和非平行线的校靶装置的陀螺系统"；之后发展出采用新型高性能激光陀螺的升级型 ABE 310/310A，促使光电-惯性校靶设备获得广泛应用。2000 年以来，美国 HoneyWell 公司研发了纯惯性校靶装置，产品主要有便携式校靶工具和双重便携校靶工具；挪威 Metronor 公司研发了采用摄影测量技术的 HarmoLign 光电校靶系统，得到较广泛的应用。下面介绍几种典型的校靶系统。

4.1.3.1　ABE 光电-惯性校靶装置

1. 系统工作原理

ABE 校靶系统基于空间角度的惯性测量和光学自准直仪测量技术，三轴惯性传感器陀螺仪和自准直仪（VAC）分别测量角度偏差，两者的测量值叠加得到总的偏差角。基准轴线相互垂直的 3 个角速率陀螺仪分别通过积分运算得到相对于初始基准状态的 3 个方向的偏差角。系统包括固定和移动惯性传感器，前者用于提供基准并测量变化数据，后者用于与自准直仪一同测量。自准直仪是专用光学测角仪器，测量映射被测轴线的反射镜-适配器轴线相对于自身光轴的偏角。如图 4-4 上图所示，VAC 光源产生可见光十字线并沿光轴投射到反射镜-适配器上之后反射回来，在 VAC 内部的焦平面 CCD 照相机上形成十字线图像，若偏差角为零则十字线位于图像中心；如图 4-4 下图，若偏差角不为零，则十字线在图像中有偏移值 d_e 和 d_a。

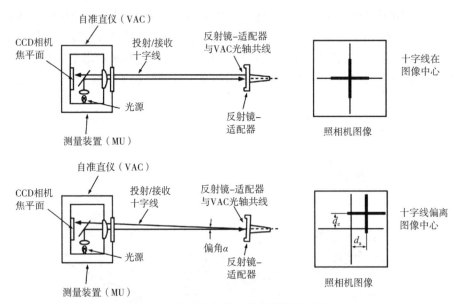

图 4-4　自准直仪角度偏差测量原理图

ABE 校靶系统主要包括基准装置（RU）、测量装置（MU）、适配器（含校靶反射镜）、手持显示装置（HHDU）、系统控制器（SC）、专用模块（PM）软件等。工作原理如图 4-5 所示。RU 的核心是 3 个环形激光陀螺仪及电子控制装置，用于建立平台基准并跟踪平

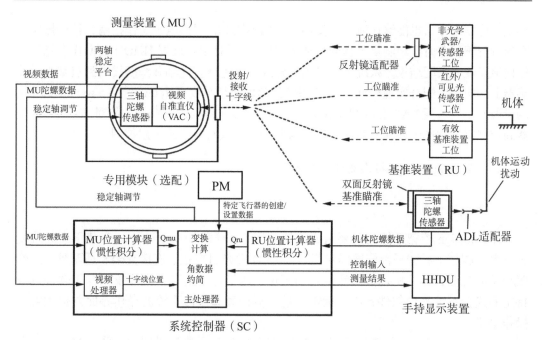

图 4-5　ABE 校靶系统工作原理图

Qmu 为 MU 陀螺数据，Qru 为 RU/机体陀螺数据（四元数，表征三维角运动的数学构建）；ADL 为飞机/武器系统基准线（Aircraft/Armament Datum Line）

台运动，向 SC 持续提供反映机体运动的陀螺数据；RU 安装在一块接口板上并通过其与飞机基准轴（ADL）适配器-机体固连，接口板上还安装基准反射镜（包括 0°和 90°镜面）。MU 是可移动的手持测量装置，包括安装在两轴稳定转台上的 3 个环形激光陀螺仪及电子控制装置和一台视频自准直仪；MU 综合控制器对转台、准直仪进行控制和检测。两轴转台用于使 VAC 快速地瞄准反射镜，保证校准作业效率，转台在控制器控制下能够驱动 VAC 搜索反射镜。早期 ABE 系统采用三轴转台设计，结构复杂、尺寸大、重量大、成本高，后取消滚转轴并改为两轴转台，采用数学方法补偿不可控滚转。VAC 以非接触的方式与基准装置初始校准，之后进行工位测量，基准轴和工位上都安装与 VAC 配合的适配器-反射镜装置。两套惯性传感器与 VAC 同步工作，测量数据同步进行处理并获得测量结果。HHDU 是系统的主操控人机界面，带有小型键盘和显示屏，用于指令输入和操作信息、工作状态及测量结果显示。SC 是整个系统的计算中心，内部有一台综合控制处理器进行数据处理、计算和传输，通过接口-通信装置对 MU、RU 和 HHDU 实施控制，并为其提供电功率；SC 还选配专用模块 PM 软件，装载特定航空器的创建/设置数据。反射镜与 VAC 配合完成 ADL 获取和偏差角测量，反射镜有单镜面和双镜面两种，双镜设计可以实现精确的三维测量。

2. 系统特性

ABE 校靶系统按照军用标准设计，可与不同类型的飞机适配，能够校正各种平台上的武器、导航、光电瞄准传感器和导弹告警系统。ABE 系统尺寸小、重量轻，运输、存放、使用方便，可实现自动化快速校靶，测量结果精确、重复性好，且能够在各种使用环境下可靠工作，也能够在航母上使用。专用模块 PM 提供电子工作指南，帮助操作者在执行校靶任务时实现测量过程的自动化。便携的手持显示装置 HHDU 使操作者能够在任何地点观看校靶结果。系统还可发出红外或可见光准直光轴并精确投射到机载光学传感器上，与后者配合实现校准。ABE 系统的角度测量精度可达 0.03°（0.5 mrad）以上，测量误差主要包括 VAC 和陀螺仪的测量误差，以及陀螺仪的漂移和初始对准误差，适配器和校靶镜的制造误差和安装误差等，这些必须采取有效措施予以控制。

4.1.3.2　HarmoLign 摄影测量校靶装置

1. 系统工作原理

HarmoLign 校靶系统的主要组成包括：①高分辨率 CCD 照相机，安装于碳纤维复合材料三脚架上；②平台校准标定板，含 LED 发光目标板、连接支架和适配器，用作照相机的观测目标，实现摄影测量空间定位；③笔记本电脑，配置校靶专用软件以及特定的武器系统平台软件，进行摄影测量计算处理，作为系统的操作界面并提供电子操作手册。

HarmoLign 校靶系统工作原理如图 4-6 所示，基于摄影测量技术，采用 Metronor 公司开发的 CCD 照相机空间方向特性方法，将照相机和专用目标板配合实现空间测量。目标板正面沿四边分布 8 个精确定位的 LED 发光目标。CCD 照相机拍摄目标板-发光目标组的图像，与具有精确尺寸和位置分布的标准正投影图像进行比较，使用专门的摄影测量算法进行解算，计算出目标板在照相机坐标系下部件的空间位置、方向。目标板通过支架、适配器与飞机相关基准和工位精确连接，能得到非常精确的飞机基准和工位的空间位置、方向。对飞机上不同位置（基准和测量工位）的目标板进行摄影和图像解算，就能得到其相对的空间位置关系，即实现了校靶。

图 4-6　HarmoLign 校靶系统工作原理图

2. 系统特性

HarmoLign 校靶系统采用模块化、标准化设计，易于升级更改，操作简便，对平台和环境的适应能力强，可以进行头盔瞄准具等各类设备的校准。系统能够测量方向和位置（坐标）数据，其中位置数据是一般校靶系统难以提供的。HarmoLign 系统可靠性高、寿命长，具有良好的维修性，自测试系统能够实现视情校准，无需定期重新校准。不包括适配器、目标板系统误差时，系统的角度测量精度可达 0.006°（0.1 mrad），最大测量距离 20~25 m。

4.1.3.3　PAT 和 DPAT 惯性校靶装置

1. 系统工作原理

HoneyWell 公司的 PAT 和 DPAT 校靶装置使用微型惯性基准系统，以高精度和高可靠性的激光陀螺为基础。系统主要组成有移动测量装置、触摸屏控制器、安装座、MCU 适配器、对接装置等，选装笔记本电脑显控装置。DPAT 采用新的高性能惯性器件，基准测量系统可以滤除风、人员或其他环境因素的干扰。与光电-惯性校靶装置相比，纯惯性校靶装置省去了自准直仪，配置三个角速率陀螺仪的测量装置进行空间角度测量，采用接触测量的方式。

2. 系统特性

可用于武器系统瞄准线、雷达、平显、惯性系统、空速管、机体结构、瞄准系统的校准。采用了惯性基准技术，消除风、人员或其他环境因素引起的扰动，可实现外场使用。内置故障诊断系统进行故障和状态监测，实现高可靠性。系统组成结构简单，尺寸小、重量轻。具有自动校正功能，可对地球自转速率进行补偿。触摸屏控制器采用完全可定制的图形用户界面，容易操作。DPAT 系统的测量精度可达 0.03°（0.5 mrad），提供动态角更新（2 次/s）。

4.1.3.4　校靶装置的比较

下面对以上所述的校靶装置进行综合比较（表 4-1），包括传统的靶板-望远镜校靶装置以及 ABE 310 光电-惯性、HarmoLign 摄影测量、PAT/DPAT 纯惯性等新技术校靶装置。

表 4-1　几类校靶装置的比较

校靶装置	靶板-望远镜	ABE 310 光电-惯性	HarmoLign 摄影测量	PAT/DPAT 纯惯性
系统组成	靶板系统，观瞄望远镜，适配器-转接装置等	基准装置，测量装置，手持显示装置，系统控制器，专用模块软件，适配器等	CCD 照相机，平台校准标定板，笔记本电脑，适配器等	测量装置，基准装置，触摸屏控制器/计算机，安装座，适配器等
工作原理	机械光学装置将轴线可视化，将空间角度测量转换为靶板平面上的坐标测量，通过远距离放大，获得可判读的刻度单位	基于空间角度的惯性测量和光学自准直仪测量技术。三轴惯性传感器陀螺仪分别测量三个方向上相对于基准的角度偏差。自准直仪测量角度偏差	基于摄影测量技术，CCD 照相机拍摄目标板图像，与标准图像比较解算出目标板的空间位置和方向角	基于空间角度的惯性测量技术，三轴惯性传感器陀螺仪分别测量三个方向相对于基准的角度偏差

校靶装置	靶板-望远镜	ABE 310 光电-惯性	HarmoLign 摄影测量	PAT/DPAT 纯惯性
数据处理和系统操作	人眼观瞄，人眼判断读取，人工计算数据手动输入数据	光电-惯性设备观瞄，中央处理器-计算机系统自动解算，实现快速、精确和高度自动化的测量。良好的操作界面，交互式菜单和电子操作指南。可设计成与机载设备交联，标准格式数据集可以批处理装订		
技术特性	校靶作业时飞机平台需要调水平，对作业场地和环境的要求高，受环境影响较大，系统通用性差，仅适配于特定机型。操作繁杂，工作量大，精度低，效率低	校靶作业时飞机平台无需调水平，对场地和环境要求低，系统能够修正飞机平台扰动。具有良好的环境适应性，能够在恶劣环境下使用。系统通用性强，电子-光学设备适用机型广，仅需有限的软件修改。机械适配器一般用于特定机型，但采用通用化标准化设计，通用性强。功能全面，能够进行几乎全部机体结构、机载设备和系统校准工作。按照相关军用标准设计和认证，机内测试系统自动进行故障监测和诊断，保证可靠性。操作简单，测量精度高、效率高。光电-惯性校靶装置有独特的主动和被动光电设备测量模式，可以发出红外/可见光准直光束，进行机载光电传感器-瞄准设备的校准。摄影测量校靶装置具有空间位置坐标测量功能		
物理特性	结构件体积重量大，笨重、携带运输不便	系统主要为电子-光学设备，体积小重量轻，机械结构适配器尺寸和重量也相对较小，全部系统置于包装箱内，携带转运方便		
作业人员	5~6 人以上	2~3 人		
作业时间	4~8 小时以上	0.5~1.0 小时		

由表 4-1 可见，新技术校靶装置具有明显的性能和效率优势，通用性好，适用机型广；测量精度高，可靠性高，重复性好，结果可验证；效费比高，所需人工少，校靶时间短；带有自检测系统，维护保障容易，维护保障费用低；体积小，重量轻，运输和使用方便；环境适应性好，满足多种环境使用要求。ABE 系统还可发出红外/可见光准直光束并精确投射到机载光学传感器上，与后者配合实现校准；HarmoLign 系统能够测量坐标位置数据。将三种新技术校靶装置进行比较，ABE 310 光电-惯性装置最为成熟，使用最为广泛，HarmoLign 系统次之。

4.2 机载光电瞄准系统计量校准

机载光电系统安装于固定翼飞机、直升机、无人机等平台，采用光电探测技术、激光测距技术、稳像搜索技术、图像处理技术、目标跟踪与定位技术等，完成战场态势感知、目标检测定位、武器引导与打击效果评估等作战任务，已成为支撑载机广域搜索、远程探测、准确定位、快速摧毁及实时评估的重要装备。

计量校准是对传感器各类误差进行测量和校准的工作，是解决设备参数漂移、保证其测量精度的必要技术手段。下面介绍机载光电系统的分类及发展历程，以光电控制分系统为例分析其指标参数的测量技术[4]，介绍机载光电瞄准吊舱的光轴校准技术[5,6]，以及激光测距仪和红外热像仪的性能参数校准方法[7]。

4.2.1 机载光电系统简介

光电系统按照用途可以分为以下三类：①信息感知类光电系统，将光学通道收集的来自目标/背景反射或自身辐射的光波，经探测器部件进行光电转换形成图像或电信号信息，经信号处理得到目标信息或场景的图像。主要包括机载红外搜索跟踪系统、机载光电跟瞄系统、机载光电预警/告警系统和机载光电监视侦察系统等，如图 4-7 所示。②信息传递类光电系统，以光波作为信息载体形成点对点或互联互通的光通信网络。该类系统如机载激光通信系统和紫外通信系统。③能量传递类光电系统，主要指用激光方式将较大的能量传递到目标受体上，并产生干扰、毁伤等作用的光电系统。激光光束的定向性好，能量传递效率高。在激光系统中，对激光光束性能以及指向的控制和调节要求很高，如光束会聚、波前校正和光轴稳定等。此类产品主要分为机载定向对抗系统和机载激光武器系统两大类。下面重点介绍机载红外搜索跟踪系统和机载光电跟瞄系统。

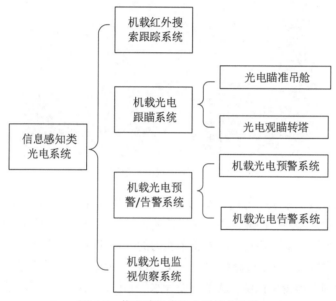

图 4-7　信息感知类光电系统的分类

4.2.1.1　机载红外搜索跟踪系统

机载红外搜索跟踪系统（IRST）一般用于战斗机，采用被动探测的工作方式，在发现和截获目标的过程中不易被敌方发现跟踪，图 4-8 为机载红外搜索跟踪系统应用示意图。由于机载红外搜索跟踪系统的工作波长短，远距探测时光学视场很小，需要通过偏航、俯仰扫描来实现对特定区域范围的扫描，类似于早期的机扫雷达工作模式。作为机载光学探测系统，红外搜索跟踪系统具有以下特点：①探测精度高。系统采用的光电探测器像元非常小，获得的图像分辨率高，扫描机构具有陀螺稳定能力并配置高精度测角系统，因此获取的目标角度信息精度较高。②群目标探测能力高。光学系统具有较高的空间分辨率，能够远距离分辨群目标。③探测隐蔽好。采用被动探测方式，不主动辐射电磁波，隐蔽性好，有利于实现对敌的静默攻击。④复杂电磁环境下探测能力强。系统工作在光波段，不受电磁干扰影响，在雷达受到干扰时可代替雷达进行目标探测跟踪。⑤对雷达隐身目标探测具有一定优势。利用高速飞行的飞机红外辐射强、红外波段隐身效能低的弱点，对雷达隐身飞机仍具有很好的探测性能。⑥搜索速度慢、大范围搜索效率不高。对目标的搜索采用机械扫描方式,与电扫机制相控阵雷达相比,搜索时间较长,目标数据更新率低,影响多目标跟踪数量和精度。⑦受环境气象条件影响大。光波在大气中传播,易受大气能见度和湿度影响,降低了系统探测距离;云团、阳光等也会引起干扰,导致虚警增加或目标遮挡。

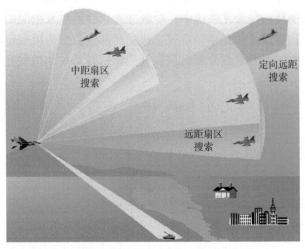

图 4-8　机载红外搜索跟踪系统应用示意图

机载红外搜索跟踪系统一般由光学部件、光机扫描部件、图像信息处理组件、伺服控制组件、红外和激光部件等构成,是一种复杂的光机电综合系统。从单一红外传感器构成的红外搜索跟踪系统,发展到具有激光测距能力的红外搜索跟踪系统,具有多波段融合探测能力的红外搜索跟踪系统,逐渐将中波红外、长波红外、激光和可见光等波段进行组合,从而实现对目标的低虚警率探测。从系统设计水平和使用角度看,机载红外搜索跟踪系统经历了以下发展阶段。①20 世纪 50 年代到 60 年代,红外搜索跟踪系统采用单元红外探测器、液氮制冷,利用单元器件扫描来实现对目标的搜索,信号处理采用简单的门限处理。该阶段的机载红外搜索跟踪系统结构简单,从属于雷达工作,主要辅助雷达完成对目标的跟踪,典型产品为 F-4B 飞机的 R1137/AAA-4 系统。②20 世纪 60 年代中期到 70 年代末期,出现了中距空空导弹,要求红外搜索跟踪系统具备更远的探测距离以适应这些导弹的发射,特别是对目标的迎头探测能力提出了更高的要求。随着制冷型多元红外探测器的应用,提高了探测灵敏度和探测距离,初步具备了对飞机目标的全向探测能力。由于集成电路和存储技术的发展,系统初步实现了多目标跟踪功能。该阶段的机载红外搜索跟踪系统可作为一个独立系统,单独完成目标的搜索跟踪任务。典型产品是美国休斯公司为 F-14A 战斗机研制的 AN/AWG-9 系统。③20 世纪 80 年代至 21 世纪初期,系统采用高灵敏度红外探测器件和高速 DSP 等大规模集成电路,大幅提高目标信号处理能力,具有多目标跟踪和被动测距功能。典型的产品有美国的 AN/AAS-42 系统、法国的 OSF 系统和瑞典的 IR-OTIS 系统等,如图 4-9 所示。④21 世纪初至今,随着红外搜索跟踪系统性能的大幅提升,其功能也得到不断扩展,将原来由多个光电系统完成的功能集成起来,出现了多种功能综合的新一代红外搜索跟踪系统,并进一步降低了成本,提高了可靠性。典型产品是赛莱克斯公司为新一代"鹰狮"战斗机研制的 Skyward-G 系统等。

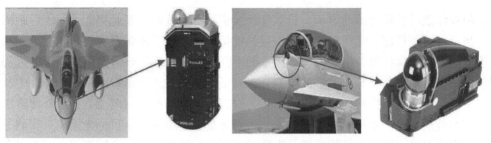

图 4-9 典型的战斗机红外搜索跟踪系统

机载红外搜索跟踪系统主要用于对空目标探测、跟踪和测距，主要指标包括工作波段、红外探测距离、红外探测范围、激光波长、激光测距距离、跟踪精度、搜索速率、跟踪速度、工作准备时间、供电电源、系统重量和外形尺寸等。其中，最主要的系统指标包括工作波段、红外探测距离和激光测距距离等。红外成像分系统是机载红外搜索跟踪系统的关键部件，其红外图像质量直接影响整个系统的跟踪精度和探测距离，特别是对于弱小目标的远距探测，红外图像的质量和稳定性尤为关键。红外成像分系统一般由红外探测器、制冷机、探测器接口模块、A/D 转换模块、信号处理与成像模块和电源模块等部分组成，如图 4-10 所示。

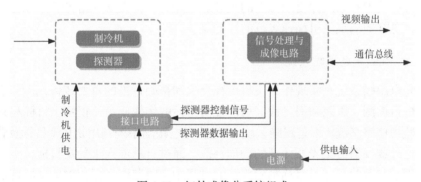

图 4-10 红外成像分系统组成

为了获得完整的目标运动信息，部分红外搜索跟踪系统具备独立的激光主动脉冲测距功能，由激光测距分系统对空中目标进行远程测距，同时兼顾对地面/水面目标的测距，为系统提供目标距离信息。激光测距分系统主要由发射/接收光学天线、激光辐射器、冷却系统、接收放大器、信息处理板、激光电源等部分组成，系统的组成框图如图 4-11 所示。

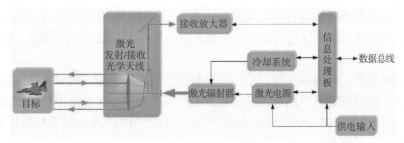

图 4-11 激光测距分系统组成框图

随着作战需求和技术的进步，机载红外搜索跟踪系统的发展趋势如下：①远距离探测。与雷达探测相比，光学探测具有一定的优势，红外搜索跟踪系统越来越受到重视。随着探测器、光学材料、信号处理等技术的不断发展，机载红外搜索跟踪系统的远程探测能力将会得到不断提升。②多波段复合探测。早期的红外搜索跟踪系统工作在中波波段，主要用于探测飞机发动机的热辐射。为提高对飞机的迎头探测能力，红外搜索跟踪系统工作范围要进一步拓展到长波波段。为满足复杂环境探测、目标光谱隐身探测等要求，需要研发多波段复合探测系统，提高系统探测与鉴别能力。③探测器面元规模和灵敏度提升。随着红外探测器的工艺不断发展，探测器的面元规模将越来越大，灵敏度越来越高。中波红外探测器面元规模从 1024×1024 向 2048×2048 发展，更长线列的器件、双波段大面阵红外探测器件也在发展之中，将进一步推动机载红外搜索跟踪系统向高性能方向发展。④实时目标信息处理能力提升。随着超大规模集成电路和智能信号处理技术的不断进步，复杂背景下的目标检出能力、多目标跟踪精度将会得到有效改善，能够满足更大范围的扫描搜索和精密跟踪需求，多目标算法实时性和跟踪精度也将得到进一步提升。⑤轻量化、小型化并与飞机共型。先进飞机要求更高的飞行速度和更大的航程，因此需要载荷体积小、重量轻，同时也要求机载系统对气动影响尽可能小。轻质新材料、高性能红外光学材料将使机载红外搜索跟踪系统小型化、轻量化成为可能。先进的光学自由曲面设计技术和大尺寸复杂面型的光学加工能力，将支撑外露光学窗口与飞机蒙皮共型设计，更好地满足飞机高速飞行的气动要求。

4.2.1.2　机载光电跟瞄系统

机载光电跟瞄系统是实现作战飞机夜视夜战和精确打击的重要装备，担负着对地面/海面目标进行探测、跟踪和引导武器精确攻击目标的作战使命（仅用于目标观察的系统属于光电监视侦察系统，不是跟瞄系统）。机载光电跟瞄系统利用物体（目标及背景）的自身辐射红外或反射可见光所体现的物理特征，通过自动或人工判定目标，实现对目标的探测、识别和跟踪，在对目标精确跟踪的过程中实时获取目标相对运动的特征信息，提供给武器系统进行解算。与雷达探测系统相比，机载光电跟瞄系统具有被动探测、获得目标/背景逼真、探测精度高的优点。

机载光电跟瞄系统在战斗机、轰炸机、直升机和无人机等平台有着十分广泛的应用，其基本功能包括：①通过固定或外挂机载光电跟瞄设备，保证飞机能够在夜间及不良气象条件下执行任务；②通过固定或外挂机载光电跟瞄设备，提高机上人员发现和识别目标的能力，可以远距离发现和跟踪地面/海面的目标，并通过自动或人工判定识别出目标；③机载光电跟瞄系统具备对目标自动跟踪的能力，能够实时获取目标的位置坐标或运动参数，提供给武器控制系统进行解算，为激光制导导弹/炸弹提供指引信息，确保对目标的精确打击。

根据任务类型、传感器配置、系统外形和搭载平台的不同，机载光电跟瞄系统有多种分类方法，当前较为习惯的分类是根据系统外形进行划分，包括吊舱型和转塔型两种（图 4-12），国内外有时也将其称为光电吊舱。两种类型的光电跟瞄系统原理基本相同，转塔型可看作是吊舱型的一种简化形式。

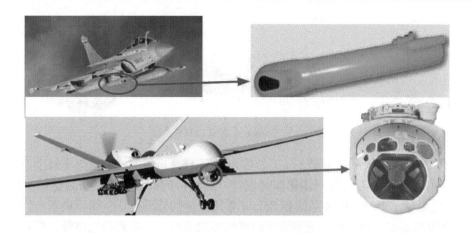

图 4-12 吊舱型和转塔型光电跟瞄系统

吊舱型光电跟瞄系统（简称瞄准吊舱）主要用于战斗机、轰炸机等平台，通过外挂物挂架与飞机相连，拆装灵活，通用性较强，但体积和重量较大。一般根据任务情况，需要时才挂装使用。由于战斗机、轰炸机平台飞行速度大，在作战过程中机动性强，要求光电跟瞄系统跟踪范围大、定位精度高，因此必须采用三轴稳定的陀螺稳定系统，即在偏航轴和俯仰轴的基础上增加滚转轴稳定，用于补偿飞机滚转轴系的扰动；同时考虑到飞机气动要求，系统外形必须满足一定的长径比。转塔型光电跟瞄系统主要用于直升机、运输机和无人机等相对较慢的飞行器，通常与飞机固连，成为飞机的一个组成部分。一般来讲，转塔型光电跟瞄系统的体积和重量小。为了隔离载机姿态和振动对跟踪瞄准的影响，该类系统采用两轴稳定平台构型，这种方式可以有效隔离飞机在偏航轴和俯仰轴对传感器视轴的扰动，但不能隔离滚转轴的扰动。

吊舱型光电跟瞄系统的发展，经历了四个阶段：①从 20 世纪 70 年代开始研制，以法国 ATLIS 瞄准吊舱为代表，重点解决昼间地面目标的探测识别与自动跟踪问题，同时实现对地精确制导与攻击，但不具备夜间作战的能力。ATLIS 瞄准吊舱于 80 年代初装备法国空军战斗机。②从 20 世纪 80 年代开始，为提升作战飞机全天候作战能力和对地精确打击能力，美国开展了 LANTIRN 瞄准吊舱的研制，于 80 年代末装备部队。由于红外热像仪既可白天使用，也可夜间使用，因此该阶段的瞄准吊舱主要将红外热像仪与激光测距/照射器组合，具备昼夜条件下作战的能力。③从 20 世纪 90 年代开始，美国、法国、英国和以色列等国开展了更为先进的瞄准吊舱研制工作，采用电视摄像机、红外热像仪与激光测距/照射器等多种传感器，具备远程目标识别和精确引导制导武器攻击目标的能力。典型产品包括 TIALD 系统、Litening 系统、Damocles 系统、ATFLIR 系统等。④2000年前后，美国开展了新型瞄准吊舱研制，采用大规模面阵（如 1024×1024）的红外热像仪，高分辨率电视摄像机、激光测距/照射器、激光光斑跟踪器等，具备远程目标识别、非传统情报监视侦察和雷达隐身能力。典型产品包括 Sniper 系统和 EOTS 系统等，如图4-13 所示。

图 4-13　Sniper 系统和 EOTS 系统

EOTS 系统由美国洛克希德·马丁公司为 F-35 战斗机研制，该系统不属于外挂吊装式的瞄准吊舱，而是与飞机一体化综合设计，其独特的拼接光窗具备雷达隐身能力。EOTS 系统继承了 LANTIRN 系统和 Sniper 系统大量的标准模块，属于最新一代轻型多功能光电跟瞄系统。EOTS 系统能够将前视红外功能与红外搜索功能结合，具有对防区外目标精确探测和识别的能力，激光定位和瞄准的能力，以及引导激光制导武器精确打击地面/海面目标的能力。EOTS 具有自动校靶和校轴功能，保证其始终处于良好状态。

转塔型光电跟瞄系统最早应用的平台为武装直升机，后来逐步扩展到无人机、运输机等平台，从早期的不具备夜间作战能力到具备昼夜作战能力，并将高分辨率中波红外热像仪、可见光摄像机、短波红外摄像机、激光测距/照射器等传感器综合设计，拓展了地理跟踪、地理定位和地理扫描的能力。典型产品如 Star Safire HLD 系统，见图 4-14。

图 4-14　Star Safire HLD 系统及其对目标的成像效果图

机载光电跟瞄系统是集红外、可见光、激光于一体的复杂系统，具有昼夜条件下对地面/海面目标进行搜索、识别和跟踪功能，能够引导激光制导武器攻击目标，并为电视、红外和 GPS 制导武器提供目标信息。机载光电跟瞄系统通常由红外分系统、可见光分系统、激光分系统、稳定跟踪分系统、系统控制分系统、图像处理分系统、环控分系统、电源分系统和结构分系统等组成，通过各分系统之间的协调工作实现系统的功能，如图 4-15 所示。

机载光电跟瞄系统用于对地面/海面目标进行识别跟踪、激光测距和照射，其中最主要的系统指标是作用距离和照射精度。作用距离包括红外/可见光的目标发现距离、识别距离及激光测距距离。照射精度是机载光电跟瞄系统精度方面的综合指标，包含了系统的跟踪精度、稳定精度和准直精度等。进行结构设计时，应在满足机载环境条件的前提下，将光电传感器、机电元器件等设备布置在所限定的空间范围内，通过合理的布局实现系统的功能与性能要求。结构设计应最大限度地模块化，可互换性、维修性、测试性和可靠性应满足产品工程化要求。典型的吊舱型光电跟瞄系统结构见图 4-16。在整个系统中，结构分系统的设计重点是确定满足机载环境和光学精度要求的稳定平台及外框框架结构方案，这需要考虑稳定平台的轴数、外框框架配置、减振环节等方面的要求。

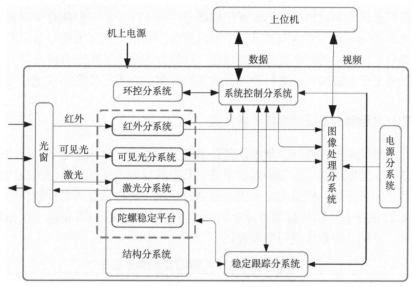

图 4-15　机载光电跟瞄系统的组成框图

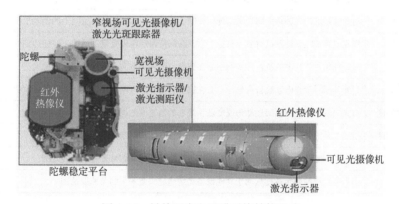

图 4-16　吊舱型光电跟瞄系统结构组成

随着红外、激光及光电探测技术的不断发展，各种精确制导武器不断升级换代，促使光电跟瞄系统的功能性能不断提升，并朝着以下方向发展。①光电传感器性能升级。机载光电跟瞄系统的探测跟踪性能（如探测距离、探测精度等）最终取决于有效载荷即光电传感器的性能。红外热像仪、电视摄像机、微光摄像机在向小型化、数字化方向发展的同时，分辨率不断提高（如 1920×1080 像素以上），以进一步提升对地面/海面目标的远距离探测和鉴别能力。②多种传感器综合。机载光电跟瞄系统将可见光、微光、红外和激光等多种传感器进行集成，能够充分发挥各自优势，提升系统的性能。例如，利用短波红外与激光照射器组合实现对激光光斑的实时探测，确保激光照射在目标上，提高激光指示精度。③系统功能扩展。机载光电跟瞄系统的主要使命是对地面/海面目标进行成像探测，但也有产品开始兼顾对空作战的部分功能，如 F-35 战斗机的 EOTS 系统。

此外，在光电探测之外的用途也在不断扩展，例如增加图像实时传输功能提高系统的实用性和灵活性，可以实现不同平台的协同作战。④传感器模块化发展。随着作战使命不断增加，机载环境有限的体积重量约束与系统高性能之间的矛盾日益凸显。即使探测器技术、光机综合技术和材料技术的发展能够部分缓解上述矛盾，但随着探测要求的不断增加，这些矛盾仍是制约光电跟瞄系统发展的主要因素。为此，无论是吊舱型还是转塔型光电跟瞄系统，都将向光电传感器模块化、外场快速更换的构型方向发展，在具体使用中根据任务要求和战场环境进行现场优化组合配置，以满足战场多样化任务要求。

4.2.2 机载光电控制分系统的指标参数测量

机载光电系统是光机电综合集成的复杂系统，由光学、机械、电子、自动控制、计算机信号处理、光电子和通信等子系统组成，其中的控制系统是大系统实现功能和性能必不可少的主要分系统。机载光电系统的控制分系统（简称机载光电控制系统）主要指标详见表4-2，表中每一项指标都有专业的测量方法[4]，本小节选取前两项指标稳定精度和跟踪精度，从测量的角度进行简要介绍。

表 4-2 机载光电控制系统的指标体系汇总

指标名称	指标定义
稳定精度	指在某一时刻光电系统的光轴相对于惯性空间的某个指向/方向的瞬时偏差角
跟踪精度	指光电系统的光轴指向同光电系统回转中心与目标中心的连线在空间上的偏差角
跟踪角速度	指光电系统截获被跟踪对象（目标）后，在保持跟踪精度要求的前提下，能达到的最大角速度值
搜索角速度	指光轴相对于光电系统自身坐标中心在偏航、俯仰等方向上转动角速度的最大值
搜索角加速度	指光轴相对于光电系统自身坐标中心在偏航、俯仰等方向上转动角加速度的最大值
搜索角速度精度	指光电系统中伺服框架运动角速度随动要求的角速度的误差
瞄准线到位精度	指光电系统光轴运动到达指定位置并稳定后存在的相对于要求值的误差
搜索范围	指光轴相对于光电系统自身的坐标系中心在偏航方向或俯仰方向的回转范围
从动角速度	指光电系统的回转速度从动于其他设备（雷达、头盔等）的角速度范围

4.2.2.1 稳定精度及其测量方法

在机载动态环境下，为了保证光电系统的红外、可见光等传感器输出的图像质量，或将很窄的激光束准确而稳定地指示到目标上，必须实现空间上的光轴稳定，否则图像模糊直接影响发现识别的距离和指示的精度。所以，针对动基座平台的光电系统，一般都要提出稳定精度的指标要求。

稳定精度是指在某一时刻光轴相对于惯性空间的某个指向（方向）的稳定性，包含陀螺稳定平台相对于惯性空间的稳定性，以及光学系统光轴的稳定性。一般情况下，光电传感器设计时充分考虑环境条件的要求，保证结构稳定性，光路晃动很小，可以忽略不计。稳定精度不是控制系统理论上讲的系统稳定性的概念，光电系统中的稳定精度反映了在空间上对载体角扰动的隔离度，包括隔离的载体姿态（偏航、俯仰、滚转）相对于惯性空间的转动和载体振动引起的光轴角运动。

　　稳定精度用角度值来描述，常用单位有毫弧度（mrad）或角秒（″）。对于轴的惯性稳定，分为单轴、双轴、三轴等情况。针对一个多轴稳定的光电系统，在描述稳定精度方面可以针对单个轴提出，也可以提出综合的总指标，例如对双轴平台则是航向和俯仰两个方向偏差角的均方根：

$$\varphi = \sqrt{\varphi_Z^2 + \varphi_H^2} \tag{4-1}$$

式中，φ 为光电系统的稳定精度；φ_Z 为偏航（航向）上的稳定精度；φ_H 为俯仰方向上的稳定精度。

　　光电系统对于稳定精度的要求，主要由光电传感器的视场和探测分辨率决定，视场越小要求稳定精度越高。稳定精度高，有利于图像的清晰稳定，同一视场下将能提高探测和识别距离。

　　从成像跟踪器误差信号提取和处理技术角度，要求稳定误差引起的图像晃动量小于一个电视线或成像传感器一个像元对应的空间视场（光学上称为瞬时视场），通常要求1/2~1/3 像元，稳定精度要求越高越利于提高图像跟踪精度。在机载条件下考核稳定精度比较困难，目前主要在实验室测量考核，主要的方法有光学方法和电学方法。

　　1. 光学方法

　　将光电系统或惯性稳定的光机部分（稳定平台）安装固定在两轴角运动模拟转台上，光电系统偏航、俯仰转动轴与两轴转台的旋转轴重合，前方放置一个平行光管，如图 4-17 所示。光学方法受陀螺平台漂移的影响，需要拟合出漂移后进行处理，但该方法能够全面考核各种因素对稳定精度的影响，同时能够考核光机结构形变引入的误差。

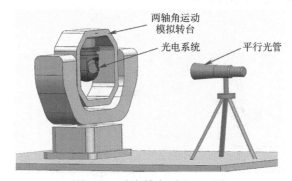

图 4-17　稳定精度测试配置图

　　在光电系统中稳定平台基准面上固定一个平面反射镜，将平行光管通过平面反射镜进行自准直后，角振动台按规定的频率和幅值进行角振动，记录下光管内十字线晃动的最大角度值，剔除样本数据中的异常数据并按式（4-2）至式（4-4）进行处理后得到稳定精度，式中 α 和 β 分别代表偏航方向和俯仰方向的偏差。有时受条件限制，采用系统中光电传感器直接观察记录平行光管中的标准测试光点的方式，实现对偏航方向和俯仰方向的偏差测量。

（1）偏差均值为

$$\bar{\alpha} = \frac{1}{n}\sum_{i=1}^{n}\alpha_i \qquad \bar{\beta} = \frac{1}{n}\sum_{i=1}^{n}\beta_i \tag{4-2}$$

（2）标准差为

$$\begin{cases} \alpha = \sqrt{\dfrac{1}{n-1}\sum\limits_{i=1}^{n}\left(\alpha_i - \bar{\alpha}\right)^2} \\[4mm] \beta = \sqrt{\dfrac{1}{n-1}\sum\limits_{i=1}^{n}\left(\beta_i - \bar{\beta}\right)^2} \end{cases} \tag{4-3}$$

（3）系统稳定精度为

$$S = \sqrt{\alpha^2 + \beta^2} \tag{4-4}$$

2. 电学方法

电学方法相对比较容易实现，先将光电系统或惯性稳定的光机部分（稳定平台）放置在两轴角运动模拟转台上，在规定的振动条件下，直接测量陀螺失调角输出电压的大小，经滤波处理噪声后获得稳定误差。这种方法在系统调试过程中比较常用，利用系统内部的陀螺信号处理的增益等参数计算得出误差，存在引入其他误差的可能。作为一种间接方法，还可在线振动台上对光电系统稳定能力进行验证。将环境模拟的角运动模拟转台换为线振动台，光电系统或惯性稳定的光机部分（稳定平台）放置在台上，在振动条件下测试稳定性能，如图 4-18 所示。

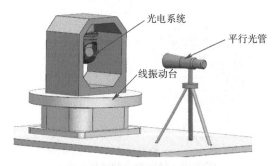

图 4-18　线振动试验测试配置图

电学方法需要获得载体飞行条件下光电系统安装位置上的真实振动谱线，而获得真实谱线并形成标准测试要求比较困难，因此一般不作为考核光电系统或惯性稳定的光机部分（稳定平台）稳定性能的评价标准，只在研发过程中调试控制率和摸底测试时使用。实际试飞条件下的稳定精度评估，由于受外界因素影响较大，不容易区分出载体的平动、振动、角运动对图像序列的相互影响，因此在实际考核中很少应用。随着技术的进步，光电系统的作用距离越来越远，传感器分辨率越来越高，对稳定精度的要求也越来越高，如从 0.02 mrad 提升到 0.005 mrad，这些对测试环境的要求也进一步提高，相应的测试设备也需要进一步升级改进。

4.2.2.2　跟踪精度及其测量方法

跟踪精度是光电系统的重要指标，也是激光指示精度、照射精度、目标定位精度等指标的基础。对目标的跟踪有多种方式，如手动跟踪、地理坐标跟踪、惯性跟踪、图像跟踪等。光电系统总体指标提出的高精度跟踪要求，一般是视频图像跟踪。系统总体的跟踪精度包含因结构刚度不足产生的光轴摆动（振动和温度变化都可能会引起光学部件的偏心、倾斜），还包含光学传感器中心与光轴中心存在的不能完全消除的固定偏差；前者是随机值，通过增加结构刚度可以控制，一般忽略不计，而后者是固定偏差，需要通过补偿消除。

跟踪精度是光电系统的光轴指向与光电系统回转中心、目标中心的连线在空间上的偏差角，这种描述反映了系统跟踪中的总误差，主要通过对传感器获得的图像进行处理获取。假设光轴的随机误差忽略不计，即光轴与传感器中心重合，则目标中心点在图像上相对图像中心点的偏差就是跟踪误差。

跟踪精度的单位可用角度表示，单位为角秒（″）或毫弧（mrad），也可用像素数表述；当光学系统的角分辨率确定，则二者具有对应关系。跟踪精度一般包含偏航和俯仰两个方向的分量，即

$$\xi = \sqrt{\xi_Z^2 + \xi_H^2} \qquad (4\text{-}5)$$

式中，ξ 为光电系统的稳定精度；ξ_Z 为偏航方向上的跟踪精度；ξ_H 为俯仰方向上的跟踪精度。

跟踪精度的测量考核分为实验室测量和实际环境测量两种方式，具体测试方法如下所述。

1. 实验室测量方式

实验室测量时将光电系统安装在五轴仿真转台上，使光电系统的回转中心与五轴转台的转动中心重合，在光学传感器的小视场模式下操控光电系统，瞄准模拟目标的中心并进入稳定跟踪状态，试验配置如图 4-19 所示。启动五轴转台相对运动，按照要求加速到规定的相对运动角速度值并保持一段时间，记录视频图像，通过专用设备分析即可得出跟踪精度的具体量值，一般需要重复测试并取平均值。

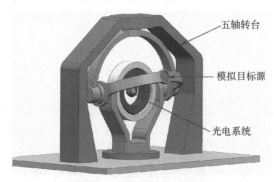

图 4-19　跟踪精度测试配置图

2. 实际环境测量方式

机载光电系统跟踪精度测试可以通过实际飞行进行验证,对空和对地的方法基本一致,具体方法在每一型产品试飞要求中均有详细规定。实际环境测量方式的基本过程为:选择确定的目标或目标机,使其按照规定的要求进行运动,光电产品安装在试飞载机上对目标进行跟踪,按照规定的时间和重复次数进行试验飞行,通过机上记录设备记录下各种规定条件下的跟踪视频图像,经过地面专用图像处理设备分析出有效图像序列的偏差值,并经数据处理得到最终的跟踪精度结果。值得注意的是,在对跟踪精度的测试中不建议在组合的极限条件下进行评估,否则容易给出不正确的结论。例如,在极限作用距离条件下,探测本身就是一个概率事件,跟踪稳定性较差,据此得到的跟踪精度不能真实反映产品的性能。

实验室测量和实际环境测量方式本质上是相同的,是两个不同的阶段。由于在外场实际动态环境下条件和时间的限制,跟踪性能的评估一般选取典型的样本,而综合因素的作用如光线(光照强度、能见度等)、振动环境等是实验室环境无法模拟的。实验室测试评估的优点在于测试设备的各项指标精准量化,测试环境可以模拟出更多的动态条件和边界条件。

4.2.3　机载光电瞄准吊舱的光轴校准

光电瞄准吊舱通常由激光照射器和红外热像仪、电视摄像机、稳定跟踪平台等设备组成,是航空武器实施精确打击的主要设备,其性能优劣直接影响武器的命中率和飞机作战能力。瞄准吊舱的校准通常在实验室完成,而飞机在飞行状态中由于温度梯度的变化、飞机振动冲击的影响、冲压空气的影响,使得原来校准好的系统又发生变化,可能使各光学设备光轴之间的平行性遭到破坏,导致瞄准视轴和激光器光轴发生偏移,直接影响激光的指示准确度。昼夜型瞄准吊舱是集红外、电视、激光于一体的机载光电探测系统,其中光学分系统通常由双视场变倍望远系统、红外消旋系统、折转镜组、光学会聚镜组等组成,典型的瞄准吊舱光学系统组成见图 4-20。光学分系统可对目标发出的红外辐射和太阳照射地面景物的漫反射可见光进行汇聚、放大、成像,对激光发射光束进行准直、对经目标漫反射的激光回波光束进行接收聚焦,是实现吊舱系统功能和性能的关键分系统。

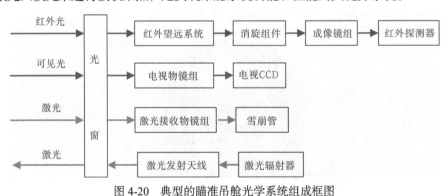

图 4-20　典型的瞄准吊舱光学系统组成框图

典型的光电瞄准吊舱光路总体布局如图 4-21 所示，红外、激光发射、电视/激光接收三条光路分开，其中激光接收与电视采用共光路再通过棱镜分光的设计，达到激光与电视的分光作用；与光路布局一致，头罩上设计有两个光窗，激光和电视合用一个光窗，红外单独一个光窗。从吊舱光路布局可以看出，红外和激光发射光路通过折转反射镜和平台内的随动反射镜进行光路折转，在使用和修理过程中由于内部机械结构的轻微变化，必然导致内部光学系统的光轴发生变化，难以达到要求的光学精度，因此瞄准吊舱维修时需要地面测试设备如三光轴检测仪、综合控制台等，用于对红外、电视、激光光轴之间的偏差进行检测校准。

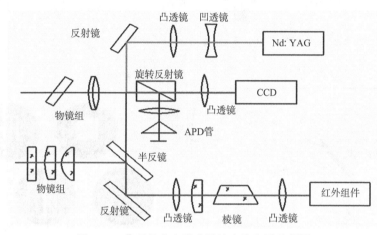

图 4-21　典型的光电瞄准吊舱光路布局示意图

三光轴检测仪由可变温差目标发生器（由高精度面源黑体和靶标运动系统组成）、光学准直仪、光学平台、光路校准仪、方位调整机构、俯仰调整机构、地脚等组成。三光轴检测仪能产生大口径的红外和可见光全波段的平行光，同时具有可变光阑，能调节目标源的大小和强度。如图 4-22 所示，上图为三光轴检测仪光学平台的平面布置，左下为光学准直仪原理，右下为红外标准靶标图案。①光学平台由导轨、靶标系统安装板、红外成像系统安装支座、平行光管龙门架和平行光管等组成，用于测试系统的安装调试，寻找准直仪的焦点，通过控制系统实现靶标系统的切换，并确定靶标转轮的摆放位置，使系统实现无穷远目标的模拟。②可变温差目标发生器由一系列的靶板、可转动靶盘、面源黑体、电子控制箱（可变温差控制器和靶标转轮控制器）组成，是测试系统的核心部分，可以对目标/背景温差进行精确控制，该温差辐射经准直仪投射于红外系统，在红外系统产生一个具有热对比度的靶标图案，热对比度可以通过改变温差来调整。靶板转盘上安装 5 种标准靶标，其中大方孔靶标用于噪声等效温差 NETD 测量，四杆靶标用于最小可分辨温差 MRTD 测量，圆孔靶标用于最小可探测温差 MDTD 测量，狭缝靶标用于调制传递函数 MTF 测量，半月形靶标用于信号传递函数 SiTF 测量。靶盘上埋有一个温度传感器，用来测试背景温度。不同空间频率的靶标分布在数个靶板上，以便靶盘转动时所需的靶标可位于视场中央。测试时手动或用计算机控制，使所需形状和空间频率的靶标位于与红外成像系统光轴同轴的准直仪光轴上。面源黑体通过内置温差传感器自动控制背景与黑体的温差值，控制器经过计算后自动调节热源温度使其达到设定值。同

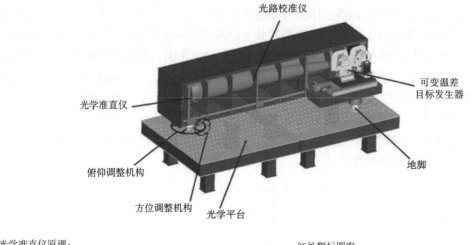

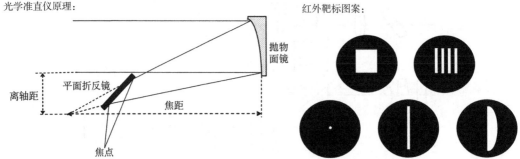

图 4-22　光学平台布置、光学准直仪原理及红外靶标图案

时，热源发出的红外辐射经过反射镜反射后，由辐射孔射出，经过靶板形成热图，进入平行光管供测试使用。③光学准直仪是整个测试系统的主要部件之一，为各项测试提供一个目标近似无穷远的平行光束。准直仪由两个反射镜构成，主镜为离轴抛物面反射镜，次镜为平面反射镜。离轴抛物面反射镜的优点是没有色像差和球差，目标可以放在系统的焦点上，产生的光束是清晰无遮挡的准直光束；次镜主要用途是折转光路减小准直系统的轴向尺寸。两块反射镜的反射面均镀有高效反射膜，以提高反射效率，整个系统的反射率优于 95%。④地脚可调节，结合方位调整机构和俯仰调整机构用来调整三光轴检测仪的高低及方位、俯仰变化，使检测仪出射的平行光与被测系统的光轴平行，从而完成对准。通过手动旋转方位调整机构两侧面的小手轮，可以进行检测仪的方位调整；通过手动旋转俯仰调整机构大手轮，可以进行检测仪的俯仰调整。

　　利用系统综合控制台给光电瞄准吊舱上电，控制吊舱进入伺服状态，然后将三光轴检测仪放在光电吊舱头部光窗前，调节检测仪支脚，目视观察检测仪红外光窗、激光电视光窗分别与被检吊舱红外光窗、激光电视光窗基本对准，完成三光轴检测仪与光电吊舱光窗的对准调节。在吊舱处于正常工作模式机械锁定状态下进入系统维护模式，此时通过系统综合控制台和三光轴检测仪可分别对吊舱红外、电视的方位和俯仰进行调节。利用三光轴检测仪将综合控制台视频采集与显示中的红外十字中心调至激光光轴的圆心，并调整激光辐射器中的光楔，使激光光斑落在移动后的红外十字中心，完成红外与激光光轴的校准；同样，利用三光轴检测仪分别对红外和电视方位及俯仰进行调节，使综合控制台视频采集与显示中的电视十字分划落在移动后的红外十字中心，从而完成红外与电视光轴的校准。

文献[6]设计了一套可运输、可移动的现场校准装置，能在外场实现机载状态下瞄准视轴和激光器的光轴平行性测量校准。动态照射准确度现场校准装置由大口径平行光管、平行光管调整台、模拟跟踪台（动态模拟机载激光照射状态）、激光能量计和图像采集、数据处理及显示系统构成，其工作原理是先对平行光管进行自校准，然后利用校准好的平行光管对激光光轴与可见光光轴的平行性进行校准。①平行光管自校准。已经调校好的大口径平行光管经过运输到达待测现场后，相关组件的位置可能会发生微小的偏移，从而造成原来调校好的光轴基准发生偏移，因此在现场测试前必须对大口径平行光管的光轴是否发生偏移进行确认。如果发生偏移，必须在现场对光轴基准进行再次调校。平行光管的自校准依靠自校准部件完成，自校准部件能够保证平行光管在位置移动或者温度变化后，随时对发生偏移的元部件进行校准。平行光管的自校准分为径向自校准和焦深自校准两步。②激光光轴与可见光光轴平行性校准。移入移动式反射镜，使激光照射器发出的激光经转换部件转换成可见光，然后以点光源的形式辐射，利用基准 CCD 调节激光照射器，使激光的光轴与平行光管的光轴重合；同时，可见光经平行光管发散成平行光束输出，并成像于可见光 CCD 上。如图 4-23 所示，激光照射器发出的激光经平行光管会聚于 1.064 μm 激光波长与可见光波长转换部件上，经转换部件转换后的可见光经平行光管发散成平行光束输出；若光斑的重心与可见光 CCD 的靶面中心重合，则激光照射器与可见光 CCD 的光轴平行；若光斑的重心不在可见光 CCD 的靶面中心，则激光照射器与可见光 CCD 的光轴不平行；通过图像采集、数据处理及显示系统，可计算出光轴的偏移量大小和偏移角度。

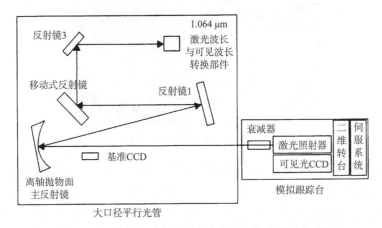

图 4-23　机载激光动态照射准确度现场校准装置光路图

4.2.4　激光测距仪与红外热像仪的校准

4.2.4.1　激光测距仪校准方法

脉冲激光测距仪的参数主要包括最大测程、最小测程（盲区）、测距精度（测距准确度）、重复频率和束散角，必要时进行距离选通和距离分辨力评价。①最大测程。其定义为脉冲激光测距仪在规定的环境和准测率等条件下，对规定目标能够测到的最远距离。②最小测程（盲区）。其定义为脉冲激光测距仪在规定的环境和准测率等条件下，对规定目标测距时能够测到的最近距离。③测距精度（测距准确度）。其定义为脉冲激光测距仪测到的目标距离与标定的目标距离的相对误差分布。测距精度是激光测距仪多个测距点上测距误差的综合描述，多个测距点应包含最小测程与最大测程。④重复频率。其定义为单位时间内脉冲激光测距仪完成的测距次数。⑤束散角。其定义为光束横截面直径方向上相对两特定点对光束出射口的张角。⑥距离分辨力。其定义为脉冲激光测距仪在光束传播方向上能够区分两个目标的最小目标距离间隔。⑦距离选通。其定义为在战术技术指标规定的最小选通距离和距离分辨力范围内，脉冲激光测距仪对静态目标测距时应具有选择其他目标测距的功能和范围。

　　脉冲激光测距仪的各项参数均可在基线场进行测试，但基线场测试受天气因素影响很大，测程大时很难找到合适的测试目标和无阻挡测试空间。文献[7]提出并建立了基于时间延迟校准方案的脉冲激光测距仪参数校准装置及其计量标准，如图4-24所示。使用高精度的时间延迟乘以光速来校准测距仪的测距值，由高速光电转换器件同步获得激光发射脉冲的电信号，延时器打开，经延时时间 t 后控制激光发生器发射波长 1.06 μm 的半导体激光模拟回波脉冲，激光测距仪接收到该模拟光脉冲后，关闭电子门，即可得出对应的距离。

图 4-24　典型的激光测距仪参数校准装置

　　用于激光测距仪评价参数的校准子装置较多，例如：①距离选通/距离分辨力的校准子装置，距离选通主要考察两个目标信号分别输入到激光测距仪的接收轴，测距仪能否根据距离选通值确定测距结果；②重复频率的校准子装置，利用光电转换器件将光信号转换为电信号，电信号接至标准频率计进行频率校准；③激光束散角的校准子装置，采用图像法校准激光测距仪的束散角。下面重点介绍最大测程校准子装置，测距精度、最小测程（盲区）的校准子装置，以及激光测距仪三轴一致性的测试方法。

1. 最大测程校准子装置（室外校准法）

　　有关最大测程的测量，除了使用最大测程的地标进行室外实际距离的直接测量外，可以采用模拟测试的方法测得最大测程消光比，分别和测距仪战术条件下消光比进行比较，分析是否达到了最大测程的标称值。该方法为室外测量，测试系统由测试台、衰减装置、全套标准衰减片和测试标准靶组成，如图 4-25 所示。测量时将被测激光测距仪设置于最大增益状态，测试靶安装在测试位置，即激光测距仪发射端 500 m 处。

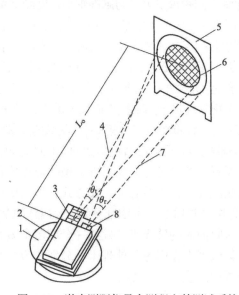

图 4-25 激光测距仪最大测程室外测试系统
1-测试台; 2-激光测距仪; 3-衰减装置; 4-发射光路; 5-模拟测试标准靶; 6-激光照射面积; 7-接收光路; 8-接收物镜

2. 测距精度、最小测程（盲区）的校准子装置

测距仪的盲区大小受时序增益控制电路影响，为避免近距离强大气散射使放大器饱和（堵塞），在发射激光的起始一段时间内放大器增益趋于零。为此，使用激光测距仪校准装置，适当改变延迟时间，直至激光测距仪计数电路有标称精度范围内的距离计数，对应距离数即盲区距离值。盲区的校准与测距精度的校准原理如图 4-26 所示。首先设置延时脉冲发生器的延时距离与盲区标称值（或某一测距值）对应，激光测距仪发出激光脉冲后，经光电转换器转换为电信号，触发延时脉冲发生器和时间间隔计数器。延时完成后，延时脉冲发生器发出信号触发回波模拟器和时间间隔计数器，回波模拟器发出回波模拟信号，由测距仪接收并显示测距结果，时间间隔计数器对这一延时时间进行精确标定并转换为距离值。该值与测距仪测距结果比较，如果在测距精度范围内，则盲区达到了标称值；如果测距仪没有显示结果或显示结果不正确，说明达不到标称值。

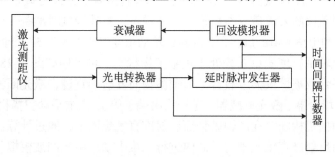

图 4-26 激光测距仪测距精度与盲区校准原理框图

3. 激光测距仪三轴一致性测试

1）激光发射轴与瞄准轴的平行性测试

试验准备时,调整脉冲激光测距仪发射轴与瞄准轴平行度测试系统处于正常工作状态。可采用如图 4-27 所示的测试系统,包括光学平台及被试仪器承载台、离轴抛物面反射准直镜、光斑接收器、激光光斑图像 CCD 采集系统、五棱镜、光电自准直望远镜、计算机等。其中,离轴抛物面反射准直镜架设在光学平台上,光斑接收器固定在离轴抛物面发射准直镜的焦面上,并刻有便于脉冲激光测距仪瞄准的十字分划,且可以安装用于接收激光的感光纸。激光光斑图像 CCD 采集系统置于离轴抛物面反射准直镜的平行光路中,光斑接收器的十字瞄准分划成像在 CCD 上,计算机可以采集 CCD 获取的图像,五棱镜用于光路折转,光电自准直望远镜用于将离轴抛物面反射准直镜焦面的光斑图像再次准直。

测试时,将光斑接收器置于离轴抛物面反射准直镜的焦点位置,用计算机采集十字分划的图像。把脉冲激光测距仪设置为单脉冲工作方式,稳定架设于离轴抛物面发射准直镜的平行光路中,瞄准光斑接收器的十字瞄准分划,遮挡脉冲激光测距仪的接收窗口。在光斑接收器上安装用于接收激光的感光纸。发射一个或多个激光脉冲,在感光纸上形成明显焦斑,用计算器采集激光光斑图像。处理十字分划和激光光斑图像,获取光斑能量中心十字分划中心的位置偏差值 $\Delta x_发$ 和 $\Delta y_发$。

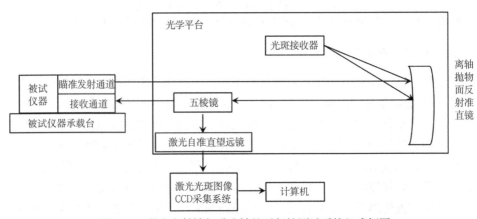

图 4-27　激光发射轴与瞄准轴的平行性测试系统组成框图

2）激光瞄准轴与接收轴的平行性测试

试验准备时,在距被试仪器 1000 m 或技术文件规定的距离处设置 T 形靶,靶的尺寸可根据激光测距仪的束散角等参数进行尺寸规定。室外测试时准备一台水平和高低方向均可微调并能测出角度值的旋转台,旋转台转动角度误差不大于 5″。调整脉冲激光测距仪瞄准轴与接收轴平行度测试系统处于正常工作状态。可采用如图 4-28 所示的测试系统,包括光学平台及被试仪器承载台,离轴抛物面发射准直镜,激光回波模拟装置(含光纤、光纤输入耦合器、激光衰减器、光纤输出端子等),二维平动扫描机构,计算机等。

二维平动扫描机构固定在离轴抛物面反射准直镜焦面上,通过计算机控制可以在垂直于离轴抛物面反射准直镜光轴的平面内进行二维平动。激光回波模拟装置包括长度在500 m 以上的多模光纤、光纤输入耦合器、激光衰减器和光纤输出端子。光纤输入耦合器架设在离轴抛物面发射准直镜的平行光路中，光纤输出端子固定在二维平动扫描机构上，其端点在离轴抛物面反射准直镜的焦面上。脉冲激光测距仪发射的激光通过激光衰减器进入光纤输入耦合器，再通过光纤传输后从光纤输出端子射出，经过离轴抛物面发射准直镜准直后形成远距离点目标回波。

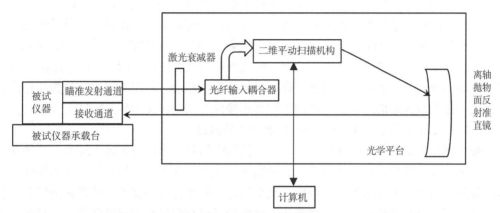

图 4-28　激光瞄准轴与接收轴的平行性测试系统组成框图

试验实施分为野外试验法和室内测试法。①野外试验法：将被试仪器置于旋转台上，转动旋转台，使被试仪器瞄准分划位于 T 形靶竖杆一半高度处。将被试仪器瞄准点由左向右逐渐移近 T 形靶竖杆，每移动一个微量角度（5″）后，对 T 形靶测距 10 次，直至某一位置 10 次测距均正确时，停止测距，记下此时角度值 θ_{x1}。移动被试仪器瞄准点由右向左按上述方法测出被试仪器另一边缘的角度值 θ_{x2}。将被试仪器瞄准 T 形靶横杆距中心一半长度处，分别测出垂直方向上的两个值 θ_{x1} 和 θ_{x2}。②室内测试法：将激光衰减器和光纤输入耦合器对准被试仪器的激光发射通道。将光纤输出端子置于离轴抛物面反射准直镜的焦点位置。在被试仪器称重台上稳定架设被试仪器，通过离轴抛物面反射准直镜瞄准光纤输出端子；将被试仪器设置为单脉冲工作方式，设置选通距离为最小值。发射多个激光脉冲，被试仪器距离值与光纤长度须对应，此时光纤输出端子在被试仪器接收视场内。控制二维扫描机构使光纤输出端子在垂直光轴的平面内沿着一个方向移动一段距离，再发射多个激光脉冲，直至被试仪器每次都显示无回波，反向移动较小的距离。重复上述过程，调整到被试仪器能部分测得距离值，部分显示无回波。当回波率达到被试仪器的回波率要求时，以被试仪器瞄准分划中心为坐标原点，水平向为 X 轴，垂直向为 Y 轴，确定并记录该点的坐标。使光纤输出端子回到坐标原点，改变移动方向，重复上述过程，获得不少于 4 个接收视场边缘点，拟合出上述各点的圆心 $\Delta x_{接}$ 和 $\Delta y_{接}$。

4.2.4.2　红外热像仪参数校准方法

红外热像仪利用红外探测器、光学成像物镜和光机扫描系统，接收被测目标的红外辐射能量分布图形。下面，介绍红外热像仪的主要性能参数、参数测量装置及校准方法。

1. 红外热像仪的参数

信号传递函数（SiTF）。其定义为红外热像仪的输入信号与其输出信号之间的函数关系，具体指在增益、亮度、灰度指数和直流恢复控制给定时，系统的光亮度（或电压）输出对标准测量靶标中靶标/背景温差输入的函数关系。输入信号一般规定为靶标与其均匀背景之间的温差，输出信号可规定为红外热像仪监视器上靶标图像的对数亮度，一般规定为红外热像仪输出电压。

噪声等效温差（NETD）。通常定义为红外热像仪观察试验靶标时，基准电子滤波器输出端产生的峰值信号与均方根噪声之比为 1 的试验靶标上，黑体目标与背景的温差。

调制传递函数（MTF）。其定义为对标称无限的周期性正弦空间亮度分布的响应。对一个光强在空间按正弦分布的输入信号，经红外热像仪输出仍是同一空间频率的正弦信号，但是输出的正弦信号对比度会下降，且相位发生移动。对比度降低的倍数及相位移动的大小是空间频率的函数，分别称为红外热像仪的调制传递函数（MTF）和相位传递函数（PTF），表征了红外热像仪空间分辨能力的高低。

最小可分辨温差（MRTD）。是一个作为景物空间频率函数的表征系统温差分辨率的量度。MRTD 的测量图案为 4 条带，带的高度为宽度的 7 倍，目标与背景均为黑体。由红外热像仪对某一组 4 条带图案成像，调节目标相对于背景的温差，从零逐渐增大，直到在显示屏上刚能分辨出条带图案为止，此时的目标与背景间的温差就是该组目标基本空间频率下的最小可分辨温差。分别对不同基频的 4 条带重复上述过程，可得到以空间频率为自变量的 MRTD 曲线。

最小可探测温差（MDTD）。MDTD 仍采用 MRTD 的观测方式，由在显示屏上刚能分辨出目标对背景的温差来定义。但 MDTD 测量采用的标准图案是位于均匀背景中的单个方形或圆形目标，对于不同尺寸的靶测出相应的 MDTD。因此，MDTD 与 MRTD 相同之处是二者既反映了红外热像仪的热灵敏性，也反映了红外热像仪的空间分辨率；不同之处是 MRTD 是空间频率的函数，而 MDTD 是目标尺寸的函数。

动态范围。对于红外热像仪的输出，动态范围是不至于因饱和、噪声而产生令人不能接受的信息损失时所接收的输入信号值的范围。

均匀性。其定义为在红外热像仪视场（FOV）内，对于均匀景物输入的红外热像仪输出的均匀特性。

畸变。是在 FOV 内放大率的变化对轴上放大率的百分比。

一般情况下，通过测量上述 SiTF、NETD、MTF、MDTD 和 MRTD 等参数，可对红外热像仪进行较为全面的评价。

2. 红外热像仪参数测量装置

主要包括准直辐射系统、单色仪、光电测量平台、被测红外热像仪承载平台、信噪比测量仪、帧采样器、微光度计、读数显微镜、计算机及测量软件等，其中准直辐射系统由温差目标发生器及准直光管组成。红外热像仪参数测量装置的组成及功能模块如图 4-29 所示。

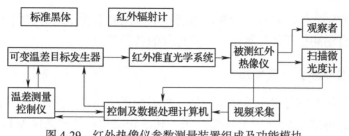

图 4-29　红外热像仪参数测量装置组成及功能模块

标准准直辐射系统的功能是给被测红外热像仪提供多种图案的目标，准直辐射系统一般分为单黑体和双黑体准直辐射系统两种类型。采用单黑体的准直辐射系统，又称辐射靶系统，其组成如图 4-30 左图所示；工作时辐射靶本身的温度始终处于被监控状态，当靶标温度改变时黑体本身温度随之相应改变，使预先设定的温度 ΔT 保持恒定。双黑体准直辐射系统又称反射靶系统，其组成如图 4-30 右图所示。反射靶与辐射靶的主要区别是反射靶表面具有高反射率，通过第二个黑体使辐射背景温度得到精确的设定和控制，采用背景辐射黑体有效减少反射靶面的温度梯度。测量靶包括一系列各种空间频率的 4 条靶、中间带圆孔的十字形靶、方形及圆形的窗口靶、针孔靶、狭缝靶等，以实现红外热像仪各种参数的测量。

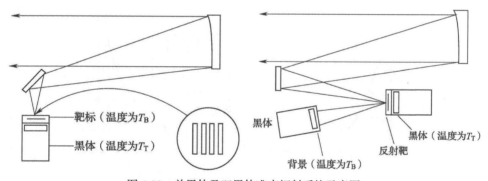

图 4-30　单黑体及双黑体准直辐射系统示意图

单色仪与温差目标发生器组合，可为被测量红外热像仪提供窄光谱红外辐射，以完成被测量红外热像仪的光谱响应参数测量。承载被测量红外热像仪转台的主要功能是通过转动精确调节被测量红外热像仪光轴对准准直光管的光轴，同时还可利用转台进行红外热像仪视场大小的测量。光学测量平台承载整个红外热像仪测量系统，提供一个水平防震的设备安装平台。信噪比测量仪由基准电子滤波器、均方根噪声电压表、数字电压表等仪器组成，通过测量在一定输入下的信噪比，从而计算出被测量红外热像仪的噪声等效温差和噪声等效测量密度。在红外热像仪的测量过程中，通过帧采样器与被测量红外热像仪接口，帧采样器对被测量红外热像仪视频输出采样、数字化，然后传输到计算机进行数据处理与分析，可测量出红外热像仪的噪声等效温差、线扩展函数（LSF）、调制传输函数、信号传递函数、亮度均匀性、光谱响应及 MRTD、MDTD 等参数。利用微光度计可测量红外热像仪显示器上特定靶图所成像的亮度大小及分布，完成 NETD、SiTF、MTF 等参数的测量。读数显微镜测量红外热像仪显示器上对特定靶图案所成像的尺寸大小，完成畸变性能测量。计算机系统提取每次测量所得到的被测红外热像仪的输出信息，通过自动测量软件计算出红外热像仪的各种参数。

3. 红外热像仪参数测量方法

以红外热像仪调制传递函数测量为例，根据测得的 SiTF 曲线找出被测红外热像仪的线性工作区，再进行 MTF 参数测量。采用狭缝靶测量红外热像仪 MTF 的步骤如下：将红外热像仪的"增益"和"电平"控制设为 SiTF 线性区的相应值，靶标温度调到 SiTF 线性区中间的对应位置。将狭缝靶置于准直光管焦平面上，调整其投影像位于被测红外热像仪视场内规定区域，并使图像清晰。对被测红外热像仪输出狭缝图案采样，由微光度计对显示器上的亮度信号采样或由帧采集器对输出电信号采样得到系统的线扩展函数 LSF。关闭靶标辐射源，扫描背景图像并记录背景信号。两次扫描的信号相减，对所得结果进行快速傅里叶变换，求出光学传递函数，取其模得到被测量红外热像仪的 MTF。由于测量的结果包括靶标的 MTF、准直光管的 MTF、图像采样装置的 MTF 及被测量红外热像仪的 MTF，扣除前三项 MTF，并归一化后得到被测量红外热像仪的 MTF。对每一要求的取向（测量方向为狭缝垂直方向或 ±45° 方向）、区域、视场等，重复上述步骤以完成测量工作。图 4-31 左图为典型的 MTF 曲线。

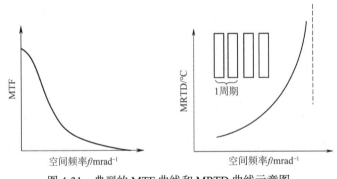

图 4-31　典型的 MTF 曲线和 MRTD 曲线示意图

关于红外热像仪最小可分辨温差的测量方法，可分为主观测量和客观测量。①MRTD 主观测量。测量装置标定用的仪器包括标准黑体（常温腔式黑体和中温腔式黑体）和辐射计。先用标准黑体对辐射计进行标定，然后用辐射计对红外热像仪 MRTD 测量装置的稳定度、均匀性和温差进行标定，并由此计算出仪器常数 φ。在测量红外热像仪 MRTD 时至少在 4 个空间频率 f_1、f_2、f_3、f_4（周每毫弧度）上进行，频率选择以能反映红外热像仪的工作要求为准。通常选择 $0.2f_0$、$0.5f_0$、$1.0f_0$、$1.2f_0$ 值，其中 f_0 为被测量红外热像仪的特征频率的 1/2（DAS），DAS 是红外热像仪探测器尺寸对其物镜的张角（mrad）。测量程序如下：首先把较低空间频率的标准四杆图案靶标置于准直光管焦平面上，并把温差调到高于规定值进行观察；调节红外热像仪，使靶标图像清晰成像；降低温差，继续观察，把目标黑体温度从背景温度以下调到背景温度以上，分辨黑白图样，记录当观察到每杆靶面积的 75% 和两杆靶间面积的 75% 时的温差，称之为热杆（白杆）温差；继续降低温差，直到冷杆（黑杆出现），记录并判断温差，判断时以 75%的观察者能分清图像为准。测量结果处理时，一般情况下对于每一种空间频率的图案都要在 3 个典型区域进行测量，在每一个区域除垂直方向外还要测量与之相对应的±45°取向的 MRTD。典型的 MRTD 曲线如图 4-31 右图所示。②MRTD 客观测量。在主观测量法中观察者响应存在分散性较大和占用时间较长等问题，近年来红外热像仪参数测量向客观即自动测量方向发展。MRTD 的客观测量法，一种是对红外热像仪显示器进行测量，称为光度法；另一种是利用视频帧采集卡对红外热像仪视频信号进行测量，称为 MTF 法。

参 考 文 献

[1]　高振声. 飞机设计手册 第 18 册: 武器系统设计[M]. 北京: 航空工业出版社, 2004
[2]　赵长辉, 段洪伟, 李波, 等.飞机校靶装置技术的发展[J]. 航空精密制造技术, 2017, 53(2): 46-51
[3]　杨宝华, 栾宗, 常杰. 某型飞机惯导底座校准方法研究[J]. 航空维修与工程, 2019, 4: 63-66
[4]　王合龙. 机载光电系统及其控制技术[M]. 北京: 航空工业出版社, 2016
[5]　吴国平. 基于修理状态下光电瞄准吊舱三光轴平行度测试技术的研究[J]. 航空维修与工程, 2018, 12: 57-59
[6]　蒋时航, 仇鹏飞, 葛睿, 等. 机载激光动态照射准确度现场校准方法研究[J]. 测控技术, 2013, 32(s): 406-408
[7]　北京长城计量测试技术研究所. 航空计量技术[M]. 北京: 航空工业出版社, 2013

第 5 章　机载设备计量校准

在航空装备领域，机载设备包括雷达、电子对抗、通信、导航、机电、飞控等设备，用于实现载机平台态势感知、目标识别和武器制导等诸多重要功能，直接关系到飞行任务的执行和作战任务的成败，在现代武器装备中发挥着越来越重要的作用。作为航空装备的重要组成部分，机载设备已成为评价装备先进程度的重要标志。

本章围绕机载设备的计量校准问题选择典型设备展开论述。5.1 节聚焦机载惯性导航系统，介绍惯性导航系统及其误差特性，讨论惯性导航系统的地面校准和空中校准方法；5.2 节聚焦机载大气数据系统，介绍大气数据系统及其误差特性，讨论大气数据系统的地面校准和空中校准方法。

5.1　机载惯性导航系统的计量校准

惯性是所有质量体的基本特征，基于惯性原理的惯性导航系统（简称惯导）利用惯性敏感元件在飞机、舰船、火箭等载体内部测量载体相对惯性空间的线运动和角运动参数，在给定的初始运动条件下，根据牛顿运动定律推算载体的瞬时速度和瞬时位置。惯导系统不需要外部信息，直接测量载体的加速度和角速度而不辐射任何能量，可在全球范围内、所有介质环境中以自主和隐蔽的方式实时利用载体的速度、位置、姿态角度等信息进行连续导航。下面首先简要介绍机载惯性导航系统，分析其误差特性，然后介绍惯性导航系统标定、初始对准及传递对准等计量校准技术[1-3]。

5.1.1　机载惯性导航系统及其误差特性

5.1.1.1　机载惯性导航系统简介

能够获取载体航向、姿态和位置等导航信息的技术手段很多，惯性技术是诸多方法中不依赖任何外部信息、不向外部辐射能量的自主式技术，其自主、隐蔽、全天候和抗干扰的特性对于军事领域特别是航空领域具有极其重要的意义。惯性技术是根据牛顿力学原理，利用惯性传感器（陀螺和加速度计），通过导航算法实现载体航向、姿态和位置等导航信息测量的一门综合性技术。惯性导航集合了光学、数学、机械、控制和计算机等先进技术，早期的平台式导航系统是将惯性器件安装在物理平台上，陀螺仪可以感知该平台的角度变化，通过反馈控制系统使台面法向始终竖直向上，三个加速度计的敏感轴相对于惯性空间保持稳定，如图 5-1 所示。该导航系统可减少信号处理运算量，便于提取加速度信息，缺点是结构复杂、尺寸大。

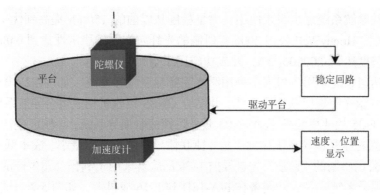

图 5-1　平台式惯导系统组成示意图

随着电子和计算机技术的发展，惯性稳定平台技术逐步转向无平台的捷联技术，捷联惯导系统结构简单、可靠性高，进一步拓宽了其在各个领域的应用。捷联式惯导系统直接安装在载体上，惯性器件的坐标轴与载体保持一致，陀螺仪测定载体相对于惯性空间的角度后反馈给计算机，利用计算机建立一个数字平台，作为加速度测量的坐标标准。捷联惯导系统省去了物理平台及平台控制装置，结构简单、体积小，但是将大量信息处理工作交给了计算机，计算量大幅增加。由于军用飞机的机载捷联惯导系统要在全球任何空域进行高精度三维空间长时间运行，因此成为难度最大、精度要求最高的惯导系统应用场合之一。从应用角度和精度级别划分，机载捷联惯导系统可以分为战术级、导航级和战略级，如表 5-1 所示。

表 5-1　机载捷联惯导系统等级划分

	战术级	导航级	战略级
定位误差	10~20 nmi/h	0.5~1 nmi/h	<30 m/h
陀螺零偏	0.1~10 (°)/h	0.001 ~0.05 (°)/h	0.0001 (°)/h
加速度计零偏	$10^{-4}\sim10^{-3}\ g$	$0.5\times10^{-4}\sim10^{-4}\ g$	$10^{-6}\ g$
应用领域	战术导弹、无人飞行器	通用航空器	洲际弹道导弹

作为惯性导航系统的核心部件，陀螺仪是一种角位移、角速度敏感器件，根据其输出的载体信息，运用姿态算法可以解算出姿态角等运动参数，从而为飞行器控制、载体姿态确定及精确导航定位提供保证。捷联惯导系统使用了"数学平台"代替物理平台，惯性测量器件直接固定在载体上，系统承受的各种运动与冲击直接作用于惯性测量器件上，因此对陀螺仪性能有着苛刻的要求。传统的机械陀螺在此条件下难以正常运行，直至光纤陀螺、激光陀螺等光学陀螺技术逐渐成熟，捷联惯导的可靠性才有了较大提升。1897 年英国物理学家 Oliver Lodge 最早提出光学陀螺仪的概念，1913 年法国研究者论证将 Sagnac 效应作为光学陀螺仪的工作原理。激光陀螺仪的测量精度高，但需要严格的气体密封，组成部件需要精密加工和复杂工艺装配。光纤陀螺不存在激光陀螺的闭锁效应和易受复杂物理现象限制等问题，具有动态范围宽、瞬时响应灵敏、可承受较大过载、寿命长和结构简单等优点，在高精度导航领域逐渐发展起来。20 世纪 90 年代后，国外

光纤陀螺惯性导航系统逐步投入使用，测量精度从以前的 15(°)/h 提高到优于 0.001(°)/h 的数量级。美国 HoneyWell 公司 2006 年研制的光纤陀螺零偏稳定性达到 0.0002(°)/h，角度随机游走精度达到 0.00006(°)/h，并成功应用于空间领域。

西方发达国家的军用飞机大多采用激光陀螺捷联惯导系统，如 F-22 战斗机采用了 LN-100G 双套激光陀螺捷联惯导系统，并结合 GNSS 接收机构成组合导航系统，如图 5-2 左图所示；F-35 战斗机装备了 H-764G 激光陀螺捷联惯导系统，导航定位精度达 0.8 海里/小时。与激光捷联惯导系统相比，光纤捷联惯导系统具有质量小、成本低和寿命长等优势。诺·格公司研制的"蓝盾"先进导航/瞄准吊舱就采用了利顿公司生产的 LN-200 光纤陀螺捷联惯导系统，并成功装备在 F/A-18D 和 F-16 战机上，如图 5-2 右图所示。

图 5-2　典型的激光陀螺捷联惯导及光纤陀螺捷联惯导系统

军用飞机超音速巡航、高机动性及高可靠性需求，对机载捷联惯导系统提出了更高的要求。虽然国外发布的航空标准惯导精度指标为 0.8 海里/小时，但典型的机载激光捷联惯导 LN-100G、H-764G 等导航系统精度实际达到 0.2 海里/小时。受限于空间、成本、维护等因素，也要考虑将惯导系统与其他导航系统组合以提高系统精度和可靠性，多传感器信息融合是新一代机载系统的主要导航方式。例如 SINS/GNSS 组合导航系统将两者优点结合起来（图 5-3），可以提供连续、高带宽和高精度的导航定位，GNSS 能够抑制惯性导航误差随时间的漂移，SINS 可对 GNSS 结果进行平滑从而消除信号可能出现中断的情况。

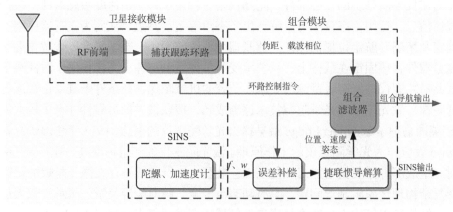

图 5-3　典型的 SINS/GNSS 组合导航系统结构图

5.1.1.2　机载惯性导航系统的误差特性

捷联式惯性导航系统的误差主要包含元件误差、失准角误差、初始条件误差、干扰误差、计算误差等，如图 5-4 所示。元件误差主要包括惯性传感器（如光纤陀螺和石英挠性加速度计）的零偏、标度因数误差。失准角误差是指惯性器件输入轴和理想安装基准面法线之间的夹角引起的误差。初始条件误差是捷联惯导的初始对准误差，初始对准是捷联惯导系统获取导航信息初值的步骤，初始导航信息的误差将伴随整个导航过程，因此必须精确地获得初始导航信息。干扰误差主要包括冲击、振动、电磁干扰等带来的误差。计算误差是导航计算机进行导航解算时引入的量化误差、舍入误差等。由于捷联式惯性导航系统采用"数学平台"进行解算，因此相对于平台式惯性导航系统的运算负担更大，对导航计算机的性能要求更高。

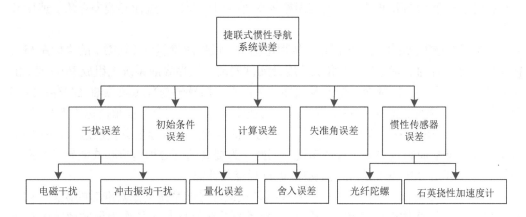

图 5-4　捷联式惯性导航系统的误差类别

捷联式惯性导航误差中的干扰误差和计算误差都有较为成熟的解决方案，可以采用加装减震装置、滤波去除、电磁屏蔽和导航计算优化等方法，所以影响导航系统精度的主要因素为惯性传感器误差、失准角误差和初始条件误差，其中惯性传感器误差是最主要的因素。下面，针对以光纤陀螺和石英挠性加速度计为惯性器件的捷联惯导系统，分析其元件误差、惯性测量组件失准角误差和初始条件误差。

（1）光纤陀螺误差。在捷联式惯性导航系统中，导航计算机利用光纤陀螺测得的载体角速度信息解算载体姿态矩阵，然后将加速度计测量的载体加速度信息经过姿态矩阵变换到导航坐标系下并进行积分运算，从而完成载体速度位置的计算。光纤陀螺的测量精度决定着解算姿态矩阵的准确性，最终影响导航精度。在惯性导航系统中，光纤陀螺的温度漂移、零偏（当惯性器件的输入为零时的输出值）、标度因数（惯性器件输出量与输入量的比值）变化、安装误差（描述惯性器件坐标系与载体坐标系关系的一组误差量）等引起陀螺漂移，进而对姿态角、速度和位置产生影响。对于干涉型光纤陀螺，当考虑安装 X 轴安装误差角失准角 $\delta G_i(i=x)$、标度因素误差 $\delta K_{G_i}(i=x)$、零偏 D_0、温度变化 D_T、磁场 M 以及随机误差 ε 等影响时，其输出可以表示为：

$$D = (K + \delta K_{Gx})\omega_x + D_0 + D_T T + D_{\dot{T}} \dot{T} + D_M M + K_{XY}\omega_Y + K_{XZ}\omega_Z + \varepsilon \tag{5-1}$$

式中，常值零偏、标度因素误差等确定性误差可以通过标定实验进行消除或补偿，对环境敏感性漂移误差如温度变化则需要采用实验或建立准确的数学模型。

（2）石英挠性加速度计误差。采用石英材料作为挠性支承部件的加速度计，克服了传统加速度计支承部件存在摩擦力的问题。石英材料的弹性模量低、热膨胀系数小，使石英挠性加速度计的分辨率和稳定性大幅提高，因此在惯性导航系统中应用广泛。石英挠性加速度计的测量值易受温度影响，具体表现为加速度计的输出包含随温度的漂移量，这是石英挠性加速度计的主要误差来源，必须采取措施抑制此类漂移。捷联式惯性导航系统通过加速度计测量载体运动的加速度，然后进行积分运算计算载体的速度和位置，加速度计的测量精度对导航精度十分重要。与光纤陀螺误差对导航精度的影响类似，石英挠性加速度计的温度漂移和安装误差等都可以引起漂移，进而影响姿态角、速度和位置。

（3）惯性测量组件失准角误差。从理论上讲，惯性测量组件（IMU）的坐标系与载体坐标系是重合的。将陀螺元件和加速度计元件安装到惯性导航系统上组成 IMU 时，由于元件的安装误差、机械加工误差及惯性传感器真实敏感轴与理想敏感轴之间存在的偏角，使得 IMU 各敏感轴向与系统解算所在的载体坐标系不重合，偏角被称为 IMU 失准角。由于失准角的存在，惯性器件对其他轴向上的角速度和加速度分量敏感，导致 IMU 测量精度降低从而影响惯导系统的精度。因此，为提高精度必须对捷联式惯导进行系统级标定，计算出 IMU 失准角和其他参数进行标定及补偿。

（4）初始条件误差。初始条件误差即捷联式惯性导航系统初始对准时的误差，初始对准目的是获得载体坐标系相对于导航坐标系的导航信息并将其作为导航解算的初始条件，对准精度将直接影响惯导系统的导航精度，需要兼顾准确性和快速性两个重要指标。传统的自主式静基座初始对准方式的对准时间很长，在实际使用中由于载体的运动也很难满足静基座条件。传递对准是一种动基座对准，在传递对准过程中系统导航运算所需的初始值由已经对准的主惯导提供，主惯导系统的惯性传感器精度至少比子惯导系统的精度高 1 个数量级，利用主、子惯导对同一导航参数输出值的差异，估计出子惯导的误差项并对子惯导进行修正。传递对准在满足对准精度的同时，所需的对准时间短于自主式静基座初始对准时间。

5.1.2 机载惯性导航系统的计量校准

5.1.2.1 捷联惯导的标定

为提升惯性器件的精度，硬件方面主要从基础材料、加工工艺等着手，研制高精度惯性器件；软件方面通过惯性器件误差建模和实验测试，利用误差补偿的方式提升惯性器件精度。随着惯性器件的发展，硬件开发成本高、周期长、风险大，从硬件方面提升惯性器件性能越来越困难，且提升精度有限，而软件补偿成为提升系统精度的有效途径。

标定技术是一种误差补偿技术，分为器件标定与系统标定。器件标定一般由生产商进行，用于确定陀螺仪与加速度计的性能，包括标度因数、零偏、零偏稳定性、温度与磁场性能等。系统标定是提升整个系统的导航精度，系统误差模型相对于单个器件的误差模型更为复杂。根据测试量的类型不同，标定方法主要有分立式标定、系统级标定及模观测法标定，下面分别作简要介绍。

分立式标定是以高精度三轴转台为基础的标定实验，通过测量加速度计与陀螺仪的数字量输出，建立与输入加速度和角速度的相对关系，以确定惯性器件误差参数。通常情况下输入的加速度与角速度需要通过高精度转台来获取，因此分立式标定对转台的依赖性高。分立式标定通常包括位置实验与角增量实验，位置实验属于静态实验，用于标定加速度计的标度因数、零偏、安装误差、二次项误差及陀螺零偏；角增量实验属于动态实验，用于标定陀螺标度因数与安装误差。①位置实验。在静态位置条件下，角速度激励来自于地球自转角速度，比力激励来自于重力加速度。根据位置数量的不同，分为六位置、十二位置、二十四位置以及四十八位置标定实验。以二十四位置实验为例，在初始位置中将惯导系统的三个轴依次指天、指地（共6组），每一组中将惯导系统绕天轴旋转、每次旋转90°，6组总共24个位置，故称为二十四位置实验。②角增量实验。由于位置实验中陀螺通过地球自转角速度激励，激励较小，无法准确辨析与激励大小有关的陀螺标度因数、安装误差，需要设计新的转台实验进行标定。标度因数可通过速率实验标定，使用转台提供不同的稳定旋转速率作为陀螺的角速率输入，将输入输出数据进行拟合，利用最小二乘法拟合直线斜率即为标度因数。速率实验标定的精度受转台速率稳定性的影响，角增量实验是针对速率实验的优化。

系统级标定首先测量导航解算参数，通过参数匹配的方式辨识系统误差参数。系统级标定量的选取具有多样性，各项误差参数相互耦合，标定路径设计与误差激励分析难度更大，同时由于系统级标定的卡尔曼滤波器维度较高，导致计算量较大。对于捷联惯导系统，常用的系统级标定是"转动+静止"组合的路径。在载体转动的情况下实时获取姿态信息较为困难，即使有转台作为参照也会存在数据难以同步的问题。因此，惯导系统通常无法实时获取姿态信息，只能使用位置或速度信息作为参考。为保证系统的可观测性，需要对载体系进行约束，约束方式主要有陀螺敏感轴约束载体系、加速度计敏感轴约束载体系、正交同步方式约束载体系。在误差处理方法上，最优估计法是从概率最优的方向出发，估计并抑制系统误差，实现信息融合，对于随机误差的处理比回路控制法更为精确，卡尔曼滤波便是最优估计法常用的手段。

模观测法标定通过观测惯性器件测量值的模，与输入的加速度与角速度模进行对比，以确定惯导误差参数。相对于分立式标定，模观测法不需要高精度转台；相对于系统级标定，模观测法路径设计更为容易，且无需进行烦琐的计算。但由于地球自转角速度较小，传统的模观测法通常无法对陀螺参数进行有效标定，实用性需要进一步改进提升。静态多位置模观测法对加速度计的所有参数及陀螺零偏进行标定，受限于地球自转角速度，陀螺标度因数误差与安装误差需要转动过程进行激励，可设计转动实验并采用重力矢量观测法对陀螺标度因数误差、安装误差进行标定。

5.1.2.2　捷联惯导的初始对准与传递对准

初始对准是捷联惯导系统的关键环节，按照导航基座的运动状态可分为静基座对准和动基座对准，按照是否需要外部信息可分为主动式对准和非主动式对准。传统的自主式初始对准方式对准时间较长，对惯导系统的器件精度要求高，难以满足武器系统随时准备发射的要求。传递对准是利用高精度主惯导输出的导航信息，通过数据融合算法对精度较低的子惯导进行参数修正。传递对准属于非主动式动基座对准，对惯性传感器的要求较低，对准速度相对一般自主式对准快得多，常用于弹上、无人机上捷联式惯性导航系统的对准。传递对准有粗对准和精对准两个过程。粗对准阶段，子惯导直接利用主惯导的姿态、速度、位置等导航信息进行初始装订，可以获得姿态矩阵的一个粗略估计值，但因为环境干扰及惯性器件零偏误差，重力加速度与地球自转角速度的测量值并不准确，仍需进行更精确的对准，称作精对准。传递对准滤波器利用主、子惯导系统获得的导航信息进行滤波计算，估计出子惯导的误差参数后并反馈回子惯导系统予以修正从而完成精对准，滤波计算常用卡尔曼滤波。子惯导的误差修正主要是主、子惯导间的失准角，从而将主惯导更为精确的导航参数通过坐标变换转换到子惯导上。

先进军用飞机对机载捷联惯导系统的精度和可靠性提出了很高要求，而机载捷联惯导系统初始对准误差是影响导航精度的主要误差源之一，直接影响机载捷联惯导系统单独导航及组合导航系统的精度。下面简要介绍地面初始对准、空中初始对准及空中传递对准。

1. 地面初始对准

飞机在地面静基座条件下，可利用机载加速度计和陀螺仪的测量信息进行自主式初始对准，不需要外界辅助。将陀螺仪和加速度计的输出值引入计算机，基于双矢量定姿的原理，通过矢量叉乘可获取两个坐标系之间的姿态关系即初始姿态角。陀螺仪和加速度计的误差与初始对准误差直接相关，所以机载捷联惯导系统自对准能力受到惯性器件精度的影响。此外，噪声干扰也对自主式初始对准产生较大影响，采用滤波技术可以有效消除初始对准噪声，得到准确的初始对准失准角。在地面静基座初始对准算法研究方面，要解决系统误差模型构建以及滤波算法等核心问题。

2. 空中初始对准

当执行紧急任务时，由于地面对准时间和精度有限，可以在地面快速对准的基础上在空中进行高精度对准。当机载捷联惯导系统在空中发生故障或初始化信息有误需要重新启动时，也必须尽快进行空中对准。空中对准技术须借助外部信息进行非自主式初始对准，常用的空中初始对准方法是利用其他机载传感器的输出信息进行组合对准，或利用机载主惯导的输出信息进行传递对准（主要针对子惯导系统）。

空中组合对准技术是将不同来源的传感器信息进行有机结合，实现被感知对象的最优描述。组合系统可以弥补各系统单独工作的不足，提高机载初始对准的精度和可靠性。如美国 Raytheon 公司将多信息融合理论应用在多功能拦截导弹的初始对准上，用雷达信息和 GNSS 信息辅助惯导系统进行空中对准，并进行了实际飞行测试及精度评估；美国海军水面作战中心为 SM-3 导弹开发了一种基于 GNSS/雷达/INS 的空中对准技术，采用了 GNSS/雷达/INS、雷达/INS、GNSS/INS 三种集成模式；英国研究了机载武器系统利用 INS/GNSS 进行空中对准和导航的方法。美军航母舰载机采用的空中对准技术为多普勒、大气数据、GNSS 等组合模式，利用多样化的机载传感器信息辅助惯导系统进行飞行对准。应用常规滤波算法进行机载多传感器辅助条件下的空中初始对准，要充分了解系统模型和噪声特性，但在实际空中对准时很难准确获取，进而影响滤波精度和稳定性。为此，国内外研究者提出了神经网络、支持向量机、遗传算法等人工智能技术以解决这类问题。考虑实际情况下会遇到特殊环境条件和随机不确定状况，还需进一步研究适用于机载环境的多信息辅助空中对准算法。

3. 空中传递对准

机载吊舱主要用于中高空复杂环境作战，完成侦察、瞄准、探测及捕获等任务，这些对机载吊舱传递对准的快速性、精确性、实时性和可靠性要求很高。为实现机载吊舱的高精度传递对准，除了提高机载主惯导系统的初始对准性能外，还要结合机载吊舱特点提高传递对准性能。受成本和体积的限制，机载吊舱上装备的捷联惯导系统精度和稳定性低于机载主惯导，即使经过了地面标定，在实际飞行过程中依然存在较大误差，影响机载吊舱传递对准的性能。另外，机载捷联惯导系统传递对准的环境复杂，对准性能除了受惯性器件本身精度和性能的影响外，还受到捷联惯导系统安装位置、杆臂长度、挠曲变形、基准信息传输延时等多方面因素的影响。因此，需要对这些干扰误差源进行参数辨识和估计补偿，以提高传递对准的精度。

机载捷联惯导系统传递对准技术需要利用飞机上已对准的主惯导系统作为信息源对子惯导系统进行传递对准。从传递对准的原理来看，提升机载吊舱传递对准精度与可靠性的方法，一是提高飞机机载主惯导系统的初始对准性能，二是提高机载吊舱的传递对准算法性能。

机载动基座传递对准的环境十分复杂，受各种运动干扰、挠曲变形及传输延时等影响，传递对准技术研究的关键是如何在复杂条件下缩短传递对准时间并提高对准精度，可靠地获得机载子惯导系统的初始姿态矩阵，以提高机载吊舱的快速反应和精确瞄准打击能力。与机载捷联惯导系统初始对准相比，传递对准还需要解决传递对准误差模型建立以及对准匹配模式选择等相关问题。

国内外对传递对准的研究覆盖了误差建模、可观测性分析、滤波算法、精度评估等相关方向，如美国提出了"速度+姿态"匹配传递对准方法并在机载武器中得到应用；使用机载武器发射实际数据对传递对准技术进行了研究，验证了武器装备搭载 GNSS/INS 组合系统的有效性；研究了"速度+角速度"匹配方法并在水平面内进行航向机动提高对准精度；针对 F-16 战斗机进行了传递对准实际飞行试验，利用快速传递对准算法可以在 10 秒内达到 1 毫弧度以下的姿态精度。国内也研究了机载捷联惯导系统对准问题，涉及地面对准、空中对准和传递对准等，如图 5-5 所示[2]。

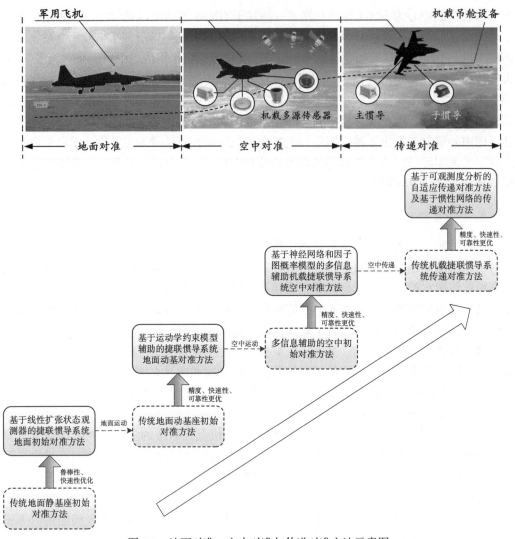

图 5-5　地面对准、空中对准与传递对准方法示意图

5.1.2.3　惯导系统的测试评估

美国空军 746 试验中队是专门从事惯性技术装备测试评估的部队，建有美国国防部中央惯性与 GPS 测试实验室（CIGTF），地处新墨西哥州的霍勒曼空军基地。1958 年美国科学咨询委员会建议美国空军建立惯性导航与制导实验室，1959 年正式成立中央惯性制导测试实验室（CIGTF）。随着美军开始研发 GPS，746 试验中队同步开展了 GPS 技术、GPS 与惯性系统组合导航技术的测试验证，CIGTF 中的 G 由 Gudiance 变为 GPS，实验室名称也变为中央惯性与 GPS 测试实验室。746 试验中队的主要职能是对机载惯性导航系统及惯性元件、GPS 和 GPS/INS 组合导航与制导系统提供专业的测试评估，开展行业规划研究、技术监督咨询和 GPS 平台组合分析，同时掌管美军各军种的 GPS 专业测试中心，支持 GPS 测试评估工作。

746 试验中队拥有实验室测试、跑车测试、机载测试甚至火箭撬测试等全面的测试评估手段，研究并采用先进的测试方法，以较低的经费与时间成本完成惯导系统的测试与评估工作。746 试验中队没有直接采用大量的试飞手段来测试惯导系统的性能，而是通过实验室仿真、转台测试、低动态跑车与试飞直至高动态特定飞行试验，动态环境从低到高、层层递进；在每个阶段发现的问题及时反馈给生产厂家进行修正，保证经过全面测试与评估的惯导系统在装机服役后基本不再发生问题。可以说，没有美军先进的惯性技术验证评估理念和手段，就没有其全球领先的惯性技术地位。下面简要介绍惯导系统的测试试验工作[4]。

1. 实验室测试设备

为了对高精度惯性元件（陀螺和加速度计）以及用于导航、制导、控制、定位和跟踪的导航系统进行测试和评估，746 试验中队建设了技术先进的惯性技术实验室，拥有先进的试验设备，例如具有温控功能的高精度三轴转台能够测试 $10^{-9}g$ 级别的加速度分辨率，还配置了半径为 120 英寸能够产生 $0.5\sim50\ g$（g 值稳定性在最坏情况下的稳定性优于 1 ppm）的精密离心机、振动台等仪器设备，如图 5-6 所示。

图 5-6 高精度试验设备

2. 地面跑车测试与飞行测试

746 试验中队对惯性、GPS 和组合导航系统在正常和恶劣环境下的地面测试及飞行测试，如图 5-7。地面跑车试验分为小型跑车试验（SVT）和大型跑车试验（LVT），能够提前预测器件在复杂飞行动态测试环境下的工作能力。飞行测试用来确定器件在典型飞行条件下的性能。746 试验中队拥有 C-12 运输机、AT-38B 战斗教练机、UH-1 直升机等不同种类载机，还可根据需求调用 F-15、F-16 等战斗机。

图 5-7 惯导系统的地面测试与飞行测试

　　为实现导航系统的跑车测试与飞行测试，746 试验中队专门建立了惯性与 GPS 测试基准系统，如图 5-8 所示，该系统为高精度时空信息参考系统，其三维位置和速度精度分别达到 0.35 m 和 0.01 m/s。系统具有机架式结构和完全可移动性，配置灵活，能根据测试需求安装到跑车或载机之上，为被测设备提供精确导航参考数据。该系统已成为测试评估美国国防部导航和制导系统的标准参考系统。

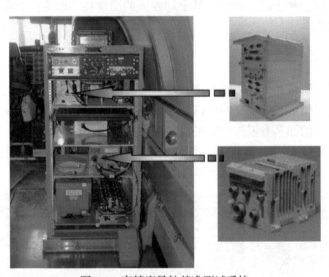

图 5-8　高精度导航基准测试系统

　　早在 2001 年，746 试验中队就开始了 F-22 战斗机的全球定位惯性导航系统（GINS）测试评估工作，到 2011 年完成了全面鉴定试验。美军为这项工作命名为"让猛禽随时能捕捉到猎物"，为 F-22 飞机提供机载系统所需的 GPS、位置、姿态等导航信息。在导航测试与评估实验室确定 GINS 的基本性能时，测试过程使用了 Contraves 公司生产的 53Y 精确 3 轴转台进行物理检查和功能检查。利用转台可降低测试成本，且能重复进行，提供所需的基本数据。将 GINS 单元放置在 53Y 转台上，按顺序旋转 25 个不同的位置，使转台内部轴的对准精度在 ±3′，在 18(°)/s 的条件下对系统进行测试，完成陀螺罗经对准、航向存储和校正评估测试。标准的评估测试发现，初始航向和横滚误差在 GINS 的俯仰角为 ±90°时超出了规范值；经进一步研究，发现在别的姿态组合情况下也有类似情况发生，该问题被及时报送给客户，以便在进一步的测试之前及时进行校正，从而节省了测试时间和飞行试验成本。如果测试项目被直接放在高动态的飞行测试阶段，这个问题可能导致较高的飞行测试成本、故障排除成本，以及几个星期的计划延迟。746 试验中队成功完成试验任务后，美国国防部对此项目做出评价：746 试验中队对 GINS 进行全方位的测试和性能评估，对提升 F-22 飞机的战斗能力做出了贡献。

5.2　机载大气数据系统的计量校准

　　机载大气数据系统利用大气数据计算机接收飞机总静压受感器的总静压压力信号，将其变换为与频率成函数关系的低频脉冲信号，通过频率/数字变换器变换成相应的数字量，同时接收攻角传感器的局部攻角模拟电压信号、接收侧滑角传感器的局部侧滑角模拟电压信号、接收总温传感器电阻信号、接收场压装订电压信号，然后经过中央处理机对上述参数进行处理、解算、修正，按照大气方程解算出各个大气参数，最后按照规定格式送往多路总线接口，并向飞机航电、飞控、导航等系统输出高度、升降速度、马赫数、指示空速、真空速、大气密度比、总温、静温、攻角、侧滑角等大气参数。

机载大气数据系统输出的参数如气压高度、升降速度、空速、马赫数等，是飞行器航行与驾驶的主要基本参数，直接影响飞行安全和任务执行。大气数据系统出现故障可能造成灾难性后果，例如 1995 年 1 月 X-31A 飞行器因大气系统加热故障而坠毁，2006 年 12 月 F-35 飞机首飞时大气数据探头出现异常，2008 年 2 月 B-2 飞机坠毁的原因是嵌入式大气数据系统故障。2019 年，印尼和埃塞俄比亚的波音 737 飞机在很短时间内连续发生两次空难，均由大气系统攻角传感器的错误指示引起。如图 5-9 所示，大气数据系统故障导致的飞行事故。为了保证机载大气数据系统的精度和正常工作，必须进行严格的计量校准测试，下面首先介绍机载大气数据系统及其误差特性[5-9]，然后介绍机载大气数据系统的计量校准方法[10-16]。

图 5-9　大气数据系统故障导致的典型飞行事故图片

5.2.1　机载大气数据系统及其误差特性

5.2.1.1　机载大气数据系统的工作原理

飞行器的大气数据包括攻角、侧滑角、真空速、马赫数等飞行状态下与飞行器所处气流环境相关的参数，是火控、飞控以及座舱仪表显示/警告等航电系统不可或缺的信息源，专门用于大气数据传感、测量、转换与输出的设备被称为大气数据系统（Air Data System）。为了获得飞行器所在高度的大气参数，在机体外部安装了各类受感器，在设备舱还装有传感器和解算部件，由气路、电气线路和数据总线连接，共同构成飞行器大气数据测量系统。

大气数据系统具有多种输入输出接口，以大气数据计算机为核心，利用安装于飞行器表面不同位置的各种受感/传感器如空速管、总温传感器、攻角传感器、侧滑角传感器等，探测气流的局部压力、温度、角度等原始大气特征参数，经过计算机软件解算获取气压高度、真空速、指示空速、马赫数、攻角、侧滑角、大气密度、大气总温、大气静温等大气数据，通过总线传输给飞控系统、导航系统、火控系统、动力系统及座舱显示系统等，同时向飞行机组发出极限参数告警。如图 5-10 所示，大气数据系统的基本结构与工作原理，可大致分为测量传感器模块和大气数据解算模块。

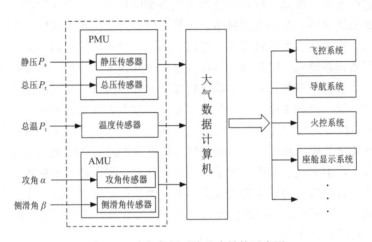

图 5-10　大气数据系统基本结构示意图

测量传感器模块主要由压力测量单元 PMU、角度测量单元 AMU 和温度传感器组成。其中，大气流中的静压和机身气流总压由压力测量单元负责感知；飞行器迎面大气来流的温度主要由温度传感器负责探知，本质上测量的是总温；角度测量单元一般安装于飞行器头部或机身的不同位置，主要负责感知飞行器相对迎面气流的攻角和水平移动的侧滑角。这些测量传感器为大气数据解算模块提供激励数据，传感器的准确度、灵敏度、抗干扰性决定了大气数据系统的工作性能与质量优劣。受感器用来感受气流的总压和静压并传送给传感器，常称为总静压管或空速管。总压（P_t）亦称全压，是气流中任何一点速度滞止到零时气体的压强。飞行时迎面气流进入空速管的总压腔，气流流速在总压腔内被阻滞为零，使动能变为压力能，从而感受到总压，总压是静压（P_s）与动压（Q_c）之和。静压是气体本身实际具有的压强，理论上只有当传感器与气流相对静止时才能准确地测量，一般是测量飞机飞行时所在高度的大气压力；在飞机上选择合适的位置，气流干扰小且对姿态不敏感，在此处开孔用于感受静压。感受总压和静压的两种压力传感器均采用精度高、稳定性重复性好、迟滞误差小的小型化传感器。飞行过程中由于相对运动会使气流受阻，导致周围空气温度升高，升高的温度称为动力温度，与大气静温之和称为全受阻温度或总温；大气数据系统中温度传感器的作用就是测量总温，所以又称为大气总温传感器，一般采用铂电阻温度传感器。飞机攻角的测量，需将攻角传感器伸出到机身前端外部的气流中，安装处应无扰动气流，一般采用风标式攻角传感器。

大气数据解算模块基于大气数据定律推导、风洞试验、试飞试验获得一系列复杂数学函数模型，利用这些数学模型解算大气数据信息。大气数据系统的激励参数即传感器探测的原始大气特征参数，大气数据系统的输出参数即经过大气数据解算模块解算、误差补偿得到的物理量，这些参数之间相互关联、相互影响。大气数据解算模块利用测量传感器提供的大气静压、总压、总温、攻角和侧滑角等主要的原始特征参数，根据大气参数数学模型解算并输出各种关键的大气数据。大气数据的基本计算流程，是从静压、总压和总温的测量中得到大气数据参数。气压高度是在标准大气条件下由静压测量值计算得到的，升降速度（或气压高度变化率）可由静压 P_s 的微分导出；修正空速 V_c 可直接由动压 Q_c 导出，而动压又是总压和静压之差；马赫数 Ma 是真空速和当地声速之比，也可直接由总压和静压的比例导出；大气静温 T_s 可以由修正系数和测量的大气温度乘积得到；真空速可以通过总压 P_t 或动压 Q_c、静压 P_s 和当地音速计算，或由大气静温 T_s 和马赫数 Ma 导出。

随着科学技术的发展，早期的模拟式大气数据计算机已经被数字式所代替，其原理框图如图 5-11 所示，主要包括传感器、中央处理器、输入/输出接口等部分。传统大气数据系统采用侵入式测量方式，其标志是外置在飞机外的空速管和迎角/侧滑角传感器，与机身周围空气直接接触用以提供外界气流的温度、气压、迎角和侧滑角等信息，经过大气数据计算机解算、补偿和修正后，得到真空速、指示空速、马赫数等其他飞行控制参数。根据前置传感器与解算模块结构配置的不同，传统大气数据系统可以分为集中式大气数据系统和分布式大气数据系统。前者以中央大气数据计算机为核心，利用较长的导管将飞行器表面的大气压力进行传输，而计算则集中在中央大气数据计算机中，缺点是存在气动延时问题，数据集中处理对计算机性能要求较高，外置受感器无法满足隐身要求。

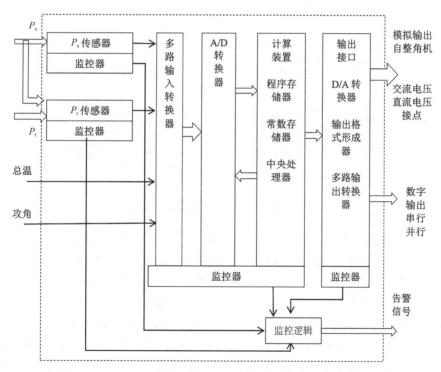

图 5-11　数字式大气数据计算机原理方框图

分布式大气数据系统的基础是智能大气数据探头，将分离的大气压力受感器（空速管）、压力传感器及采集、解算、输出电路组合起来，以传输电信号的电缆取代传统的传输气压信号的压力管路。分布式大气数据系统有以下特点：大气数据计算机和多功能探头组合在一起，无管路电信号传输，减少了故障环节，也减轻地勤人员的维护负担；降低了管路延时，提高了系统的动态特性；减少了大气数据系统受感器组件的数量，减小了体积和重量；安装位置灵活，可提供多余度、不同位置处的大气数据参数；采用表面测压方式测量攻角、侧滑角，有利于改善飞机气动特性，提高飞行性能和隐身性能；取消了机头压力受感器，雷达无盲点且利于增加雷达的探测、搜索和跟踪距离；具有防冰、除冰的能力，可实现全天候使用。典型的分布式大气数据系统内部及交联信号关系如图5-12 所示。

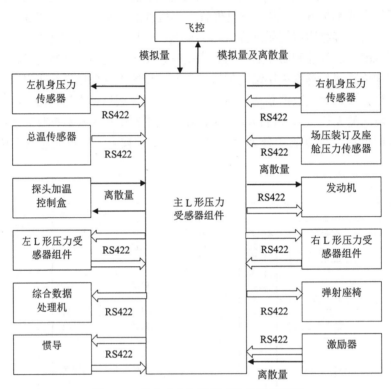

图 5-12　分布式大气数据系统信号关系图

在跨音速、高超音速飞行状态下，高热环境对传统大气数据系统的测量探头造成损伤而无法进行有效测量。为解决大迎角飞行和高超音速等恶劣飞行条件下的大气数据测量问题，美国 NASA 提出了嵌入式大气数据系统（FADS）测量方法，采用多个嵌入在飞行器表面不同位置上的压力传感器，基于飞行器表面压力分布模型，利用多个位置的压力测量数据来计算攻角、侧滑角、总压、静压等大气数据。相比传统的大气数据系统，FADS 有如下优势：选用耐高温的压力传感器，在较高马赫数、大攻角等极限飞行环境下依然正常工作；采用的压力传感器更容易集成到机身上，不需要移动的部件，适合隐身结构设计，性价比较高；可布置较多的测压孔，具备较好的软硬件容错能力，可靠性高、稳定性好。

为保证大气数据系统具有较强的容错能力，研究人员进一步提出了多源信息融合估计大气数据的思想，利用飞行器的结构参数和飞行过程中其他航电系统获取的测量信息，通过设计信息融合算法（如卡尔曼滤波、神经网络等），实现对大气数据的实时精确估计；可以有效利用机载系统的输出参数对大气数据进行间接测量，通过计算手段为飞行器增加一套虚拟的大气数据测量系统，因此也称为虚拟大气数据系统或计算大气数据系统，该系统不需要在飞行器外部安装侵入式或嵌入式的大气数据测量传感器，能够实现飞行器减重设计、隐身设计并降低成本。

5.2.1.2　机载大气数据系统的误差特性

大气数据测量设备用于感受飞行器所在位置的实际大气环境参数，但是因为大气环境复杂多变，飞行器在机动飞行状态下难以精确测量这些大气数据，主要影响因素有：①传感器的自身特性。表征测量传感器本身特性的主要参数有漂移、灵敏度、线性度、迟滞等，这些参数与传感器测量的准确性和稳定性密切相关。造成传感器测量误差的因素很多，其中上述特性对应的误差是主要的，在选择传感器的时候需要综合考虑。②真实大气条件的计算基准。大气数据是以国际标准大气为前提条件，通过大气数据定律进行推导计算的，而国际标准大气是理想情况下的一种假设。实际上，大气环境复杂多变，飞行器在大气中机动飞行时机身周围的大气环境条件不可能与标准大气条件一致，由于真实大气条件计算基准难以获取，必然会产生计算误差和校准误差。③测量传感器的安装位置。对于带有空速管的大气数据系统而言，空速管的安装位置对原始大气参数的影响很大。一般空速管安装在机头前端，这个位置的大气自由来流受飞机影响较小，有些特殊情况下如飞行器大攻角飞行，装在机头的空速管会产生涡流，导致不稳定飞行，影响飞行品质；也有飞行器将空速管安装在机翼顶端，机翼下洗和上洗气流会对空速管造成影响，在大机动飞行状态下气流变化更为复杂，必将对大气数据的测量造成一定影响。④大气数据系统的动态响应。飞行器在高机动大攻角飞行时，测量传感器受气动延迟、压力传感器频率响应特性的制约。在大气数据系统所有的测量传感器中，压力传感器和角度传感器的测量受动态效应影响最大，最终导致大气数据系统的性能下降。⑤机身气流特性的影响。飞行器的飞行速度对机身周围的大气气流有直接影响，严重干扰测量传感器的准确性。如飞行器高速飞行时，机身与周围空气分子相互碰撞后产生扰动波，有时候会出现激波甚至阻波，对飞行器的飞行性能影响极大。

与大气数据系统相关的大气参数众多，气压高度、大气攻角/侧滑角及空速等参数较为关键，这些参数对飞行器的机动性能、平稳操控甚至安全飞行至关重要，下面对这些参数的误差特性进行分析。

1. 气压高度的误差特性分析

飞行高度指飞行器在空中与某一基准面的垂直距离，是飞行器的重要性能参数，常用高度包括标准气压高度（重力势高度）、绝对高度、相对高度和真实高度（几何高度）等，如图 5-13 所示[8,9]。

根据飞行中测出的大气压力值，由标准大气表查得相应的标准气压高度。飞行器中的高度表就是按照标准大气表中的大气压力值和高度值的对应关系而刻制的，若把气压高度表的气压刻度调到标准大气状态，则这时的气压高度表所指示的高度称为标准气压高度。航空器在远航、分层飞行时，为了防止相撞，均使用标准气压高度。为了便于研究大气中的压力分布，国际标准大气采用了重力势和重力势高度的概念。重力势表示大气层内某一给定点上空气微粒的势能。气压式高度表是根据标准气压高度设计和制造的，在标准大气条件下以标准的海平面为基准（即零高度），因此所指示的高度是相对于理想的标准海平面的高度，称为"标准气压高度"或"重力势高度"。在理论上，标准海平面是重力势高度和海拔高度的共同基准面，高度愈高，二者之间的差别愈大。

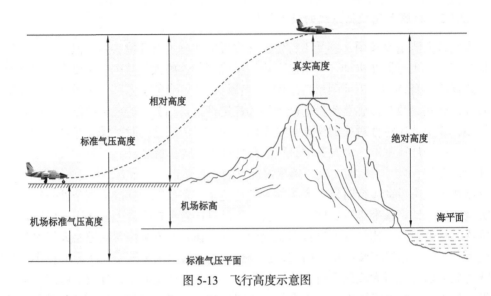

图 5-13　飞行高度示意图

真实高度又称为几何高度或卷尺高度，是飞行中飞行器沿铅垂线到地球表面上的高度（距离），通常可用无线电高度表、雷达测高仪、激光高度表或摄像经纬仪测得。航空器在执行起飞、着陆、超低空飞行、轰炸、侦察、搜索、救援等任务，以及无人机、飞航导弹在进行超低空、掠海飞行时，都需要知道准确的几何高度。很多情况下，不同海平面的大气压力、气温等参数各不相同，而且同一海平面的大气参数在不同季节和不同时间也在不断变化，因此气压式高度表一般不能指示相对实际海平面的高度。飞行中飞行器相对于平均海平面的高度，即飞行器到平均海平面的垂直距离称为绝对高度，亦称为海拔高度。可见，绝对高度是以重力势高度或气压高度测算的高度，不同于几何高度。气压式高度表一般不能反映非标准海平面状况以及相对于某指定地点（如机场、发射场、靶场）的高度。飞行器相对于某指定地点并用重力势高度或气压高度表示的高度称为相对高度，相对高度也不同于真实高度。

标准气压高度指飞行器与以标准大气压 101.325 kPa 处为基准面之间的垂直距离，简称气压高度，即大气数据系统输出的飞行高度。在重力场内大气压力、大气温度及大气密度均随高度增高而减小，利用大气气压来测量飞行高度是一种常用的方法。根据大气数据定律，大气层中某处的气压高度与大气静压、温度有关，标准气压高度方程如下：

$$H_p = f(P_s, P_b, L_b, T_b) \tag{5-2}$$

式中，H_p 为标准大气条件下飞行器所在位置的气压高度（m）；P_s 为标准大气条件下飞行器所在高度处的大气静压（kPa）；P_b 为标准大气条件下各相应大气层的大气静压下限值（kPa）；L_b 和 T_b 为各相应标准大气层的温度梯度（℃/m）和温度下限值（℃）。

对于国际标准大气，不同大气层区域的气压下限值 P_b、温度梯度值 L_b、温度下限值 T_b 都是已知值，因此可得到不同大气层中的标准气压高度如下：

（1）当 $-914.4\,\text{m} \leqslant H_p \leqslant 11000\,\text{m}$，即在对流层时，

$$P_s = 101.325(1 - 2.2557\times10^{-5}\,H_p)^{5.255879}\,\text{kPa} \tag{5-3}$$

（2）当 $11000\,\text{m} < H_p \leqslant 20000\,\text{m}$，即在平流层时，

$$P_s = 22.632\text{e}^{-1.576885\times10^{-4}(H_p-11000)}\,\text{kPa} \tag{5-4}$$

（3）当 $20000\,\text{m} < H_p \leqslant 32004\,\text{m}$，即在光化层时，

$$P_s = 5.47482[1 + 4.61574\times10^{-6}(H_p - 20000)]^{-34.163215}\,\text{kPa} \tag{5-5}$$

由以上可以看出，高度 H_p 只是大气静压 P_s 的单值函数，典型的大气静压-气压高度关系曲线如图 5-14 所示。

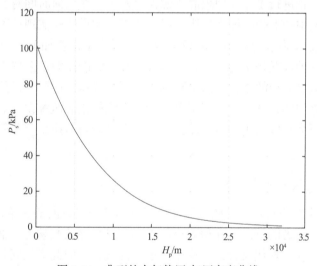

图 5-14　典型的大气静压-气压高度曲线

从气压高度的计算原理可知，静压误差是其误差的最主要来源。飞行器在大气层内机动飞行时会扰动和影响机身周围的大气流，由于静压管自身物理外形和安装位置的影响，使流过静压管表面的气流特性发生复杂变化，靠近管表面外层的一部分气流会产生加速运动，内层的气流会受到静压孔的阻滞作用，导致高速运动的气流动能减小而转化为内能，此时静压传感器测量的大气静压（即指示静压 P_s）与远方未受扰动的自由来流静压（大气真实静压 P_H）存在一定的偏差，可用静压源误差 ΔP_s 表征二者之间的这种偏差，即：

$$\Delta P_s = P_s - P_H \tag{5-6}$$

静压源误差产生的机理较为复杂，主要受飞行器的气动布局、静压管的安装位置、

结构，以及攻角、马赫数等飞行参数的影响，关系如下：

$$\Delta P_{\mathrm{s}} / P_{\mathrm{s}} = f_1(Ma) + f_2(Ma) \cdot f_3(\alpha_{\mathrm{L}})$$

(5-7)

式中，Ma 为马赫数；α_{L} 为局部攻角。

飞行器在常规机动飞行时产生的静压源误差 ΔP_{s} 较小，气压高度 H_{p} 稳定可靠；飞行器大机动飞行时对大气来流产生强烈干扰，导致机体周围的大气流速、大气压力、大气密度和温度等参数发生剧烈变化，会导致静压传感器测量的大气静压含有较大的静压源误差 ΔP_{s}，进而引起较大的气压高度解算误差。

图 5-15 给出了典型的高度测量系统误差的主要组成部分[10]，尽管不同的大气系统其结构可能因为组件不同而略有差异，但这个分解包含了整个高度测量系统可能发生的主要误差。①静压源误差。是由静压受感器测量到的气压与未受扰动的环境气压之间的差异。②静压管路误差。是指沿管路的压力差（迟滞误差）。③压力测量和换算误差。包括通过电子设备测量的气动输入转换过程和将最终压力信号转换成高度信号过程中的误差。在大气数据计算机中这两个功能是单独实现的，然而静压源位置误差修正有可能在压力高度解算前就进行了。④理想静压源误差修正。在任何时间对静压源位置误差进行正确的校正，图中的 SSEC 即为静压源误差修正。如果能够实现这种校正，那么由系统计算的压力高度最终值与真实高度只会因为静压管路误差加上压力测量和换算误差而不同。通常，这种情况是不能实现的。尽管"真正的静压源误差修正"期望消除静压源误差的影响，但是完全的校正是做不到的。⑤剩余静压源误差。是静压源位置误差和实际施加的校正之间的差值，仅适用于电子设备系统修正静压源误差。因此，压力高度的校正值是实际压力高度与由静压管路误差、压力测量与转换误差和静压源剩余误差的总和之间的差值。

2. 大气攻角的误差特性分析

攻角 α 是固定翼飞行器机翼弦线和迎面气流速度矢量方向的夹角，也称为迎角，是确定机翼在气流中姿态的基准。迎角大小严重影响飞行器的气动力，临界攻角会引起失速甚至导致飞行事故。现代飞行器对攻角的依赖性很大，因此专门安装攻角传感器用于测量飞行器的攻角信息。攻角传感器的安装位置通常在飞行器的机头或机身处，机动飞行对周围大气的扰动导致攻角传感器直接测量到的仅是扰动后的气流方向与机翼弦线间的夹角，称为局部攻角；而未受扰动的大气来流方向与机翼弦线之间的夹角，称为真实攻角。通过传感器测量到的局部攻角计算出真实攻角并用于飞行控制，二者之间的关系较为复杂，可归纳为如下函数：

$$\alpha_{\mathrm{T}} = f_1(Ma)\alpha_{\mathrm{L}} + f_2(Ma)$$

（5-8）

式中，α_{T} 为真实攻角；α_{L} 为局部攻角；$f_1(Ma)$ 和 $f_2(Ma)$ 为马赫数的函数。

在实际应用中需要对飞行器进行反复的风洞试验，以确定攻角传感器最初测量的攻角与真实攻角的函数关系，另外还需采用高精度的机头风标式攻角传感器进行大量的试飞试验。由于机头风标式攻角传感器安装在飞行器的头部，机动飞行时对其测量结果影响小，一般将其测量值（风标攻角）近似为真实攻角，以其为基准对飞行器其他位置安装的攻角传感器进行补偿、校准。利用数学方法对大量试飞数据进行分析，得到攻角补偿量与其他飞行参数之间的函数关系，再校准攻角传感器。在实际飞行过程中，利用这种函数关系对测量攻角进行实时修正，以提高攻角的测量精度。

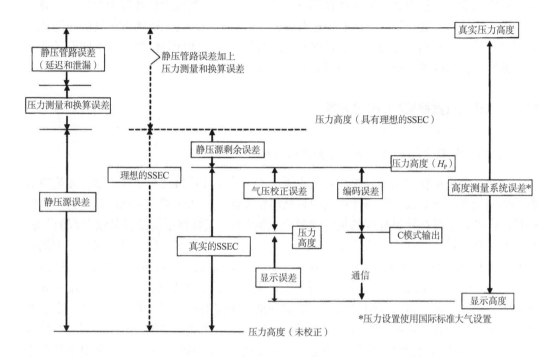

图 5-15 高度测量误差的主要组成部分

3. 真空速的误差特性分析

真空速表示飞行器飞行时相对于周围空气运动的速度，用符号 V_T 表示，飞行器用于导航、控制计算时所使用的速度信息就是真空速。在水平空气流管取垂直于流管中心线的两个截面 A 和 B，设截面上的空气压力为 P_i、流速为 v_i、密度为 ρ_i、温度为 T_i，其中 $i = 1, 2$；假设流管是绝热的，在相同时间间隔 t 内，根据物质不灭定律和能量守恒定律，考虑空气压缩性的伯努利方程为：

$$\frac{1}{2}v_1^2 + \frac{K}{K-1}\frac{P_1}{\rho_1} = \frac{1}{2}v_2^2 + \frac{K}{K-1}\frac{P_2}{\rho_2} \quad \text{（空气绝热指数 } K\text{=1.4）} \tag{5-9}$$

假设 A 截面处空气流未受到飞行器的扰动，压力 P_1、密度 ρ_1 和流速 v_1 分别是该处的静压 P_s、空气密度 ρ_s 和飞行器相对于空气的速度 V_T。由于空气流在截面 B（测量传感器表面）受到全阻滞，速度变为零，压力为总压，即 $v_2=0$，$P_2=P_T$。

对于低速空气流，流速 $v<300\,\text{km/h}$，可以不考虑空气的压缩性，认为空气密度不变、温度不变，于是真空速大小为：

$$V_{\mathrm{T}} = \sqrt{\frac{2(p_{\mathrm{T}} - p_{\mathrm{s}})}{\rho_{\mathrm{s}}}} = \sqrt{\frac{2p_{\mathrm{d}}}{\rho_{\mathrm{s}}}}$$

$$(5\text{-}10)$$

可以看出，真空速的计算与大气静压、总压、大气密度及空气压缩性修正系数等有关，准确获取上述各参数是精确计算真空速的前提条件。当压力传感器测得的大气静压和总压不准确时，会导致计算的真空速有误差。计算真空速时是否考虑空气的压缩性，对真空速值也有影响。此外，当地音速与高度有关，飞行器所处位置高度不同会导致空气压缩性修正系数难以确定，从而对真空速的计算造成一定影响。

5.2.2　机载大气数据系统的计量校准

5.2.2.1　机载大气数据系统的地面测试与校准

为满足测量精度要求，首先要对空速管、大气数据计算机进行地面校准。无论空速管的风洞校准，还是大气数据计算机的高低温精度修正，均应建立机载产品→检测设备→校准设备直至最高计量标准的量值溯源链。典型的大气数据系统被测参数、试验设备、校准设备和计量标准如下：①静压、总压、气压高度、攻角等参数，通常采用压力测试仪和专用检测设备进行检测，典型校准设备为气体活塞式压力计和角度位置发生/接收器；②气密性压力参数，通常采用压力表检测，典型计量基准为气体活塞式压力计；③绝缘电阻、搭铁电阻、输出电阻等参数，通常分别采用高阻测试仪、数字微欧计、数字多用表检测，典型计量标准分别为可调高阻箱、标准电阻和数字多用表检定装置。在校准试验室采用标准试验程序，对静压和总压传感器进行校准溯源，之后采用测试设备产生气动压力进行系统检查。典型的大气数据参数溯源框图如图 5-16 所示。

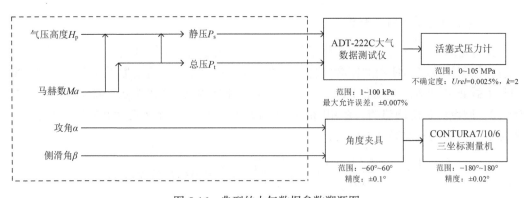

图 5-16　典型的大气数据参数溯源图

对于大气数据系统的测试平台，校准策略主要包括离位校准和原位校准[7]。离位校准就是把测试系统视为多个独立测试仪器的组合，把整个系统的校准工作进行分解，并针对每个模块进行单独校准。离位校准不考虑系统电缆、开关、负载等因素，影响了校准的准确性，且送检测试仪器还会造成暂时停用。随着自动测试系统集成度不断提高，拆卸仪器部件送检变得更加困难，绝大部分仪器模块都必须从工控机箱得到参考电压等信号，离开了特定机箱的校准结果不再真实，还会造成系统无法工作。与离位校准不同，原位校准是将自动测试系统作为一个整体，为其制定统一的校准检定流程，能获得测量完整性，可以在测试系统工作区域进行，减少测试系统的停工时间，降低仪器损坏的概率；目前，原位校准是自动化测试系统的重点研究方向。对分布式大气数据系统测试平台的校准，尽量采用原位校准。平台的检测和校准通过外接检测/校准转接箱和通用仪表进行，对于不便在平台中校准的设备还需采用离位方式校准。检测校准时，检测/校准转接箱代替被测组件与平台测试电缆相接，再连接通用仪表。平台中的大气数据测试仪可作为独立的仪器脱离测试平台使用，与平台关联性不强，且信号特殊、不便于现场校准，可采用离位校准方式脱离平台送交计量部门进行定期检定，使之达到平台测量所需精度。程控电阻箱的输出电阻通过检测/校准转接箱的接口与欧姆表相接，因为受导线电阻的影响，所以只能进行初步的检测，校准还需采用离位校准方式。平台中的数字量由继电器输出，在检测/校准转接箱中所有继电器输出并接后与欧姆表连接，检测时检测程序控制继电器逐一闭合，由欧姆表测出相应继电器的接触电阻。平台中使用到的通信通道比较多，由串口服务器实现多口通信功能，在检测/校准转接箱中所有通信端口并接，检测时检测程序控制端口逐一发送数据，由其他端口接收，通过数据的发送与接收检测各通信通道的功能；在检测/校准转接箱上外接示波器后，可由示波器测量各端口发送信号的幅度、幅度的顶值/底值、脉冲宽度、脉冲上升时间及下降时间等参数来进一步检测通信总线的性能。关于模拟信号校准，例如某测试平台中电压信号的测量由 PXI-2501 板卡的 AD 转换采集来实现，该板卡的自动校准功能可把信号的增益大小及偏移程度调节到某个精度范围内，一定时间内不必校准板卡。

5.2.2.2　机载大气数据系统的空中校准方法

由于地面试验环境与真实飞行环境仍然存在差异，安装在飞行器上的大气数据传感系统的误差，最终还要通过飞行试验来校准。国内外已发展多种试飞校准方法，如气压计法、雷达法、照相法、无线电高度表法、音速法、温度法、微波空间定位法等，许多方法因为测试系统复杂、外场工作量大、气象及空域限制严格、试飞效率低、试验结果可靠性低而被新的方法取代。目前，国际公认的大气数据系统校准常用方法主要包括但不限于：拖拽静压法、飞越塔台法、雷达追踪法、卫星导航系统法、标准机伴飞法和标准空速管法等[11-15]。

1. 拖拽静压法

拖拽静压法是在飞机尾部拖拽一个尾锥或尾弹，将静压测量口延伸至飞机后面足够远处（为 1~2 倍翼展），图 5-17 所示为美国 B-21 轰炸机试飞时拖着的尾锥图片。该处的大气可以认为不受飞机的影响，测量的静压非常精确，可以作为精确的静压源用于气压高度校准。假设总压误差为零则可用于空速校准，或与 GPS 法等结合可以进行空速和高度校准。拖拽尾锥法较为成熟，地面配套设施简单，对外部环境要求不高，测试数据稳定。因为拖拽管路很长，飞行前需要进行气密性检查，机动飞行时压力滞后明显，需要测定和平衡不同压力下的压力滞后。拖拽静压法适用于亚音速飞机，在 A380、运-12 等大中型飞机上得到应用。

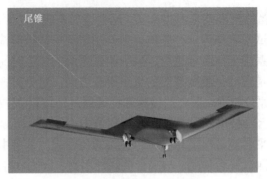

图 5-17　拖锥法校准示意图

2. 飞越塔台法

飞机在塔台附近以稳定的空速和高度飞行，以不同的马赫数飞过该塔（图 5-18），采用经纬仪（或目镜/相机）和网格在塔上观测飞机，并采用几何学的方法来确定飞机的真实几何高度。采用流体静力学方程，依据飞机高于塔的高度来校准压力，这些校准后的静压是飞机所处高度下的未扰动气流静压，总压也可被修正。若在平稳大气中驾驶飞机，以与塔台相同的高度沿跑道平直飞行，比较塔台的气压高度值和飞机的气压高度值即可直接得出高度误差。近塔飞行的测高校准精度高，通常获取亚音速数据。

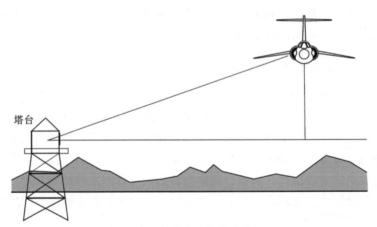

图 5-18　飞越塔台法校准示意图

3. 雷达追踪法

利用雷达追踪飞机的方法，结合气象气球大气参数进行飞行校准，如图 5-19 所示。飞机从低空速缓慢加速到指定速度然后缓慢减速，以恒定航向和恒定几何高度飞行。整个飞行需要控制在合理的雷达俯仰角内，以最大限度地减少误差。通过雷达数据给出几何高度，同时分析来自气球和其他来源的大气数据以确定真实静压，该真实静压作为高度和横向距离的函数，从而得到飞机在不同状态下的高度数据。气象数据和雷达数据的误差会影响该方法的测试精度，此外该方法需要空地协调，受空域限制较大。

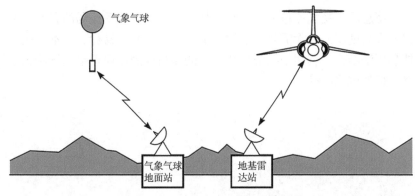

图 5-19　雷达追踪法校准示意图

4. 卫星导航系统法

卫星导航系统（如 GPS、北斗）法测速精度高度，可用于空速校准，能够代替传统方法测量飞机地速。使用卫星导航系统的测量结果作为速度基准，通过飞行数据处理获得飞机当前飞行状态下的真空速，再利用真空速与马赫数的对应关系获得总静压比，在默认总压测量准确的前提下获得飞机所处流场的真实静压，从而实现对高度的校准。由于卫星导航系统安装使用简单，方便与其他测试仪器组合，通过地面站计算可以获得较高的测试精度，因此卫星导航系统法得以广泛应用。根据具体试飞和数据处理方法的不同，还可以分为 GPS 往返等速平飞法、GPS 三方向等速平飞法（图 5-20）。往返等速平飞法需要飞机在同一直线航线段上往返飞行以消除空中风的影响，但由于高空高速飞机飞行剖面固定，航线不重复，因此这种方法不太适于高空高速飞行器。为提高试验精度还可采用差分卫星导航系统，由机载卫星导航系统和地面差分站组成，通过多颗卫星对移动目标与地面固定位置差分站相对位置的综合测量和计算，可以获得更高的测量精度。该方法测量的高度范围和空速范围广，机上改装和地面配套设施简单，测试系统成本低，数据存储和处理方便，校准精度高，对试验场地和保障条件的要求较低。

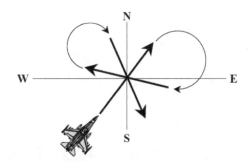

图 5-20　卫星导航系统法校准示意图（三方向等速平飞法）

5. 标准空速管法

在飞机机头或机翼远离气流影响的位置加装高精度空速管来进行校准，如图 5-21 所示，能够准确测量出飞行器飞行过程中的总压、静压、攻角等大气参数。要求空速管安装位置合适，使总压不受气流偏斜的影响，静压不受飞机气动流场的影响。该方法可以校正空速误差和高度误差，无需复杂的地面配套设施，简单易行，成本较低。空速管法也可与拖拽静压法结合，利用拖拽静压法测量的高精度静压修正空速管法测量的静压，可用于各型飞机的试飞校准。

图 5-21　标准空速管法校准示意图

6. 标准机伴飞法

标准机伴飞法是常用的校准方法，可以校正空速误差和高度误差，如图 5-22 所示。该方法是用一架经过可靠校准的标准飞机（简称标准机或同步飞行器），与待测飞机在近空以相同高度伴飞飞行，读取两架飞机的指示空速和气压高度，数值的差异即为大气数据误差，从而获得待测飞机未扰动静压和气压高度。若两架飞机在飞行时存在几何高度差，可采用光学测量法对高度差进行校正，也可利用差分 GNSS 高度数据进行比较处理。该方法的缺点是标准机的误差会传递到被校准飞机上，且试飞成本较高。标准机伴飞法是美军常用的校准方法，美军在爱德华空军基地建有专门的飞行试验中心，由军方掌控飞行校准的主导权，拥有 F-15、F-16 等标准飞机，建立了完整的校准试飞体系。例如，F-35 飞机试飞时，以 F-16 作为标准飞机进行了大气数据系统的伴飞校准。

图 5-22　标准机伴飞法校准示意图

5.2.2.3　F-35 飞机大气数据系统的试验校准

美军 F-35 战斗机的验证机 X-35 试飞时[16]，前机身安装了多个大气数据传感器来测量总压、静压、迎角、侧滑角和总温，这些传感器的构型见图 5-23，飞机机头安装了空速管，机身周围安装了多功能传感器来测量关键大气参数。

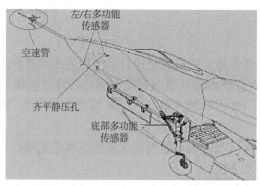

图 5-23　典型飞机的大气数据系统传感器

1. 大气数据系统的软件性能评估

大气数据系统的软件性能评估包括大气数据修正算法的端对端检查和校验系统输出参数相对于系统要求的准确性,这些都是在系统有/无故障状态下进行的。大气数据软件建模采用了 ISI MATRIXx 系统建立可视化工具,并集成到大气数据试验环境,见图 5-24。大气数据系统气动"转换"模型(Inverse model)为软件修正方案提供大气数据系统"测量"参数值,作为飞行状态和飞机构型的函数。"转换"模型的主要处理单元包括参数范围限定模块、发动机主进气道空气质量气流比计算模块、气动模块等。误差生成器用于评估数据不确定性对系统性能的影响,需要对大气数据系统测量的输入信号施加偏置误差。信号偏差生成器用于增加大气数据系统输入参数时间的延迟能力,主要模拟信号故障、噪声和其他气动瞬变现象。修正方案模型主要包括大气数据源误差修正功能、大气数据信号选择裕度管理功能、大气数据计算功能等。大气数据系统软件稳态性能评估的目的是验证稳态条件下大气数据系统的输出参数准确性是否达到设计目标和客户准确度要求的容差。对覆盖整个飞行包线空速和高速试验状态的网格进行分析,这个网格上附加了跨声速试验点来鉴定飞行包线的非线性特征。

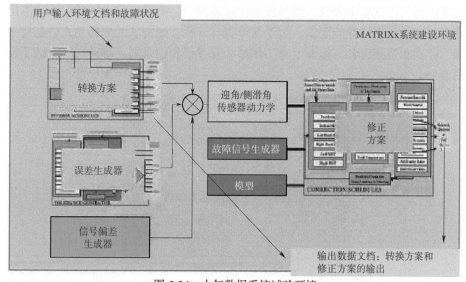

图 5-24　大气数据系统试验环境

2. 大气数据系统的硬件测试

大气数据系统的硬件测试从部件级试验开始，对机头空速管、多功能传感器、大气数据转换器等进行测试，然后在专用实验室进行大气数据系统与飞机管理计算机的集成。最后安装在 X-35 飞机上，在机上进行一系列试验来确定大气数据系统的功能。机上主要开展以下试验：

（1）对称/对准检查。位于 X-35 飞机前机身和大气数据传感器的多种激光跟踪参考点，用于检验大气数据传感器的正确位置和方向。

（2）大气数据泄漏检查。压力管路和连接处的集成度在整个飞行包线内所有压力范围得到确认，泄漏率检查应达到要求。

（3）大气数据系统地面校准。通过地面校准试验，进行模拟小量接近飞行包线边界的飞行状态的大气数据传感器测量。在每个试验状态，驾驶舱的所有显示都要交互检查和记录，保证所有读数与预想的结果一致。

（4）大气数据系统转换和极性检查。为了检查从大气传感器输入信号到飞控操纵面输出命令的合适的极性和接口，进行大气数据系统的端对端检查。

（5）初步的传感器受热检查。对所有传感器进行热源电路检查。

（6）总温传感器检查。机头空速管总温传感器的修正功能校验，是通过比较传感器电压读数与校准试验数据进行的。

（7）进场灯检查。X-35C 的前起落架装备了 AOA 进场灯，通过放下起落架和设置失重轮状态，模拟着陆状态。然后，大气数据系统传感器旋转用来模拟不同的迎角状态，确认点亮正确的红灯、黄灯和绿灯。

（8）自检测试。飞机管理计算机存储的自检试验项目是飞行前的一项检查，来保证飞行前的集成性，提供故障检测和维护。一旦启动自检程序，就会无交互执行直到完成。

3. 飞行试验监测分析方法

包线扩展飞行试验中大气数据参数的实时监测，是为了检验大气数据系统输出参数的准确性是否达到系统性能要求。为了保障飞行试验，配备了两部移动式数据拖车及数据处理、存储和遥测设备，拖车上有工作站、监视器和记录器，移动式飞行试验控制室参见图 5-25。

图 5-25　移动式飞行试验控制室

X-35 飞机大气数据系统飞行试验的目标,是使整个验证项目包线和合同规定有关区域的空速、高度、马赫数、大气总温、迎角和侧滑角满足准确度要求。大气数据系统飞行试验数据主要是通过联合飞行试验过程获得,如油门瞬变数据是在推进系统计划的飞行试验机动中获得的。首飞和包线扩展飞行中,大气数据系统的确认是通过将 X-35 高度、空速、马赫数数据与伴飞飞机数据实时比较完成的。大气数据系统跨声速和超声速校准试验,采用了从机上惯性源获得的时间和空间数据,飞行后的分析通常采用修正的机头空速管数据作为大气数据系统误差特征化的参考量。

大气数据系统的实时监测最初用于地面支持飞机滑行试验,试验结果表明在低速区域和接近起飞状态的更高速度大气数据系统性能是可接受的。在地面的飞行控制室中,测量的机头空速管数据被校准,可以为实时监测提供参考数据。如果需要,该方法允许快速校准机头空速管数据,这种校准可以通过机上软件或者飞行后数据实施。

大气数据系统的数据分析程序见图 5-26。数据分析的输入量来自飞机飞行试验数据磁带产生的 ASCII 数据文件。这些数据来源如下:大气数据系统传感器的原始大气测量数据;多路源的修正的大气数据系统参数;大气数据系统空速管、静压、迎角、侧滑角和总温的选择值;参考点大气数据参数来自于遥测大气数据测量值的地面大气数据修正值;气压计设定;HUD 大气数据源参数;角速率和加速度数据;发动机构型和性能数据;起落架状态和空中加油嘴位置;实时监测"事件"数据;大气数据系统模式和故障位置。

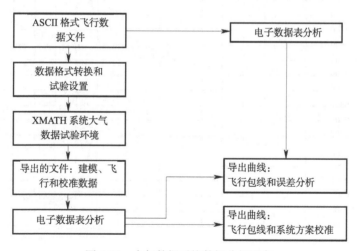

图 5-26　大气数据系统数据分析程序

大气数据分析的一般方法是将数据重构,然后输入到大气数据系统模拟环境中。通过这种方法可以在飞行测量状态下模拟大气数据的性能,将预测数据与飞行试验结果比较。在每个时间历程生成 50 条分析曲线,这些曲线详细描述了下列数据趋势:大气数据系统导出参数的校准值、参考量、选择的飞行数据、模型选择的趋势值比较;俯仰、偏航、滚转机动,发动机主进气道空气质量-流量比;大气数据系统导出的参数与参数目标、强度关系曲线;未固化的和修正的空速管、静压、迎角之间的差异;模型预测值和飞行试验测量的大气数据原始参数的比较。

4. 大气数据系统的飞行试验

以 X-35A 为例，在所有的飞行包线扩展试验中，对大气数据系统性能相对于设计"强度"边界进行了连续监测，完成了与伴飞飞机的大量交互数据检查。飞行中没有出现大气数据硬件故障，所有飞行和机动状态大气数据系统性能都是成功的。

（1）配平特性。在整个飞行包线内，大气数据系统性能与伴飞飞机之间进行交互检查。在实时监测和飞行后数据处理中，除了在跨声速状态下，依赖于修正的机头空速管数据作为大气数据的参考源使其他传感器性能特征化有效。在跨声速模式下，马赫数的迟滞影响是明显的。需要惯性参考数据来评估压力高度，然后导出参考的静压。

（2）马赫数/速度影响。对缓慢的加速和减速机动进行了分析，来评估空速和马赫数对大气数据系统性能的影响。机头空速管数据通常用作误差特征化的参考源，除了在跨声速状态用估计的惯性静态压力作为替代。通过这种方法来鉴定机头空速管静态压力误差是可能的，见图 5-27。这种误差不是很大，不足以更新机上修正方案，但是用于地面的实时监测方案需要改进以提高准确性。

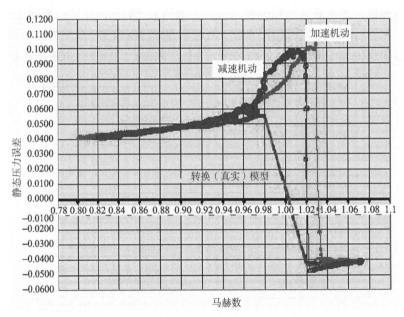

图 5-27　机头空速管静态压力误差特性

（3）迎角影响。在大量的绕紧转弯（wind up turn）、恒定的高度减速、推杆和拉杆机动中，监测了大气数据性能来评估迎角变化对大气数据的影响。监测分析表明给定的马赫数迎角增加，误差减小，而且在系统确定的目标范围内。在 2g 和 3g 过载下降时迎角的典型趋势，见图 5-28。

（4）侧滑影响。大气数据系统接近零侧滑误差，在设计范围内。试验时进行了飞行包线范围内的 1g 机翼级侧滑机动来评估飞机操纵，获得融合的大气数据。侧滑时应特别注意处于背风面气流中的传感器的性能，传感器精度可能会下降，造成超出监测边界的系统故障。

（5）发动机进气道气流质量-流量影响。在联合的发动机性能试验中，从油门瞬变和快速的加速/减速试验机动中得到的试验数据，用来评估发动机主进气道气流速率对大气数据系统性能的影响，大气数据系统感受到压力的影响小于由风洞预测的数据。

（6）空中加油/尾流影响。空中加油时，大气数据系统在一定程度上受到加油机的尾流的影响，但是这些效应对于试飞员的负荷没有影响。尾流的影响通常表现为从一个或者两个源测量的空速管压力的瞬态下降和由于加油机下洗气流的影响，惯性导出的数据和来源于迎角的大气数据存在差异。空中加油过程中，没有出现大气数据系统告警。

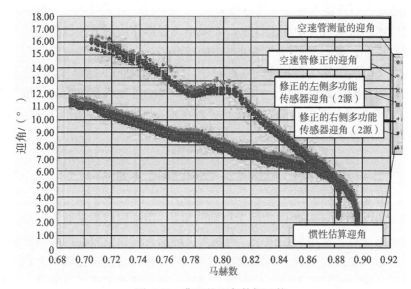

图 5-28　典型的迎角数据比较

参 考 文 献

[1]　北京长城计量测试技术研究所. 航空计量技术[M]. 北京: 航空工业出版社, 2013
[2]　陈维娜. 机载捷联惯性导航系统高精度快速对准技术研究[D]. 南京:南京航空航天大学博士学位论文, 2017
[3]　宋锐. 机载高精度光纤捷联惯导误差建模及组合滤波技术研究[D]. 南京:东南大学博士学位论文, 2018
[4]　任剡. 机载惯性导航系统发展研究[R]. 北京航空工程技术研究中心, 2023
[5]　李建苏. 大气数据检测技术研究及其在民用飞机上的应用[D]. 扬州: 扬州大学硕士学位论文, 2021
[6]　魏志年. 机载大气数据系统发展研究[R]. 北京航空工程技术研究中心, 2023
[7]　夏磊. 基于 LabWindowsCVI 的分布式大气数据系统测试平台设计与实现[D]. 成都:电子科技大学硕士学位论文, 2019
[8]　程超. 大气数据系统建模及在组合导航中的应用研究[D]. 成都: 电子科技大学硕士学位论文, 2019
[9]　关世义, 王长青, 权凌云.关于几种飞行高度定义的讨论[J].飞航导弹, 2005(9): 1-4
[10]　在 RVSM 空域实施 300 米（1000 英尺）垂直间隔标准运行的航空器适航批准. 中国民用航空总局航空器适航审定司咨询通告(编号 AC-21-13)[Z]. 2007-07-31
[11]　Edward A. Haering, Jr. Airdata Measurement and Calibration[Z]. NASA Technical Memorandum 104316. December 1995
[12]　Griffin B D, et al. Air Data System Calibration of F-16B S/N 92-0457(Project TRUE PHOENIX) [Z]. AFFTC-TIM-04-01. 2004
[13]　刘华勇, 刘莉, 曹放华. 大气系统校准的基准空速管法[J].实验流体力学, 2013, 27(2): 91-94
[14]　闫万方, 杨辉, 尼文斌, 等. 多气参测量的压力型基准大气数据系统研制[J]. 测控技术, 2022, 41(9): 56-62
[15]　郭星灿, 陈倩. 李登登浅谈通用飞机大气数据系统试飞校准方法[J]. 黑龙江科技信息, 2015(16): 137-138
[16]　中国飞行试验研究院.F-35"闪电"Ⅱ战斗机飞行试验全记录[M]. 北京: 航空工业出版社, 2019

第6章 飞行测量与飞行校准

从传统概念上讲，测量与校准工作通常在地面实施，针对武器装备及其检测仪器设备进行原位或离位的测量校准。国际著名的航天先驱齐奥尔科夫斯基曾说，"地球是人类的摇篮，但是人类不可能永远被束缚在摇篮里。"同样地，计量技术在不断发展，广大计量人也不可能永远被束缚在地面上计量。如果把飞行器作为测量或校准的平台，进行空中动态测量与校准，就实现了空中测量与空中校准。

本章针对飞行测量和飞行校准问题展开论述。6.1 节从测量船出发，介绍测量飞机的发展历程、作用分类及典型案例，并以红外辐射特性测量飞机和重力场测量飞机为例展开论述；6.2 节介绍导航系统校验飞机及其关键技术，典型导航设备的飞行校准方法，介绍导航飞行校准的发展趋势。

6.1 从测量船到测量飞机

航天测量船[1,2]是航天测控网的海上机动测量站，用于跟踪测量航天器及火箭的飞行轨迹，接收遥测信息，发送遥控指令，与航天员通信，以及营救返回降落在海上的航天员等。世界上第一枚近程运载火箭发射时，其射程仅几百公里，在陆地上利用一部雷达就可全程跟踪测量。随着航天技术的发展，远程运载火箭及卫星相继问世，飞行全程达几万公里，本土的测控站已经不能满足对航天器全程跟踪测量的需要，于是诞生了在海上机动运行的航天测量船。图 6-1 是我国的远望号测量船。

图 6-1 远望号测量船

除了用于航天测控的测量船，还有用于海洋信息测量的测量船。美国从 20 世纪就开始在全球范围内进行海洋重力信息测量，其海军的水面测量船主要装备了系列重力仪。经过多年的积累，美国已经掌握了最丰富的全球重力信息数据，为潜艇惯性导航等系统的重力偏差修正和重力匹配导航提供了有力支撑，目前仍在通过多种途径进一步丰富全球的重力信息数据。关于重力场测量的相关内容，详见本章 6.1.3 小节的介绍。

　　航天测量船是配备了测控和通信设备，对导弹、航天器等进行跟踪、测控和通信的特种船舶，其测量功能是以船为平台实现的。由船进一步推而广之，若以飞机为平台进行测量，也是一种常用的测量方法。例如，为了检验航天测量船在海上动态条件下的测控设备技术性能，检验或鉴定测控设备的综合测量精度，检查设备的工作状态、数据传输/录取/处理及软件设计的正确性和可靠性，需要进行海上校飞工作，包括海上性能校飞和海上精度校飞。图 6-2 为利用测量飞机进行海上飞行校准的校飞航线示意图，图中 1，6，10，…，60 为航迹点编号示例，6，15，26，35，46，55 为航迹点（间距 10 km）。

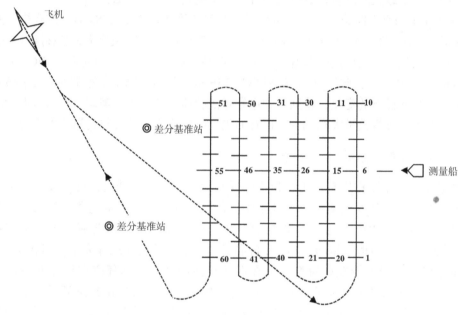

图 6-2　航天测量船海上校飞方法示意图

　　测量飞机[3-7]是一种以飞机为平台的空中机动测控站，通常用于航天测控和数据采集，可以部署到有利位置执行相应的测控任务。测量飞机上装载了天线、遥测接收、记录、时统、通信、数据处理等设备及控制台，有的在靠近机头外侧安装光学跟踪系统。用于航天测控的测量飞机可部署在适宜的空域，配合和补充陆上测控站、海上测量船的工作，提升综合测控能力。

6.1.1　测量飞机概述

　　20 世纪 60 年代，美国国家航空航天局（NASA）认识到在阿波罗登月计划中需要全球跟踪和遥测能力，美国国防部（DoD）在弹道导弹试验等计划中也面临同样的问题。由于陆地测控站受到地理限制，测量船又难以迅速移动且运行费用很高，急需一种装有获取、跟踪、记录遥测数据所需测量设备的空中机动平台，所以研制了"阿波罗/靶场仪器飞机"（Apollo/Range Instrument Aircraft，A/RIA），测量飞机由此诞生。NASA 和 DoD

联合投资改进了 8 架 C-135 运输机在全球运行，接收并传送航天员的话音，记录来自阿波罗及其他飞行器的遥测信息。命名为 EC-135N 的测量飞机于 1968 年投入使用，为试验鉴定部门服务，美国空军东部试验靶场负责使用维护工作，用于支持 NASA 和 DoD 的试验评估项目。

1975 年完成阿波罗计划任务后，"阿波罗/靶场仪器飞机"被重新命名为高级靶场仪器飞机，英文缩写从 A/RIA 变为 ARIA（Advanced Range Instrument Aircraft）。同时，所有 EC-135N 飞机都被调至俄亥俄州的空军基地，划归第 4950 试验飞机联队，成为空军大型试验和鉴定飞机的重要成员。第 4950 联队负责提供试验支持和资源保障，并对 EC-135N 进行改进，以提高飞机的性能。进驻空军基地之后，飞机经过多次改进并安装新的测量系统，其中最大的改装是更换发动机，因此更名为 EC-135E。

1982 年美国空军向美国航空公司购买了 8 架二手波音 707-320C 喷气式客机，并将其改装成 ARIA，命名为 EC-18B，飞机机体比早期的 EC-135N 飞机大，能够携带更多的有效载荷，而且可以在更短的跑道上起飞。EC-18B 服役后不久，就取代了 EC-135E 的主力地位。到 1994 年，所有 EC-18B 和 EC-135E 被转移至爱德华空军基地。后来随着军方的试验项目和任务的变化，特别是弹道导弹试验项目的减少，美国空军持续对 ARIA 机群进行调整，飞机数量大幅减少，也有的飞机改装成联合监视与目标攻击系统。

6.1.1.1 测量飞机的作用和分类

测量飞机的主要作用有：①在弹道导弹和运载火箭的主动段，可接收、记录和转发遥测数据，弥补地面遥测站收不到某些关键数据的缺陷；配备光学跟踪和摄影系统的飞机，可对多级火箭进行跟踪和拍摄各级间分离的照片。②在导弹再入段可有效接收遥测数据，并经通信卫星转发出去；配备紫外光、可见光和红外光谱测量仪的飞机，可测量导弹再入时的光辐射特性。③在巡航导弹和低空中远程空空导弹的飞行试验中，可接收和实时转发导弹的遥测数据，为试验区参试飞机提供超高频无线电话音中继，用机载系统对导弹进行遥控。④在载人航天器的入轨段和再入段，可保障天地间的双向话音通信，接收、记录遥测数据并实时转发给地面接收站，必要时给航天器发送遥控指令。

作为陆上测控站和海上测量船的有益补充，测量飞机可部署到有利位置完成测控任务。大型喷气式测量飞机可在稠密大气层之上飞行，适于光学测量尤其是辐射光谱测量。测量飞机对再入目标和低空目标的跟踪测控覆盖能力比地面测控站大得多，但是装在飞机上的测量设备必须与精密定位系统配合才能完成弹道测量任务；用机载光学设备测量弹道需要两架飞机同时工作进行交会测量，并以恒星为背景拍摄目标，由恒星方位和照相机位置求得目标的相对位置、绝对位置。辐射测量飞机和遥测飞机需要的定位精度较低，前者利用紫外光、可见光和红外光谱测量仪器采集航天器再入过程中的特性参数，后者利用遥测设备接收、处理、记录来自航天器的遥测数据。对远程低飞目标的跟飞测控，可以克服地面观测仰角低、测控范围小的困难；从高空探测飞行中段和再入段的导弹与诱饵的红外辐射，可以降低地面辐射和稠密大气对探测距离和精度的不利影响；以伴飞方式进行近距离实况记录，可以得到高清晰影像；方便进行落点观测，包括弹头地面落点位置和海上溅落水柱或特有的染色剂漂浮物位置。

此外，测量飞机的平台和装机设备可根据需要灵活组合。由于测量飞机上的观测设备均以机体作为参考基准，因此在进行观测的同时要测定机体的位置和姿态，一般用导航卫星与惯导组合系统进行测量；对测量精度要求高的外测设备，还需考虑姿态稳定、机体变形与修正措施。

根据不同的任务要求，测量飞机也有多种类型。遥测飞机通常以中小型运输机为平台，安装带有宽波束或电子扫描跟踪天线的遥测设备。伴航实况记录飞机通常以机动性强的歼击机为平台，安装高速或普通摄像设备。红外探测飞机一般以中型运输机为平台，安装高灵敏度全波段红外探测设备。落点测量飞机一般以直升机为平台，安装光学测量设备。综合多功能测控飞机通常以大中型运输机为平台，安装外测、遥测、安全控制和目标特性测量设备，具备地面综合测控站功能。若按用途进行分类，测量运载火箭和航天器轨迹的称为弹道测量飞机，测量飞行器光辐射特性的称为辐射测量飞机，接收、记录、转发飞行器和话音信息的称为遥测飞机。

6.1.1.2　典型的测量飞机简介

以 ARIA 飞机为例，与原型机相比进行了较大的内部和外部改装。从外形看，机头有一个低垂的雷达天线罩，内部装有一部直径 2.134m 的可旋转抛物面雷达跟踪天线；翼尖上各安装一部探针天线，机腹下安装一部下垂拖曳天线，用于收发高频无线电数据。图 6-3 所示为典型的 ARIA 飞机[8]，其测控系统主要由无线电跟踪测量系统、光学跟踪系统、数据处理系统、通信系统、时间统一系统及辅助设备等组成。

图 6-3　典型的 ARIA 飞机图片

ARIA 飞机的内部改装主要是安装测控系统的任务电子设备，以及机组人员工作所需的其他设备。任务电子设备有若干功能子系统，包括天线、飞行终端系统、数据处理控制台、射频接收机、任务指挥系统、高频通信和数据中继系统、磁带录音机以及声纳浮标导弹落点定位系统。这些子系统各司其职、相互配合，共同完成测控任务。机头雷达罩内部抛物面天线的主要功能是捕获、跟踪和遥测信号，能够跟踪和接收 S 波段及 C 波段的遥测信号。若进一步改进雷达天线，还可接收和记录 L 波段、P 波段的遥测信号，但是天线尺寸不宜过度增加，否则将影响飞行性能。天线由抛物面发射器和焦点交叉偶极天线阵列馈电系统组成，而馈电系统又包括一部天线阵列、一个比较电路网络、互连电缆和相关硬件设备。雷达天线有两种跟踪模式，以自动跟踪模式工作时，天线受控制装置的控制；以人工跟踪模式工作时，天线由操作员通过方向盘和操纵杆进行控制。声纳浮标导弹落点定位系统分为两部分，一部分预先放置到世界不同地区海底的深海应答器阵列上，另一部分即机载声纳浮标导弹落点定位系统，两部分结合使用以便在导弹试验时精确记录落点。声纳浮标收集海洋背景噪音数据，并将这些数据作为音频信号通过射频链路传输给飞机，ARIA 飞机记录这些信号并构建一个数据库。当飞行器再入大气层的落点在声纳浮标附近海域时，浮标就将落点声音传送给飞机，声音信号被记录下来并与时间和数据库数据进行对比，以计算再入大气层飞行器的精确落点和时间。光电监控系统是 ARIA 的重要任务系统，在飞机上安装一套混合照相机，包括 4 台照相机、计时和控制设备、录像机等。照相机分为弹道超速扫描照相机、分幅照相机和电影照相机 3 种。其中，弹道超速扫描照相机用于黄昏或夜间条件下曝光，当飞行器刚进入大气层时由于与空气的摩擦而变热和发光，超速扫描照相机便可对其拍照并记录在胶片上。除上述任务系统外，飞机还装有飞行控制、导航、搜索等航空电子系统，包括塔康导航系统、甚低频导航系统、甚高频全向指向标、无线电罗盘系统等。飞机配备有惯性导航系统、全球定位系统和潜望式六分仪，EC-135E 飞机安装有搜索雷达和脉冲多普勒雷达，EC-18B 飞机安装了搜索雷达。

　　ARIA 飞机的主要任务有跟踪测量轨道飞行器的运行轨迹，接收遥测信息，发送遥控指令；跟踪测量弹道导弹（包括再入大气层飞行器）、巡航导弹甚至空空导弹的飞行轨迹，接收弹头遥测信号，发送遥控指令，测量弹头的海上落点坐标等。ARIA 飞机的能力受以下因素的影响，如空中加油能力、飞行高度和噪音、到备用基地的距离、燃料储备需求、风向及风力等。虽然所有的 ARIA 飞机都常驻美国本土，但可迅速部署到美军设在全球的机场，其中有的飞机还具备空中加油能力。ARIA 飞机通过无线电跟踪遥测系统、雷达跟踪系统及光学跟踪系统等多种手段对目标进行跟踪和遥测，支持美军在范登堡空军基地、希尔空军基地、埃格林空军基地以及在水面舰艇和潜艇上进行的导弹试验。这些飞机通常用于海上和超出陆基测控站作用距离的陆上地区，飞机获取的遥测数据可通过超高频卫星通信系统实时发送给试验控制中心，使发射单位和试验控制中心能全程监控导弹的飞行过程和性能。所有遥测数据都被记录下来，以便发射任务结束后分析使用。

　　机载任务雷达用于对目标进行精确定位和跟踪。抛物面天线设计使其不能同时跟踪和遥测多个目标，但其优点是跟踪精度较高。机载照相机安装在飞机左侧外部，专门用于对弹道导弹再入大气层和落点进行拍照，可提供再入大气层飞行器穿透云层、成功落点的飞行器数量以及这些事件的相关联系等信息。安装照相机及其辅助设备的支架位于飞机左侧靠近舱门的地方，用遮阳帘包围以防止机上任何光源干扰拍摄。照相机的光学镜头是由珀金·埃尔默公司研制，加大镜头以扩大视野。这些照相机可实现遥控操作，操作员通过一个视频监控器实时观察目标的飞行过程，并可将感兴趣的画面记录下来。

　　ARIA 测控弹道导弹和测控巡航导弹的飞行方式有所不同。在支持弹道导弹试验任务时，飞机在导弹发射前就起飞，同时对导弹进行遥测。在弹道导弹再入大气层的飞行阶段，ARIA 飞机的飞行路线是偏离再入大气层飞行器路线的，而且距离为 24 公里甚至更远，以避免任何可能的相撞。在此期间 ARIA 在水平方向上直线飞行，照相机快门打开，目标数据被记录在胶片和录像带上。飞机的飞行路线和时间经过仔细计算，以确保再入大气层飞行器在降落的任何时候都在照相机和遥测天线的视野范围内。任务完成后，飞机照相机拍摄的原始胶片通常移交给使用单位进行处理。在支持巡航导弹试验任务时，ARIA 可与巡航导弹保持一定距离同向飞行。例如执行一次典型的巡航导弹试验任务时，一架 B-52 飞机携带巡航导弹从爱德华空军基地率先起飞，然后担负测控任务的 ARIA 起飞，加入到 B-52 飞机的行列，并从导弹发射前 90 分钟开始倒计时；B-52 飞机和殿后飞行的 ARIA 随后进入发射区域，完成试验和测控任务。

6.1.2　红外辐射特性测量飞机

面对雷达探测、红外探测等传感器的威胁，隐身性能已经成为现代武器装备最重要的战技指标之一。为促进装备隐身技术进步，西方先进国家建立了强大的隐身技术研究与试验鉴定体系。与雷达散射截面（RCS）不同，红外隐身测试考核的影响因素众多，目标环境背景干扰大，材料结构及表面状态复杂，加之低发射率条件下的高温测试表征误差大，导致飞行器红外辐射特性的测试难度很大。下面，介绍飞行器的红外辐射特性、测量方法以及红外辐射特性测量飞机[9-14]。

红外辐射在本质上是电磁辐射，波长范围在 0.76~1000 μm，介于可见光与无线电波之间，如图 6-4 所示。考虑红外辐射的特点和应用，整个红外波段又可划分为近红外（0.76~3 μm）、中红外（3~6 μm）、远红外（6~15 μm）和超远红外（15~1000 μm）4 个波段。对于超远红外（亚毫米）波段，大气实质是不透明的；对小于 15 μm 的 3 个红外辐射波段，大气也只对一些波段是透明的。根据大气透过率分布以及红外探测器的主要频谱响应这两个主要因素，近年来红外辐射目标特性及红外隐身技术的主要研究波段都集中在中波（3~5 μm）和长波（8~14 μm）波段。

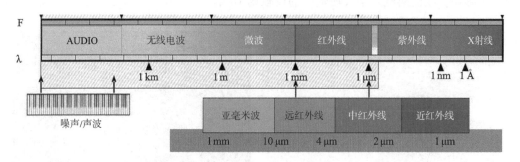

图 6-4　红外辐射频谱及其在整个频谱中的位置

飞行器在空中飞行时的红外辐射，主要包括自身的红外辐射及其对入射辐射的反射两部分。自身的红外辐射包括固体表面（飞机蒙皮和发动机喷管固体壁面等）的红外辐射，发动机喷流的红外辐射；反射辐射包括固体表面对太阳、大气、地表的入射辐射，以及发动机喷流与壁面相互之间入射辐射的反射，如图 6-5 所示。

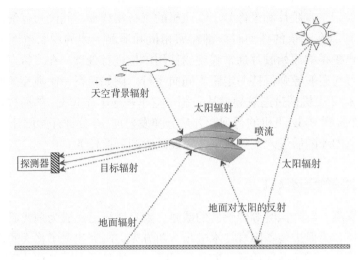

图 6-5　飞行器红外辐射示意图

6.1.2.1　飞行器的红外辐射特性

飞行器自身的红外辐射主要集中在中波（3~5 μm）和长波（8~14 μm）两个波段。辐射源主要包括飞行器蒙皮、排气系统腔体和尾喷流，如图 6-6 左图所示。翼面、机身、进气道、外挂武器等机体和武器外表面蒙皮以红外长波辐射为主，辐射方向遍布整个球面。发动机的中心锥、末级涡轮叶片、导流支板、火焰稳定器、加力燃烧室等热腔体壁面的温度较高，具有较强的红外辐射，辐射方向基本集中在飞行器的后半球，排气系统热腔体对红外中波段辐射的贡献约占 90%。CO_2、H_2O、CO 等高温气体、液体及固体颗粒形成的喷流以中波辐射能量为主，辐射方向主要集中在飞行器后半球，但对前半球也有一定影响，喷流对红外中波段辐射的贡献约 10%。

图 6-6　飞行器的主要辐射源及典型的红外图片

发动机在加力工作状态下，排气温度可达 2000 K 以上，尾喷流高温核心区的长度比非加力状态延伸了 3~6 倍，此时产生的大量碳粒（离）子拓展了尾喷流的辐射谱线，尾喷流成为飞机的主要辐射源，飞行器的辐射强度超过非加力状态 2 个数量级，在这种状态下红外隐身技术措施的效果非常有限。由于巡航飞行中发动机处于非加力状态，即便开加力工作的时间也非常短暂，因此发动机非加力状态成为红外隐身研究的重点。对于发动机非加力工作状态下、飞行速度在 *Ma* 2 以下的常规固定翼飞行器，最强的辐射源是发动机排气系统，其次是机体蒙皮和其他辐射源，典型的飞机红外图片如图 6-6 右图所示。

　　不同排气系统红外辐射的方向特性，与发动机形式即涡轮喷气和涡轮风扇有关，也与发动机安装方式有关，一般遵循以下规律：当探测器位置由发动机后向经侧向往前向移动时，所接收到的排气系统辐射能量是一个逐渐减弱的过程；首先，在正后向或者附近角度出现辐射强度的最大值；然后，当偏离角 α 增大到一定角度如 30° 后，辐射强度将会迅速降低；而当 α=180°，即探测器位于正前向时，排气系统的辐射能量已经相当微弱。至于最大辐射强度出现的角度，则取决于喷管的具体形式及其内部结构情况。图 6-7 上图为分开排气喷管和混合排气喷管的辐射强度仿真曲线，由图可见，混合排气系统的最大辐射值出现在正后向，而分开排气系统的最大辐射值出现在 α=10° 位置。当后向探测时，由于发动机腔体结构复杂，热壁面存在大量的辐射，再加上高温燃气的辐射参与，造成影响因素较多，辐射情况也较为复杂。以一个相对简单的涡扇发动机排气系统模型为例进行分析，图 6-7 下图为该排气系统的辐射强度空间分布，α=0° 的辐射强度最大，随着角度增加辐射强度的总体趋势逐渐降低，但在 α=30° 的辐射强度大于 α=20° 的辐射强度。

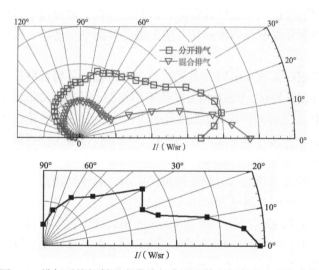

图 6-7　排气系统辐射强度曲线与典型腔体的辐射强度空间分布

　　分析腔体各部件投影面积随探测角度的变化，如图 6-8 所示，α=20° 时直接可见的高温部件有中心锥、喷管、径向稳定器和支板等，它们是主要的辐射源；当 α=30° 时以上部件的投影面积下降，辐射能量相应减小，但涡轮的投影面积大大增加，同时涡轮的温度更高，其辐射能量大幅增加，此消彼长，最终导致了以上结果。综上所述，后向探测时，排气系统的辐射能量大小主要取决于被直视到的热壁面面积，特别是涡轮类高温部件的投影面积。

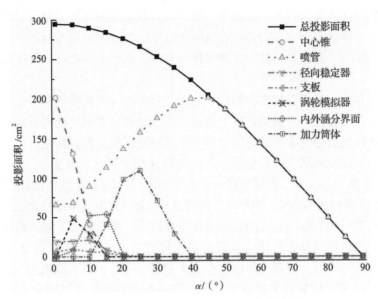

图 6-8　腔体各部件投影面积随探测角度的变化

6.1.2.2　飞行器红外辐射特性的测量方法

飞行器红外辐射特征信号的试验验证，从测试内容上划分包括目标被探测距离、红外辐射强度、热图像和温度场四种；从方法上划分包括空空动态、地空动态和地面静态试验验证。

机载红外搜索跟踪系统（IRST）是测试目标飞行器红外特征的重要设备，目标的探测距离与目标红外辐射特征、IRST 相关参数密切相关，探测距离正比于目标红外辐射强度。IRST 本来是作为飞行器的探测系统而装备的，其主要功能不是用于飞行器红外辐射特征的研究和试验，但其可作为验证性的手段，在比较数架飞行器红外特征的差别和验证红外措施有效性方面具有很强的实用性。

研究红外测量响应曲线漂移对测量结果的影响，必须利用标准热辐射黑体对仪器进行标定来排除。在目标红外特征测试中，标定黑体主要有三类。第一类是测试设备内置标定黑体，例如以色列 CI 公司的 SR-5000 光谱辐射计内置了标定黑体，其特点是使用简便，基本实现实时标定。第二类是实验室标定黑体，其特点是使用范围广，标定精度高。第三类是特殊标定黑体，美军在测量 F-22 飞机飞行状态红外特征时，在其垂尾上安装了一个近似标定黑体参考源，在飞行测试过程中每隔 15 min 检查红外视频的漂移情况；在目标飞行器空空动态红外特征测试中，这种近似标定黑体参考源基本实现准实时标定。

空空动态红外特征试验，是指测试目标飞行器在空中飞行或装载红外测试设备的飞行器伴随（或编队）飞行，并完成探测距离、红外辐射强度、热图像和温度场测试。该试验是验证目标飞行器红外隐身性能的一种有效方法和技术途径，适用于飞行器中长波红外隐身性能测试、红外隐身性能验证，能准确反映发动机状态、飞行速度、飞行高度变化对目标飞行器红外辐射特性影响，基本可实现目标飞行器全飞行包线、全方位测试。测试距离控制在测量目标尺寸 30 倍以内，近似满足远场条件，大气带来的误差相对较小。如采用空中准实时定标，测试精度高。不足之处是需要具备飞行性能满足测试要求的测试飞机和空中测试设备，保障条件较为苛刻，且准备和测试时间长，测试费用昂贵。图 6-9 为典型的目标自动跟踪测试系统构成。

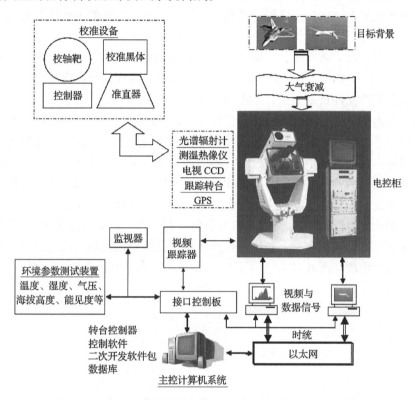

图 6-9　典型的目标自动跟踪测试系统构成

在空空动态红外隐身试验中，载机和测试设备是最重要的技术保障条件。其中，载机的飞行速度和高度应满足测试目标飞行器红外隐身性能的要求。不同载机挂载相应的红外测试设备和附件，形成不同的空空动态红外测试系统。以挂载方式分类，主要有三种：第一种是固定式空空动态红外测试系统（简称固定式测试系统），利用现有作战飞机装备的长波和（或）中波段 IRST，测试目标飞行器的被探测距离，都可归类为这类系统。第二种是吊舱式空空动态红外测试系统（简称吊舱式测试系统），利用现有作战飞机及外挂能力，设计专用吊舱，吊舱中配备热像仪、光谱辐射计以及 IRST 等测试设备，根据需要测试热图像、红外辐射强度和被探测距离等参数，都可归类为这类系统。第三种是装载式空空动态红外测试系统（简称装载式测试系统），利用运输机等飞机的较大装载能力，配备热像仪、光谱辐射计以及 IRST 等测试设备，根据需要测试热图像、红外辐射强度和被探测距离等参数，都可归类为这类系统。

目标飞行器被 IRST 发现的距离，直接反映了其红外隐身性能；对相同 IRST 而言，被探测距离越短，红外隐身性能越好，反之越差。被探测距离是表征飞行器红外隐身性能指标的重要参数，在红外隐身飞行器研制定型时，需要测试被探测距离来验证其红外隐身性能。采用固定式、吊舱式或装载式测试系统都可以测试目标飞机的被探测距离，整个测试过程大致分为以下步骤。第一步，选择测试系统。选择时重点考虑载机的飞行高度是否满足测试要求，并对选定的测试系统进行调试和标定。第二步，制定测试方案。根据目标飞机测试要求、红外特征信号的预判（可以通过理论分析、地空测试、地面静态测试等方式获得）、IRST 的性能以及测试飞机与目标飞行器的飞行性能来制定，主要确定测试飞机与目标飞行器随时间变化的飞行速度、轨迹、姿态和相对位置关系（包括距离、方位）等参数。第三步，开展测试工作。根据测试大纲，选择白天晴朗无云的天气开展测试工作。第四步，处理测试数据。修正天气、温度以及高度等因素对测试结果的影响，如果条件允许重复测试，还需对多次测试结果进行统计分析。

在探测距离测试中，测试飞机预知目标飞行器的速度、高度、飞行航迹等参数，因此可以采用以下方法：①逼近法。测试飞机与目标飞行器在一定高度差的情况下两机对飞，逐渐逼近，在此过程中探测目标飞行器的迎头探测距离。②交会法。根据对目标飞行器红外特征信号的预判和 IRST 的性能，设计两机测试交会区域，测试飞机与目标飞行器在一定高度差的情况下同时飞抵交会区域，在交会区域测试飞机探测目标飞行器的侧向方位探测距离。③渐离法。测试飞机与目标飞行器在一定高度差的情况下同向飞行，目标飞机在前，测试飞机在后，利用两机速度差，逐渐拉大距离，在此过程中探测目标飞行器尾随探测距离。图 6-10 给出了目标飞行器 3 个典型方位被探测距离测试示意图。

图 6-10　目标飞行器 3 个典型方位被探测距离测试示意图

飞行器红外辐射强度的大小，直接影响目标飞行器被对方 IRST 探测的距离，是表征目标飞行器红外隐身性能最重要的度量参数。空空动态红外辐射强度的试验结果，是检查和评价飞行器红外隐身设计的重要数据。对于空空动态红外辐射特性试验，可以采用吊舱式自动跟踪测量系统，测试时光谱辐射计和热像仪可以单独或组合（相互校验测试结果）使用；对于红外热图像试验，主要采用热像仪。测试标定可以选择地面标定方式，也可以选择空中准实时标定方式。

飞行器红外辐射强度和热图像的测试，步骤基本相同，大致分为四步。第一步，根据目标飞机的测试内容，选择满足速度高度要求的载机并配备满足测试要求的吊舱式测试系统。第二步，确定测试飞机与目标飞行器随时间变化的飞行速度、轨迹、姿态和相对位置关系（包括距离、方位）等参数，制定测试方案。第三步，选择白天晴朗无云的天气开展测试工作，重复标定—测试—标定的过程。第四步，处理测试数据，修正天气、温度以及高度等因素对测试结果的影响，如果条件允许重复测试，还需对多次测试结果进行统计分析。

空空动态测试工作需将测试飞机与目标飞行器编队飞行,测试距离控制在 1000 m 以内,完成目标飞行器 360°周向红外辐射特性测试,图 6-11 给出了空空动态测试方案示意图。空空动态测试中,目标飞行器能够准确模拟速度、高度、环境等因素,其测试误差包括:①测量误差。影响测试结果精度的因素包括无法准确获取目标飞行器所处大气环境参数,采取测试前后的非实时标定方法,采用带有一定误差的测试数据处理方法等。带误差的测试数据处理方法如采用光谱辐射计测试,背景影响不能完全剔除,又如采用热像仪测试,利用热图像进行辐射强度计算,提取计算边界、计算视场中被测目标面积存在一定误差。②标定误差。在实验室内利用计量过的黑体进行测量设备标定,无法扣除大气带来的影响,只能通过大气透过率来计算修正,同时红外测量设备和工作环境变化也会带来一定的误差;黑体标定带来的误差,将辐射温度换算成红外辐射强度也会产生误差。若采用外场校准实时定标,如在目标飞行器上加装标准体可以避免测试环境和测试设备的不利影响,但不能实时测试标准体的温度,标准体发射率可能随环境变化;若标准体的发射率变化较大则会对测量带来较大影响,这些因素都会影响测试结果的精度。③太阳影响。太阳光的强弱(或无太阳光),对测试结果有一定影响。

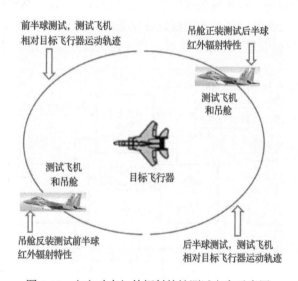

图 6-11　空空动态红外辐射特性测试方案示意图

6.1.2.3　红外辐射特性测量飞机

精确测定飞机飞行过程中红外辐射特性的理想方法,是利用机载红外测量设备按照既定程序和规范加以测量[13,14]。长期以来,美国一直利用各种机载红外测量设备对空中目标进行红外特性测量与研究,其空军、海军均采用机载红外测量平台对战斗机、直升机、红外干扰弹等开展红外特性采集/测量与验模工作,不仅开发了多种先进的机载红外测量吊舱,还采用大型飞机作为空中红外测量平台(空中目标光学特性实验室)采集/测量目标与背景的光学特性。

1. 美国空军埃格林基地的机载红外测量系统

20 世纪 50 年代以来，埃格林基地第 3246 试验联队发展了若干机载红外测量系统，包括波束式导引头鉴定系统（BASES），超音速红外测量吊舱（SAIMS），机载红外测量系统（ASIMS），机载光电/红外/激光系统（AEIL），通用测量吊舱（CSMP），遥感机载辐射计吊舱（STAR），机载光电仪器稳定平台（SEAIP）等。这些机载红外系统多数已退役，部分进行了改进或技术升级，多年来为固定翼飞机、直升机、无人机、牵引靶、红外导弹及曳光弹等装备采集了大量的红外特性数据。

超音速机载三自由度常平架红外系统（SATIRS）是一种可挂载于 F-15D 飞机的吊舱，如图 6-12 所示。在吊舱头部三轴稳定平台内安装有 1 台红外光谱仪、2 台红外辐射计或寻的器、1 台电视摄像机、2 个 AIM-9L/M 导引头等。采用可见光 CCD 相机，7°视场。红外热像仪为 4∶1 隔行扫描，空间分辨率 0.7 mrad，帧频 25 帧/s，视场 7°×7°，短波、中波和长波热像仪的波长分别为 1~3 μm、3~5 μm、8~12 μm。针对窄波段测量和各类不同目标，每台热像仪有一个可遥控操作的滤光片和光圈调节机构。波束导引寻的器鉴定系统 BASES Ⅱ也是一种吊舱形式，可在 F-15D 飞机外挂，其直径 55.88 cm，长度 4.2672 m，质量为 700 kg，在吊舱头部安装的主要设备有三轴、高转矩、惯性稳定陀螺，短波/中波/长波红外热像仪，红外光谱仪，可见光 CCD 摄像机，自动视频跟踪系统，实时数据显示系统，数据采集和记录系统等。把先进的红外成像光谱辐射计安装在机载吊

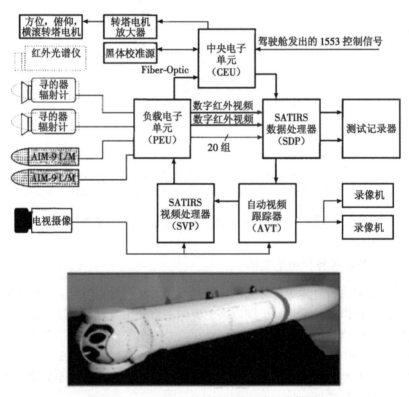

图 6-12　SATIRS 红外吊舱系统组成及实物图

舱内，即高分辨率机载成像光谱辐射计系统 SARIS，可用于目标红外特性测量，成像光谱辐射计提供更全面细微的目标特征信息，利于深入研究目标特性与目标识别。该系统用于获取飞行器的红外特征，主要用来测量飞机、导弹和火箭发动机的红外信号，以及各种红外背景和杂波特性，具有从远距离目标中高速度高精度提取精确红外特征的能力。SARIS 吊舱头部是一个三轴稳定转动架，转动架在 0.04 s 内平稳地转动 0.7 mrad，其光谱仪是在 BomemMB 干涉仪的基础上将前部的光学器件形成非聚焦系统望远镜。SARIS 主要技术指标为：光谱范围 2~5 μm，光谱分辨率为 1 cm^{-1}、2 cm^{-1}、4 cm^{-1} 或 8 cm^{-1}，像素为 16×16，视场角为 16°×16°(±1 mrad)，测温范围为 20~1500 ℃，数据频率为 19 Hz、38 Hz、75 Hz、150 Hz，数据记录为 240 Mbit/s、连续 30 min，工作温度范围为–54~71℃、–54~95 ℃，飞行高度范围为 0~21.335 km，飞行马赫数为 0~1.5，该系统于 2004 年 10 月由美国空军在 F-15 飞机上飞行试验成功。

机载导引头试验平台 ASTB 由 GulfstreamⅡ飞机平台改装而成，用于目标特征信息采集与导引头性能评估等飞行试验，收集了许多目标的红外和雷达数据。GulfstreamⅡ飞机平台上携带了各种探测器吊舱，如 RF 探测器、ACMI 吊舱、机载红外图像 AIRI 系统、红外导引头性能评估吊舱、AIM-9M 导引头、X 波段射频导引头及 C 波段烟火跟踪器等，飞机上部装有单脉冲天线、高频天线、甚高频天线、GPS 天线、超高频 L 波段天线等高级阵列天线。其中，AIRI 系统是一个安装在机翼上的跟踪系统，主要用于目标特性研究和检测算法的评估，其光学系统的核心是两个红外热像仪，一个是 2~5 μm 的 256×256 像素的 InSb 焦平面阵列，另一个是 6~10 μm 的 128×128 像素的 HgCdTe 焦平面阵列。

2. 美国海军空战中心机载红外测量系统

美国海军空战中心 NAWC 研制了多套机载红外测量系统，分别命名为机载转塔式红外测量系统 ATIMS Ⅰ、Ⅱ、Ⅲ和Ⅳ，也称 Tiger 红外测量吊舱。ATIMS Ⅱ系统可装备在 F-4、F-15D 或 A-3 飞机上，该系统的光学测量设备有红外热像仪、红外光谱仪、2 台电视摄像机、4 个制导系统。红外测量仪器和彩色电视摄像机装在球形转塔内，导弹制导系统固定在球形四周。该系统最初用于空对空测量飞机、导弹和干扰系统的红外特征，后来主要用于复杂干扰环境下试验制导系统，可在超音速环境下工作，吊舱在载机上可向前或向后安装，制导系统与测量系统的数据同时显示在屏幕上，在试验制导系统跟踪能力的同时能够记录目标的红外特性。

ATIMS Ⅲ系统可装备在 QF-4 飞机上，系统包含的光学测量设备及数据采集系统有 1 台红外光谱辐射计、波长 1.7~5.3 μm，1 个红外辐射计，4 台视频相机，1 台激光测距仪，2 个红外热像仪波长为 2~5 μm、8~12 μm，5 个视频盒记录器，以及 4 枚导引头。在事后数据分析时，窄视场、宽视场和 ATMS 图像均由时间相关联。用于红外干扰弹测量的案例，是一架海军空战中心的 QF-4 飞机外挂测量系统与试验机编队飞行，捕获曳光弹相对于 B-1B 飞行试验机坐标位置数据。为了捕获曳光弹轨迹数据，QF-4 飞机与 B-1B 飞机以相同的飞行姿态，从 B-1B 飞机后部飞行至右翼，B-1B 自卫系统操作人员在指定的马赫数和高度使用曳光弹。

ATIMS Ⅳ吊舱的头部装有 3 排光学传感器，仅中间 1 排就安装了 5 个光学传感器，头部至少装有 11 个光学测量设备，包括 3.5~5 μm 和 8~12 μm 红外波段的测量设备。

1998 年美国海军空战中心采用 ATIMS Ⅳ 吊舱对 F-15E 飞机进行了空中红外特征测量飞行试验。1998 年对 F-22 飞机红外特征进行空中飞行测量，对 3 架 F-22 验证机进行了为期 4 个月的测量飞行试验。2000 年 7 月，爱德华空军基地的 F-15B 飞机外挂 ATIMS Ⅳ，对 F-22 飞机 4002 号机进行了 13 架次红外测量飞行试验，获得了大约 17h 的动态红外特性数据。这次试验主要验证 F-22 飞机高保真红外辐射模型，测试地点在美国海军空战中心武器分部海洋测试靶场。该吊舱能在持续的超音速状态下覆盖很宽的水平/高低视角范围，能同时获得 4 个波段的高动态范围红外校准数字视频信息；先后进行了 1.5Ma/12 km 和 0.9Ma/9 km 两种条件下的红外测量。图 6-13 所示为 F-15B 外挂 ATIMS Ⅳ 吊舱对 F-22 进行空中红外特性测量飞行试验，在 F-22 飞机垂直尾翼上粘贴了一块近似黑体的标准参考辐射源，用以检查红外热像仪的漂移，每隔 15 min 检查一次，这种对红外测量仪器进行空中近实时定标的方法可较好地提高动态测量精度。通过 F-22 飞机红外特性飞行测试，获得了相关条件下校准后的高质量红外图像。利用这些高质量的飞行红外测试数据，对 F-22 红外特性模型精度进行了严格的定量验证。验证的红外模型可以预测 0.4~25 μm 范围内的飞机红外特性，并输出红外图像、光谱和红外辐射强度。

作为参考的近似黑体

红外吊舱

图 6-13　F-15B 飞机外挂 ATIMS Ⅳ 吊舱对 F-22 飞机进行空中动态红外测量试验

2000 年，美国海军用 F-4 飞机外挂 ATIMS Ⅳ，对 MV-22 直升机进行了空对空红外特性测量，ATIMS Ⅳ 是反向挂载在 F-4 飞机机翼上，这是为了对目标机进行前向红外特性测量。2003 年后，为了采集、测量目标更多的光学特性，提高飞行测量效率，爱德华空军基地在 F-15D 飞机上同时外挂 ATIMS Ⅲ 和 Ⅳ 两个红外测量吊舱，两个吊舱的各类光学测量传感器至少在 20 个以上，所采集、获取的目标特征信息量更多，进一步提高了飞行测量效率。图 6-14 为机载红外测量系统的典型应用。

图 6-14　机载红外测量系统的应用

3. 美国的红外测量试验飞机（红外测量飞机）

美国空军专门改装了一架 NKC-135 飞机，作为收集目标与背景红外特征的试验机，命名为飞行红外特征技术试验机（Flying Infrared Signature Technology Aircraft，FISTA），对感兴趣的目标和背景进行机载测量。FISTA 始于 1961 年，最初用于检验大气核爆炸和相关夜空、极光的红外特性。1974 年禁止核试验协定后，FISTA 转向测量和推测飞行器的红外特性，在大气红外窗口用空中平台探测和辨认飞行器，为飞机提供定标红外测量并掌握飞机目标特征，这些数据是目标和背景光谱、带通辐射成像数据库的基础。1993年对其进行了改进，FISTA 测量设备转到了新的 NKC-135E 飞机上，在机上开设了大量设备窗口，改进后的试验机称为 FISTA Ⅱ，并于 1995 年成功试飞。FISTA Ⅱ 安装的设备包括 8 个红外热像仪、3 个干涉光谱仪、2 个辐射计、2 台 CCD 电视和 2 台照相机，覆盖了所有感兴趣的红外波长，另外还有摄像机等提供背景、形貌及距离信息。获得了大量的飞行器、导弹、其他面目标和广阔背景测量的光谱、辐射空间分布等数据，包括 F-16 飞机的红外数据，并可进行红外低可探测技术研究（如 B-2 和 F-117 计划），也用于获取新型飞行器如 F-22 飞机的红外数据。为目标和背景光谱、红外图像数据库提供了大量的数据，并借此建立和校验目标红外辐射模型，使其可以准确地描述和预测飞行器典型红外特性。FISTA Ⅱ 提升了先进飞行器和其他受关注目标的红外特征测量能力，为新的红外隐身技术测试及更低可探测性能的涂层测试提供了支撑，并为空军设计红外低可探测飞行器提供了验证能力支持。FISTA 的测量方法广泛用于识别和验证国防部的特征代码，如目标和背景的红外光谱及图像代码等。FISTA 的飞行测量任务非常频繁，获取了大量的目标与背景数据，除了军用目标与背景的红外测量外，还可用于天体、大气、陆地和海洋研究等。

美国一直致力于对飞机性能，包括隐身性能和生存力进行精确评估。NASA 将一架 ER-2 飞机改装为红外测量试验机，机上各类红外测量设备有 35 种之多，所有的设备都要进行光谱、空间和光谱辐射度的定标。飞机上安装有导航系统，可以连续记录 GPS 位置和平台姿态数据。NASA 还将一架 DC-8 飞机改装为红外测量试验机，在飞机上开有 10 个窗口，顶部开有天顶口，共安装了 13 台光学特性测量设备。爱德华空军基地将一架波音 707 飞机改装为红外测量试验机，在飞机上开了 4 个光学窗口，安装了光谱仪、热像仪、紫外辐射计、可见光成像光谱仪等测量设备。除了上述机载红外测量系统及试验平台以外，还有支持海军机载红外测试要求的 CASS 机载红外定标系统和 AN/AAM-60(Ⅴ)机载红外试验系统，在沃罗普飞行研究院机场空域进行了目标的红外测试飞行试验，红外测试中使用了高分辨率的红外热像仪和光谱测量系统，获取用来分析识别飞机特定点的目标特性所需的详细红外特性/温度数据，以及飞机红外特性/威胁评估所需的高分辨率图像数据和光谱数据等。

6.1.3　重力场测量飞机

地球上的物体及物理现象受到地球重力的作用与影响，重力场作为基本物理场反映了地球物质分布及其随空间和时间的变化，测量地球的重力场对于自然科学以及工程实践具有重要的意义。高精度和高分辨率的重力场数据，是研究地球大地测量学、动力学、地震学、海洋学等学科的基础信息，不仅用于矿产资源勘探、地质灾害预防和生态环境保护等国民经济领域，还可用于装备自主导航、航天器轨道精确定位等国防领域。

随着惯性导航技术的进步和惯性器件精度的提高，重力矢量对惯性导航系统影响越来越明显，精确测量重力矢量对提升惯性导航及姿态测量精度具有重要意义。例如，在潜艇的重力辅助导航方面，通过测量水下重力场参量作为惯性导航系统的外部信息源，构建重力传感器与惯性导航的组合系统，可对惯性导航系统进行校正，起到抑制惯性导航误差、提高导航精度的作用。重力匹配辅助导航获取重力场信息对外无能量辐射，是一种被动的无源方式，因此具有良好的隐蔽性，能够满足潜艇长期隐蔽航行的导航要求。

重力场的测量方法主要有地面重力测量、海洋重力测量、卫星轨道测量及航空重力测量等。地面重力测量是在陆地区域进行重力测量的方法，这种方法时间长、效率低，且受环境影响较大，在沼泽和沙漠地区难以进行测量。海洋重力测量主要是通过船只在海面上采集海洋重力场数据，利用低通滤波处理等技术，最后解算出精度相对较高的结果；虽然比地面测量效率高，但由于船只运行速度慢，测量周期也比较长，并且只能测量海域的重力场信息。卫星轨道测量重力技术的发展，较好地解决了地面与海洋测量方式的地理局限性；卫星数目不断增多，测量数据不断丰富，重力场数据的精度和分辨率也得到很大提高，但是卫星轨道测量技术在地球两极的重力测量上仍存在盲区，无法得到地球重力场的高频段信息。航空重力测量技术，是一种不与目标对象接触就可得到测量结果的探测技术，能够适应地势复杂地区和自然环境比较恶劣的地区，比如山区、海洋和沼泽等，目前已广泛应用于国土资源勘测、地质灾害分析与生态环境评价等领域。与传统的测量技术相比，航空重力仪测量技术的测量范围更加广泛，测量效率也随之提高，此外与 GPS 等技术配套也可提高航空重力测量的精度。

综上所述，实现重力测量的方法多种多样，从测量方式上可以分为地面、航空、海洋以及卫星重力测量，从测量的目标上有重力标量测量、重力矢量测量以及重力梯度测量，从测量实现的技术手段上可分为检测质量式、冷原子干涉式、动态跟踪式、捷联式以及平台式，从测量设备的运动状态上可分为静态重力测量以及动态重力测量。静态重力测量是最先得到应用的测量方式，利用静态重力测量设备对重力的标量信息或梯度信息进行测量，需要测绘人员进行单点长时间作业，从而精确获取地球重力场的高频信息，但通常只能在开阔地区进行，难以在深山、密林、沼泽、沙漠等复杂地形开展，有较大的局限性。随着量子技术、超导技术以及激光干涉技术的发展，进一步提升了静态重力测量的精度，但是测量效率依然较低。动态重力测量出现较晚，但因高效便捷得到广泛应用。稳定平台式重力测量是经典的测量方式，通常以双轴或者三轴稳定平台为重力传感器，实现重力信息的获取。稳定平台式重力测量核心传感器可以是传统的惯性原理传感器或基于冷原子的新型传感器，通过全球卫星导航系统（GNSS）补偿运动加速度，从而实现绝对或相对重力的测量。捷联式重力测量基于捷联式惯性导航系统（SINS），可借助 GNSS/SINS 组合导航实现相对重力测量。平台式及捷联式动态重力测量是高效获取重力场中高频分量的有效手段，图 6-15 为平台式及捷联式重力测量的应用分类。下面，简要介绍航空重力测量的发展历程、重力测量系统的误差特性及重力场飞行测量方法[15-18]。

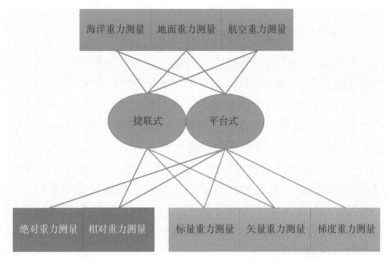

图 6-15 平台式及捷联式重力测量的应用分类

6.1.3.1 航空重力测量发展历程

以美国为代表的西方发达国家较早从事航空重力测量技术研究，研制了多种航空重力测量仪器（或简称重力仪），主要包括两轴阻尼惯性稳定平台型航空重力测量系统、三轴惯性稳定平台型航空重力测量系统和捷联式航空重力测量系统。典型的重力仪测量系统产品如图 6-16 所示，左图为 LCR 重力仪，右图为 GT 系列重力仪。国内方面，1995 年西安测绘研究所开始研制航空重力测量系统 CHAGS，2002 年通过技术鉴定，2004 年在大同地区进行了飞行试验，测定山区重力异常的重复线为 3.32 mGal/10 km，同地面数据对比精度优于 5 mGal，基本满足大地水准面测量要求；2007 年又研制第二代 CHAGS 重力测量系统，与 LCR 重力仪的精度相当。此外，中国航天科工集团三院三三所、船舶重工七〇七所、国防科技大学等单位也开展了相关研究。下面简要介绍三种类型的航空重力仪。

图 6-16 典型的重力仪产品

1. 两轴阻尼惯性稳定平台型航空重力测量系统

20 世纪 30 年代以来，美国、德国陆续研制了多型重力仪，如 1939 年美国 LCR 公司开始制造高精度重力仪，1955 年首次用于海洋重力测量，1958 年美国空军采用固定翼飞机搭载海洋重力仪进行航空重力测量实验，通过航空摄影测量或多普勒雷达跟踪确定飞机所处空间位置，试验结果表明在分辨率为 50 km 条件下精度为几 mGal。1966 年美国海军采用 LaCoste & Romberg 海空重力仪进行了直升机实验，测线交叉点不符值为 3~5 mGal，初步验证了航空重力测量的可行性。2002 年 Alps 公司研制出两轴阻尼惯性稳定平台 L & R Ⅱ 型海空重力仪，并于 2005 年研制出两轴阻尼惯性稳定平台 TAGS 航空重力测量系统，在航空重力测量实验中内符合精度达到 0.93 mGal。尽管两轴阻尼惯性稳定平台型航空重力测量系统覆盖范围广，但系统稳定性较差，精度和分辨率难以提高，影响了其在航空重力测量中的应用。

2. 三轴惯性稳定平台型航空重力测量系统

随着惯性技术的发展，三轴惯导平台型航空重力测量系统得到了快速发展，典型案例为加拿大的 AirGrav 和俄罗斯的 GT-1A/2A 系统。1992 年加拿大 SGL 公司开始研制航空重力测量系统 AirGrav，该系统的惯导平台包括两个二自由度陀螺和三个加速度计，为保证惯导系统的稳定性将其安装在温控箱里；1999 年在加拿大渥太华地区进行了首次飞行试验，重复性精度达到 1 mGal，分辨率为 2.0 km。俄罗斯莫斯科重力测量技术公司（GT）从 20 世纪 60 年代起开始制造海洋重力仪，2000~2001 年应澳大利亚地球科学公司要求改进研制了 GT-1A 型重力仪，在俄罗斯、澳大利亚等地多次进行航空重力测量试验，精度可达 0.5 mGal、分辨率 1.5~2.75 km。GT-1A 与 AirGrav 都采用了三轴平台惯导结构，对加速度计等采取了温控措施。2010 年 GT-1A 全面升级改造后被命名为 GT-2A 航空型，其重力敏感系统和震动隔离性能得到大幅提升。GT 系列重力仪在全球实现了超过 200 万 km 测线长度的测量任务，其测量精度可以达到 0.6 mGal/3 km，并且对恶劣天气具有良好的适应能力。

3. 捷联式航空重力测量系统

对更高测量精度的需求，进一步推动了捷联航空重力测量系统的发展，例如加拿大的 SISG、德国的 SAGS 和俄罗斯的 GT-X。20 世纪 90 年代，加拿大卡尔加里大学 Schwarz 团队率先开展研究，发现捷联式重力测量比旋转不变式具有更好的精度及测量适应能力，采用 HoneyWell 公司 LASEREF Ⅲ 型捷联惯导系统作为重力测量设备并命名为 SISG。1995 年在落基山脉的飞行试验精度为 2 mGal/7 km 或 3 mGal/5 km，表明捷联式重力仪可以测量大地水准面；2000 年在加拿大将 SISG 系统与 LCR 及 AirGrav 重力系统开展了比对试验，SISG 测量精度达到了 1.5 mGal/2 km 或 2.5 mGal/1.4 km，与另外两型重力仪精度相当。多次试验表明，捷联式重力仪可以获取高精度以及中高分辨率的重力扰动信息。由于直接采用捷联惯导系统作为重力测量设备，SISG 具有一些固有缺陷，如受温度变化影响较大。2000 年以后，多个国家开展了捷联式航空重力测量的研究，例如德国巴伐利亚自然科学与人文科学学院、慕尼黑国防军大学及美国加利福尼亚的喷气动力实验室，均取得了一定的成果。但是这些机构同样借助捷联式导航设备进行捷联式重力测量，测量精度与平台式重力仪相当，其环境适应能力也有待提高。俄罗斯研究人员在 GT-1A/2A 的基础上深化研究，新的重力测量设备命名为 GT-X，功耗和体积得到了优化。

6.1.3.2　重力测量系统及其误差特性

1. 典型的重力测量系统

动态重力测量从海洋开始，逐步扩展到航空领域，不同国家研发了多种型号的平台或捷联式重力仪。与平台式重力测量相比，捷联式重力测量的核心部分为捷联惯导系统，不仅能完成重力测量，还可作为高精度姿态测量及导航系统。捷联式重力测量利用了数学投影方法而不需要物理机械平台，结构简单、便于安装、易于维护，体积小、重量轻、功耗小，动态适应范围大，并可获得载体的姿态信息。捷联式重力测量直接存储惯性器件的原始输出，更容易进行数据挖掘，随着算法的更新还能进一步提高精度。捷联式重力测量系统可以与电、磁、遥感等多种测绘传感系统整合，以实现高效的综合测量。图 6-17 为国防科技大学开发的三代捷联式航空重力测量系统，分别展示了 SGA-WZ01、SGA-WZ02 及 SGA-WZ03 核心传感器部分，其中第一、二代系统是纯捷联式航空重力测量系统，第三代系统为基于稳定平台+捷联惯导的新型重力仪，包含核心捷联重力测量系统及稳定平台，其中核心捷联重力测量系统可以脱离稳定平台工作。

图 6-17　SGA-WZ 系列捷联式航空重力测量系统

SGA-WZ 系列捷联式重力测量系统主要由重力传感器子系统、姿态测量子系统、减振子系统、GNSS 接收机子系统、测高子系统、数据采集子系统及数据预处理软件等组成，其系统构成如图 6-18。姿态测量系统主要功能是测量载体的姿态，以便将测量值投影到当地的地理坐标系中。重力传感器系统由三只高精度的加速度计组成，作为重力传感器。稳定平台系统隔离载体在水平方向上的角运动，该子系统为第三代重力仪独有。GNSS 接收机系统包括机载 GNSS 接收机和地面 GNSS 接收机两部分，主要用于获取时间、空间三维位置、速度、加速度等信息。数据采集、记录及监控系统完成所需数据的采集、记录，并对系统进行状态监控和控制。减振系统用于削弱机载环境下飞机发动机引起的振动影响。航空重力数据处理软件完成从原始测量数据到重力异常数据的计算和处理，主要包括惯性导航解算、组合导航卡尔曼滤波、GNSS 加速度计算、低通滤波以及结果校正。重力仪配套传感器箱和电气箱，传感器箱体提供捷联惯导系统安装位置、温度控制及电磁屏蔽环境，电气箱包含直流电源、温度控制器、数据初步处理与存储，通过 GNSS 接收机输出的脉冲信号实现信号与数据的同步，利用不间断电源（UPS）可以在载体电源与地面电源切换的过程中保持工作状态，保证重力仪长期不断电工作。

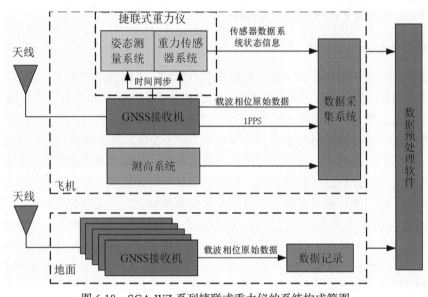

图 6-18　SGA-WZ 系列捷联式重力仪的系统构成简图

2. 重力测量系统的误差特性

　　捷联式重力测量的基础是捷联式惯性导航，要提升测量精度就须分析捷联式重力测量的误差特性，例如捷联式惯性导航原理、惯性器件误差以及组合导航误差模型等。为了获取高精度重力测量所需的信息，可采用基于位置速度观测的 SINS/GNSS 组合卡尔曼滤波作为捷联式重力测量的核心环节，其方法与流程如图 6-19。对导航坐标系下的捷联惯导误差进行建模，得到卡尔曼滤波中的误差模型；基于加速度计（加表）及陀螺采样进行惯导解算，得到速度、位置及姿态等惯性信息；基于 GNSS 观测得到的位置速度信息作为观测量，进行卡尔曼滤波并对惯导系统中的误差项进行估计，反馈校正估计误差，以得到导航坐标系下的精确比力信息；对 GNSS 得到的位置信息进行二次差分，得到运动加速度信息，并利用位置与速度信息进行解算；将前面得到的比力信息、加速度信息及相关信息进行计算，最后得到重力扰动信息。

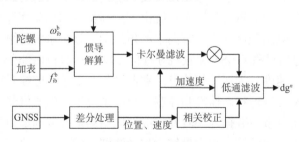

图 6-19　捷联式重力测量流程图

对捷联式重力测量中惯性器件误差进行分析，重力测量的误差模型如下：

$$
\begin{aligned}
\delta \mathrm{d}g^n = {} & \delta \dot{v}_e^{\,n} - f^n \times \psi - C_b^n \delta f^b - v_e^n \times \left(2\delta \omega_{ie}^n + \delta \omega_{en}^n\right) \\
& + \left(2\omega_{ie}^n + \omega_{en}^n\right) \times \delta v_e^n - \delta \gamma^n
\end{aligned}
\tag{6-1}
$$

式中，$\delta \mathrm{d}g^n$ 为重力扰动测量误差；$\delta \dot{v}_e^{\,n}$ 为加速度测量误差；$\delta \gamma^n$ 为正常重力计算误差。由误差模型可以看出，影响重力测量精度的因素较多，其中主要是由捷联惯导系统导致的比力测量误差、姿态误差和由卫星导航系统导致的加速度测量误差。GNSS 提供的位置、速度以及加速度信息，已经可以达到很高的精度，所以捷联式重力测量精度主要受限于捷联惯性导航系统的精度水平，即加速度计及陀螺的误差特性。

6.1.3.3　重力场的飞行测量

国防科技大学自 2003 年开始研究捷联式重力测量系统，2008 年研发成功 SGA-WZ01 系统，次年进行了首次飞行试验，验证了系统性能并持续改进，在山东进行了第二次飞行试验，试验结果表明精度优于 1.5 mGal/5 km，之后又在江苏进行飞行试验，测线里程达到 5239 km，交叉点精度优于 2.5 mGal。由于系统性能优良，受到国际测地协会主席 Rene Forsberg 教授邀请，到格陵兰岛开展航空重力测量试验，飞行测线总长度为 7500 km，重复线精度优于 1.2 mGal/7 km。SGA-WZ01 系统可以长时间无人值守，进行了多次海洋重力测量试验，结果表明海洋试验精度优于 1 mGal。2014~2016 年又研发了 SGA-WZ02 和 SGA-WZ03 系统，并于新疆进行了超过 5000 km 的测线飞行，交叉点精度优于 1.5 mGal/4.8 km。SGA-WZ03 在广西进行重复线试验，并同架次搭载 GT-2A 重力仪，SGA-WZ03 的重复线精度优于 0.8 mGal/3 km。在提高重力扰动垂向分量提取能力的基础上，还利用 SGA-WZ 系列重力仪提取重力扰动水平分量，研究表明水平分量的精度优于 2 mGal/6 km。

在新疆南部飞行试验中使用了 Cessna208 飞机，该飞机属于小型单发飞机，适宜低空飞行，爬升率较大，能够满足本测量试验的需要。试验飞行海拔高度 1500 m，飞行速度约 60 m/s，航迹控制通过自动驾驶仪实现，同机搭载了 GT-2A 重力仪，图 6-20 为飞行测量所用 Cessna208 飞机。

图 6-20　飞行测量所用 Cessna208 飞机

在新疆东部飞行试验中，使用 Y-12 飞机执行测量试验，如图 6-21 左图。Y-12 飞机属于小型双发飞机，操纵性能较强，适宜低空飞行，爬升率可达 9.2 m/s，最大载重量 1700 kg，巡航速度 210~250 km/h，最大航程 1340 km，能够满足本测量试验的需要。测区的地形、地质构造、航磁异常和重力异常走向均以近东西向为主，遵循主测线方向垂直或基本垂直于地球物理场和地质构造主走向之原则，确定主测线方向为南北方向，控制线方向为东西向。全区统一编号，测线 82 条、切割线 8 条。编号顺序采用从西向东、从下到上依次增加的方法。测量试验中搭载了二代和三代测量系统，系统安装情况如图 6-21 右图。试验飞行海拔约 1600 m，飞行速度约为 220 km/h。除了正常测线以外，试验还安排了起伏飞行及保持真高飞行的特殊测线。试验的重力标量测量结果如图 6-22，其测线网交叉点精度平差前为 2.09 mGal/4.8 km，平差后 1.30 mGal/4.8 km，较好地完成了整个测区的测量任务。

图 6-21　飞行测量所用 Y-12 型飞机及重力仪安装图

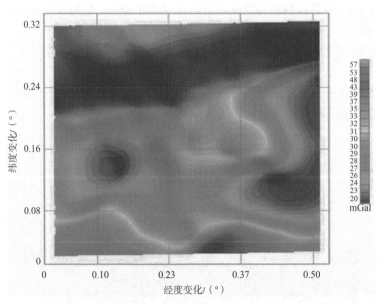

图 6-22　典型的重力标量结果

6.2　导航校验飞机

导航校验飞机（Navigation Inspection Aircraft，NIA）[19]是一种对机场和航路导航台站实施飞行校准检验的特种飞机，从技术视角看校验工作，其核心是各项性能指标的校准，保证导航信号精度、量值准确可靠，所以导航校验飞机也可称为导航校准飞机。通常情况下，地面无线电导航台站虽然通过了地面测试检验，也难以保证其向空中飞机提供的导航信息准确无误；只有通过实际的飞行检验，才能最终确定其提供信息的准确程度。导航校验飞机在空中对地面和机载航空无线电导航设备进行飞行检验，按照预定航线飞行过程中不断对被校验导航台站向空中辐射的导航信号进行分析，当发现该导航信号不正确时，及时通知地面人员对地面导航台站进行相应调整，直至导航信号正确。导航校验飞机是检查机场和航路导航台站工作性能的重要手段，对确保导航台站为飞机提供正确的导航引导和保证飞机飞行安全具有重要的意义。

6.2.1　导航校验飞机简介

6.2.1.1　发展历程

20 世纪 30 年代，随着导航设备的不断发展，为保证飞机的飞行安全需要对导航设备进行空中飞行检验。1932 年美国利用空中巡逻飞机开展了空中航线巡逻任务，实际上就是最早的导航校验飞机。早期的导航校验飞机如 Curtiss-Wright Sedan-15，到“二战”结束后美军又有大量飞机闲置，美国民用航空管理局将 30 多架道格拉斯 C-47 和 75 架比奇 C-45 改装成了飞行检验飞机。50 年代美国设立了成百上千的导航台站，促进了导航校验飞机的发展，改装几十架 DC-3 导航校验飞机，主要用于仪表着陆系统、终端进近设备的飞行检验及一些新型设备的试飞考核，每架飞机的机组包括 2 名飞行员和至少1 名电子工程技术人员，这就是导航校验机组的雏形。

20 世纪 60 年代末开始用“佩剑”飞机代替 DC-3，装备了采用新型定位技术的自动飞行检验系统（AFIS），能够提供各种基准数据，使飞行检验效率得到很大提高。80 年代中期，又用更先进的比奇“空中国王”300 涡轮螺旋桨公务机替代了“佩剑”。90 年代初，联邦航空局 FAA 接管了空军所有的飞行检验任务，纳入“驯鹰者”C-29，后又补充了 Lear 60 和 Challenger 601，这些飞机都装备了利用全球定位系统（GPS）定位的自动飞行检验系统，飞机性能和检验能力都达到了较高水平。迄今，FAA 承担着美国仪表着陆系统（ILS）、微波着陆系统（MLS）、VOR、DME、塔康（TACAN）、GPS、中波导航台（NDB）、各种雷达、机场灯光和飞行程序的飞行检验任务，并协助其他一些国家进行导航设施的飞行检验。世界各国普遍重视导航校验工作，很多国家建有专门的校验机构，配备相当数量的导航校验飞机。

6.2.1.2　飞机组成及任务类别

导航校验飞机由飞行检验系统和载机组成，飞行检验系统又分为机载分系统和地面分系统两大部分；有的导航校验飞机因为机载部分具有不依托地面支持的校验基准设备而没有地面分系统，只由机载飞行检验系统和载机组成。图 6-23 为 BAe125-800 飞机及飞行检验系统。

图 6-23　BAe125-800 飞机及飞行检验系统

导航校验飞机的地面分系统主要由地面校验基准设备、数据传送电台和地空通信电台等组成，地面校验基准设备一般有无线电经纬仪、差分 GPS 和红外成像自动跟踪仪等。地面分系统的作用是向飞机上的飞行检验分系统提供导航校验基准数据。一种方式是用无线电经纬仪或红外成像自动跟踪仪等跟踪设备，人工或自动跟踪正在空中飞行的导航校验飞机，给出飞机的实时方位和仰角数据，并通过数传电台将这些基准数据发送给飞机上的飞行检验分系统；另一种方式是在地面建立 GPS 差分站，不断将 GPS 差分信息发送给飞机上的 GPS 移动站，GPS 移动站利用接收到的差分信息不断修正自己的导航数据，保证校验基准数据的精度。地空通信电台的作用是保持地面人员与机上飞行检验员的通信联系，与导航校验飞机上的通信电台配合使用，在飞行检验过程中发现需要对地面导航设备进行调整时，将机上飞行检验员的口令及时通知地面人员。

机载分系统主要包括各种机载导航设备、校准设备、校验基准机载设备、导航数据捕获设备、导航校验计算机、显示设备、数传电台、地空通信电台和机内通话设备等组成。机载导航设备用于测量地面导航设备发射到空中的导航信号，便于后面分析处理。由于对导航校验的需求不同，国内外导航校验飞机装备的机载导航设备不尽相同，民用导航校验飞机一般安装 ILS、VOR、DME 等机载导航设备，军用导航校验飞机安装 TACAN、MLS 等军用机载导航设备。校准设备主要对机载导航设备进行定期的测量和校准，以保证其本身的导航精度。校验基准机载设备用于提供校验基准数据，包括 GPS 和激光陀螺惯导等设备。导航数据捕获设备用于同步获取导航数据和校验基准数据，是连接机载导航设备和导航校验计算机的纽带。导航校验计算机用于分析处理导航校验数据，将处理结果以误差和数据曲线的形式提供给飞机上的飞行检验员，以便给出飞行检验结论。显示设备用于显示导航设备的工作状态、飞行检验过程和数据等信息，由航空仪表、状态灯和显示器等组成。机上数传电台与地面数传电台配合使用，用于接收地面校验基准设备发送的校验基准数据。机内通话设备是飞行检验员与飞行员的通话服务设备，用于协调飞行检验过程中航线和飞行方法等事项。

以美国 Sierra 公司的 9306 型自动飞行检验系统 AFIS 为例，见图 6-24，通过差分 GPS、激光陀螺惯导和行扫描视频照相等校验基准技术，使导航校验过程不依赖地面基准设备。该系统由校验人员工作台和设备机柜构成，工作台主要包括指示仪表、显示器、数据自动获取显示计算机、键盘、控制按钮和机内通话设备等，设备机柜主要包括 VOR/ILS 接收机、ADF、信标机、DME 设备、模拟信号处理器、VHF 通信电台、打印机、示波器、电源控制面板和设备控制盒等。该系统采用分体式结构，适于在多种飞机上安装、拆卸，同时也方便维护、测试和检修。

图 6-24　Sierra 公司的 9306 型自动飞行检验系统

由于世界各国军民航职能部门的划分不尽相同，担负飞行检验任务的机构不同，所以实施导航飞行检验的工作程序和方法也不完全一致。一般地，飞行检验的种类通常分为场地鉴定、服役检验、定期检验和特殊检验。为确定航空无线电导航台站（简称导航台站）预选场地的适应性，必要时应架设临时性导航台站进行场地鉴定。在导航台站服役之前为获得技术性能资料，确定其能否满足导航保障要求，应对导航台站进行服役检验。为保持导航台站在服役期间设备工作稳定可靠，检查其技术性能是否满足要求，应按规定的周期对导航台站进行定期检验。因为特殊情况需要检查导航台站的技术性能时，应对导航台站进行特定检验。各种导航台站或设备定期检验的周期不完全相同，对引导精度要求比较高的着陆设备（如 ILS、MLS 和精密进场雷达等）一般每年检验 2 次，其他如中波导航台、塔康台、全向信标/测距台和定向台等一般每年检验 1 次。

6.2.2　导航校验飞机的关键技术

导航校验飞机与其他飞机的主要区别在于其导航校验功能，决定导航校验功能正确发挥的关键是导航校验基准系统、导航校验计算机和导航校验设备平台。下面分别作简要介绍，并讨论飞行校验系统的溯源问题。

1. 导航校验基准系统

导航校验飞机的基准系统是指能够产生与各种导航系统提供的角度或距离等导航参量进行比较的标准信息系统。基准系统提供的基准信息就像一把标尺，用于衡量导航信号的准确度。基准系统提供的基准数据必须具有较高的精度，根据飞行检验要求和计量基础理论，校验基准精度应至少达到被校设备系统精度 3 倍以上。导航校验飞机的校验能力，在很大程度上取决于校验基准的精度，如果校验基准精度无法达到飞行检验的使用要求，那么根本无法实施飞行检验。例如，着陆设备的引导精度最高，所以对校验基准所能提供的精度要求也最高；I 类仪表着陆系统最高引导精度点是位于跑道入口处的基准数据点，其精度要求为角精度 0.05°、测距精度 30 m，所以要求校验基准的精度至少达到 0.017° 和 10 m。

基准系统提供的基准数据必须具备较强的实时性。导航校验飞机是一个高速运动体，要正确反映飞机实时位置及其与导航信号的对应关系，基准系统必须具备连续测量能力和基准数据连续输出能力，只有这样才能保证在所需的导航校验数据采样间隔内同步采集到基准数据和对应的被测数据；否则就会增大基准数据与被测数据的同步采集误差，使导航校验误差增大，严重时会造成导航校验结论错误。导航校验飞机使用的基准系统一般由无线电经纬仪和差分 GNSS 等组成。无线电经纬仪是在光学经纬仪的基础上研制出来的，能够随时测量经纬仪方位和仰角值并按照一定速率输出高精度角度数据，通过数传电台发送给导航校验飞机上的校验设备，作为基准参与到导航数据的误差计算中。在导航台站中所有角度参量比如着陆设备的方位、仰角等，都可以使用无线电经纬仪作为基准进行校验。差分 GNSS 基准也是导航校验飞机基准系统的重要组成部分，无论飞机在什么位置都可以计算出相对于另外一个点的方位、距离和高度，特别是准确的距离信息使导航校验飞机的功能更加完备。随着 GNSS 技术的飞速发展，载波相位差分（RTK）等先进技术在差分 GNSS 中的应用，将提升各种导航台站的校验能力。

2. 导航校验计算机

导航校验计算机是导航校验飞机上专门用于数据分析处理的计算机。每次校验飞行需要采集和存储大量数据，并按照信号处理和导航飞行检验理论进行实时误差计算、平均值计算、均方根值计算（含超差值的剔除）、PFE/CMN 数字滤波、误差曲线分布显示，并将实时基准数据转换成对应的方位、仰角和距离等。导航校验计算机担负着飞行检验过程中数据分析和辅助决策的任务，是飞机上飞行检验员的重要工具，应当满足以下要求：①存储空间大。导航校验飞机在实施近程导航设备飞行检验时，一般每秒采集一次数据；对着陆设备数字接口的数据更新率一般是每秒十几次，每次数据中含多种信息。导航校验飞机一个飞行架次 1h 左右，在存储设备数据的同时还要存储基准数据，校验一个台站需要存储的数据量很大。②计算数据量大、实时性强。导航校验计算机担负导航校验数据分析处理任务，要尽量减少计算引入的误差，提高校验数据处理精度，这可通过采用多字节浮点运算的办法增加数据处理字长来保证，从而在一定程度上增大了数据计算量。导航校验计算机是一个终端处理显示设备，在利用各种导航校验模型实时计算导航数据误差的同时，还要显示各种误差曲线供飞行检验人员随时查看。③满足机载设备装机要求。导航校验计算机是一个装机设备，除具备一般计算和显示功能，还必须要满足温度、冲击、振动等装机要求。

3. 导航校验设备平台

导航校验设备平台是导航校验飞机的核心，由各种标准机载导航传感器设备、天线、数据采集单元、电源系统、地空通信设备和机内通话设备等组成，在功能组合、电磁兼容和可靠性设计方面难度很大。导航校验设备平台在结构上一般分为天线和机柜。天线分布在飞机外部，数量取决于校验功能的多少（一般 10 个以上），再加上飞机自身航行所需的各种天线，导航校验飞机机身外部分布着大量天线。由于导航校验飞机上的天线种类多，频率范围广，再加上设备自身功能需求导致安装位置非常苛刻，所以在导航校验飞机天线总体布局设计上要综合考虑结构、强度、气动、电磁兼容、使用及维护等专业要求，采用频率分隔、空间分隔和时间分隔等措施，在不影响原机天线设备布局和正常工作的前提下确定新增天线的装机位置。导航校验平台的机柜包括用于测量地面被校导航台站导航信号的机载传感器设备，用于对基准数据和各种导航数据及信号进行转换、采集的数据处理设备，用于机上导航校验人员与飞行人员联络的机内通话器，用于为导航校验系统提供各种直流和交流电源的电源设备，用于导航校验过程空中和地面导航校验人员通信联络的地空通信设备等。因为既有发射设备，又有接收设备，同时安装在一个或两个机柜内，再加上飞机本身各种电子设备众多，使导航校验平台所处的电磁环境非常恶劣。为此，必须采取妥善的电磁屏蔽措施，既要保证不受其他电子设备的干扰，又要保证不干扰其他设备；否则，采集到的数据就无法反映实际设备的工作状态，甚至导致校验结果错误。

4. 飞行校验系统的溯源

飞行校验是机场开放和航路运行的最基本的前提条件，是保证通信、导航、雷达等设施设备符合航班正常运营要求的必要手段，是保障飞行安全的重要环节。为了提高质量管理和技术管理水平，建立严格、高效、系统的科学管理体系，依据飞行校验自身行业特点、技术特点和业务特点，须建立飞行校验领域的检测和校准实验室。飞行校验系统是飞行校验工作的直接载体和工具，其准确与否直接决定了飞行校验的质量。飞行校验系统应进行定期的校准以确保持续满足航空部门的性能标准和准确度要求。国内飞行校验检测和校准实验室采用三级溯源的方法，即飞行校验系统使用外部标准信号发生器进行定期校准，标准信号发生器送至中国计量科学院进行定期校准，使其量值最终溯源到国家标准，如图 6-25 所示[20]。

标准信号发生器是校准飞行校验系统的标准信号源，对飞行校验的检测和校准结果有重大影响。为了保证飞行校验系统的准确性，确保飞行安全，必须确定标准信号发生器在有效的校准周期内是可信的，这就需要通过期间核查的方法来实现。任何测量设备和标准物质由于材料不稳定、元器件老化、使用中磨损、使用或保存不当、环境的变化、搬动或运输等原因，均可能产生计量性能的变化，这种变化在两次校准之间随时可能出现。如图 6-26 所示，影响测量设备校准状态的因素包括示值的系统漂移和短期稳定性，系统漂移可能是单方向的如曲线①和②，也可能是起伏变化的如曲线③，或单方向起伏变化的如曲线④。期间核查目的是核查测量仪器、测量标准的校准状态在有效期内是否得以保持，也就是监控在有效期内校准值的变化是否超出其允许误差限，防止由于出现失准而导致量传失准，并缩短失准后的追溯时间，以确保量值准确统一和校准结果的质量。一旦发现产生偏移，可以采取适当的方法或措施，尽可能降低由于设备或标准校准状态失效而产生的成本和风险。

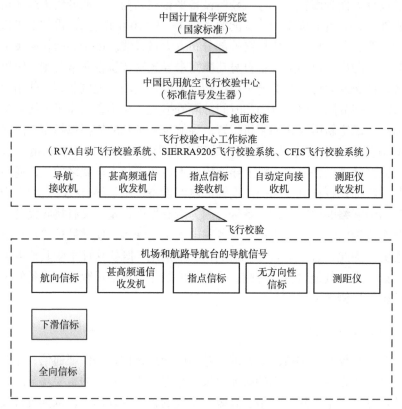

图 6-25　飞行校验的三级溯源方法

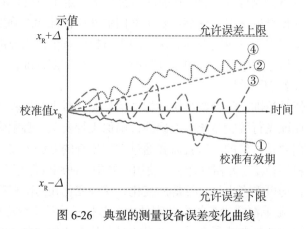

图 6-26　典型的测量设备误差变化曲线

　　根据核查标准的要求，综合考虑管理要求和设备的稳定性，在实验室采用被考核标准测试核查标准的方法实施期间核查。图 6-27 为数学模型，图中 X 为期间核查时得到的仪器示值，T 为仪器校准值，U 为校准值的测量不确定度（由上级校准机构在校准证书中给出），$X-T$ 为示值误差，$Z=\Delta-(|X-T|+U)$ 是考虑了校准值测量不确定度的示值误差。如果 $Z>0$，则到下次校准时，该仪器在这一校准点就不会超差，即在两次校准期间此仪器出具的数据均有效，否则这一期间的数据均无效。若校准周期为一年，上次校准后每隔一个季度核查一次，则到下次校准之前可以核查三次，如前两次都可以判断仪器校准状态的变化均为 $Z>0$，到第三次才发现 $Z<0$，则该仪器前半年的数据有效，只有第三季度出具的数据有问题。

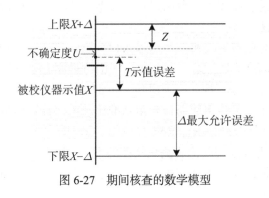

图 6-27　期间核查的数学模型

6.2.3　典型导航设备的飞行校验方法

　　导航校验飞机是对无线电导航设备进行飞行检验的特种飞机，主要用于校验机场和航路上的地面无线电导航设备。此外，为了考核一些机载导航设备的性能，导航校验飞机一般还具有校验某些机载导航设备的功能，例如校验仪表着陆设备、微波着陆设备、塔康设备、无线电罗盘等机载导航设备。对机载导航设备校验之前，首先要校验与之配套的地面导航台站，以确保导航台站的各项指标满足要求。对于仪表着陆设备、微波着陆设备、塔康设备、无线电罗盘等机载导航设备的飞行检验，可以依照相应地面导航台站的实施方法进行。

　　仪表着陆系统（ILS）主要用于民用飞机进近着陆引导，是国际民航组织的标准着陆引导系统。ILS 由地面航向台、下滑台、指点信标台（或测距台）和机载航向下滑接收机组成，能为进近着陆的飞机提供航向引导信息、下滑引导信息和距离信息。ILS 通过提供航向引导信息、下滑引导信息和距离信息，可以分别为飞机提供 I 类（能见度 800 m、决断高度 60 m）、Ⅱ 类（能见度 400 m、决断高度 30 m）和Ⅲ类（能见度 200 m、零决断高度）的着陆引导水平。导航校验飞机能够对仪表着陆系统众多项目进行飞行检验，如航向台的识别信号、调制度、航向道扇区宽度、航向道对准、航向道结构、航向道余隙、航向道覆盖、极化效应和监视器，下滑台调制度、下滑角、下滑道结构、下滑道扇区宽度、下滑道余隙、作用距离和监视器，指点信标台的识别信号、覆盖（长轴和短轴）等。下面简要介绍微波着陆系统和塔康系统的飞行校准，以及典型导航系统的飞行校准方案。

6.2.3.1　微波着陆系统的飞行校准

微波着陆系统（MLS）是以时间基准扫描波束 TRSB 为标准技术的精密进近和着陆引导系统，可为待着陆飞机提供航向信息、下滑信息和距离信息，此外还可提供与着陆有关的提示和数据信息，比精密着陆引导雷达和仪表着陆系统具有更加完善的功能。通常由地面台组和相应的机载设备组成，地面台组的基本配备方式包括方位制导台（AZ）、仰角制导台（EL）、精密测距器（PDME）、地面应答器和基本数据台；机载设备包括担负测距任务、工作于 L 波段的 PDME 机载设备，和担负测角任务、工作于 C 波段的方位、仰角及数据接收机。导航校验飞机能够对微波着陆系统的测角精度和测距精度、覆盖、功率密度、假航道、监控器、台站识别及数据字等项目进行检验，下面简要介绍这些项目的飞行检验方法。

（1）测角精度。导航校验飞机从距跑道入口一定距离外（如 12 km、20 km、37 km），按照一定高度或安全高度（如 600 m、1000 m），沿跑道中心延长线和相对方位台的不同角度（如左右 2°、20°、40°），按一定下滑角（如 3°）作进近飞行。机上导航校验设备测定、记录方位台和仰角台角输出数据，与角基准比较可以计算出方位台、仰角台的 PFE 和 CMN 值，并确定其是否符合指标要求。

（2）测距精度。飞行方法同检验测角精度的方法。机上导航校验设备测定和记录精密测距台距离输出数据，与距离基准相比较，可以计算出测距台的 PFE 和 CMN 值，并判断是否符合指标要求。

（3）覆盖。①水平覆盖。飞机以 2100 m 高度，沿距跑道入口 37 km 的圆弧横越航向道，从航向道一侧 40°到航向道另一侧 40°；然后飞机下降到 650 m 高度，按同样的飞行方法重复检验航向道两侧 40°扇区。机上导航校验设备测定、记录方位台和仰角台角输出数据，与角基准相比较，可以计算出方位台、仰角台的 PFE 和 CMN 值，从而确定方位台和仰角台的水平覆盖是否满足要求。②垂直覆盖。飞机以 600 m 高度沿跑道中心延长线进场平飞，机上导航校验设备测定、记录方位台和仰角台角输出数据，与角基准相比较，可以计算出方位台、仰角台的 PFE 和 CMN 值，从而确定方位台和仰角台的垂直覆盖是否满足要求。

（4）功率密度。结合角精度和覆盖的飞行检验进行，在飞行检验过程中同步记录机载微波着陆设备输出的自动增益控制电压，根据自动增益控制电压与输入信号功率密度的关系可以计算出功率密度值，并确定是否满足要求。

（5）假航道。结合覆盖的飞行检验进行，飞行检验人员观察方位和仰角指示器的指示，确定有无假航道。

（6）监控器。①方位监控器。地面保障人员分别将方位台航向道向左和向右调偏，并使方位监视器产生告警。按照检验测角精度的方法飞行，通过飞行检验确定方位监视器告警门限。②仰角监控器。地面保障人员分别将仰角台下滑道向上和向下调偏，并使仰角监视器产生告警。按照检验测角精度的方法飞行，通过飞行检验确定仰角监视器告警门限。

（7）台站识别和数据字。在角精度和覆盖的飞行检验中，监听、记录台站识别信号和数据字，验证其是否正确。

6.2.3.2　塔康系统的飞行校准

航空近程导航系统又称战术空中导航系统，英文缩写为 TACAN，通常直译为塔康，其采用极坐标定位原理，具有测位和测距两种基本功能，由地面塔康信标和机载设备组成。机载设备通过接收地面塔康信标台辐射的方位包络信号，能够确定地面台的磁方位，通过测定发送询问信号到收到回答信号的时间，测出地面台到飞机的距离。导航校验飞机能够校验塔康系统的识别信号、基准检查点、距离准确度、特定航道、顶空盲区、圆周飞行、覆盖、接收机检查点、监视器、频率干扰和极化效应等项目。

（1）识别信号。通过监听导航校验飞机对系统的识别音，确定覆盖区内识别码是否正确，音调是否清晰，有无干扰。

（2）基准检查点。通常选在靠近监视方位的方向或着陆航线上，距塔康天线 10～30 km 的地方，定位应准确、标志要明显。飞机以高出天线场地 400 m 以上高度准确地沿被检查方位飞行，机上导航校验设备连续同步记录基准设备测得的飞机磁方位和塔康方位，求出对准误差。

（3）距离准确度。可与特定航道、圆周飞行的检验结合进行，由机上导航校验设备连续同步记录飞行轨迹上各点的基准距离和接收的塔康距离，从而求出距离准确度。

（4）特定航道。①航道对准和航道结构。飞机从 20 km 外作进近飞行，机上导航校验设备连续同步记录基准设备测得的飞机磁方位和塔康方位，绘出航道偏移曲线，求出航道对准误差和航道结构。此外，飞机沿进场航道和进场航道两侧各 5° 的航道，以最低飞行高度和最低飞行速度，检查距跑道着陆端 5~15 km 范围内有无零区，通过观察机载塔康接收机自动增益控制判断方位有无失锁现象。②最大作用距离。可与航道对准和航道结构检验结合进行，飞机以 400 m 高度或安全高度作背台飞行，至方位、距离信号完全消失，记录信号消失的距离；然后再向前飞 2 min，转弯并沿原航线作向台飞行，直至方位、距离信号被稳定跟踪，记下此时的距离。在主要航路上用同样方法进行 3000 m 和 6000 m 的中高空最大作用距离检验，测出塔康导航台在该航路上的最大作用距离。

（5）顶空盲区。飞机以 3000 m 高度从两个设定的方位准确飞越塔康台，在进入盲区（机载设备方位数据消失）和退出盲区（机载设备方位数据出现）的瞬间，读取和记录基准设备提供的飞机到塔康台的距离，以所测距离计算顶空盲区大小。

（6）圆周飞行。飞机以 10～25 km 距离为半径，以高出天线场地 400 m 或安全高度，以较低的速度围绕塔康导航台作逆时针圆周飞行。机上导航校验设备连续同步记录基准设备测得的飞机磁方位和塔康方位，绘出航道偏移曲线，求出航道对准误差和航道结构。圆周飞行出现的航道抖动、扇摆和弯曲的超差，不作为设备限制使用的依据，必要时可在出现超差的方位上进行一次径向飞行对航道结构做出判断。

（7）覆盖。飞机按一定高度（如 400 m、600 m）和半径（如 60～65 km、70 km）进行圆周飞行，机上数据读取和处理设备连续同步记录 GPS 定位仪测得的基准数据、塔康方位/距离。若覆盖未达到要求，可进行补充飞行检验，确定在需要高度上获得满意覆盖时的距离。

（8）接收机检查点。①地面接收机检查点。应选在距离塔康导航台 1～6 km 便于飞机进入的地点，方位应为整数。在检查点处绘制直径不小于 3 m 的圆周，涂上明显的标志，标明距塔康导航台的距离、方位及检查波道。当飞机压住检查点时，接收机置于塔康导航台检查波道，在"向台"指示的情况下观察方位和距离指示，与该检查点所公布的方位、距离数据相比较，以确定机载塔康系统工作是否正常。②空中接收机检查点。应选在距离塔康导航台 10~60 km 之间、主要飞行航线上有明显标志的地标上方，也可选用基准检查点。飞机以 400 m 高度对准检查点作向台或背台飞行，当飞机正好位于检查点上空时记录指示器上的方位和距离指示数值，将其与检查点的地理方位、距离比较，求出方位和距离误差。

（9）监视器。对方位监视器的飞行检验，仅在服役检验及监测方位误差大于 1° 且监视器未发出告警时进行。飞行检验方法同检验基准检查点的方法，检验时使航道处于下列四种状态：航道正常、航道偏移至告警点、航道偏移至相反的告警点、航道恢复到正常。确定监视门限的检验，只在一部塔康发射机上进行。

（10）频率干扰。应与特定航道和覆盖检验结合进行，检查覆盖区内有无同频道或邻近频道干扰。

（11）极化效应。飞机沿进场航道作向台或背台飞行，在距塔康导航台 20~40 km 内，飞机向左右各压 30°坡度，然后转入平飞，飞机检验人员根据飞行员通报观察此时的数据曲线或指示器确定极化效应。

6.2.3.3 典型导航系统的飞行校准方案

针对国内近程导航及着陆引导设备飞行校验效率低、价格高，且不具备军民机两用导航设备综合校飞能力等问题，文献[21]从某机场所用设备的功能及精度要求入手，分析差分 GPS 技术在飞行校验领域应用的可行性，结合军民两用机场近程导航及着陆引导设备的特点，设计了基于差分 GPS 技术的机场导航设备综合校飞方案。

根据飞行校验理论，飞行校验采用的基准系统精度一般应比被校验设备精度高出一个数量级，至少应高出 3 倍。载波相位差分技术的厘米级精度完全满足微波着陆系统、塔康、仪表着陆系统、全向信标/测距器等设备的飞行校验要求。利用这一特点，设计利用 GPS 基准系统作为校验基准的近程导航及着陆引导设备综合校飞方案，如图 6-28 所示。

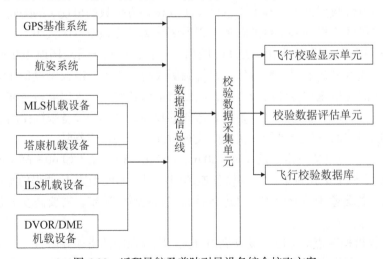

图 6-28　近程导航及着陆引导设备综合校飞方案

　　执行校飞任务时机载设备通过接收地面台发射的导航信号进行定位解算，机载 GPS 接收机和 GPS 基准站互相配合，接收 GPS 卫星信号和地面差分信号实现导航解算，获得校验飞机的精确位置。航姿系统测量飞机姿态数据，用于对机载天线位置偏差进行修正。来自机载设备和 GPS 接收机的两组导航数据，通过 RS232 数据总线传输到导航数据采集单元，导航数据采集单元同步采集两组定位数据，经数据处理单元对数据进行预处理，送显示单元实时监视飞行校验的执行过程，并对数据进行精确的误差处理。校验结论评估单元通过校验结果完成对地面台的评估，得出校验结论。

　　采用的动态 GPS 载波相位差分测量系统，主要包括地面基准站、机载 GPS 接收机。通信链路可采用数传电台或数据链传输实时差分数据。地面基准站通常架设在机场精确标定的固定点上，将原始定位数据和载波相位差分信息发送给移动站。为了获得厘米级的定位精度，保证差分改正数据的完整性，基准站 GPS 接收机采用数据更新率高的双频接收机，接收天线采用具有优良的多径效应抑制功能和高度稳定相位中心的 GPS 天线，便于放置和安装。机载 GPS 接收机安装在校验飞机上，实现飞机动态位置的精确测量，作为仪表着陆系统的校验基准。GPS 接收机应具有高动态、高精度，双频段水平定位误差为 1 cm+1ppm，垂直定位误差为水平误差的 2~3 倍，数据更新率高（20 Hz），体积小、重量轻、功耗低，便于与其他导航装置一体化组装等特点。天线采用双频 GPS 天线，适用于航空和其他高动态领域。

　　校验飞机上的 GPS 天线和各类设备机载接收机天线之间有一定距离，其相对位置关系会随飞机姿态的变化而变化，因此应根据校验飞机的三维姿态对机载 GPS 天线和机载设备天线的三维坐标进行定位点偏差修正，以得到接收机天线的精确位置。天线位置的修正要将各天线在飞机载体坐标系中的坐标转换至机载地平系，再转换到空间直角坐标系，最终得出天线在空间直角坐标系中的位置坐标。航姿系统的功能就是测量飞机姿态数据，用于对机载天线位置偏差进行修正，传统的方法是利用惯导系统进行测量。目前利用 GPS 进行姿态测量已经成为现实，在飞机上表面沿纵轴和垂直于纵轴的两侧（或一侧）安装四个（或三个）接收天线，测量得到各天线载波信号的相位差，实时确定飞机坐标系（载体坐标系）相对于地平坐标系的角位置，从而求得飞机姿态。在由多个天线构成的天线阵中，通常指定其中一个天线作为主天线，其余天线作为从天线，由主天线到从天线形成 GPS 姿态测量的多个基线矢量。多个天线共用一个接收机，相位差分时所有的卫星信号瞬时相位与同一接收机本地信号的相位比较，可求得消除了卫星钟差和接收机钟差的原始观测量；而后进行历元间的相位差分，形成不包含任何钟差和其他公共误差的单差观测量。

　　由于不同设备的工作原理不同，校验方式及数据处理方法也不同。对于仪表着陆系统，航向和下滑误差引导信息的校验指标及容限要求用偏移电流来衡量，飞行校验过程中飞机保持航向指针沿航向道飞行，进入下滑道以后，同时按下滑指针的指示沿下滑道进场，将基准设备得出的角度数值进行算数平均（95%概率），求出航向角和下滑角，再根据机上记录基准角度与航向、下滑指针的角度偏差求出偏移电流曲线，得到航向道、下滑道对准和结构；最后利用载波相位差分 GPS 得到的基准定位信息，可以精确地确定飞机的航向角、下滑角等信息，再根据得出的误差曲线和偏移电流曲线确定航向道和下滑道结构，判断航向、下滑余隙是否满足精度要求。对于微波着陆系统，校验飞机按机场规定的进场程序做进场飞行，机载设备测出进场的方位、仰角数据，与角基准相比较求出误差值；数据处理软件进行二次数据处理，并进行数据统计分析，即可评定 MLS 的精度和工作情况。数据处理的发展趋势是综合化，最终实现微波、仪表、塔康、全向信标/测距器等设备的综合数据处理功能。

6.2.4　导航飞行校验的发展趋势

随着 GPS、GLONASS、伽利略、北斗等卫星导航系统的发展，有的国家已经停止了地基导航设备的建设，而有些国家一边发展星基导航系统，一边不断完善地基导航系统，为军民航飞机提供全方位的服务。导航校验的发展与导航装备紧密相连，只要地基导航装备依然存在和使用，导航校验工作就必不可少，导航校验飞机的发展方向是功能更齐全、自动化程度更高[19]。图 6-29 左图为中国民航飞行校验中心的"奖状"系列校验飞机。为解决传统机载校飞设备存在的携带不便、校飞效率低、校飞成本高等问题，针对 ILS 飞行校验可以采用无人机方案[22]。图 6-29 右图为北京云恒科技研究院有限公司的无人导航校验机，搭载了国产化导航校验系统。

图 6-29　不同类型的校验机

1. 全状态导航校验飞机

早期的导航校验飞机只有一两种导航设备校验功能，发展到现在具有十几种导航设备校验功能的新一代全状态导航校验飞机。全状态导航校验飞机具有以下特点：①飞行检验功能更加完备。校验功能包括中波导航台、塔康、仪表着陆、微波着陆、着陆雷达、信标、测距、精密测距等，可满足绝大部分无线电导航装备的飞行检验需求。②自动飞行检验系统采用全天候高精度基准系统、专用导航校验计算机、现场实时总线结构的导航数据捕获单元、网络和数据库等先进技术手段，可实现飞行检验任务参数的自动装订，飞行检验结果的自动判定；利用飞行检验经验数据库，可对不合格校验项目自动给出修正意见；对多种无线电导航设备进行同步采样，并自动进行数据分离、处理和存储，完成多种无线电导航设备的同步飞行检验；可实现飞行员、飞行检验员、工程技术人员对飞行检验系统信息的资源共享，提高飞行检验的协调性，提高飞行检验的效率，同时降低飞行员、飞行检验员的专业技术要求。③全天候高精度基准系统不仅可以解决校验基准作用距离、精度等问题，而且使飞行检验工作不再受能见度、云底高等气象条件限制，只要飞机满足放飞气象条件就可实施飞行检验，大幅提高校验数据的精度和可信度。④导航校验平台采用开放式设计，不但解决导航台站的同步飞行检验和飞行效率问题，还为新型导航设备的飞行检验提供扩展空间。

2. 便携式导航校验系统

便携式导航校验系统是一种可装载在任何飞机上、能对几种导航台站进行校验的小型导航校验系统，由飞机实施飞行检验数据采集，事后在地面对采集数据进行分析处理，并给出一般性检验结论。其检验数据精度达不到飞行检验规范中的具体指标要求，只能反映导航台站的大体状况，所以便携式导航校验系统只有辅助分析能力，不能替代导航校验飞机。该系统一般在本场使用，既可随时掌握本机场导航设备的工作状况，又可及时发现导航设备存在的问题，尽早申请使用导航校验飞机进行飞行检验。便携式导航校验系统由 GPS 基准和导航数据采集平台组成，前者提供飞行检验过程中的基准数据，后者用于采集机上导航设备（机载塔康、航向下滑接收机和无线电罗盘等设备）的导航数据并保存起来。由飞行检验技术人员将便携式导航校验系统存储的数据提取出来，通过专门的飞行检验分析软件进行数据分析处理，最后得到飞行检验结论。

3. 导航地面校验系统

导航地面检验是介于飞行检验和地面测试之间的一种检验，通过地面对飞行检验主要过程的模拟、比较，可以对地面导航台站的主要性能指标进行定量检验，提出有条件开放或不能开放的检验结论。作为一种基于地面测试和场地分析的校验方法，在没有条件实施飞行检验的情况下，可以迅速有效地检验修正地面导航台站的主要性能指标，为紧急架设的导航台站提供导航保障。导航地面检验系统既有能对某一种导航台站进行检验的单功能地面检验系统，也有能够对多个导航台站检验的多功能地面检验系统。导航地面检验系统一般由车载导航检验计算机、检验基准单元、导航设备接收机、电磁环境监测单元、导航数据捕获单元、车载电源、场地测量设备、天线升降设备和载车组成，如图 6-30 所示。

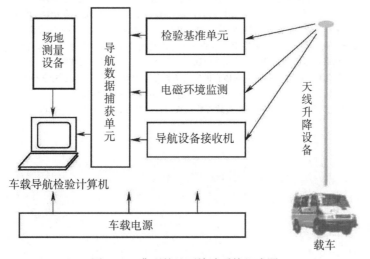

图 6-30 典型的地面检验系统组成图

导航地面检验系统不同于导航校验飞机，不进行空中飞行实际信号采样，而是通过测量一定距离范围内的信号，并考虑地形、地物影响，大量采用计算机模拟技术模拟导航信号的空间场型并估算出台站性能。普通的地面检测主要是检查导航台站设备自身是否正常工作，能够发现设备自身故障，但无法对台站空间信号进行推算、预测；而导航地面检验系统实施检验时，首先通过场地测量设备对台站环境进行测量，并将数据送入导航检验计算机；导航设备接收机接收地面被校台站的导航信号，并与基准单元数据进行同步捕获，送入导航检验计算机。导航检验的计算功能如下：对不同场地环境条件下导航台站的导航信号进行分析并对场地测量数据进行处理，建立空间导航信号预测模型，推算出导航信号的空间场型，进而推断导航信号的覆盖特征；对特定点接收的导航信号进行分析处理，推算出导航台站在覆盖区内的信号精度；在计算机上模拟台站的架设位置、天线高度、信号频率及场地环境，找出最优的架设位置和架设方法，从而优化导航信号的空间场型，完成辅助建台功能。

参 考 文 献

[1] 文宇. 铸造辉煌的远望号[J]. 中国航天, 2000(7): 11-13
[2] 瞿元新. 船载微波统一测控系统概论[M]. 北京：国防工业出版社, 2016
[3] 栾恩杰, 李双庆. 国防科技名词大典 航天[M]. 北京：航空工业出版社, 2002
[4] 术雷鸣, 匡乃雪. 伸向太空的触角——航天测量站、测量船和测量飞机概述[J]. 国防杂志, 2000, 3: 38-39
[5] Nash J S, 许建国. 高级靶场测量飞机的改进及现代化计划[J]. 飞行器测控学报, 1996, 2: 57-60
[6] 郑文翰. 军事大辞典[M]. 上海：上海辞书出版社, 1992
[7] Schaeffer P J, 李平, 张纪生. 高级靶场测量飞机[J]. 飞行器测控学报, 1996, 2: 45-50
[8] 美军 C-135 系列特种飞机大全[EB/OL]. 自贡市图书馆,军事天地. http:mjy.zg-lib.org. 2015-9-11
[9] 陈晓盼. 国外目标与环境光学特性测试技术[M]. 北京：国防工业出版社, 2018
[10] 桑建华. 飞行器隐身技术[M]. 北京：航空工业出版社, 2013
[11] 王合龙. 机载光电系统及其控制技术[M]. 北京：航空工业出版社, 2016
[12] 陈熠韬. 基于光线追踪的飞机红外图像仿真[D]. 西安：西安电子科技大学硕士学位论文, 2019
[13] 朱良龙. 美国机载红外测量系统及试验飞机简介[J]. 电光与控制, 2015, 22(6): 103-108
[14] 美军红外吊舱发展概述[R]. 军鹰智库-军鹰动态. 2021-02-15
[15] 颜颖. 三轴平台航空重力仪测量数据处理研究[D]. 南京：东南大学硕士学位论文, 2019
[16] 孟宁. 基于 BDS 的航空重力测量中加速度估计方法研究[D]. 西安：长安大学硕士学位论文, 2020
[17] 王明皓. 捷联式重力仪测量数据质量控制方法研究[D]. 长沙：国防科技大学博士学位论文, 2019
[18] 罗锋, 周锡华, 胡平华, 等. 平台式航空重力勘查系统国产化研究[J]. 物探与化探, 2021, 45(5): 1256-1265
[19] 《空军装备系列丛书》编审委员会. 特种飞机[M]. 北京：航空工业出版社, 2009
[20] 张嘉毅. 飞行校验检测和校准实验室期间核查的实施方法[J]. 民航学报, 2018, 2(5): 39-41
[21] 王芳, 王福利. 导航设备飞行校准技术[J]. 航空工程进展, 2014, 5(S1): 25-28
[22] 曹阳, 孟苗. 基于无人机的 ILS 飞行校验机载接收机设计[J]. 微处理机, 2020, 4: 57-60

第 7 章　计量理念创新的驱动力

历史的车轮滚滚向前，推动着计量科学技术的发展，也促进了先进计量理念的创新。回望过去，米制公约、实物原器和国际单位制成功地在全球范围内建立了统一、可比和可溯源的测量体系；近年来随着计量科学和校准技术的不断进步，以自然常数和量子计量为代表的新体系，必将继续推动武器装备测量与校准技术的创新发展。

本章围绕计量校准技术发展与理念创新展开论述。7.1 节介绍计量科学技术的新发展，包括量子计量标准、量子计量技术、高端装备与智能制造精密测量、人工智能与军事智能计量等；7.2 节探讨计量理念创新的基础，归纳需求牵引、问题导向及内生动力的相关要素，参考借鉴美军计量体系，介绍装备计量性与可计量性的研究现状，进一步强调装备全寿命计量的强制性要求。

7.1　计量科学技术的新发展

计量是物理学的基础和前沿，从基本物理常数到新的国际单位制，从实物基准到量子计量基准，特别是以量子真空计量、量子霍尔电阻计量、质量量子计量为代表的先进计量技术，以及高端装备与智能制造精密测量、人工智能与军事智能计量技术，促进了科技、经济和社会的发展，成为先进计量科学技术的重要发展方向，下面分别展开论述。

7.1.1　基本物理常数与新的国际单位制

基本物理常数是具有最佳恒定性的物理量，不因时间、地点而异，也不受环境、实验条件和材料性能的影响[1]。物理学中一些著名的定律或理论，如牛顿万有引力定律、阿伏伽德罗定律、法拉第定律、相对论、量子论等，都伴随着相应的基本物理常数，如引力常量 g、阿伏伽德罗常数 N_A、法拉第常数 F、真空中光速 c、普朗克常数 h 等。当物理学研究从宏观进入微观时，发现其中的量子效应比宏观现象具有更好的不变性。从不同物理领域的实验所得到的物理常数，能够考察物理学基本理论的一致性和正确性，随着物理常数的准确度量级不断提高，能帮助人们加深对自然的认识。早在 1906 年，著名物理学家、量子论的创始人普朗克就提出用基本物理常数作为单位制的科学设想。根据原子物理学和量子力学理论，通过一系列基本物理常数如电子质量 m_e、光速 c、普朗克常数 h、玻尔兹曼常数 k 和阿伏伽德罗常数 N_A 等，可以建立微观量和宏观量之间的确定关系，即原则上可由微观量定义计量单位。但限于当时的科技水平，这一设想无法实现。随着量子物理学、激光、超导、纳米等技术迅速发展，由激光的频率测量可以得到很高准确度的光谱频率值，促使人们用光速值重新定义"米"。基本物理常数之间存在着密切的相互关系，测量某一个常数可以有多种方法，为了检验按照不同方法独立测出的各种常数或其组合量，通常利用各种常数之间的数学关系式，综合考察它们在各自测量的误差范围内是否互相一致，从中可以发现系统误差，从而改进实验方法并提高准确度。例如，1998 年的基本物理常数具有更多的有效位数，比 1986 年的数据更科学、更准确、更可靠，代表了国际科学技术发展的水平；2012 年诺贝尔奖获得者塞尔日·阿罗什和大卫·维因兰德发现测量和操控单个量子系统的突破性试验方法，使得用光子定义计量单位将成为现实。科学家预测，光子技术有望成为未来新型的时间标准，从而使时间精度比依赖铯原子钟得到的精度提高 100 倍。

国际单位制（SI）最初的基本理念，是仅通过几个基本单位的乘除运算形成所有的 SI 单位。SI 单位制规定只能使用十进制因子，并通过前缀加以区分，如 k 代表 1000。SI 的七个基本单位分别是秒（s）、米（m）、千克（kg）、安培（A）、开尔文（K）、坎德拉（cd）及摩尔（mol），每个基本单位对应单位制的一个"维度"，即物理或计量领域。2019 年 5 月 20 日，开始实行第 26 届国际计量大会通过的国际单位制重新定义的决议，全世界范围内的计量单位制发生了根本性的变革。新的国际单位制中，七个基本单位由确定七个包含这些单位的基本常数来定义，如表 7-1 所示。新国际单位制保留了 SI 单位之间的维度关系，可以通过将"基本常数"乘以或者除以一个前因子获得所有单位，每个单位的前因子都由相关基本常数的确定值导出。所有单位仍然可以通过基本单位导出，但基准点还是基本常数。

表 7-1　2019 年 5 月生效的新的国际单位制

单位	定义
秒（s）	当铯频率 Δv_{Cs}，即铯-133 原子不受干扰的基态超精细跃迁频率以单位 Hz 即 s^{-1} 表示时，将其固定数值取为 9 192 631 770 来定义秒
米（m）	当真空光速 c 以单位 m/s 表示时，将其固定数值取为 299 792 458 来定义米，其中秒用 Δv_{Cs} 定义
千克（kg）	通过普朗克常数 h 以单位 J s 即 $kg \cdot m^2/s$ 表示时，将其固定数值取为 6.626 070 15 × 10^{-34} 来定义千克，其中米和秒分别用 c 和 Δv_{Cs} 定义
安培（A）	当基本电荷 e 以单位 C 即 A s 表示时，将其固定数值取为 1.602 176 634 × 10^{-19} 来定义安培，其中秒用 Δv_{Cs} 定义
开尔文（K）	当玻尔兹曼常数 k 以单位 J/K 即 $kg \cdot m^2/(s^2 \cdot K)$ 表示时，将其固定数值取为 1.380 649 × 10^{-23} 来定义开尔文，其中 kg、m 和 s 分别用 h、c 和 Δv_{Cs} 定义
摩尔（mol）	1 mol 精确包含 6.022 140 76 × 10^{23} 个基本单元。该数称为阿伏伽德罗常数，是以单位 mol^{-1} 表示的阿伏伽德罗常量 N_A 的固定数值。基本单元可以是原子、分子、离子、电子及其他任意粒子或粒子的特定组合
坎德拉（cd）	当频率为 540 × 10^{12} Hz 的单色辐射的光视效能 K_{cd} 以单位 lm/W 即 cd sr/W 或 cd sr $s^3/(kg \cdot m^2)$ 表示时，将其固定数值取为 683 来定义坎德拉，其中 kg、m 和 s 分别用 h、c 和 Δv_{Cs} 定义

7.1.2　从实物基准到量子计量标准的转变

20 世纪 50 年代以前，计量基准的量值是由实物基准所保存及复现的[2]。实物基准一般是根据经典物理学的原理，用某种特别稳定的实物来实现，而且总是用工业界所能提供的最好材料及工艺制成，以保证其稳定性。例如千克砝码原器就是用铂铱合金制成的一个圆柱体，平时保存在国际计量局地下室的真空罩中防止外界不良因素影响。铂铱合金米尺也是一种使用过多年的实物基准，尺上两条刻线间的距离就定义为长度单位米。电学实物基准是保存在国际计量局的饱和式韦斯顿标准电池组，用其端电压的平均值用来定义电压单位伏特。

历史上，实物基准及相应的计量量值传递系统做出了重要贡献，但是这些传统的计量系统存在以下问题：①最高的计量基准为某种实物，总有一些不易控制的物理、化学过程使其特性发生缓慢的变化，导致所保存的量值有所改变。以铂铱合金千克砝码原器为例，缓慢地吸附在其表面及内部的气体、表面沾染的微尘，甚至多年使用中形成的磨损及划痕，均会使其质量发生变化，而且这种逐年积累的变化的准确数量也很难确切查明。②最高等级的实物计量基准在全世界只有一个或一套，一旦由于天灾、战争或其他原因发生意外损坏，就无法完全一模一样地复制出来，原来连续长期保持的单位量值也会因之中断。③量值传递系统庞大繁杂，从最高等级的实物基准到具体应用场所，要经过多次量值传递，准确度也必然会有所下降。

1889 年国际计量局制作了几十个铂铱合金砝码，其中最好的一个放在国际计量局，规定其质量严格等于 1 kg，作为质量量值的最高标准，也称为千克原器（IPK）。另有 6 个砝码作为副原器，用于监督千克原器的稳定性。余下的砝码分发给米制公约的成员国，作为国家基准。每隔一定年限，国际计量局组织一次各国千克基准的比对。图 7-1 给出了千克原器、副原器以及各国家基准从 1889 年至 1989 年的比对结果[3]。到 1947 年比对时，发现彼此之间有了 10^{-8} 量级的偏差，到 1989 年再次比对时彼此之间的偏差更大了，整个曲线簇成了锥形，最大偏差已有 10^{-7} 量级。图中位于锥形曲线簇中间的一条水平黑线表示千克原器的量值，看起来似乎未变，但这只是因为假定了千克原器的质量永远严格等于 1 kg 的缘故。事实上，既然千克原器与其他铂铱合金砝码使用同样的材料和工艺制成，其质量一定也会发生漂移，图中的黑线实际上不会是水平的，整个锥形曲线簇应该是向上或向下倾斜，只是缺乏更精确的手段监测而已。

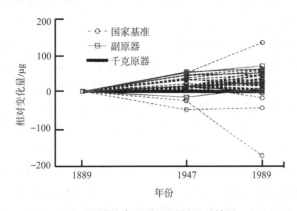

图 7-1　铂铱合金砝码国际比对结果

在千克原器实物基准制造之初，当时估计其不确定度为 10^{-9} 量级，在各种计量标准中首屈一指。可惜制作时只考虑了铂铱合金不易氧化的特点，实际上其表面仍会吸附一些肉眼无法察觉的气体分子和其他杂物，甚至砝码内部也会吸附氢气等气体。这些过程使砝码质量的变化量达到了几十甚至上百微克。仔细地清洗可以减少此种被吸附的杂物，但过一段时间又会发生类似的过程。另外，多年使用中形成的磨损及划痕均会使其质量发生变化，这些逐年积累的变化也很难精确量化。这些情况说明，用实物基准保存和复现国际单位制基本单位量值的做法，已经不能适应时代发展的要求。

20 世纪初，人们在研究光辐射以及原子、分子等微观粒子的物理规律中，阐明了各种微观粒子的运动规律，提出了微观粒子的态和能级的概念。按照量子物理学，宏观物体中的微观粒子如果处于相同的微观态，其能量有相同的确定值，也就是处于同一能级上。当粒子在不同能级之间发生量子跃迁时，将伴随着吸收或发射能量等于能级差的电磁波能量子，也就是光子。电磁波频率与能级差之间满足普朗克公式，即两者之间成正比，而比例系数为普朗克常数，也就是说电磁波的频率反映了能级差的数量。值得注意的是，宏观物体中基本粒子的能级结构与物体的宏观参数，如形状、体积、质量等并无明显关系。因此，即使物体的宏观参数随时间发生了缓慢变化，也不会影响物体中微观粒子的量子跃迁过程。这样，如果利用量子跃迁现象来复现计量单位，就可以从根本上消除各种宏观参数不稳定产生的影响，所复现的计量单位不再会发生缓慢漂移，计量基准的稳定性和准确度可以达到更高的水平。更重要的一点，是量子跃迁现象可以在任何时间、任何地点用原理相同的装置重复产生，不像实物基准是特定的物体，一旦由于事故而毁伤就不可能再准确复制。因此，用量子跃迁现象复现计量单位对于保持计量基准量值的高度连续性具有重大的价值，此类用量子现象复现量值的计量基准称为量子计量基准。

第一个付诸实用的量子计量基准是 1960 年国际计量大会通过的 ^{86}Kr 光波长度基准。其原理是利用 ^{86}Kr 原子在两个特定能级之间发生量子跃迁时所发射的光波的波长作为长度基准。此种基准不像原来的 X 型原器米尺实物基准那样，长度量值受环境温度、气压等因素的影响，其准确度比实物基准高出近百倍，达到 10^{-9} 量级。第二个量子计量基准，是 1967 年国际上正式启用的铯原子钟，用铯原子在两个特定能级之间的量子跃迁所发射和吸收的电磁波的高准确频率作为频率和时间的基准，以代替原来利用地球的周期运动导出的天文时间基准。尽管地球作为实物庞大无比，但其各种宏观参数亦在缓慢地变化，因而其运动的稳定性并不算很高，仅为 10^{-8} 量级。近年来，铯原子钟的准确度已达到 10^{-16} 以上甚至 10^{-18} 量级，充分说明了量子计量基准的重大优越性。铯原子钟的巨大成功，在天文学、通信技术及全球定位、导弹发射等军事领域均得到了广泛应用。随着人们对各种量子跃迁的认识不断深入，量子计量基准已不再局限于复现长度与时间这两种基本单位。例如 20 世纪 80 年代以来，电学的量子计量基准也得到了飞速的发展，荣获诺贝尔物理学奖的两种重大发现促使建立了约瑟夫森电压量子基准和量子化霍尔电阻基准。1988 年国际计量委员会已建议，从 1990 年 1 月 1 日起在世界范围内启用约瑟夫森电压标准及量子化霍尔电阻标准以代替原来的由标准电池和标准电阻维持的实物基准，并给出这两种新标准中所涉及的约瑟夫森常数及冯克里青常数的国际推荐值。

在传统的非量子化技术中，人们要复现、测量一定准确度的量值时，需要更高准确度、稳定性和分辨力的量值测量系统、装置、器具。以量子基准为核心的量子计量技术，对传统的量值传递与溯源体制造成重大冲击。新的量值溯源主要是溯源到复现基本量及导出量的稳定可靠的物理现象的某种特征上，而非某一实物标准上。量子计量的本质，是人们借助量子化物理效应中的高稳定度的离散现象，可以使用较低的测量准确度和分辨力的测量系统、装置、器具，获得稳定度和复现性高得多的物理量值，从而突破实物系统、装置、器具本身的测量准确度的极限。通常，该类量值不再依赖或受限于某个具体的复现装置、地理位置、外部条件，而具有全球普适性，无需溯源和校准。一旦实现物理量值的远程无实物的传递和溯源，即可以实现互联网技术与计量技术的融合，可望形成全球一体化的计量校准模式。届时人们将有可能在地球内外的任何一处，实现对地球内外的另外任意一处物理量值的实时计量校准。自身具有复现基本量功能的仪器设备与系统，将可能不再需要外部计量校准或溯源，仅需要进行自身内部完备的溯源与校准；即它们溯源的终极标准和认定准则，可能是符合量子化定义的具体量值，而非传统的国家标准或国际标准[4]。量子计量具有精度高、溯源性好、易实现芯片化等特点，随着量子计量技术的不断发展，直接嵌入到装备中的"芯片化"量子传感器已经显现雏形，具有体积小、精度高、免标定等特点的量子传感器可望大幅提升整体装备性能。

近年来，用嵌入式计量标准或芯片取代外部计量标准，是美国国家标准技术研究院（NIST）为代表的西方发达国家的一个重要研究方向。首先是现有计量标准的小型化、芯片化、集成化，试图将庞大复杂的计量标准实现芯片尺度的缩微集成，以便降低成本并灵活运用；其次是将众多不同量值的计量标准集成到一个芯片上，从而实现一片多值的复合芯片级计量标准；最后是量子计量标准的芯片化集成，使其不再需要外部溯源，从而彻底解决物理量值的溯源问题。目前，在机载信息化武器装备使用过程中，其常规传感测试系统需要进行离线计量校准、维修保养。而基于嵌入式的芯片级计量标准和传感技术具有长期稳定、高准确度、可实时监测和多测量参数集成的优点，可以提升航空装备的测量精度，提升试验效率和智能化水平。①芯片级计量设备可直接嵌入待测设备中，实现不受环境干扰的实时测量，在保证测量精度的前提下，有利于各种武器装备与系统的小型化和集成化。例如，基于量子光学的芯片级光梳可用于激光测距领域，适合一些便携化的无人机测距等场合，这些场合对测量速度和精度以及光学测距系统的尺寸都有非常严格的要求。芯片级光梳也可以为便携式激光测距仪、小型化激光雷达、微型无人机等武器装备提供精密的激光源，有利于无人机等装备的小型化与集成化。同时，芯片级光梳作为频率梳齿，可以直接对长度量值进行校准溯源，广泛用于军事领域对激光源进行校准。②基于量子原理的计量标准芯片具有长期稳定性，量值直接溯源到基本物理量，而无需外部溯源，可以提高武器装备试验效率。如基于量子原理的芯片级原子钟可直接嵌入分布式传感器、武器平台、指挥控制系统，实现作战所需的时间同步精度，确保通信和协同准确；特别是在卫星导航信号拒止的情况下，芯片级原子钟可确保用时终端在一定的时间内仍具有精确的导航、定位和授时能力。在导弹制导过程中，因导弹飞行和位置变化快，需要维持精准的时间才能确保打击效果；虽然在打击时间、位置的导航定位上不需要原子钟级别的时间同步，但导弹与地面、卫星的通信控制需要高精度时间同步。③芯片级计量能将多个量值参数计量标准集成在一个芯片模块上，实现多参量、高精度于一体的芯片级综合计量，可以节约计量测试成本，促进武器装备的智能化发展。如采用一块集成了温度、湿度、压力、时间、长度的芯片级传感器，将其应用在武器装备测试现场，可大幅节省计量校准的准备时间，降低测试成本。

所以，2018 年第 26 届国际计量大会对国际单位制进行重新定义，是一个重要的标志性事件，必将促进"计量单位量子化"和"量值传递扁平化"，使全球测量体系发生重构，给传统观念带来重大影响和挑战，也促进了计量技术的快速发展[5,6]。基于量子效应开展单电子隧道效应电流、石墨烯芯片电阻等计量研究，新概念核子钟的准确度和稳定性有望超越现有原子钟水平；太赫兹时域光谱测量、无线传输、通信质量评价以及散射参数校准等技术取得新突破；飞秒激光技术广泛用于电场高精度时域测量、空间精密时频传递等计量领域，飞秒激光窄脉冲噪声特性计量技术得到发展；光钟芯片化研究进展迅速，芯片级计量技术应用领域向热学、力学、化学等专业扩展；复杂电磁环境模拟、多域融合、空间环境等计量测试技术研究，促进综合、现场、动态、特殊环境计量测试准确度的提升与测量效率的提高。例如，为了更深入开展暗物质探测、大地测量等基础研究，科学家们提出了一种新型时钟，即基于原子核的新型核子钟（图 7-2 左图）；美国喷气推进实验室研制了深空原子钟，即汞离子微波频标（图 7-2 右图），利用 SpaceX 公司的猎鹰重型火箭成功发射。

　　　　　　　　　　　　　　　　　　　　超稳振荡器　　　全球定位接收机　　深空原子钟

图 7-2　新型核子钟及汞离子微波频标实物图

7.1.3　量子真空计量技术

　　自 16 世纪人们定义了压力的度量单位帕斯卡，真空计量体系也随之建立，水银压力计一直作为压力测量的主标准器。随着科技的不断进步，基于力学、气体动力学以及带电粒子效应等原理的真空测量装置得到应用，如利用力学性能的波尔登规和电容薄膜规、利用气体动力学效应的皮拉尼电阻规和热电偶规、利用带电粒子效应的热阴极电离规和冷阴极电离规等。超高/极高真空测量技术在宇航科学、纳米科学、表面科学、核聚变、引力波探测等领域具有广泛的应用，特别是近年来随着空间科学实验研究的不断进步，对真空计量的测量下限、测量精度以及可靠性提出了更高的要求，传统的真空计量标准无法满足部分极端的科研应用需求，亟须开发探测下限更低、测量精度和可靠性更高的真空度测量方法。与传统真空测量技术相比，基于光学方法的真空测量技术具有非接触测量及对真空环境影响小等优点。在国际单位制量子化变革背景下，真空计量体系也在逐步向量子化转变。基于光学方法的量子真空计量成为实现真空计量量子化转变的突破点，基于 Fabry-Perot 光学干涉腔的粗低真空量子计量方法结合 *ab initio* 算法计算所得气体分子摩尔极化率和摩尔磁化率，可实现粗低真空范围的原级量子计量标准。而在超高/极高真空范围内，美国 NIST 科研人员提出基于冷原子的量子真空测量方法，结合

ab initio 算法计算所得磁光阱（MOT）中碱金属冷原子的碰撞损失截面这一体系中的恒定物理量，可以利用磁光阱中碱金属冷原子的损失率对腔体真空度进行反演。由于超高/极高真空环境中本底气体稀少，利用吸收光谱技术很难对其进行准确测量。近年来随着激光冷却和囚禁原子技术的发展，利用冷原子的损失率测量真空度有望发展成为新一代真空计量技术，其压力测量范围在 $10^{-10} \sim 10^{-4}$Pa 甚至可以更低。当一定数目的原子被磁光阱捕获后，其数目损失是与腔内残留气体分子碰撞所致，且损失速率与真空度有关，因此检测磁光阱中冷原子数目衰减的损失率即可反演腔内真空度。冷原子平均速度损失率系数由冷原子与气体之间的碰撞截面及其与气体分子的相对速度决定。基于冷原子的量子真空计量方法可作为原级标准，无需与更高标准进行周期性校准。

　　为研制基于冷原子的真空计量标准装置，需开展冷原子真空计量理论研究。美国贝尔研究室 Bjorkholm 等人开展了关于 MOT 中的冷原子与气体分子碰撞的理论计算，建立了超冷原子损失速率与残留气体压强的关系。美国杜克大学 Bali 等人利用计算机模拟和量子散射理论对冷原子真空计量标准开展了进一步理论研究。在标准装置研制方面，2009 年加拿大英属哥伦比亚大学 Fagnan 等利用如图 7-3 左图所示的装置开展了 Rb 原子与中性气体的量子散射碰撞实验，并基于量子散射理论研究了两种捕获阱中冷原子损失速率和势阱深度的关系，其装置主要由二维磁光阱（2D MOT）、三维磁光阱（3D MOT）和测量系统组成，采用 MOT 和四极磁阱来捕获囚禁原子，检测模块主要由残余气体分析仪、两套磁悬浮转子真空计和电离真空计组成。2017 年，俄罗斯科学院联合罗巴切夫斯基州立大学利用光学偶极阱和 MOT 开展了冷原子超高真空实验研究，其装置如图 7-3 右图所示。在实验过程中首先用分子泵将腔室抽至极限真空，然后关闭分子泵由离子泵和钛升华泵维持超高真空，其后利用 6 束波长 671 nm 的对向传输激光和线圈构成的 MOT 对 ^{6}Li 完成捕捉囚禁；最后利用 2 束波长 10.6 μm 的远红外激光构成光学偶极阱实现单个 ^{6}Li 原子的捕捉与观测，并利用光电倍增管确定冷原子碰撞损失率的值。

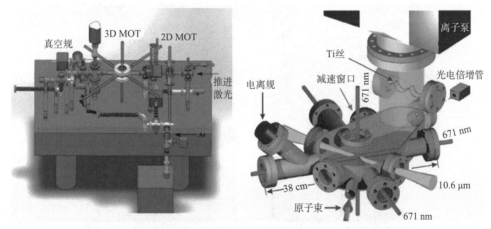

图 7-3　冷原子量子散射碰撞及冷原子超高真空实验装置结构图

　　美国 NIST 研究的冷原子超高/极高真空标准装置主要由抽气系统、碱金属原子源、探测囚禁区和被测真空系统等部分组成，如图 7-4 左图所示。碱金属原子首先在冷却罩中初步冷却，而后由 2D MOT 进行准直和预冷却，最后通过差分抽气节流管道被激光功率为 10 mW 的 3DMOT 捕获，冷却到 mK 以下。捕获后切断激光光源，就可将 MOT 转变成 Ioffe-Pritchard 型磁阱，由该磁阱来囚禁中性冷原子。阱中冷原子不断与腔内气体分子作用而损失，因此根据磁阱中冷原子的损失率即可实现真空系统的压力测量。小型化冷原子真空计量装置是发展趋势之一，其最终目标是将装置制成类似于电离真空计的超高/极高真空原级测量标准。2018 年美国 NIST 的 Eckel 等设计了一种小型冷原子超高/极高真空标准传感器，其结构如图 7-4 右图所示，装置长度约 20 cm，核心部件是用来产生冷却和囚禁原子的激光束的集成衍射光栅，具备 MOT 和四极磁阱两种工作模式。英国南安普顿大学 Aldous 和 Himsworth 等人致力于冷原子超高/极高真空测量的装置微型化研究工作，设计了集成多种元素的原子芯片磁光阱探测器件。

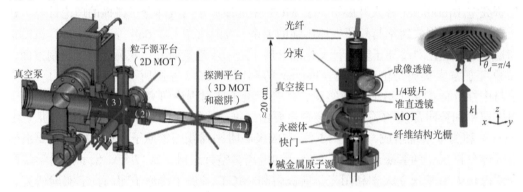

图 7-4　冷原子超高/极高真空标准装置结构图

我国的兰州空间技术物理研究所设计的基于冷原子的超高/极高量子真空测量装置结构如图 7-5 所示，主要由一维塞曼减速器、2D MOT、激光装载装置、3D MOT、荧光

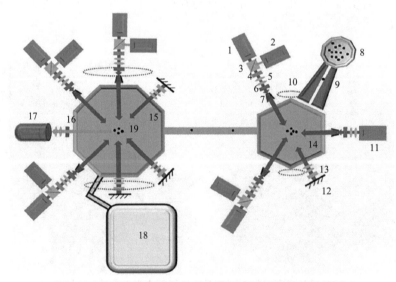

图 7-5　基于冷原子的超高/极高量子真空测量装置结构图

1-671 nm 窄带激光器；2-回泵激光器；3-分束镜；4-671 nm 带通滤波片；5-透镜组；6-1/2 波片
7-扩束器；8-Li 原子炉；9-塞曼减速器；10-四极磁阱；11-推送激光器；12-高反镜；13-1/4 波片；
14-2D MOT 腔体；15-3D MOT 腔体；16-高通滤波片；17-光电倍增管；18-超高/极高真空腔室；19-Li 冷原子

计数装置、真空系统等部分构成[7]。3D MOT 与被测真空系统相连,腔体内真空度即为被测真空度。在 3D MOT 中,碱金属冷原子受到来自空间三维方向的 3 对激光的冷却,并被一对反亥姆霍兹线圈构成的四极磁阱所囚禁。同时,利用荧光收集装置对腔内碱金属冷原子所产生的荧光进行收集,进而对其三围磁光阱内的碱金属冷原子数目进行精确测量,得出其损失率系数,最后对腔内真空度进行反演。

综上所述,基于冷原子的量子真空计量标准可实现超高/极高真空范围的压力测量,有效减小超高/极高真空范围的真空度测量不确定度,提升测量精度及分辨率。基于冷原子的量子真空计量方法,仍存在量子信息和宏观参数之间理论模型计算的问题,一定程度上限制了冷原子的量子真空计量方法成为真空计量的原级量子标准。虽然目前基于冷原子的量子真空计量方法还存在一定的缺陷,但通过与活塞压力计等真空计量标准的对比,可以实现对现行部分标准的替代。随着对冷原子碰撞损失率和碰撞截面的研究深入,该方法将成为新一代原级量子真空计量标准的测量方法之一。

7.1.4　量子霍尔电阻计量技术

随着测控技术的发展,精密电阻在先进仪器中发挥着重要作用,在型号工程和高精度仪器研制生产中对电阻检测准确度的要求越来越高。以往国际上普遍使用实物电阻标准,不确定度水平在 $10^{-7} \sim 10^{-6}$ 量级,为电阻计量溯源提供了重要保障,但是实物电阻标准也存在一些问题[8]:一是实物电阻标准的电学特性会由于一些不能完全控制的物理、化学过程而发生缓慢的变化,二是越高级别的实物电阻标准的数量越少,如果在各种灾害中造成损坏或意外丢失,则不可能复制出与原来实物标准绝对一致的电阻标准,与之前持续担负量传任务的标准电阻相比无法保证原有的量值传递连续性与稳定性,给国家利益甚至国际社会带来难以估量的损害。

1879 年,美国物理学家埃德温·赫伯特·霍尔在研究金属导电机制时发现了霍尔效应:置于垂直磁场中的导体流过电流,在导体内运动的电荷受到洛伦兹力作用而出现偏转,导致正负电荷积聚在导体不同侧,从而产生横向电压(霍尔电压)。1980 年,德国科学家冯·克里青在 MOSFET 的霍尔效应实验中,意外发现了与经典霍尔效应不同的现象:高迁移率的二维电子气(2DEG)在低温 0.5 K 和强磁场 18 T 环境下,其横向霍尔电阻随磁场变化出现一系列和自然常数相关的量子化霍尔电阻平台,而对应的纵向电阻迅速降低为零。这种现象称为整数量子霍尔效应(IQHE),是一种普适的量子效应,量子化霍尔电阻与 2DEG 材料、器件和平台指数无关。量子霍尔电阻结构如图 7-6 左图所示。从机理上分析,由于强磁场和低温的作用,在 2DEG 中形成电子的分立朗道能级,而且电子的运动在相邻朗道能级之间是局域化的,杂质的存在使朗道能级扩展为有限宽度的能带,所以在曲线上出现霍尔电阻平台。IQHE 提供了全新的方法来确定精细结构常数,独立验证量子电动力学理论的正确性,而且在计量领域可以提供绝对电阻值,用来作为电阻标准。目前,量子电阻值的测量准确度可达到或优于 10^{-9} 量级。下面简要介绍量子霍尔电阻器件及电阻标准[9,10]。

1. 量子霍尔电阻器件

IQHE 在 Si-MOSFET 中被发现,但由于复现所需的条件高,又采用 GaAs/AlGaAs 异质结来制备量子霍尔电阻器件，目前技术比较成熟。通常采用分子束外延技术制备 GaAs/AlGaAs 异质结，如图 7-6 右图所示，利用调制掺杂技术提高载流子迁移率，采用光刻、蚀刻等技术进行霍尔棒成形，尺寸一般为 2.5 mm × 0.5 mm，设置 3 对霍尔电极和 1 对电流电极。在实际工作中，量子电阻样品置于温度约 1.5 K 和磁感应强度约 10 T 的环境中，通以约 70 μA 的测量电流，处在 $i=2$ 平台的霍尔电阻不确定度可达到 10^{-9} 量级。

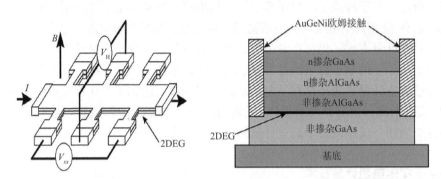

图 7-6　量子霍尔电阻结构和基于 GaAs 异质结的量子霍尔电阻示意图

近年来，研究发现石墨烯在室温下呈现量子霍尔效应，受到广泛的关注。与传统 2DEG 相比，石墨烯的第 2 个量子电阻平台更宽，而且其起始磁感应强度更低，如图 7-7 左图所示。石墨烯复现霍尔效应所需的温度和磁场条件明显改善，是制备量子霍尔电阻的理想材料。制备石墨烯的常用方法有机械剥离、化学气相沉积（CVD）、碳化硅外延生长（EG）等。机械剥离法制备的石墨烯样品尺寸小，触点不稳定，测试电流较小。CVD 法的基底转移环节会带来污染，造成石墨烯损坏，因此所生产的石墨烯电性能较差。EG 法是高温热解 SiC 直接生长石墨烯，所制备的石墨烯质量好，特别适于制造量子霍尔器件，如图 7-7 右图所示。实验证明，石墨烯量子电阻性能与传统砷化镓量子电阻相当或更好，为提高其实用性仍需进一步研究石墨烯载流子浓度调控、器件稳定性及一致性等问题。

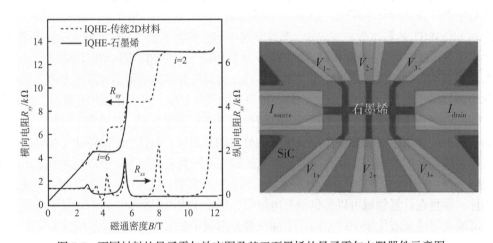

图 7-7　不同材料的量子霍尔效应图及基于石墨烯的量子霍尔电阻器件示意图

在实际应用中，常将填充系数选取为 $i=2$ 或 $i=4$，对应的阻值约为 12.9 kΩ 或 6.45 kΩ，通过多个霍尔棒串并联组成量子霍尔阵列器件，从而拓展量子标准的阻值。目前，阵列

器件可以提供 100 Ω~1 MΩ 的阻值范围，日本国家计量院 NMIJ 生产的标称值为 1 MΩ
量子霍尔电阻阵列器件如图 7-8 所示。阵列器件可以提供多种量子标准电阻值，满足十
进制阻值的次级标准计量需求，从而提高量值传递的便捷性。但是阵列器件要求各霍尔
棒具有良好一致性，在相同磁感应强度下都可以量子化，对电极和绝缘层加工要求也比
较高。

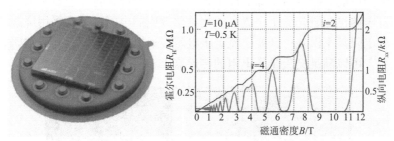

图 7-8 典型的量子霍尔电阻阵列器件及其电阻测量曲线

2. 量子霍尔电阻标准

由于 IQHE 的普适性和良好的复现性，国际计量局推荐自 1990 年 1 月 1 日起使用
IQHE 作为电阻标准，至此 IQHE 正式用于电阻计量。量子霍尔电阻标准通常采用
GaAs/AlGaAs 异质结作为量子霍尔电阻样品，还有液氦杜瓦、超导磁体和电阻传递电桥
等部件。利用液氦为样品和超导磁体提供低于 2 K 的低温环境，也为常用的低温电阻电
桥提供所需的低温工作条件，运行在超导状态的磁体提供约 10 T 的磁感应强度。采用
GaAs/AlGaAs 异质结的量子电阻标准装置，可以提供 10^{-9} 量级的不确定度，比之前采用
实物电阻标准提升约 3 个数量级，从根本上解决了实物电阻标准的单位量值随时间变化
的问题。量子电阻标准装置不受环境参数波动干扰，具有高准确度和高稳定性，但是需
要液氦实现低温条件，系统复杂且操作烦琐，需要专业技术人员才可以进行，运行成本
高且受到液氦运输储存等限制。目前，只在少数高级别实验室建有量子电阻标准装置，
对低级别实物电阻标准进行量值传递，经逐级传递后降低了实际应用场所的电阻计量准
确度。

石墨烯能够在更高温度和更低磁场的环境下复现 IQHE，近年来基于石墨烯的新一
代量子电阻标准成为研究热点，这种低成本、操作方便的量子电阻标准装置可以满足用
户对精密电阻高精度测量的需求，促使电阻计量扁平化，提高电阻计量准确度。美国 NIST
和英国国家物理研究室（NPL）等科研机构研究了基于石墨烯技术的新一代量子电阻标
准，在碳化硅上制作石墨烯霍尔效应芯片，放宽了工作温度范围，利用小型制冷机实现
无液氦低温技术，解决了传统材料受低温和振动指标限制的问题，同时降低了量子化电
阻标准装置的使用复杂度和限制条件。新一代量子电阻计量基准及位于碳化硅上的石墨
烯芯片如图 7-9 所示，右图上方是由 16 个小型量子霍尔器件组成的阵列组合，下方是由
无引线的芯片载体固定的器件，可以安装在电路板上，便于使用。

电阻器件在实际中常用于交流和高频电路中，由于寄生电感、寄生电容和临近效应
等因素，交流电阻的量值和直流电阻不同，因此需要建立交流量子电阻标准。将量子电

阻样品施加交流电流，基于交流量子霍尔效应（AC QHE），就可以得到交流电阻的标准量值。利用 AC QHE 建立量子交流电阻标准过程中，在通过交流时由于多种因素影响，样品结构的电磁场分布比较复杂，所复现的基准值随频率增加而导致非线性度增大。研究发现，阻值偏差的根源在于霍尔棒内部电容以及与地耦合电容引起交流损耗，采用如图 7-10 所示的屏蔽结构并进行补偿后，相对不确定度小于 $1×10^{-8}$，从而使得交流电阻的量子化溯源成为可能。随着石墨烯器件制备技术迅速发展，将加速石墨烯在交流量子标准中的应用。国内也在研究适于交流量子化霍尔效应的电阻样品，采用屏蔽结构克服交流量子化霍尔电阻频率误差；开展交流量子电阻传递电桥的研究，并成功研制了高准确度四端对电桥，可以满足交流量子电阻的传递需求。

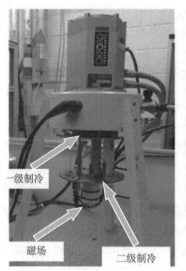

图 7-9　新一代量子电阻计量基准和在碳化硅上的石墨烯芯片实物图

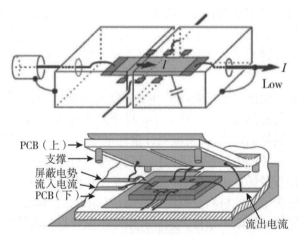

图 7-10　交流量子霍尔电阻样品屏蔽原理（上图）与样品结构（下图）

随着量子技术的不断发展，人们已经开发出基于 IQHE 的直流电阻最高标准，复现准确、稳定可靠的直流电阻单位在电阻计量中发挥着重要的作用。基于石墨烯材料的新型量子电阻对温度和磁场强度的要求低，随着器件制备工艺的进步，量子电阻标准正向小型化和低成本方向发展。基于石墨烯的新一代量子电阻标准可以免液氦运行，具有结构简单和操作便捷等优势，有望替代传统量子电阻标准，能够在低级别实验室广泛运行，缩短电阻溯源链，提升客户实际使用端的测量准确度。利用门控石墨烯的不同区域，可以产生多个 PN 结并实现霍尔电阻值的串并联阵列，从而扩大霍尔电阻值的范围。石墨烯也是开发量子电压和电流标准的通用材料平台，将来在单个石墨烯芯片上可能会同时集成量子电阻、电压和电流标准。基于 AC QHE 的交流电阻标准，将满足实际交流量子电阻溯源的需要。此外，近年来研究发现的量子反常霍尔效应，可以摆脱量子霍尔效应对强磁场的要求，有望为电阻计量领域提供全新的量子电阻标准。

7.1.5　质量量子计量技术

质量量子计量基准研究的主要内容，是通过实验将质量的单位千克溯源至普朗克常数 h，实现单位千克的基于基本物理常数的新定义，已经成为国际计量领域的研究热点和难点，*Nature* 期刊 2012 年将质量量子计量基准研究列为世界六大科学难题之一。作为量子物理常数的普朗克常数，只与微观粒子的状态和能级有关，拥有实物基准无法比拟的稳定性和准确性；一旦将质量的单位千克溯源至普朗克常数，则可借助普朗克常数的稳定性和准确性保证千克的稳定性和准确性。为了实现这个目标，国际计量委员会 CIPM 号召全世界有实力的国家级计量院或科研机构积极加入质量量子计量基准研究的行列，并特别重视新的研究方案以及采用不同研究方案得到的测量结果[11]。

2013 年 CIPM 的质量及相关量咨询委员会对建立质量量子基准的方法进行了规定，质量单位千克的量子化重新定义应该同时满足以下四个条件：①一致性。至少有 3 种独立的方法，能够达到小于 5×10^{-8} 的相对标准测量不确定度，保证测量结果具有一致性。②不确定度。3 种方案中至少有一种方案的测量结果的相对标准测量不确定度小于 2×10^{-8}。③可溯源性。各国的工作基准，各普朗克常数测量装置和硅球法所用到的标准砝码，应该直接溯源至国际千克原器（IPK）。④有效性。质量单位千克重新定义后，其复现和传递过程应该符合 CIPM 互认协议的要求。

目前，国际上的质量量子计量基准研究方案主要分为两大类：一是通过微观的硅原子质量定义宏观的千克质量，即阿伏伽德罗常数方案（硅球方案）；二是利用机械功率和电学功率的等价性将质量单位千克溯源至普朗克常数，即功率天平方案和能量天平方案。由于电天平法基于相对成熟的电学量子基准，其研发成本和技术要求比硅球法低，很多国家的研究机构都搭建了自己的电天平。电天平法的实现方式有多种，包括静电天平、功率天平、能量天平、摆动天平、电压天平等，其中功率天平和能量天平是认可度最高的千克级质量量子基准方案，而静电天平则是微克级质量量子基准的成功代表。

英国国家物理实验室（NPL）的 Kibble 博士 1976 年提出精密测量普朗克常数的功率天平法，并搭建了世界上第一台功率天平实验装置，如图 7-11 所示。人们纪念 Kibble 博士为建立质量量子基准做出的卓越贡献，2017 年将功率天平命名为基布尔天平（Kibble Balance）[12]。为了方便与能量天平进行区分和辨识，在此仍称之为功率天平。目前，NPL 第一架功率天平已经移至加拿大国家研究委员会继续研究以提高其测量准确性，而 NPL 则将精力转移至桌面级商用功率天平的研究。

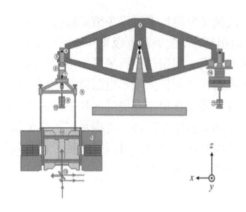

图 7-11　英国 NPL 功率天平原理及实物图

　　功率天平法是利用通电线圈在磁场中产生电磁力矢量来平衡标准砝码的重力矢量，进而将未被量子化的质量基准与已经量子化的电学量基准建立联系。功率天平法测量普朗克常数的过程可以分为两个模式，如图 7-12 左图的称力模式，右图为速度模式。

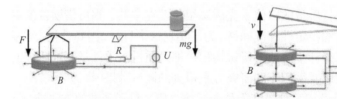

图 7-12　功率天平的称力模式和速度模式示意图

　　能量天平法是中国计量科学研究院 2006 年提出的质量量子基准的电天平方案[13]，图 7-13 左图为第一代能量天平 NIM-1，右图为第二代能量天平 NIM-2。第一代能量天平基于传统刀口式天平结构，主要用于原理验证，典型的测量结果为普朗克常数值为 $6.626069(17) \times 10^{-34}$，相对标准测量不确定度为 2.6×10^{-6}。能量天平课题组对 NIM-1 进行了多项研究和改进，但是由于平衡梁摆动使线圈产生的侧向偏差、空气浮力产生的称力和测距误差难以消除，使 NIM-1 测量准确性最终被限制在 10^{-6} 量级以内。因此，2013 年中国计量科学研究院开始研制第二代能量天平 NIM-2，其中哈尔滨工业大学研发了精密机械和精密几何量测量系统。NIM-2 进行了如下改进：①NIM-1 垂直力做功的主要不确定度来源是天平对残余力的测量，而在 NIM-2 中采用一个商用的质量比较器取代了原来的大天平，其分辨率为 $1\,\mu g$，重复性为 $15\,\mu g$，在真空环境中垂直力做功的不确定度可以降低到 10^{-8} 量级。②磁场能量变化的主要不确定度来源是磁链差测量，而在磁链差测量中标准电压的准确性又占主要部分。在 NIM-2 中用一套可编程约瑟夫森电压系统作为标准电压，可以抵消感应电压波形。磁链差测量的不确定度可以降低到 1×10^{-7}。③为了降低准直不确定度，NIM-2 采用一套 6 自由度激光测长系统，更加精确测量线圈位移。同时，悬挂系统落在一个二维移动平台上，可以实时调节线圈位移。悬挂线圈 3 个杆上分别固定 3 个压电陶瓷，用来实时调节线圈转角。所以，通过实时调节线圈位置，准直不确定度可以降低到 10^{-8} 量级。④NIM-2 采用一套电磁体系统来代替原来的永磁体系统。电磁体系统采用高导磁材料大幅降低线圈发热，增强了磁场；同时，高导磁材料的磁屏蔽效果好，大幅降低了外磁场的影响，使磁场的不确定度可以降低至 $1×10^{-7}$。

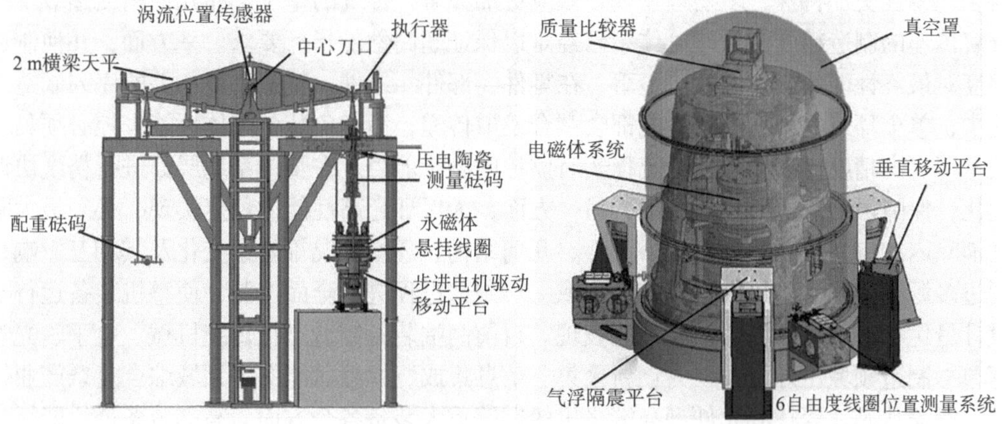

图 7-13 中国计量科学研究院研制的能量天平装置示意图

能量天平法的基本原理与功率天平法类似，旨在通过测量通电线圈在磁场中运动过程机械能变化量和电磁能变化量，建立标准质量与电学量量子基准之间的联系。但是，与功率天平法测量瞬时功率不同，能量天平法测量的是一段时间内的能量变化量，是一个过程量。能量天平法测量过程包括两个模式，图 7-14 左图为称力模式，右图为测磁链差模式。与功率天平法一样，能量天平法采用两个测量模式巧妙解决了对磁场和悬挂线圈组成的几何量进行准确测量的难题。磁链差测量只与悬挂线圈起始、终止位置以及姿态有关，与悬挂线圈运动过程中相对磁体的位置和姿态无关。因此，能量天平法在测磁链差模式下，只要准确测量悬挂线圈的起始和终止位置，并且保持起始和终止位置处悬挂线圈姿态与测力模式下一致即可。而功率天平法则需要速度模式运动过程中悬挂线圈的姿态与称力模式下完全一致，否则将引入动态对准误差。

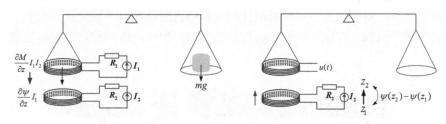

图 7-14 能量天平的称力模式和测磁链差模式示意图

7.1.6 高端装备与智能制造精密测量

计量是研究测量及其应用的科学，应用范围非常广泛，包括航空、航天、舰船、兵器等领域。在学科专业分类目录中，计量专业一般列入"仪器科学与技术"学科之下，可见计量与仪器仪表学科的关系比较密切。计量专业对精度具有特殊的要求，在高端装备与智能制造领域日益受到重视。获取完整而精确的测量信息是装备设计优化、制造过程调控和服役状态保持的重要基础，是实现重大装备"高性能""上水平"的内在要素。

当前，高端装备的性能指标逐渐逼近理论极限，结构日益复杂，尺寸要求更加苛刻，材料物化特性更加特殊，多物理场耦合效应更加显著，传统的基于产品几何精度逐级单向分解传递的制造精度测量理论体系已经难以保证超高性能指标要求。一方面，几何制造精度对最终性能的非线性效应显著，在零件—部件—组件—整机高度相关的序列制造过程中，单个环节的精度失调失配都会耦合发散传递，为避免装备整体性能失控必须具备大量程、高精度、高动态、全流程实时监控的测量能力，在整体系统层面进行精度协调优化，保障最终制造质量与性能；另一方面，为保证超高性能的稳定实现，必须最大限度消除内在应力，全面分析材料物性、几何结构、环境工况等要素变化及其相互影响，通过多源、多维、多尺度测量信息获取，对制造过程进行全面控制，使整机装备运行于设计最优状态，从而保证最高性能表现。目前高端装备制造已从传统机械、电子、光学等单一制造领域主导，发展为创新聚集、信息集成、智慧赋能的多领域综合复杂产业体系，涵盖从芯片等核心元件到高端飞机船舶等重大装备各个方面。高端装备最终能够实现的性能源于对每个环节精度的精细调控，源于对整体状态信息的充分获取，源于测量理论方法及技术设备的不断完善。探索建立面向复杂装备制造的测量理论、方法与技术，支撑多环节、多层次、高精度的精度匹配调控已经成为精密复杂装备制造中的重要基础问题，并聚焦以下重要方面：极端条件下可直接溯源几何量超精密测量，多物理场耦合多约束精度调控，多源、多维、多尺度测量信息高性能传感，智能制造大场景精密测量方法等，如图 7-15 所示[14]。

在高端精密装备制造领域，极端条件下的可直接溯源几何量超精密测量贯穿了装备核心零部件制造、整机集成、在役工作、装备制品质量表征和工艺提升等整个过程，是装备自身精度和装备线工艺质量调控不可或缺的核心技术基础。可溯源能力将超精密测量结果直接溯源到国际计量基准，可为极限测量精度的稳定实现提供根本保证，最大限度提升装备性能和运行品质，是超精密测量技术的公认发展方向。传统计量溯源体系建立在严格控制、环境稳定的实验室条件下，而高端精密装备制造及服役过程伴随高速运行、严苛环境等极端条件，对实现可直接溯源的几何量超精密测量提出严峻挑战。在航空航天及特种装备领域，高温、高压、高速、高真空等特殊使用环境也对超精密测量技术提出极高要求。

图 7-15 高端精密装备精度测量研究聚焦领域

高端装备制造与服役环境更加恶劣，性能要求更加苛刻，智能化要求也更加迫切。复杂恶劣环境下多物理场高精度感知技术、智能在线动态监测技术、测量可靠性与可溯源性已成为实现高端重大装备智能制造与高可靠服役的核心驱动技术和本领域前沿热点难点问题。面对高端装备制造及服役工况的高温、强磁场、狭小空间等极端复杂化的发展新趋势，多参量测量及精度溯源、多物理量强耦合动态演变机制、多物理场全场状态与边界约束映射关系、工艺参数实时调控，以及航空航天高端装备制造及服役维护的高性能动态测量等方面的研究需求越来越迫切，未来需要重点关注复杂物理场耦合原位高精测试、智能制造中的多物理量测量与解耦等相关原理与技术，如图 7-16所示。

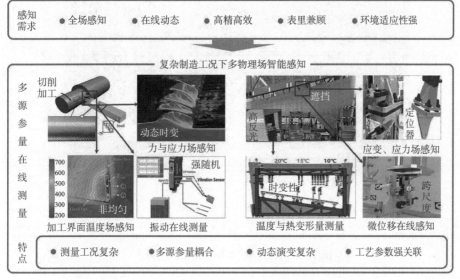

图 7-16　复杂制造工况下多物理场智能感知测量需求

半导体芯片产业是国民经济的关键基础，芯片制造已经上升为国家的战略任务之一。半导体芯片的制造是一项极其复杂的系统工程，其制造质量依赖于高精度检测技术及设备，检测技术呈现出多源、多维、多尺度、高性能要求等突出特点，研发难度大、综合要求高，相关高端仪器装备已成为我国重点"卡脖子"问题。半导体芯片测量技术及装备除了要求具备传统的几何量测量能力，还需要具备热、磁、电等多物理场表征能力，亟须开展微观尺度下超越散粒噪声极限的多维/多物理场芯片原位测试技术及仪器研究，形成具有自主知识产权的半导体芯片核心测量方法和技术，解决三维半导体芯片中纳米结构多维多尺度测量难题。

航空航天大型复杂装备的超高性能必须依靠精确外形控制来实现，外形尺寸信息是控制制造过程、保证制造质量、提升产品性能的关键条件。目前，以激光跟踪仪为代表的球坐标单站测量仪器仍是该领域主流测量设备，以大飞机机身制造为例，通过一台或多台跟踪仪对大部件关键控制点坐标进行精准测量，为姿态分析、工装协同定位提供基础数据和决策依据，已成为机身数字化对接、总装等核心环节的标准工艺要求。作为数字化制造的发展进阶，智能制造将进一步由针对少量工艺控制点坐标测量定位拓展为对人员、设备、物料、环境等多元实体外形、位姿及相互关系的全面全程测量感知，测量需求表现出全局、并发、多源、动态、共融、可重构等全新特点。以室内 GPS、激光跟踪仪为代表的多站整体测量设备采用空间角度、长度交会约束原理实现大尺度空间坐标测量，具有时间和空间基准统一的突出优势，但系统组成较为复杂，误差因素多，精度控制难度大，简化结构、控制成本、提升动态测量性能是其未来面临的挑战。应当把握全球智能制造升级机遇，面向下一代智能制造大场景新需求新特点，持续探索精密测量新体制、新方法、新技术，实现原理、技术、器件、装备的系统性突破，如图 7-17。

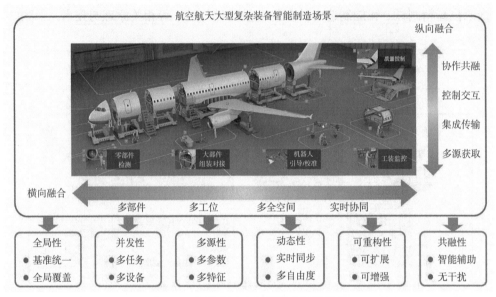

图 7-17　智能制造大场景精密测量需求

针对以超精密光刻机、高端飞机舰船为代表的复杂战略性装备制造"卡脖子"测量难题以及未来发展战略，通过顶层设计、集中力量、先期布局和协同攻关，应重点实现以下突破：①微纳特征结构（深）亚纳米级在位/动态测量方法及微环境误差传递与微环境超精密调控基础理论，多维高速高动态超精密测量方法与动态计量校准基础理论，量子精密测量与溯源方法；②面向高端制造的微区形态性能多物理场多参数耦合机理、不确定度评估与量值溯源，光子-声子/自旋量子调控及其高精度传感与测量方法，以及传感器件与测试仪器；③面向半导体制造的电磁波与物质相互作用的纳米测量新机理，泛薄膜体系跨尺度光学精密测量新原理，接触-非接触复合测量新模式，以及测量装备的校准与可溯源问题；④面向智能制造的新型可溯源光学定位原理方法，融合惯性、时间信息的高性能全局测量网络动态测量方法，现场环境因素实时监测与修正方法，以及物理-信息融合测量新原理与方法。从另外一个维度看，着重围绕以下领域，通过关键技术攻关、前沿探索及多学科交叉深入开展原创性研究：一是面向高端精密装备的核心零部件加工、集成及服役中的精密测量基础理论与复杂物理场耦合原位高精测试理论，二是面向高端制造与微纳精密制造的多物理量、多参数的测量基础理论，三是面向半导体制造的测量新原理特别是超光学衍射分辨极限、高性能非破坏、智能质量检测等方面的测量基础理论，四是面向智能制造的测量基础理论特别是综合测量系统构建方法、现场广域全局空间、时间基准统一测试新方法和现场物理信息融合测量新原理等。

7.1.7　人工智能与军事智能计量

1956 年，美国达特茅斯学院会议上首次提出了人工智能（Artificial Intelligence，AI）这一术语，标志着人工智能作为一门新兴学科的诞生。多年来，人工智能的研究在机器学习、模式识别、定理证明、问题求解、专家系统及人工智能语言方面取得了令人瞩目的成就。在军事领域，人工智能催生了高度智能化武器及各种无人作战平台，进一步加速了战争形态向智能化演变。军事智能不是简单的军事+AI，而是强调军事场景中的军事博弈，具有环境高复杂性、博弈强对抗性、响应高实时性、信息不完整性、边界不确定性等特征，是人、武器装备及作战方式构成的力量体系的整体运转描述。军事智能具有自适应、自学习、自对抗、自修复、自演进等能力，各类智能化无人系统和作战平台将在地面、空中、水面、水下、太空、网络空间及人的认知空间得到越来越多的应用，推动信息化战争逐步进入智能化时代，必将深刻改变未来的战争形态，引发新的军事变革。

智能计量理论聚焦军事智能重大科学前沿问题，把握军事智能度量的本质特征，汇集计量学、认知神经、统计物理等多个学科的理论与方法，以大幅度学科交叉融合与开放合作为基础，面向智能算法、芯片、传感器等基础领域开展军事智能度量计量基础理论研究，探索混合增强智能、多模态感知认知、群体熵、脑机接口、机器推理等内在机理。考虑复杂的任务与极端的环境，研究军事智能在感知认识、推理决策、协同交互等方面的鲁棒性、可解释性、安全性、环境适应性等智能特性的度量原则、原理、特征等度量计量理论，并构建军事智能安全、可信、可靠及可扩展的计量溯源理论与方法体系，实现军事智能度量计量基础理论的创新突破，为研究军事智能测量与评估技术，搭建多域跨域的分布式军事智能测试平台环境群提供理论支撑。基于军事智能度量计量理论与方法体系，探索建立多学科交叉融合的多维计量测试模型，形成可客观衡量军事智能水平的系列测试工具与计量装置。以军事智能作战需求为牵引，集成相关计量测试技术、测试工具、计量装置、标准规范等，构建面向各作战域及跨域分布的军事智能测试平台环境群。研究各类智能形态自主性、可解释性、安全性、鲁棒性等基本属性指标的计量测试技术；开展仿人智能、机器智能、人机混合智能、群体智能特有属性指标的计量测试技术研究，重点突破基于对抗博弈的感知与认知、多智能体协同、多通道交互、机器推理、群体熵、脑机接口等方面的计量测试技术。开展军事智能计量溯源技术研究，重点研究测试数据集，测试方法的准确性评价技术，对比信息熵理论、心理测量理论、复杂系统理论、概率统计理论等，多途径探索军事智能计量溯源关键技术，形成军事智能度量指标与基准量之间的关系模型，建立军事智能度量指标的量值溯源方法与计量装置[15]。关于智能度量计量理论的研究重点，如图 7-18 所示。

将人工智能理论技术与现代测量理论技术结合，采用大数据、数字孪生等技术手段实现智能测量，解决复杂系统的测量问题，提升测量精度和计量的不确定度水平。通过与人工智能技术的结合，使测量系统具有自主学习、自主决策、自主判断的能力，能够具有更好的适应性，解决复杂的测量问题。人工智能赋能计量主要体现在计量数据的智能分析与处理方面，随着大量高新技术在武器装备上的广泛应用，计量保障涉及的新参数多、准确度要求高、测量范围宽、自动化程度高，尤其在战时恶劣的战场环境如振动、

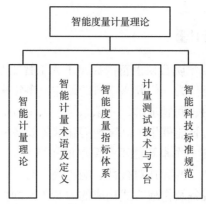

图 7-18　智能度量计量理论的研究重点

冲击、高低温、强辐射、强干扰等条件下，被测参数的离散性、阶跃性、随机性变化规律难以掌握。人工智能技术的运用，可以提升计量保障设备对多源数据的综合分析能力，通过充分利用装备全寿命周期过程中得到的大量测试数据和历史数据，采用状态估计、参数辨识和模式识别等方法，建立人工智能模型对这些数据进行深度挖掘和学习，可以得到更精确的检测结果，并为装备健康状况评估和寿命预测提供准确依据。美国国防部高级研究计划局（DARPA）大力推动计量研究项目，在人工智能领域布局的项目例如无人系统的人工智能可靠性与可追溯性（AIRT），通过制定机器学习与不确定性分析的设计原则，增强可靠性与可追溯性，而不损害推理能力，进而使 AI 系统的设计、运行更为科学和安全。关于智能无人系统的计量，需要综合考虑自主性、可信任性、可解释性、智能水平等不同维度进行全面研究。

7.2　计量理念创新的基础

　　理念创新是革除旧有的既定看法和思维模式，以新的视角、新的方法和新的思维模式，形成新的结论和思想观点，进而用于指导新的实践的过程。计量在我国古代称为"度量衡"，有着悠久的历史，随着现代计量学的不断发展，也需要进行理念创新。这种创新必须根植于客观实际，应当具有客观深刻性；理念创新的前提是继承，继承是基础、创新是结果，应当注重继承稳定性；通过创新，实现对原有观念的突破，应当具有超越突破性；客观事物的变化是必然的、经常的，创新还要兼顾动态发展性。本书之所以强调计量的理念创新，是基于如下基础和考虑，见图 7-19。

　　一是来自军事需求的牵引，包括联合作战需求、装备发展需求和装备管理需求；二是来自解决现实矛盾问题的导向，例如传统计量工作的贡献度如何？装备全寿命计量的关键环节在哪里？装备计量工作的建设发展目标是什么?计量能不能多做些"减法"，少计量、易计量甚至不用计量？三是来自计量理论与技术的内生动力，包括法制计量的驱动，先进计量理念的驱动，以及科学计量的驱动。此外，加上外军先进计量体系和装备发展模式的剖析借鉴，装备计量性、广义计量性、可计量性等概念的基础支撑，以及武器装备全寿命计量的强制性要求，促使笔者较为深入地思考作战、装备与计量的关系，不断进行装备计量的理念创新，下面分别展开论述。

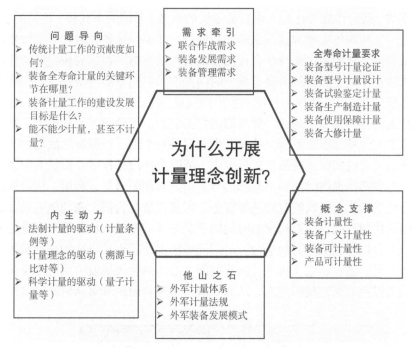

图 7-19　开展计量理念创新的基本考虑

7.2.1　需求牵引、问题导向与内生动力

7.2.1.1　需求牵引

1. 作战需求的牵引

作战概念是未来作战的可视化表达，美军针对联合作战的不同层次和领域，对作战概念进行了分层细化的系列化描述。《2020 联合构想》提出的美军作战概念体系如图 7-20 所示[16]，分为三个层面，顶层作战概念包括主宰机动、精确交战、全维防护等；其次是联合作战概念系列，作为支撑美军转型的作战概念的核心，主要包括联合作战顶层概念、联合行动概念、联合功能概念、联合集成概念；最底层是军兵种转型作战概念及装备作战使用概念。这些概念从上至下顺序指导、渐进具体化，由下至上顺序支撑、逐级集成，各层面的作战概念之间相辅相成，形成了较为完善的作战概念体系。美军作战概念是基于"联合"背景下提出的，如网络中心战、空海一体战、航空航天战斗云、分布式作战、穿透性制空等概念主要针对联合作战问题，站在联合作战角度看装备发展需求与作战使用，明确各军种在联合作战中的职能分工。作战概念的落脚点主要是针对能力差距或能力缺陷，聚焦提出能力改进的方向或提升方法，首先是非装备解决方案，其次才是装备解决方案，如空海一体战作战概念的落脚点为空海军装备作战配合上，F-22 飞机全球打击作战概念的落脚点为 F-22 飞机的能力提升"增量"计划上。

现代战争形态已由机械化向信息化、智能化转变，未来战争将是多军种、多兵种一体化联合作战。联合作战与计量工作有着密切的联系，不同的军兵种、不同的装备类型，只有按照统一的溯源体系溯源到国家和国防基准，才能保证各种武器装备输出统一准确的效能参数量值，从而为多军种联合作战提供有力的支撑。再如要构建联合作战体系、实施一体化联合作战，必备的前提是统一时间基准。时间基准的统一，不仅能够融合多源探测及态势信息，支撑战场态势评估和指挥决策，而且能够支撑武器平台的协同运用，保证联合打击的协调性和准确性，提升精确打击能力。无论国外还是国内，都非常重视建立高精度的时间基准服务系统，从而产生和保持可靠的、可溯源的战场时间基准，平时满足大项活动对时间频率的战技指标要求，战时为作战指挥中心提供时间频率基准信号和信息，为各部队提供时间频率基准信号、信息和溯源服务，利用一切可用途径向所有作战单元终端提供不间断的时间基准服务。以现代战机为例，强调航电系统的高度综合化以及编队协同作战，而高精度的时间同步是必备的基础，从单平台设备之间扩大到编队内飞机平台以及编队外其他平台，时间同步精度要求也从以往的毫秒量级提高到微秒乃至纳秒量级。通过建立飞机平台内部时间中心，结合飞机航电系统本身具备的卫星导航授时能力以及数据链授时能力，从而实现飞机平台时间和编队时间的高度统一。

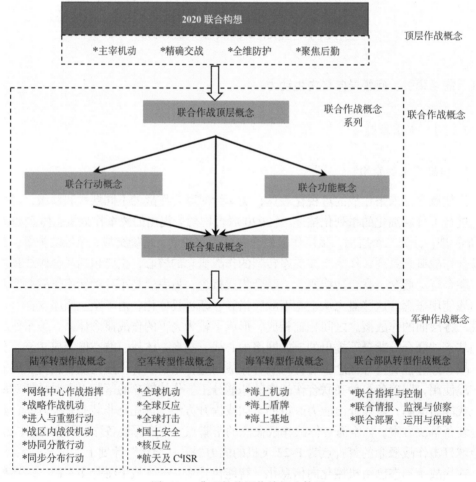

图 7-20　典型的美军作战概念体系

2. 装备发展需求的牵引

美军通过"需求革命"对其武器装备需求开发机制进行了一系列改革，形成了独具特色的装备需求开发机制，即联合能力集成与开发系统（JCIDS），如图 7-21 所示。在 JCIDS 的指导下，结合空军特点细化形成了空军的基于能力的需求开发模式（CBRD）。JCIDS 以国家战略和顶层政策为指导，以联合作战概念体系为输入，研究输出初始能力文件（ICD）、能力开发文件（CDD）、能力生成文件（CPD）三大需求文件。初始能力文件侧重于能力需求分析，描述在联合作战功能方面的能力差距；能力开发文件以初始能力文件为输入，从作战使用角度进行能力权衡、细化能力要求，是定义可测量的、可试验的能力的主要手段，为工程与制造阶段提供指导；能力生成文件以能力开发文件为输入，明确指导装备生产的详细性能要求，是定义权威的、可试验的能力的主要手段，为生产和部署阶段提供依据。先进的装备需求开发机制，为 F-22、F-35 等武器装备的需求开发提供了可靠的机制保证，推进了先进武器装备高效持续发展。

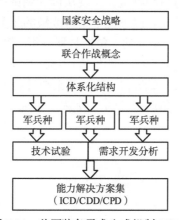

图 7-21　美军装备需求生成机制 JCIDS

装备发展一般遵循以下步骤[16]：第一步，顶层作战概念研究（战争研究）。依据国家战略赋予军队的使命任务，设计未来战争，提出军队顶层作战概念。第二步，作战能力需求研究。依据顶层作战概念，提取军队作战能力需求。第三步，装备作战概念研究。依据作战能力需求描述的装备能力需求，设计装备作战概念。第四步，装备概念研究。依据装备能力需求描述的装备形态，依据装备作战概念设计装备概念。第五步，装备能力需求研究。依据装备作战概念设计装备的典型作战样式，按照装备形态和典型作战样式，设计装备作战想定，提取装备能力需求。第六步，技术支撑研究。依据装备能力需求，辨识支撑能力的技术体系和关键技术需求。第七步，装备战技指标研究。根据能力需求和技术支撑，依据装备作战想定，映射装备性能参数。第八步，装备物理实现，即装备研制。

上述八个步骤，第七步要回答装备的研制要求并提出研制总要求，第八步回答管控该型装备研制过程的技术管理方法、验证评估方法，可以说这两步都与计量有着密切的联系。在本书第 1 章的 1.4 节，已经对型号计量师系统进行了介绍，可见计量工作对型号研制发挥了重要作用。

　　3. 装备管理需求的牵引

　　质量管理是装备管理的应有之义，而计量是质量的基础。计量不仅具有很强的法制属性和管理属性，还有明显的技术属性，是法制、管理与技术的统一体，三者是紧密耦合的关系。计量法规具有权威性、强制性，不仅能够确保测量数据的准确性，还是提高产品质量的必要支撑条件。测量是量化的手段，而计量是测量的准绳。对于一型武器装备，如果不知道测量什么，不知道用什么测量方法，不知道测量的误差和不确定度，那怎么进行高精度的测量和校准，怎么得到高精度的准确数据，怎么进行精确的量值传递与量值控制，怎么保证测试设备→分系统→系统→整机的量值精度链条？所以，对武器装备而言，首先需要描述或定义测量需求，全面梳理装备系统、分系统和测量设备的性能及指标，用计量参数定义其性能指标和边界条件，用量值定义或描述的方法进行参量分解，构建涵盖装备系统、分系统和测量设备的完整的测量参数流程图；其次，选用标准的测量方法和设备对被测参量进行精确测量，实现从设计到试验的反复迭代和优化。

　　从管理学的视角看，计量具有以下几个不可或缺的相关要素：一是量化，包括量与值、量值确认、数据量化等；二是评估，包括数据分析、测量不确定度、设计不确定度、试验不确定度、制造不确定度和准确度评价等；三是法规，包括计量法、计量条例、国军标和计量规程等，涵盖国家、军队和国防工业系统等各个层次。如图 7-22 所示，三角形内部的这些计量要素，与三角形之外的"数据""决策""管理"具有密切的联系。可

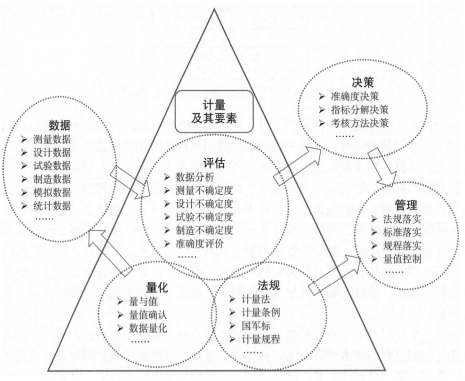

图 7-22　计量要素与数据、决策、管理的关联关系

以说，没有量化（量值）就没有数据（测量数据、设计数据、试验数据、制造数据、模拟数据、统计数据等），没有准确的数据就无法进行精细化评估，没有精细化的评估就不能做出正确的精准的决策，没有法规（如计量法）就无法进行有效的法制化管理。所以，在装备管理中，应当树立"量化"和"量值"思维，学会用量值思考、用量值对话，将量值嵌入装备论证、设计、验证、评估和监管的各个环节，打通武器装备"量值论证→量值设计→量值验证→量值评估→量值控制"的链条，最终实现装备全系统全寿命的战技指标量值精确控制。

7.2.1.2　问题导向

本小节讨论的问题导向，仅限于某一局部领域的传统计量模式面临的矛盾问题，不涉及法制计量、科学计量和工程计量等其他计量领域，亦不否定整个计量行业的地位作用与特殊贡献。从计量工作自我剖析的角度看，简要探讨以下几个问题。

（1）传统计量工作的贡献度如何？

传统的计量工作侧重于"建立标准、传递标准"，主要工作是量值传递与溯源。在顶层计量法律法规的强制性约束下，习惯于"抱着"一个个计量标准、年复一年进行计量。计量工作的效益和贡献度如何评价？是否存在"过度计量"和"计量圈内自我循环"的现象？有的仪器设备是否可以从一年一检延长到 N 年一检？

传统的计量工作侧重于地面保障，一直对着地面保障仪器设备做工作。如果航空装备计量工作仅限于地面计量测试，而对"武器装备→测试设备→计量标准"的量值传递链条不清楚，不掌握机载关键系统的性能衰减、参数漂移、精度下降的底数，那就难以准确评估装备真实技术状态和作战效能。

（2）装备全寿命计量的关键环节在哪里？

计量法规明确要求构建完整的溯源链，确保装备全寿命周期各阶段的参数量值准确可靠。但在实际工作中，计量有没有前伸到装备论证和研制设计，有没有真正贯穿装备的全寿命周期？这个问题值得我们深入思考，更要提出解决的对策。

长期以来，计量工作介入型号工程较晚、嵌入深度有限，相关计量法规等计量要求的贯彻力度有待提高。有的型号虽然建立了计量师系统，通常提供型号试验的计量服务保障，计量介入设计的难度较大。在装备型号研制中，搞设计的不管计量，搞计量的又难介入设计。型号计量设计是装备全寿命计量的关键环节，如果从型号研制源头就没有做好计量设计，装备交付部队后就可能遇到一系列使用保障问题。

（3）装备计量工作的建设发展目标是什么？

孙子兵法的军事思想中，"战"的最高境界是"不战而屈人之兵"。此处的"不战"，不是不发展军事，而是军事实力达到一定程度，能够产生足够的威慑，使敌不敢轻举妄动，即所谓"能战方能止战"。以此为借鉴，"计量"的最高境界是"不计量"，此处的"不计量"不是不发展计量，而是计量发展到一定程度和阶段，能够保证武器装备在全寿命各阶段始终处于良好的技术状态。

计量工作应当摒弃传统的仅以地面仪器设备为计量对象的保障观念，从装备全寿命周期的后端向前端延伸，从计量保障向型号计量论证、型号计量设计前伸，把好型号计量设计关，从源头上为后续使用保障打好基础。装备交付部队后要开展持续的计量保障，并应当利用大数据分析历史计量情况，形成与典型任务场景相匹配的计量保障方案，精简计量保障项目，提高计量保障效益。

（4）初始计量与持续计量

在航空领域，适航性（Airworthiness）是指航空器适合/适应飞行（Fit to Fly）的能力。适航性是航空器的固有属性，通过全寿命周期内的设计、制造、试验、使用、维护和管理的各个环节来实现并保持。初始适航是对航空器从设计和制造环节管理与控制，是在航空器交付使用之前，使用方依据适航标准规范对其设计和制造进行的型号合格审查、生产许可审查，以确保航空器的设计、制造是按照适航性要求的规定进行的。持续适航是对航空器使用和维修的控制，是在航空器满足初始适航标准规范和设计要求，符合审查基础并投入运行后，为保持其在设计制造时的安全基准或适航水平，为保证能够始终处于安全运行状态而进行的管理。初始适航和持续适航，是密不可分的一个整体，已经得到世界范围的广泛认可。

借鉴军用飞机适航的理念，在此提出两个新的概念，一是"初始计量"，二是"持续计量"。初始计量是装备型号研制生产阶段的计量工作，是将计量法律法规要求贯穿型号论证阶段、研制设计阶段和生产制造阶段，装备战技指标和性能参数的量值经过层层传递之后的计量状态基线，也可理解为武器装备交付部队之时（从时间的角度记为 T_0）的装备全系统量值准确可靠的初始计量状态（记为 M_0）。持续计量即装备交付部队后的持续计量保障，其基本原则是量值传递溯源的扁平化，在地面仪器设备计量保障中"做减法"，能少计量就要少计量，能免计量就免计量，能机上替代就机上替代，如自测试、自校准、自比对、伙伴计量、空中校准等；通过参数溯源的正向设计和充分的实战化验证，在可信可靠的数据支撑下大幅延长计量周期，从一年一检延长到 N 年一检，有的延长至大修阶段甚至贯穿全寿命，从计量资源配置优化等维度全面提高计量对作战的体系贡献率。

7.2.1.3 内生动力

计量学是关于测量及其应用的科学，关于量值传递、量值溯源、测量不确定度、计量比对以及量值准确可靠的核心思想，已经广泛用于各个领域并发挥越来越重要的作用。在国防军工领域，聂荣臻元帅曾经对计量工作给予高度评价。两弹一星功勋奖章获得者王大珩院士也曾指出，计量是物理学的基础和前沿。下面，从法制计量、科学计量及量子计量等维度，阐述计量本身对理念创新的驱动作用。

1. "法制计量"驱动着计量法规的刚性落实

计量法律法规主要包括《中华人民共和国计量法》，以及国务院、中央军委制定的规范计量工作的条例、办法，如国务院《关于在我国统一实行法定计量单位的命令》和军队计量条例等；军队或国家有关部门制定了各种计量管理规定、办法，颁发了国家军用标准、计量技术规范等，都对计量工作提出了管理要求。军队计量条例明确提出着眼联合作战计量保障需求，构建整体优化、协同高效的计量管理体系、技术体系和监督制度体系，构建完整的溯源链，保证装备、武器系统、器材等武器装备的量值准确可靠。以上这些计量法律法规应当强制性落实，既是开展计量工作的基本依据，同时也是计量工作创新发展的重要驱动力。

2. "科学计量"驱动其核心理念在若干领域的应用拓展

测量不确定度是计量的核心理念，已经成为国际公认的测量评价方法和准则。在空气动力风洞试验领域，以风洞应变天平为例，早期的标准中没有提及测量不确定度[17]，后来专门增加了天平测量不确定度的要求，补充了天平静态校准综合加载误差计算方法、天平测量不确定度分析与评定方法等多个规范性附录。天平静态校准测量不确定度的主要来源如下：综合加载重复性引入的天平各分量不确定度分量，综合加载误差引入的天平各分量不确定度分量，载荷源不确定度引入的天平各分量不确定度分量，数据采集系统不确定度引入的天平各分量不确定度分量，校准设备不确定度引入的天平各分量不确定度分量。以上各不确定度分量相互独立不相关，天平各分量合成标准不确定度 μ_{ci} 按照不确定度标准公式进行计算，并可进一步计算出扩展不确定度 U_i。

计量比对（简称比对）也是计量领域的一个重要概念，是指在规定的条件下对相同准确度等级（即测量不确定度或最大允许误差相当）的同种计量基准、计量标准之间复现的量值进行传递、比较、分析的过程。计量比对的作用如下[18]：①统一国际量值。为了达到国际上的量值统一，组织国际比对是有效的途径。国际比对是指国际之间的量值比对，是为了验证各参加国的有关计量科技成果、提高计量测试水平进而统一国际量值的学术性活动，为签订国际量值互认协议提供坚实的科学技术基础。通过国际比对，确定并互相承认各国计量标准的等效度，进而承认各签署国家标准证书的有效性，从而逐步实现全球国家计量标准等效的目标，以促进各国交流合作。②旁证准确度。当研制一台计量标准或计量基准时，仅靠误差分析确定其不确定度是不够的，因为这不足以证明其误差分析是否周全。当缺乏准确度更高的计量器具检定时，必须借助几种原理或结构不同的、准确度相当的计量器具进行比对，作为计量基准或计量标准准确度的旁证，以便对其进行质量评价。③临时统一量值。当某一个量尚未建立国家基准，而国内又有若干个单位持有同等准确度的计量标准时，可用比对的方法临时统一国内量值，实际上等于把参加比对的几台计量标准作为临时基准组。④进行量值传递。对一些不便或不宜送检的计量器具，可以用传递标准作为媒介，采用巡回比对的方式，通过计量保证方案进行量值传递。这种方式的优越性是能从各比对测试结果中显示出相互的系统误差分量和随机误差分量，不仅能给出有效的修正方法，而且便于寻找更科学合理的量值传递方法。⑤其他作用，例如比对反馈的信息可作为发现计量技术机构自身问题（包括机构管理、人员、检测方法和计量基准、标准的问题）和量传系统问题并进行处理；确定并监控参加比对的各检测机构进行某些特定测量的能力，了解国家有关部门的计量标准资源配置。

计量比对方式一般是将传递装置从一个参加实验室传送到下一个实验室进行测量，传递装置的值可以是由计量权威机构给出的标准值、由主持实验室及参加实验室协商后确定的指定值或各参加实验室的测得平均值。主持实验室可以预先确定比对方案和传递方法，以确保在整个传递过程中传递装置的值无明显变化，各个参加比对的实验室上报包括测量不确定度在内的测量结果进行分析。比对的具体方式有一字式、环式、花瓣式、星式等。常用的比对结果处理和评价方法[19]，采用计算 E_n 值方法进行归一化处理，首先由主持实验室组织对被测件进行定标，确定指定值和测量结果不确定度；然后由各参比实验室用检定装置对同一个被测件进行测量；给出结果 x_{lab} 和不确定度 U_{lab}，并报主持实验室；各实验室完成对被测件的测量后，主持实验室根据指定值和不确定度，以及各参比实验室提供的校准值和不确定度，用 E_n 值计算验证结果。关于 E_n 值的计算，设测量点为 x，主持实验室给出的校准值为 X_{ref}，参比实验室的校准值为 x_{lab}，主持实验室的不确定度为 U_{ref}（$k=2$），参比实验室的不确定度为 U_{lab}（$k=2$），则 E_n 值由式（7-1）计算得到。参比实验室提供每个测量点的测量结果和对应的测量不确定度，计算 E_n 值如果 $\leqslant 1$ 则参比实验室结果满意，如果 >1 则参比实验室结果不满意，不满意时说明比对的某一环节可能出现问题，则需要查找原因，并采取相应措施进行纠正。

$$E_n = \frac{x_{lab} - X_{ref}}{\sqrt{U_{lab}^2 + U_{ref}^2}} \qquad (7\text{-}1)$$

重力加速度测量在地球物理、大地测绘、资源勘探、科学研究等领域有着广泛的应用，其测量对象是重力加速度量值。为了确保重力观测结果准确可靠和国际互认，需要开展计量比对工作。重力测量仪器包括绝对重力仪和相对重力仪，其中绝对重力仪用于直接测量重力加速度绝对值，可以作为计量标准器对相对重力仪进行定期校准，是目前普遍用于陆地、海洋、航空、卫星重力测量的各类相对重力仪的"标尺"。国际比对是国际计量局的重要工作任务之一，比对项目由国际计量局的各个专业咨询委员会确定，全球绝对重力仪国际比对自 1981 年至今每 4 年举办一次，是全球最高层次的比对活动[20,21]；图 7-23 为典型的绝对重力仪国际比对结果示意图。开展绝对重力仪国际比对活动，可促进建立国家绝对重力仪溯源链及基标准体系，以确保国内绝对重力测量值和相对重力测量值的准确统一及其与国际测量数据的一致性，能促进我国更好地遵循国际互认制度和减少技术性贸易壁垒，服务好国民经济及国防建设。

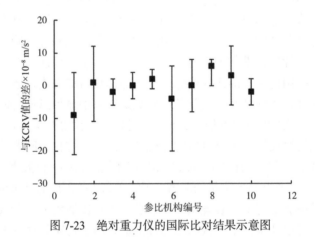

图 7-23　绝对重力仪的国际比对结果示意图

3. "量子计量"驱动着计量溯源体系的变革

自 2019 年 5 月 20 日起，国际单位制发生重大变革，7 个基本单位全部由基本物理常数定义，具有更高稳定性、复现不受时空约束等优势，以满足人类在科学探索、技术发展等方面的长远需求。量子计量学是由量子力学和计量科学交叉而产生的一门新兴学科，是近年来量子科学领域发展最快、工程应用化程度最高的研究方向之一。量子计量主要运用量子物理学的一些基本原理及现象实现感知、测距、计时、定位以及成像等一系列计量功能，由于利用了量子纠缠、量子不确定性等量子原理，可以打破现有计量体系的精度极限（如散粒噪声极限、瑞利极限等），其测量精度、测量距离以及灵敏度等都将较传统测量体系大幅提升。量子计量是利用量子效应复现计量单位、实现量值传递和溯源的活动，包括建立量子计量基准和计量标准，研发制造量子计量器具和量子测量仪器设备，也包括利用量子的量子效应和量子现象获得有效的测量数据。其中，量子能级计量是利用待测物理量与量子体系相互作用，改变量子体系的能量结构，通过对辐射谱的直接或间接探测复现计量单位；量子相干计量是利用量子的物质波特性，通过干涉法复现计量单位；量子纠缠计量体现量子物理的本质属性，是量子物理区别于经典物理的基本性质，利用量子纠缠特性复现计量单位可突破经典散粒噪声极限，逼近海森堡极限；自然常数测量是基于物理常数的量子计量，以量子力学获得的已知物理关系为基础，结合基本物理常数获得的原级（或基准级）测量方法，例如基于玻尔兹曼常数的原级温度和压力测量等。

2021 年国务院发布《计量发展规划（2021—2035 年）》，该规划重点规定了计量基础研究、计量应用、计量能力建设与计量监督管理的整体要求，其中量子计量扮演着重要的角色，相关内容如下：

（1）发展目标。到 2025 年，国家现代先进测量体系初步建立。加强量子计量、量值传递扁平化和计量数字化转型技术研究，建立国际一流的新一代国家计量基准。展望到 2035 年，国家计量科技创新水平大幅提升，综合实力跻身世界前列，建成以量子计量为核心、科技水平一流、符合时代发展需求和国际化发展潮流的国家现代先进测量体系。

（2）加强计量基础研究，推动创新驱动发展。加强计量学基础理论和核心技术的原始创新，实施"量子度量衡"计划，重点研究基于量子效应和物理常数的量子计量技术及计量基准、标准装置小型化技术，突破量子传感和芯片级计量标准技术，形成核心器件研制能力。

（3）强化计量应用，服务重点领域发展。加强高端仪器设备核心器件、核心算法和核心溯源技术研究，推动关键计量测试设备国产化。推动量子芯片、物联网、区块链、人工智能等新技术在计量仪器设备中的应用，加快量子传感器、太赫兹传感器、高端图像传感器、高速光电传感器等传感器的研制和应用，建立仪器仪表产业发展集聚区，培育具有核心技术和核心竞争力的国产仪器仪表品牌。

（4）加强计量能力建设，赋能高质量发展。一是构建新型量值传递溯源体系。适应国际单位制量子化变革发展和数字化扁平化量值传递溯源新要求，构建依法管理的量值传递体系和市场需求导向的量值溯源体系。二是提升计量基准能力水平。瞄准国际先进水平，以量子效应和物理常数为基础，建立原子时标基准、能量天平法质量基准和热力学温度基准等新一代国家计量基准。三是加快计量技术机构建设。大力推动国家计量技术机构创新发展，通过组织开展重大测量原理方法前沿技术攻关，建立量子计量基准并保持国际等效，提供一流的量值溯源和测量服务，支撑国家科技创新、工业竞争力提升和经济社会发展。

7.2.2　美军计量体系的剖析借鉴

7.2.2.1　美军计量体系简介

美军建立了国防部与各军种相结合的计量管理体系[22-26]，将计量管理工作纳入装备管理，并列入各级装备管理部门的职责清单。其中，国防部负责计量的顶层管理工作，从全局角度对全军计量工作提出原则要求、制定顶层法规标准、规划全军计量人员培训、协调各军种的计量管理工作等。各军种由相关助理部长具体负责，由军种装备司令部或作战部门根据军种特点实施。美军计量技术实施体系由国家级和军种级计量机构共同组成，在国家层面为美军提供装备计量服务的机构主要是国家标准与技术研究院（NIST）和海军天文台（USNO）。国家标准与技术研究院处于美军计量溯源链的顶端，其主要任务是：开发国防领域所需的计量技术，研制和维护全国通用的、具有最高精度等级的标准器，提供高精度的计量校准服务，参与制定军事计量领域的专业标准等。海军天文台是时间频率领域的权威机构，面向国防部各部门提供导航、精确定位、指挥、控制与通信所需的时间数据。美军计量管理体系架构如图 7-24。

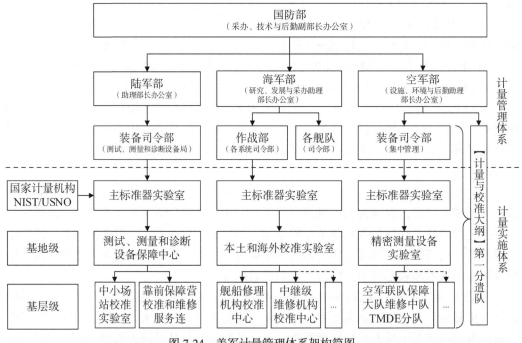

图 7-24　美军计量管理体系架构简图

美军在长期实践基础上建立了完善的装备计量法规标准体系，发布了大量的计量条令条例和法规标准，并配有相应的技术手册、规程等进行详细解释，涵盖了装备计量的各个领域，贯穿国防部、军种部及军种下辖的职能司令部、基层部队。国防部制定顶层的装备计量法规标准、作业程序等，如 MIL-STD-1839 系列标准《国防部校准和测量要求标准实践》及对应的军用手册（见本书附录），用于指导规范全军计量业务。军种部计量法规注重本军种的管理与政策内容，确立指导方针和基本要求，如陆军条例 AR 750-43《陆军测试、测量与诊断设备大纲》、空军 AFI 21-113《空军计量与校准大纲》。军种的职能司令部制定不同类别装备的计量法规，针对性和可操作性更强，如海军的海上系统司令部颁布了指令《测试、测量与诊断设备及校准程序》。基层部队级的计量法规，是一线工作人员直接参考的法规依据。

美军在计量建设和实施过程中充分利用系统工程思想，强调装备计量的全寿命、全过程管理。系统工程的第一步是明确用户需求，美军在装备设计阶段就将计量需求作为设计考虑的重要输入，可计量性思想贯穿装备设计、研制、使用、维修的全部过程，极大地方便了装备后期计量工作的开展，实现最低成本下的高效保障。美军计量注重装备设计源头，MIL-STD-1839 计量标准中超过一半的篇幅描述装备计量的设计要求，起到了事半功倍的效果。装备需求由军方提出，装备的最终形态完全体现了军方的思想和要求。为使武器装备保持良好技术状态和较高战备水平，美军非常重视装备的全寿命计量工作，建立了贯穿装备论证、设计、研制、验收、使用、维修、储存到退役报废的装备计量管理和实施体系、法规标准体系、计量工作制度。在装备的型号研制阶段，由设计单位负责评估并落实"系统设备正常、精确运行，且能够完成预定任务目标而需要测量或测试的系统、子系统及设备参数"这一总要求，开展计量需求分析，提出测试性、测量和校准要求，明确正式的测试性、测量、校准目标值和门限值，将计量保障目标值和门限值转换为合同指标要求。

装备使用阶段是落实装备计量保障的末端，目标是保持武器装备及其检测设备量值准确可靠、确保装备状态良好。装备进入使用阶段后，为保持较高的战备水平，必须从经费、人员、装备、备件等实施计量保障的诸要素入手，通过科学合理的制度有机整合起来，建立高效的计量保障体系。实战化计量保障是提升部队战斗力的关键环节，主要依托各作战区域的中心级和基层级计量保障机构开展，将基层计量、测试和维修工作统筹结合。以美国空军为例[26]，在主要基地内都建有精密测量设备实验室，负责对空军各外场机构的测试、测量与诊断设备进行校准、鉴定和修理，图 7-25 上图为美空军原级标准实验室的构成，左下图为第 374 维修中队精密测量设备实验室人员正在校准频谱仪，右下图为量值传递体系简图。空军对每种具体型号的飞机等装备都颁布了相关的计量与校准技术规程（表 7-2），如 F-35 战斗机的 TO 1F-35A-37 规程、F-22 战斗机的 TO 1F-22A-37 规程等，并制定了相应的电子操作手册，大幅提升了实战条件下的装备计量保障能力。

美军通过持续研究先进计量技术来引领装备发展，为航母、隐身战机、新型导弹、高性能雷达等主战装备和定向能武器、无人作战系统等新型武器装备在复杂战场环境下的计量保障提供关键技术支撑。美军在计量技术研究中超前布局，定期研究未来需要发展的计量技术需求，纳入美国国防部的《基础研究计划》《国防技术领域计划》等科技发展计划中。《基础研究计划》在历次更新的版本中都列有计量相关技术的发展需求，如 2016 年《量子计算、通信、测量的新兴科学和技术》报告中提出了量子信息处理的若干关键领域：量子计算、量子通信、量子传感和计量学，其中量子传感和计量学旨在利用量子纠缠等效应，突破受标准量子极限影响的经典器件性能，研究重点包括原子钟、光学干涉仪、磁力仪、陀螺仪等；2020 年在《拓扑科学》报告中指出太赫兹范围内的测

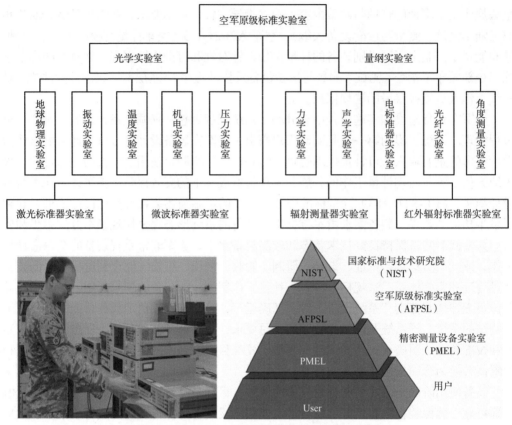

图 7-25　典型的美空军计量技术机构及量传体系简图

表 7-2　美空军装备的典型计量校准技术规程

技术规程	装备型号	备注
1F-15A-37	F-15	鹰
1F-16A-37	F-16	战隼
1F-22A-37	F-22	猛禽
1F-35A-37	F-35	闪电Ⅱ
11F1-AAQ33-12	AN/AAQ-33	狙击手先进瞄准吊舱
2J-1-105	航空发动机	涡桨/涡轴、涡轮喷气
21M-AGM86-27	AGM-86	空射巡航导弹

量是不可或缺的，要大力发展太赫兹时域光谱测量、太赫兹无线传输、太赫兹通信质量评价以及太赫兹散射参数校准等技术。此外，美军依托 DARPA、军队所属科研单位、与国防部有合同关系的高等院校及军工厂商等机构开展计量技术研究工作，DAPRA 开展的计量相关研究项目例如用于新型雷达、激光雷达和测量系统的量子辅助传感与读取项目（QuASAR），旨在研发标准量子极限下具有鲁棒性和可移植性的原子钟，研究人员已在实验室环境下开发出了光学原子钟，其在 50 亿年内的误差小于 1 s。

7.2.2.2　美军典型计量标准分析

自 20 世纪 80 年代，美国军方就把计量校准与测试、测量紧密结合在一起，成立了由国防部直接领导的计量法规研究机构，并负责编制了一系列计量法规，国防部完成最终的颁布实施。从法规的制定颁布到执行监督，都由最高管理机构来运作，对装备计量工作起到了强大的牵引作用。美国国防部 1988 年出版了由全军计量校准要求计划组制定的第一部计量法规 *Department of Defense Standard Practice Calibration and Measurement Requirements*（MIL-STD-1839），国内翻译为《国防部校准和测量要求标准实践》。这是一份以装备计量为主体的标准规范，用于规范武器装备从研制、采购、使用、维护等全寿命周期的计量校准工作，确保装备系统和设备运行时的一致性和准确性，确保所有的系统、子系统和设备参数的校准及测量必须具有统一的溯源性[27]。该标准的版本不断更新，从 MIL-STD-1839A、MIL-STD-1839B，发展到 MIL-STD-1839C、MIL-STD-1839D，并配有专门的军用手册 MIL-HDBK-1839A "校准和测量要求"（部分内容见本书附录），以下简称 1839 标准。

1839 标准的目标直指装备，把构成装备的系统、子系统和设备参数作为开展计量校准的对象，并以确保装备的测试/测量/诊断设备（TMDE）、测量所用传感器以及计量标准设备能够溯源到国家标准或国防标准为目标，建立装备参数量值的溯源关系。1839 标准目的是确保系统和设备运行时的一致性和准确性，所有的系统、子系统和设备参数的校准及测量必须具有溯源性。很明显，美国把校准和测量、测试纳入同一个管理范畴，不但计量校准需要溯源，测量与测试工作同样不可例外。把每一型装备的 "校准和测量要求概要"（CMRS）作为确保计量溯源性而必备的要求，把校准对象、测量要求、校准设备列为 CMRS 主要内容，为装备建立量值溯源与传递方案提供基本依据。

在 1839 标准的总要求一节，把实现装备计量校准的责任主体限定在装备的设计单位，要求设计单位应当确保装备所涉及的系统、子系统和设备在整个寿命周期内都要满足溯源性要求。虽然装备从设计、制造到交付使用涉及多个行业、部门和单位，但 1839 标准全文特别对设计单位进行了定义，把设计单位锁定为 "负责产品设计或改进的单位"，是为了确保装备在研制源头就要具备良好的可计量性。1839 标准用一半以上的篇幅描述了对装备计量的设计要求，显示了设计单位在装备计量过程中的极端重要性。设计单位应当记录所有为确保系统和设备正常而精确运行需要测量的参数；维持系统良好运行所需要的校准和测量活动都要在系统和子系统级别上完成，且应恰当地把这些工作整合到总的系统要求中去；所有的参数都应具有可达性和可测量性，用尽可能少的测量次数和时间完成校准与测量工作；所有系统和子系统的测量溯源性记录应存档。1839 标准的总要求是一个非常理性化的要求，从严格意义上确定维持系统良好运行的所有参数的计量覆盖范围；但又不失灵活地避免陷入数量庞大的设备层，把装备计量前伸到系统和子系统级别上完成，并要求采用尽可能少的工作时间和次数，确保了校准实施的高效性。

对装备计量校准所用的测试/测量/诊断设备 TMDE，1839 标准给出的原则是由设计单位推荐，并保证量值溯源关系的有效性。1839 标准中的 TMDE 是指对装备进行测试、测量、评估、检查或检验，验证装备工作状态与技术文件符合性的过程中使用的任何设备，由于这些设备是提供量值溯源的载体，装备采购和使用单位应当确保设计单位推荐的这些设备能够满足测量参数检测的需要。对于 TMDE 的量值溯源保障设备，应当由设计单位在各军种计量和校准计划的规定范围内选择。如果各军种校准设备或标准不能满足要求，设计单位应当明确其推荐的校准设备及标准的计量保障特性。所推荐的保障设备应该具有比被保障设备测量参数更高的准确度，并按照 4∶1 的原则确定传递关系；当达不到 4∶1 要求时，由设计单位给出一个可行的量传值，当检测参数仅用于激励而不代表运行状态的性能时可降至最小值 1∶1。

7.2.3　装备计量性与可计量性的概念支撑

计量的基本特性是准确性、一致性、溯源性和法制性，伴随着计量理论和技术的发展，特别是在武器装备全寿命计量理念的推动下，在型号计量师系统的工程实践中，关于计量性、可计量性及计量性设计方面的研究日益受到重视。本小节简要介绍这方面的研究成果，鉴于相关概念尚存在行业认知不统一的现象，在介绍相关内容时尽量不改变原作者的本义，也不作倾向性的讨论和评价。本书将这些概念作为计量理念创新的基础支撑和重要参考，为第 8 章继续深入开展理念创新奠定基础。

在测试设备的计量研究方面，梁向东[28]开展了航空专用测试设备可计量性设计，对可计量性设计的理论与方法进行了探讨；陈书生等[29]分析了专用测试设备的设计与计量之间的关系，从设计的角度考虑使用维护过程的方便计量问题，对改进维修手段、提高维修质量、缩短维修时间等航空维修综合保障建设具有较大意义；汪静[30]对军用自动测试系统（ATS）可计量性的关键技术进行研究，重点讨论了军用 ATS 的校准技术，通过比较威布尔和指数测量可靠性模型分析校准周期，初步开展了军用 ATS 的可计量性评价。

着眼装备全寿命周期计量，周自力等[31]强调必须建立装备全寿命各阶段系统性计量保障方案，对装备和测量设备按照计量性要求进行计量管理，保证装备和测量设备的测量数据有效性，其实质为"测量过程的计量性"，简称"计量性"。李靖等[32]阐述了可计量性的定义，梳理了可计量性与装备通用质量特性的关系，分析了可计量性研究对计量保障的作用，以及可计量性在武器装备全系统全寿命周期中的作用，并对如何开展在研和现役武器装备的可计量性研究提供了思路。

在装备的研制端，董锁利[33]论述了装备计量性及计量性设计的内涵，分析了计量性设计的研究方向及贯彻计量性设计对装备性能的优化作用，探讨了计量性与可靠性、保障性之间的关系，在综合各方面因素的基础上提出了武器装备计量性设计的专业化发展方向。杨世杰[34]对装备研制过程中可计量性设计的关键技术进行了梳理、分析、研究，构建了可计量性设计的关键技术谱系。

在可计量性模型和评估方面，蒋薇[35]从装备全寿命周期的可计量性要求着手，研究了装备可计量性的相关性模型，提出基于相关性矩阵的可计量性基本理论和计量策略优化设计方法；方随[36]在装备可计量性的基础上，提出装备广义可计量性概念，装备广义可计量性不局限于装备本身，而是拓展到与装备计量保障相关的诸要素（计量标准装置、计量保障模式和计量保障对象），从而综合反映装备测量测试设备是否可计量及实施计量便利程度的一种设计特性。

综上所述，目前对于可计量性还没有一个公认、统一的定义，也没有成熟的可计量性设计理论。在国防科技计量领域，关于可计量性设计的研究主要集中在航空装备上。除了以上具有代表性的研究论文，专著《航空计量技术》[37]较为系统地阐述了航空产品可计量性概念。下面结合相关文献，分别展开介绍计量性，装备可计量性与广义计量性，以及产品可计量性。

7.2.3.1　计量性

装备全寿命各阶段都应按照计量性要求对装备和测量设备进行计量管理，保证测量数据有效性，其实质为测量过程的计量性[31]。我国传统的计量工作具有准确性、一致性、溯源性和法制性要求，保证测量结果可重复、可复现、可比较，这些特性也是"计量性"的细化或表述，以保证测量结果满足这些特性要求。

在装备设计阶段，必须提出基于性能保障的指标要求，然后给出开展计量性设计的原则和方法，以使装备到使用阶段所有状态的测量数据都经过量化、优化和固化的迭代而处于受控状态，从而保证装备处于良好的技术状态。对装备而言，先要描述或定义测量需求，全面梳理装备系统、分系统和测量设备的性能及指标，用计量参数定义其性能指标和边界条件，用量值定义或描述的方法进行参量分解，按系统、分系统和测量设备构建参数流程图；其次，选用标准测量方法和设备对被测参量进行测量，进行设计与试验的反复优化迭代；再次，用准确数据量化其物理状态，获取使用过程无需再测量校准的状态参数数据，优化设计并固化状态。计量性设计还应保证计量保障资源最小化，充分考虑使用方计量保障资源的协同，匹配系统及系统间测量和校准设备标准化的协同，校准时间间隔的协同，充分考虑机内测试及机内测试设备的配置和自动测试设备等。

计量性设计的基本流程是：系统功能需求分析，参数量值定义，测量方法选择，参数流程优化，设计参数固化，优化固化的迭代，内、外部测量点和参量设置等。计量性设计的基本原则有：所有参数量化原则，测量链最短原则，充分试验状态固化原则，保障参数指标和时间间隔标准化原则（含接口），保障参数最小化最优化原则，保障快速便捷原则，系统级保障原则，保障间隔期与保障维修级别协调一致原则，计量保障资源最小化原则等。

计量性设计应保证装备在使用过程中始终处于良好技术状态，系统模型分析是至关重要的。构建测量模型或半实物仿真模型，获得影响性能指标一致性和准确性的关键参量群，对系统相关试验数据进行研究，充分优化测量参量和校准参量，通过充分的试验将关键性能的状态参数固化为设计修正指标。"量化、优化、固化"的迭代设计方法，是保证装备处于良好技术状态的测量数据常用方法，也就是计量性设计的方法。

综上所述，计量性是一种针对测量过程的技术和管理属性，装备研制工作必须建立基于性能的计量保障理念，为保证装备在使用阶段处于良好技术状态，构建装备全寿命各阶段系统性计量保证方案，开展计量管理，并使测量满足计量性要求。同时，为实现使用阶段处于良好状态，必须从设计之初就开展"量化、优化、固化"的计量性设计。

7.2.3.2 装备可计量性

1. 装备可计量性的定义

可计量性是从装备量值溯源和检测受控相关特性角度提出的概念，文献[35]将其定义为装备各测量（测试）设备所具有的反映其量值准确、数据可靠和计量便利程度的一种设计特性，贯穿于装备全寿命周期。文献[38]将其表述为专用测试设备在设计时除了要满足性能、可靠性要求，还要考虑计量的方便与可行性。文献[32]认为装备可计量性是衡量武器装备是否可计量（检定、校准）及实施的设计特性。

文献[39]认为可计量性是装备具有可计量能力的一种描述，是装备通用质量特性中一项新的组成要素，也是装备自身的一种设计特性。装备可计量性设计，是以装备集成的机载设备为对象，以建立机内参数量值溯源链为目标，通过一系列设计工作实现装备具备可计量性而进行的一项技术活动，也可称为"装备计量性设计"。

文献[40,41]认为可计量性是随着装备的计量需求而诞生的一个概念，是关系到装备能否被计量的一种特性描述，实质是指需要计量的装备具有实施计量过程的一种能力，即装备能够通过预定的技术手段实现标准量值的传递，确保装备测量功能的正确、准确。显然，可计量性的对象是具有计量需求的装备，没有计量需求的装备就整体而言不涉及可计量性概念。由于飞机等航空装备系统非常庞大，系统的整体计量特性很难界定，但一般来说组成装备的系统或子系统的计量特性比较明确，因此可把这种大型装备整体的计量分解为装备各系统或子系统的计量。装备的可计量性设计是指在装备研发阶段，通过技术手段使装备在实现由设计向生产转型时具备可计量功能，确保装备在使用过程中能够实现计量的一项技术活动。可计量性设计的基础可以抽象为一个指导设计为核心的技术规范，这个规范是以实现装备可计量的所有约束的集合，即只要在这个规范指导下，设计出来的装备就具有可计量性。由于现代装备具有技术先进、专业化程度高、系统之间关联复杂等特点，决定了装备可计量性设计是一个系统化的技术工程，在没有经验借鉴的情况下，探索以装备为主体的可计量性设计发展之路，有助于在新型装备研制过程中科学地开展可计量性设计，提高装备的可计量功能和装备的维护水平。在飞机这样一个大型的装备中，通过开展可计量性设计，各系统都要具备可计量的能力，在飞机内部需建立基础量传通道，在飞行过程中则需通过总线方式完成最高准确度以下各计量对象的计量，而地面保障则通过对飞机内部的各种最高计量基准进行量值传递，将大幅提高战备的可靠性和保障能力。

2. 装备可计量性与通用质量特性的关系

武器装备的可靠性、维修性、测试性、保障性、安全性等统称为通用质量特性。通用质量特性是装备质量的重要指标，也是装备效能的主要影响因素，一旦通过研制定型这些特性将作为设计属性固化在装备中，并影响装备寿命周期的各项正常任务。其中，可靠性是产品在规定的条件下和规定的时间内，完成规定功能的能力；测试性是产品具备的可被及时准确地确定其状态（可工作、不可工作或性能下降），并隔离其内部故障的能力，是一种设计特性；维修性是产品在规定条件下和规定时间内，按照规定的程序和方法进行维修时，保持或恢复到规定状态的能力；保障性是装备的设计特性和计划的保障资源满足平时战备完好性和战时利用率要求的能力；安全性是产品具有的不导致人员伤亡、系统毁坏、重大财产损失或不危及人员健康和环境的能力。可计量性是保证通用质量特性的基础，对通用质量特性的落实有赖于对可量化控制指标的执行、检查和评价，而设立控制指标的量化基础在于针对量化的指标对象应确保其具备相应的测量与评价能力，这些工作离不开可计量性的技术支撑。

通用质量特性是任何一种武器装备的关键特性，计量保障与这些特性密不可分，并且有自己特殊的贡献。就装备的可靠性而言，计量不能直接提高装备的可靠性指标，计量对可靠性的作用在于通过持续不断发挥的保障功能，为装备技术状态的可靠性提供保障。计量对测试性的贡献不言而喻，因为计量过程本来就是测试，装备具有测试性是因为装备有测试的需求，装备能不能实现测试功能是测试性的设计目标，但测试的功能是否正常、测得准确与否，则是靠计量来保证的。维修是装备使用过程不可缺少的环节，是装备在偏离原来技术状态后的一种恢复措施，装备测量功能的维修不是互换性所能保证的，对高准确度测量单元来说，再好的互换性也只能保证功能协调性，不可能排除性能的变化，如果没有建立量传关系的测试或测量，是不可能代替计量对维修后的装备给出准确结论的，对于更换器件的维修更需要通过计量来验证维修效果。计量法规明确规定测量设备维修后必须进行计量才能再次投入使用，就是为了保证装备维修前后的一致性，确保装备维修质量。可计量性与装备通用质量特性指标在内容上相互交叉，性能上相互影响，如图 7-26 所示[32]。

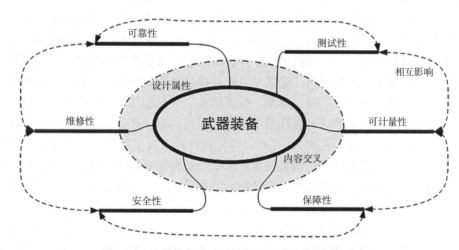

图 7-26　武器装备可计量性与通用质量特性的关系图

在确保安全性的前提下，可靠性、维修性与可计量性是保障性的基础和重要组成部分，保障性是可靠性、维修性、测试性、安全性与可计量性的综合体现。武器装备的可计量性为掌握服役装备的通用质量特性指标提供支撑，为制定提高服役装备通用质量特性方案提供依据。随着装备服役年限的增加，其技术性能和指标会随之发生变化，稳定性不断降低，通用质量特性指标也不断降低。随着通用质量特性工程的进一步发展以及可计量性的技术基础保障作用不断提升，综合化成为重要趋势之一，主要表现在指标体系综合化和工程体系综合化两个方面。在指标体系方面，由于可计量性和通用质量特性各自具有表征参数，有的参数重复，有的参数又相互影响，导致整体上过于复杂，需要用综合指标来表征。工程体系方面，由于可计量性和通用质量特性相互渗透、交互作用，应该在设计分析阶段根据综合化指标开展可计量性与通用质量特性指标一体化设计，以多指标综合优化设计技术、风险分析和费效比评估为基础，以装备效能为目标函数，以费用为约束条件，科学论证确定可计量性与装备通用质量特性指标的需求。

总结可计量性研究与装备使用过程有关的技术状态相关量值之间、量值与系统之间、量值与测量技术及能力之间的关系和内在机理，能够体现可计量性指标在装备全系统全寿命周期中的根本性作用。在可计量性研究与计量保障的关系中，可计量性研究对计量保障及保障技术的理论具有支撑作用。可计量性研究的重点是装备基本特性指标和使用阶段计量保障相关的技术指标，以及对装备使用和作战有价值的理论问题，如武器装备及相关系统测控误差来源和形成规律、分系统测量误差的相互关系以及对武器装备系统状态的影响等，对上述问题进行研究可为实施对保障对象的直接控制或对影响保障技术行为的保障性参数选定和效能评估等提供科学的技术依据。

3. 装备可计量性设计与评估

装备可计量性设计总体技术，是开展装备可计量性设计的基础[34]。关键技术内容之一，是基于装备研制需求和可计量性设计基础理论体系，提出装备可计量性的顶层要求（含定性指标和定量指标），明确和细化可计量性的输入输出、设计对象、实施过程、目的目标等，界定和划分装备可计量性与通用质量特性的关联关系。其中，可计量性设计基础理论体系包含可计量性设计的理论依据、需求和必要性论证、核心思想、设计指导原则、设计流程、设计内容、设计对象和范围确定规范、设计规范、验证规范、评价规范、经济性预估和评价方法、风险预估和评价方法等。关键技术内容之二，是基于装备可计量性的顶层要求，进行分析、论证与分解，按装备研制各阶段可计量性设计流程工作项目划分，构建设计体系、验证体系、保障体系三大核心技术体系框架，最终优化形成可以具体指导设计实施的可计量性设计模型和设计方案。在这一过程中，主要涉及技术体系顶层论证、构建与优化技术（是可计量性设计总体技术的核心），体系关联建模技术，输入输出信息流模型设计与仿真技术。①关于设计体系构建与优化，关联的关键技术要素主要有：可计量性设计依据及设计指标需求分析、可计量性设计对象筛选和任务边界及接口界定、可计量性指标体系的确定与分解、在线计量策略的筛选优化、可计量性设计方案的确定、可计量性设计数学模型的确定、可计量性设计实施的方式、可行性分析，以及依据设计规范和设计方案完成设计、实施的技术路线等。其中，涉及的子关键技术有：可计量性指标分解与综合设计技术、装备计量策略权衡与优化技术、可计量性设计方案构建与优化技术、可计量性设计建模与虚拟仿真技术、计量接口综合设计技术等。②关于验证体系构建与优化，关联的关键技术要素主要有：试验验证对象和范围筛选与确定、试验验证方法分析与论证、计量策略可行性试验、可计量性设计验证试验、可计量性指标验证、计量特性可达性验证、验证方法/规范形成与优化、验证实施资源需求。其中，涉及的子关键技术主要有装备可计量性综合试验验证技术。③关于保障体系构建与优化，主要以管理体系、组织体系、规范体系为支撑，明确各任务承担单元组成和职责，提供可计量性设计所需的人力资源和技术需求，保障可计量性设计工作按规范实施。其中，涉及的子关键技术主要有装备可计量性设计综合保障技术。

　　现代武器装备越来越复杂，集成了众多不同任务功能的机载设备。机载设备的工作环境，一般具有以下几个特点：①工况条件恶劣。环境的温度、湿度、压力变化较大，各种振动、冲击等机械干扰较强，各种电磁干扰也很大，这些因素构成的恶劣环境可能导致系统指标产生较大的波动，也可能使校准源的工作受到干扰。②需要维护保障的对象多、数量大，有的设备移动、拆装极为困难，在线校准工作方式尤为必要。③测量参量种类多，量程范围变化大，测量误差等级千差万别，校准策略权衡与确定较为困难。④静态参量、动态参量的测量与校准，侧重点不同，技术需求各不相同，有些系统或设备不仅对静态参量有基本测量准确度要求外，对于动态、瞬态、矢量、触发、抗干扰以及噪声等指标特性也有不同程度的技术要求，综合利用校准源资源难度较大。在复杂工况条件下，应当以大型装备顶层参数量值为基点，以装备各组成系统、子系统及内部集成的机载测试设备、机载标准源、机载标准测量设备为参数量值载体，优化构建装备参数量值溯源链，可为复杂工况条件下机载设备在线综合校准提供有效的技术手段，为实现装备可计量性设计的最终目标奠定基础。例如，研究集成化、智能化、小型化多功能机载标准源和标准测量设备综合设计技术，通过模块化、高能芯片组、嵌入式结构、环境非线性补偿等综合设计技术手段，将电压、电流、时间、频率、电磁等多种标准信号输出功能集成进单一设备，最终设计形成多功能机载标准源；该标准源设备和机载标准测量设备都具有机载总线接口，满足总线信号传输协议，能实现智能化终端控制信号输入与输出，又能够与地面标准无线对接、实现远程量值溯源。

　　综合应用可计量性设计总体技术，机载标准源和标准测量设备综合设计技术，复杂工况条件下机载设备在线综合校准技术，就基本实现装备可计量性这一设计特性。然而，要完成装备可计量性设计的全过程，还要应用装备可计量性综合评估技术，对装备可计量性设计必要性、经济性、安全性及风险性进行综合评价，更重要的是对装备研制可计量性指标体系、可计量性设计方案、设计试验、设计指标模型、最终设计形成的可计量性指标等，进行设计合理性评价、设计验证策略评价、设计效果评价。通过一系列分析与评估方法，判断可计量性设计指标分析论证与分解是否正确合理，可计量性设计方案是否科学可行，在线计量策略是否最优化，可计量性设计试验是否符合验证需求，可计量性指标评估模型是否正确，可计量性指标是否满足研制预期需求等。

4. 装备可计量性的相关性模型研究

　　蒋薇等[35,42]借鉴成熟的测试性理论技术，探索了装备可计量性的研究内容和建模方法，提出了装备可计量性相关性模型，以某型通用 ATS 模拟子系统为例建立了相关性矩阵并对其可计量性进行了简单分析，初步论证了模型的可行性及合理性。如图 7-27 所示，首先进行装备可计量性需求分析与方案设计，然后建立装备相关性模型，生成超差与校准相关性矩阵，并基于该矩阵进行初步的可计量性分析（包括不可确定超差、冗余校准、隐藏超差等），若分析结果满足可计量性要求则开始设计校准策略，最后再进一步分析装备可计量性（包括量值传递率、计量覆盖率等），若满足可计量性要求则进入可计量性详细设计阶段。如果两次可计量性分析结果均未达到可计量性要求，则需要改进校准设备或者修改校准策略，并重复上述建模分析步骤，直到满足可计量性要求为止。按照流程图，将装备可计量性的研究内容分为 4 个部分：可计量性要求分析与方案设计；建立装备可计量性相关性模型；基于模型的装备可计量性分析：计量校准策略的设计与评估。

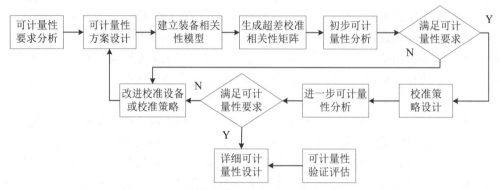

图 7-27　基于相关性模型的装备可计量性设计流程

对可计量性设计来讲，首先进行可计量性需求分析，这意味着确定合适的系统可计量性参数和设计指标。通过初步的分析，将装备可计量性指标分为定性指标和定量指标两大类，定性指标包括计量可达性、计量可行性、兼容性、溯源性等，定量指标有量值传递率、计量覆盖率、校准周期等。建立装备可计量性模型，是进行可计量性分析评估的前提和基础。基于装备可测试性与可计量性的密切关联性，通过借鉴可测试性相关性模型的建模理论，研究可计量性模型的基础理论。在归纳总结可测试性模型的基础上，研究可测试性与可计量性的内在联系。提出可计量性模型建模理论及其依据，选取典型实例进行建模以分析探讨其合理性及科学性。基于模型的装备可计量性分析内容可分为两大部分：一是静态分析，即装备固有可计量性分析，主要包括辨识不可确定的超差、模糊组以及冗余校准等；二是计量策略优化，主要是研究如何优化配置计量接口，采用最为经济有效的方案最大程度地实现计量目标。在建立模型对装备进行可计量性分析之后，需要制定装备计量校准策略，主要包括确定计量校准参数，设计相应计量接口，优化选择计量资源并进行合理的调度，制定详细可行的计量校准方案并进行仿真验证或用于装备进行检验，须满足量值传递率、计量覆盖率等可计量性指标要求。

相关性模型是 20 世纪 80 年代提出的一种测试性分析模型，该模型不直接对系统硬件进行描述，而是描述部件与测试点之间的因果连接关系，也被称为因果模型或者诊断推理模型，该模型具有建模过程简单、易于掌握、可以准确描述系统结构的特点，有利于系统测试性分析与设计，在国外被普遍用于测试性设计领域。信息流模型和多信号流图模型是逐渐发展起来的两种经典的相关性模型，基于测试性与计量性的密切关系，首先在简化情况下（装备结构简单、单量值）探讨装备可计量性的信息流模型，然后进一步探索复杂情况（装备结构复杂、多变量）的装备可计量性多信号流图模型。

参照可测试性相关性模型，建立装备可计量性相关性模型具有充分的理论依据。①基于建模对象的共性。从建模对象来说，本质上都是对系统建模，可测试性的建模对象是需测试的装备系统，可计量性的建模对象则是装备的测试系统。测试系统中的计量链是一个不间断的比较链，标准量值的逐级传递也是一种信息流动方式；另外，计量链中各元素也具有因果关系，如某一级标准出现超差，则其不能对下一级进行校准。两种系统都具有功能模块化、信息流动与因果连接关系的特点。②基于测试与计量的关系。一方面，测量、测试、校准、检定都可以划为计量的范畴，另一方面，由于计量也是两种物质的直接或间接的比较过程，从这一意义上说计量是测量的组成部分，是一种特殊的测量。③基于校准中也存在布尔变量。由于计量中的检定与校准实质上都是与上级标准相比较的过程，其结果也有两种，即超差和在容差范围内，也可以用布尔变量表示。基于以上分析，就可以探索性研究装备可计量性相关性模型的理论与方法。

5. 直升机可计量性设计流程

针对直升机可计量性设计在型号实践中的具体问题，袁慧秀等[43]认为直升机的可计量性设计工作需要与直升机的研制过程紧密结合，覆盖直升机的全寿命周期，并与基于模型的系统工程（MBSE）理念相符。从需求出发，将可计量性设计工作与总体和各系统的设计架构密切关联，以体现产品的技术特性、满足未来用户计量保障的使用要求为原则，构建了如图 7-28 所示的直升机可计量性设计 V 模型。可计量性设计流程主要包括需求分析、方案设计和验证评价三个方面，其中需求分析从整机级、系统级和设备级自上而下开展，正向逐级捕获并确认可计量性需求；方案设计包括逐级设计可计量性各核心要素和制定计量保障方案；验证评价则依据直升机设计进度自下而上分别开展设备级、系统级和整机级的可计量性验证与评价。

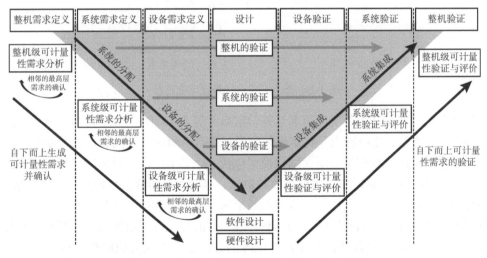

图 7-28　直升机可计量性设计系统工程 V 模型

7.2.3.3　装备广义可计量性

装备广义可计量性是在可计量性的定义上延展出来的概念，与装备计量保障体系密切相关。装备广义可计量性扩大了可计量性的范畴，从多方位、多角度、多指标对武器装备进行可计量性评估[36]。装备广义可计量性设计就是从计量标准装置、计量保障模式和计量保障对象三个方面对待测设备进行可计量性评估，充分显示出武器测试测量设备的可计量性程度，为武器装备的研制、生产、使用及维护提供方便。装备广义可计量性的组成要素，如图7-29所示。针对基于选型软件的广义可计量性评估模型，提出评估系统的具体计算方法，利用层次分析法确定装备广义可计量性评估各因素的权重并进行一致性检验；再利用模糊综合评判法构建广义可计量性评估矩阵，对广义可计量性进行一、二级模糊综合评估分析，获得评估结果。

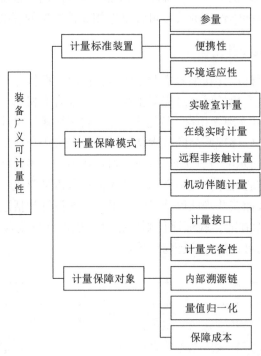

图 7-29　装备广义可计量性组成要素

　　层次分析法（AHP）是美国著名运筹学家撒汀等人 20 世纪 70 年代初提出的一种多目标决策分析方法，主要特点是将定性与定量相结合。AHP 主要分以下三个步骤：①系统分解，建立层次结构模型。层次结构模型包括三个基本层次：目标层、准则层和指标层，如图 7-30 所示。目标层是需要评估的对象，准则层和指标层分别是一、二级指标，也被称为主准则层和分准则层。②构造判断矩阵。根据主准则层和分准则层中包括的因素数量分别建立相对应的不同阶数的判断矩阵，目的是比较同层次元素的相对重要性，前提是具有相同的约束条件。建立判断矩阵的方法是引入九分位的相对重要的比例标度。③计算权重向量及一致性检验。通过计算判断矩阵的特征向量和最大特征根，可以确定本层次中与其相关元素对于上一层次的某个元素而言的相对权重。然后再进行组合一致性检验，计算随机一致性比率，当 < 0.1 时可认为比较判断矩阵具有满意的一致性，将其归一化特征向量作为权重向量，否则需要重新调整判断矩阵直至达到满意的一致性为止。

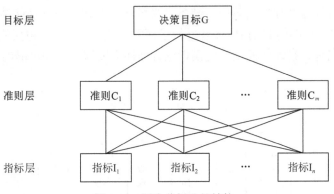

图 7-30　层次分析法的结构

装备广义可计量性评估指标体系如图 7-31 所示,递阶层次结构模型的评估因素分三层。目标层表示装备广义可计量性评估指标体系(要评估的对象),主准则层表示计量标准装置、计量保障模式、计量保障对象(评估对象所包含的主要因素),分准则层表示四种计量仪器、四种计量保障模式和五种计量保障对象(各主要因素类所包含的具体单因素)。

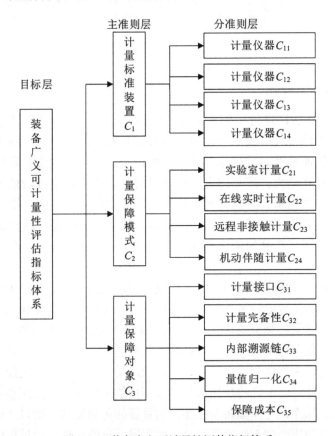

图 7-31　装备广义可计量性评估指标体系

方随研究了基于选型软件的广义可计量性评估系统,主要针对装备广义可计量性因素集,利用层次分析法确定各评估因素权重,以及模糊综合评判法建立的评估模型,量化出装备广义可计量性评估的等级。装备广义可计量性评估模型功能结构如图 7-32 所示。文献[36]对广义可计量性指标体系进行了探索，但是可计量性包括的因素众多，所以指标体系尚不完善，在评估模型的建模理论方面还需要探寻更加可靠的方法。

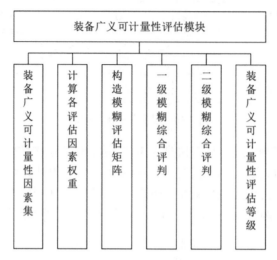

图 7-32　装备广义可计量性评估模型功能结构图

7.2.3.4　产品可计量性

文献[37]对可计量性进行了较为全面的阐述，提出产品可计量性是产品（系统、子系统、设备或组件，包括软件和硬件）自身固有的一种属性，是用于表征产品性能参数或其相关量值能够及时准确地被评定（可计量、不可计量或需要同步研究评定方法手段）的一种外在能力。产品的可计量性是设计者在产品设计阶段即赋予产品的、人的主观意识行为的结果，是设计者主动地将产品在研制、生产、使用和维修等各阶段中的计量保障能力和实施手段融入产品的设计体系中，确保产品性能参数的量值准确和单位制统一，提高产品的使用性能、工作质量和经济效益，使产品安全可靠的一种设计特性。

装备性能参数的可量化、可溯源，已经成为保证装备作战效能的重要因素。装备可计量性，即装备性能参数的计量溯源性，可理解为"表征装备性能状态的特征参数可被量化的特性和参数量值可溯源的特性"，具体包含两个层面的属性：第一是要保证对装备性能使用明确量化的参数来表征，即装备状态的性能特征可感知、可量化描述，这要求在装备性能设计过程中要由定性设计细化深入到定量设计，明确性能控制目标和测量评定方法；第二，要针对已量化的特性参量确保其量值可靠溯源，保证参量表述过程中量值定义的一致性，从而最终保证装备性能控制目标的可靠实现。所以，计量工作要与设计、验证、生产及使用维护工作紧密结合，切实保证量值评价活动过程中对量值单位的准确定义，保证生产、使用维护等操作过程中量值溯源的一致性。

可计量性的研究不是一个理论性的研究，而是一个工程技术研究，尽管具有理论性研究的成分或者内容。可计量性的研究与武器装备的性能指标密切相关，是用于保障武器装备性能指标的基础性技术。可计量性就像一条信息流，贯穿于武器装备的可靠性、可测试性、可维修性、综合保障性等研究中。可维修性、可测试性等各个阶段都涵盖了很多计量的内容，都有各自的指标体系，其间的交叉点就是可计量性，例如可维修性关心故障的平均故障时间、修复时间等，其内在恰恰就是可计量性的问题。

1. 可计量性设计的原则与流程分析

航空产品的可计量性设计是指在航空产品的立项、方案论证及设计阶段，对其后续的研制、生产、使用及维修各阶段可能发生和必然发生的计量保障活动及所需的计量技术手段进行分析，使之规范化并纳入到航空产品型号的设计体系之中。即在产品的设计体系中，应该包含立项论证中确认的产品型号技术指标、性能参数，同时也要包含安全、可靠等要求的量化指标，并且针对所有这些技术性能指标做出计量评价设计，在规定的条件下，借助计量技术手段，使用规定的计量资源，以通用性为主体（包括外部计量工具和嵌入式计量设备），确保在产品的研制、生产、使用及维护过程中所涉及的关键量值能够进行有效溯源。

为使航空产品最终能够达到预期的技术指标，在产品型号的可计量性设计中必须满足"所有的性能测量数据都能有效溯源"的原则。"有效溯源"是指用于表征产品性能的参数或其相关量值都能最终通过各种溯源路径，向上追溯至国家或行业的最高标准，并能有效地从最高标准传递到产品所需要"计量"的量值。

产品可计量性设计的基本原则有：①产品论证阶段为获取准确的技术性能指标，在系统设计或研制过程中必须满足测量数据的有效溯源的基本原则；②计量性工作应纳入产品的研制工作中，满足计量保障资源建设与研发的同步性、紧密结合性原则；③在产品研制中为计量工作预留接口，提倡应用通用型计量设备、通用型计量接口和通用接口的技术规范，最大限度地使用成熟的商用计量技术标准和商用性接口的原则；④研制和生产过程中实施计量工作监督与控制原则；⑤收集和分析使用中的航空产品计量性方面的信息，为研制或改型产品提供改进可计量性的原则。

产品可计量性设计的简要流程为：①在产品设计论证阶段，确定合理的可计量性指标，为设计阶段的指标细化提供依据；②根据立项论证过程，明确可计量性工作的总体要求，提出产品可计量性的定性和定量设计要求，提出评价与验证的内容；③在产品设计阶段，遵照"便于计量、降低计量难度、保证量值准确"的要求，将计量纳入设计规范之中；④在产品研制阶段，对产品的可计量性定性和定量要求进行确认，并进行可计量性模拟试验与评价；⑤通过对产品设计的可计量性状态模拟，估算产品可计量性设计的水平；⑥分析模拟结果，改进并提升产品可计量性设计的水平；⑦验证设计质量，满足可计量性指标的最终要求。

2. 可计量性设计的特性及指标分析

（1）产品自身的计量可达性。是指产品计量的便利性，也可理解为待计量部位的易接触程度。如果在产品设计过程中考虑了产品特性的计量可达性，在产品研制过程中就可以很方便地检测到很多重要数据，并通过这些实测的数据支撑改进设计。在后续的性能试验、试飞定型、定寿延寿、维修排故等工作中，不必为实施产品计量参数的测试进行过量的改装，很多故障可以实现防患于未然。对于在线服役的航空产品，计量的可达性更为服役现场快速而准确地判断和消除故障提供了快捷的手段。

（2）产品计量参数的溯源性。包含若干个分指标，例如性能指标受检率（溯源率），反映了产品（系统、子系统、设备或组件，包括软件和硬件）技术状态的受控能力，即产品的受检情况；性能指标受检率可按产品的类别（如航空产品某系统）进行统计，也可以按计量专业（如长度、热学、力学、电学、无线电、时间频率）或部门（如承担型号任务的单位）进行统计；通用计量设备占有率和性能指标受检率反映了产品可计量性和计量的管理能力，这两个值越高表明受检指标的覆盖率越大，该产品的可计量性就越好，对该产品的计量保障力度和保障有效性就越好；性能指标受检率是已计量检定校准的装备/检测设备数与应计量检定校准的装备/检测设备总数的百分比，反映了装备/检测设备技术状态的受控情况。

（3）计量设备和接口的通用性。在航空产品研制中提倡应用通用型计量设备、通用型计量接口和通用接口的技术规范，最大限度地使用成熟的商用计量技术标准和市场化仪器标准接口。如果在型号设计阶段没有考虑可计量性设计，没有给某些用于航空产品性能指标的专用测试设备预留相关的测试接口，导致将来在实施检测时必须拆装或改装产品本身才能对这些技术参数实施计量检定、校准或测试；如果部分型号产品采用专用的计量接口且专用接口数量过多，需要配备的专用计量设备也就越多，这不仅增加了产品使用过程中计量设备的运输、存储和维修负担，也增加了计量过程的工作负担。

（4）计量资源建设与产品研发的同步性。聂荣臻元帅曾提出"科技要发展、计量须先行"，这一方面说明型号研发中基础学科要先行一步，强调计量要主动适应型号研制进度的要求，或者说在型号研制中计量技术研究应该有个提前筹划；另一方面，型号研制中需要一些特殊的计量测试设备，为了减少型号计量保证的滞后时间，计量资源的规划、建设必须与型号的研制同步进行，从型号的立项、方案论证开始就参与其中，以法规的形式要求航空产品的供应商开展产品的计量保障同步设计，包括相关计量保障设备/设施的设计原则和明确的计量校准输入输出接口。凡是需要以专用计量设备实施校准的，必须同时提供与通用计量技术平台相连接的方案，以便降低计量校准仪器设备成本，并有效解决其自身溯源问题。

7.2.4 装备全寿命计量的强制性要求

全寿命计量的概念是从装备全寿命概念演变而来的，是围绕装备在全寿命过程中统筹开展计量工作使产品性能稳定在目标状态的计量技术与管理工作的统称，具体工作包括型号计量工作策划，组织实施计量工作（含计量技术攻关与计量能力建设），计量工作监督检查与计量工作改进等。装备的全寿命周期可以分为预研、论证、研制、试验鉴定、生产、采购、使用、维修、报废等阶段。根据国家计量法、军队计量条例等法律法规及国家军用标准等规定要求，装备计量工作的目标是确保装备性能参数的量值准确一致，检测和校准过程受控、数据可信，实现计量溯源性，提高装备计量受检率，优化装备全寿命周期费用与计量保障资源，为装备质量持续改进提供必要的信息，使装备始终处于良好技术状态，具备随时准确执行预定任务的能力。装备计量保障目标由装备全寿命各阶段计量保障目标支撑实现，计量工作应当深度嵌入立项综合论证、研制总要求综合论证、试验总案综合论证、技术方案设计，以及试验鉴定、装备订购和使用维护阶段；关于具体的计量要求，在相关法规标准中有明确规定，在此不再展开讨论。

参 考 文 献

[1]　施昌彦. 现代计量学概论[M]. 北京:中国计量出版社, 2003
[2]　张钟华. 量子计量基准与基本物理常数[J]. 工业计量, 2001, 5: 4-6
[3]　张钟华, 李世松. 质量量子标准研究的新进展[J]. 仪器仪表学报, 2013, 34(9): 1921-1926
[4]　梁志国, 李新良, 王宇, 等. 计量量子化变革对我国工业计量的影响[J]. 计测技术, 2020, 40(3): 1-6
[5]　杜晓爽, 胡毅飞, 冯英强, 等. 基于量子化、芯片化的先进计量测试技术发展动态[J]. 宇航计测技术, 2020, 40(5): 11-21
[6]　张萌. 量子测量技术进展与发展建议[EB/OL]. https://www.sohu.com/a/284749186_735021. 2018-12-26
[7]　贾文杰, 董猛, 习振华, 等. 冷原子的量子真空计量技术研究进展[J]. 宇航计测技术, 2021, 41(3): 1-7
[8]　商佳尚. 量子霍尔电阻计量技术的应用与分析[J]. 计算机测量与控制, 2016, 24(6): 265-267
[9]　于珉, 宋海龙, 孙毅, 等. 量子霍尔效应及其在电阻计量中的应用[J]. 宇航计测技术, 2021, 41(3): 8-13
[10]　Janssen T J B M, Tzalenchuk A. Quantum Hall resistance standard based on graphene[C]. 2010 Conference onPrecision Electromagnetic Measurements(CPEM), 2010
[11]　曾涛. 基于能量天平法的质量量子计量基准特征矢量对准技术[D]. 哈尔滨: 哈尔滨工业大学博士学位论文, 2017
[12]　王大伟. 能量天平法质量量子基准中力矢量对准方法研究[D]. 哈尔滨: 哈尔滨工业大学博士学位论文, 2020
[13]　许金鑫, 张钟华, 李正坤, 等. 能量天平不确定度分析与整体系统改进[J]. 仪器仪表学报, 2017, 38(5): 168-1175
[14]　谭久彬, 蒋庄德, 雒建斌, 等. 高端精密装备精度测量基础理论与方法[J]. 中国科学基金, 2022, 36(6): 955-962
[15]　缪寅宵. 智能概念体系研究报告[R]. 北京航天计量测试技术研究所, 2021
[16]　杨军威. 设计未来战争, 推进自主创新[J]. 远望周刊, 2020,7: 2-38
[17]　罗天保, 沈景鹏, 黄健, 等. 风洞天平校准存在的计量问题与解决方法[J]. 计量技术, 2012, 9: 61-63
[18]　张永军, 郝利兵, 王满意. 计量比对在量值传递及量值溯源中的作用[C]. 2016 国防计量与测试学术交流会论文集, 565-568
[19]　虞惠霞. En 值在校准实验室中的应用[J]. 现代测量与实验室管理, 2006, 5: 42-43
[20]　冯金扬, 吴书清, 李春剑, 等. 绝对重力仪国际比对方法[J]. 地球与行星物理评论, 2022, 53(3): 269-277
[21]　吴书清, 李春剑, 粟多武, 等. 绝对重力仪国际比对新动态[J]. 计量学报, 2013, 34(6): 545-547
[22]　郭力仁, 古兆兵, 王庆民, 等. 美俄军事计量体系特点分析及启示[J]. 计量与测试技术, 2020(47): 83-93
[23]　张兰, 刘锁文, 易利华. 美国计量精确管理的基石——军事计量法规集萃[M]. 北京: 国防工业出版社, 2017
[24]　胡卓林, 毛宏宇, 王书士. 美国空军计量体系现状与启示[J]. 航空维修与工程, 2010, 6: 67-69
[25]　潘孟春. 美军计量保障现状及启示[R]. 计量研讨会交流材料. 北京, 2022.12
[26]　高涛. 美空军计量保障体系[R]. 计量研讨会交流材料. 长沙, 2023.4
[27]　董锁利, 吕文琪. 美军标 MIL-STD-1839D 国防部校准和计量要求校准实践[J]. 计测技术, 2015, 35(5): 67-70
[28]　梁向东. 航空专用测试设备可计量性设计[J]. 洪都科技, 2004(2): 40-43
[29]　陈书生, 余江华, 周向华, 等. 航空专用测试设备可计量性设计探析[C]. 航空维修工程专业委员会 2005 年年会论文集, 2005
[30]　汪静. 军用 ATS 可计量性关键技术研究[D]. 长沙: 国防科技大学学位论文, 2010
[31]　周自力, 李太景, 于亚楠, 等. 计量性及计量性设计[J]. 计测技术, 2018, 38(5):1-4
[32]　李靖, 张峰, 孟春雷, 等. 对装备可计量性的思考[J]. 国防科技, 2020, 41(1): 21-23
[33]　董锁利. 论装备可计量性设计专业化的必然性[J]. 计测技术, 2013, 33(1): 38-40
[34]　杨世杰. 装备可计量性设计关键技术分析研究[J]. 测控技术, 2017, 36(S): 292-294
[35]　蒋薇. 装备可计量性的相关性模型研究[D]. 长沙: 国防科技大学学位论文, 2012
[36]　方随. 装备广义可计量性评估研究[D]. 长沙: 国防科技大学学位论文, 2016
[37]　北京长城计量测试技术研究所. 航空计量技术[M]. 北京: 航空工业出版社, 2013
[38]　李艳红. 专用测试设备计量管理的问题及对策[J]. 质量与可靠性, 2012, 15(1): 56-59

[39]　杨世杰, 刘颖. 航空装备计量性设计分析[J]. 测控技术, 2016, 35(S2): 487-489

[40]　董锁利, 唐武忠, 高万忠. 航空装备计量保障关键技术分析[J]. 计测技术, 2011, 31(5): 45-48

[41]　董锁利, 丁颖, 张建兰, 等. 机载设备计量性分析与设计讨论[J]. 计测技术, 2011, 31(3): 46-48

[42]　蒋薇, 张圮, 汪静. 装备可计量性的相关性模型研究与分析[J]. 电子测量与仪器学报, 2012, 26(4): 299-304

[43]　袁慧秀, 王俊博, 陈申, 等. 直升机可计量性设计流程分析及参考模型构建[J]. 宇航计测技术, 2022, 42(1): 85-90

第 8 章　装备型号计量与装备计量学

纵观武器装备全寿命各阶段，只有抓住了型号论证和研制的源头，才能正向打通装备全寿命的链路。计量工作也一样，其源头是型号阶段，关键和难点也在型号阶段。只有从源头进行深入的计量论证和精确的计量设计，才能保证装备生产交付部队后好用管用，确保时刻处于良好的技术状态。展望未来，装备计量的重点发展方向，一是装备计量化，二是计量装备化，两者相辅相成、不可分割，共同支撑起装备计量学的体系框架。

本章聚焦落实航空装备全寿命计量要求，倡导装备型号的计量论证、计量设计等理念，并初步提出装备计量学概念。"计量论证"不局限于型号研制总要求论证中的"计量要求论证"，"计量设计"也不等同于计量行业领域的"计量性""可计量性""广义计量性"等设计概念。8.1 节探讨装备型号的计量论证，介绍型号计量论证要求和计量论证理念。8.2 节讨论装备型号的计量设计，介绍型号计量设计要求，提出基于不确定度的计量设计理念，初步探索基于不确定性多学科设计优化（UMDO）的计量不确定度控制理论。8.3 节探讨装备计量化与计量装备化，先从装备标准化引出计量化，介绍计量装置上装备及计量装备化的概念，阐述计量校准发动机与计量校准飞机。8.4 节提出装备计量学的概念，初步构建体系框架。8.5 节初步讨论装备全寿命不确定性度量（UMEL）理论。

8.1　装备型号的计量论证

本书所谓的"计量论证"，其对象不是传统的地面测试设备或保障设备，而是侧重于武器装备本身。计量论证是贯穿于武器装备立项论证和研制总要求论证的一项重要活动，主要工作是根据武器装备的作战使命任务要求，论证与型号研制相适应相配套的计量测试能力，提出计量测试能力建设要求及计量关键技术攻关建议，做好型号研制计量资源的论证和规划；根据型号战技指标要求开展正向论证和顶层设计，论证提出战技指标分解分配的定性要求和定量要求，明确装备的计量溯源性有关要求，作为型号计量设计和试验验证等工作的输入，从而保证装备性能指标的量值准确可靠，并构建不间断的完整的溯源链。

8.1.1　装备型号的计量论证总要求

现代武器装备越来越复杂、集成度越来越高，总体指标在向各子系统、设备、传感器等成千上万的各层指标参数分解分配过程中，准确可靠的量值传递愈加重要[1]。随着武器装备的快速发展，战技指标的提升对计量工作也提出了更高要求，必须对装备战技指标的参数量值进行准确的定义（定性描述+定量描述）、准确的表征（数值+单位+允许误差）以及准确的评价（不确定度评估），才能保证装备性能参数的可计量、可比较、可溯源。表征装备性能的参数或其相关量值，必须能够通过溯源路径向上追溯至国家、国防军工或行业的最高标准，并能有效地从最高标准逐级传递到装备所需计量的量值。

　　计量工作应当从作战需求的高度贯彻落实计量法律法规要求，从型号研制源头介入，把计量要求和计量工作贯穿装备的全寿命周期。计量论证是用户论证单位的主责，在装备立项论证阶段就应当同步开展计量测试能力论证，结合国内计量基础条件提出计量关键技术攻关建议，明确计量测试能力建设要求。在型号研制总要求论证阶段，论证单位提出明确的计量要求，包括战技指标分解分配在内的定性要求和定量要求，建立不间断的溯源链。装备工作部门应依据装备检测、校准需求和装备计量手册等要求，组织制定相关领域装备的计量保障目录。

8.1.2　装备型号的计量论证理念

1. 研制总要求与计量的相通性

　　武器装备的研制总要求，是使命任务与作战能力的细化分解，通常按照武器装备系统、分系统及设备等不同层级，形成向下分解的追溯关系，对下级系统进行功能性能和技术指标分解，提出相应接口要求。可以说，这一表述不仅是对研制总要求的高度概括，也充分地体现了量值溯源与分解传递的计量理念，说明了装备论证工作与计量工作的相通性。用户对工业部门提出的要求，其形式也不限于研制总要求；但是，不管采用何种形式进行约束，其基本要求和基本理念都具有一定的相通性、继承性。

2. 战技指标控制的第一道关口

　　关于用户要求与计量量值控制的关系，如图 8-1 所示。用户要求的核心是武器装备的战技指标，具体包括定量指标和定性指标，例如飞机的飞行距离、载弹量、雷达探测距离等。战技指标的核心要素，是各种形式的量值，包括长度、距离、温度、力、声、光、电、时间、频率、无线电、辐射等物理量及其相应的数值，例如总使用寿命××

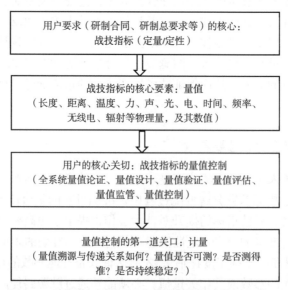

图 8-1　武器装备用户要求与计量量值控制的关系简图

飞行小时、续航时间××小时、最大平飞表速××千米/小时、最大爬升率××米/秒、起飞滑跑距离××米、导航位置精度××米、测高精度××米、空空作用距离××米、RCS 测量精度××分贝，用这些战技指标的参数量值来保证装备始终处于良好技术状态。作为武器装备的用户，核心关切应当是战技指标的量值控制，包括全系统量值论证、量值设计、量值验证、量值评估、量值监管，最终实现全寿命周期各阶段的量值控制。从量值控制的时机和手段来看，第一道关口就是计量，包括从型号源头就要提出明确的量值溯源与传递要求，确保战技指标的量值可测并且测得准，从而保证装备测试结果的持续稳定性。

关于战技指标的量值控制，计量法、装备和计量条例都有明确要求，装备建设应当贯彻计量工作法规制度，开展计量检定、校准和测试，保证装备量值准确可靠和计量单位统一。与装备的通用质量特性（测试性、可靠性等）相比，计量的不同之处在于：①计量是管理要求，从国家、军队到国防军工系统都有明确的法律法规，必须强制性落实；②计量又是技术要求，有一系列关于量值传递与溯源的技术、方法和手段，通过构建完整的溯源链，从而保证装备的量值准确可靠。

3. 量值"DDAC 环"

在装备型号发展中，应当树立以战技指标量值为核心、以量值溯源与传递为主要思想的装备设计理念，把"全系统全寿命量值控制"摆到一个更加突出的位置，打通"量值论证（Demonstration）→量值设计（Design）→量值评估（Assessment）→量值控制（Control）"的环路链条，即 DDAC 环，如图 8-2 所示。在此，提出战技指标的"量值控制"，而不是"量值管控"。管控，是从管理者视角出发的术语，即管理+控制；而我们提出的量值控制，是管理者、设计者、制造者、使用者、维修者都要努力实现的共同的目标，是在全寿命各阶段都要落实的一项工作，所以用量值控制的表述更为合适。

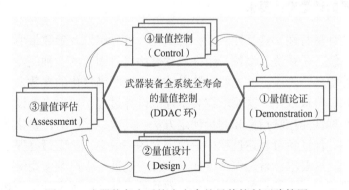

图 8-2　武器装备全系统全寿命的量值控制环路简图

8.2　装备型号的计量设计

装备全寿命计量工作的落实，难点在前端即装备的研制设计端。从表面现象上看，从事设计工作的不太关心计量，从事计量工作的又难以介入设计，装备设计部门和计量部门没有多少交集，导致计量人员只能跟着型号被动地开展各类保障性计量工作。但是，从深层次看，根本原因是目前还缺乏计量设计方面的理论方法、工具模型和标准规范，导致计量部门没有能力助推产品设计，设计部门也无法有效地开展计量设计。

目前，国内关于计量性与可计量性的主要研究工作，已经在 7.2.3 节介绍，除了针对测试设备的计量性设计工作，关注的重点还是型号研制生产阶段的计量保证和用户使用阶段的计量保障，无论计量保证还是计量保障，其出发点和落脚点还是集中在一个字"保"上。本书在计量性与可计量性等相关概念研究的基础上，重新定义"计量设计"的概念。

本书所谓的"计量设计"，其对象不是传统的测试设备或保障设备，而是侧重于武器装备本身，"计量设计"的主责是设计部门而非计量部门。计量设计是贯穿武器装备研制设计和试验的一项重要活动，主要工作是根据武器装备的作战使命任务要求，在进行战技指标的分解分配过程中，落实以性能参数量值为核心、以量值溯源与量值传递为主要理念的设计思想，开展量化设计、量值验证、量值评估和量值控制，充分利用不确定性、不确定度等基本原理、方法、工具、模型等进行不确定度控制，开展战技指标溯源性分析，精准识别并完整捕获装备的检测需求，明确战技指标分解分配的定性要求和定量要求，给出战技指标的设计不确定度、试验不确定度和测量不确定度，作为型号研制设计和试验验证等工作的输入，从而构建从装备系统、分系统、设备以及检测设备和校准设备之间的不间断的溯源链，最终目标是保证装备的量值准确可靠，实现贯穿全寿命周期的性能指标参数量值的精确控制。

本节首先介绍装备型号的计量设计要求，提出基于不确定度的计量设计理念，然后介绍不确定性多学科设计优化（UMDO）理论，并在此基础上提出基于 UMDO 的计量不确定度控制理论，介绍了该理论方法的初步思路。

8.2.1　装备型号的计量设计要求

武器装备的计量特性，是其性能指标可量化、可分解以及参数量值可测试、可溯源的特性，是其系统、子系统、设备、组件及软硬件自身固有的一种属性，贯穿研制、生产、使用和维修等各个阶段。首先要对装备性能使用明确量化的参数来表征，即装备状态性能可被感知、可被量化，这要求在装备性能设计过程中要由定性设计细化深入到定量分解设计，明确性能控制指标和测量评定方法。其次，要针对已量化的特性参量确保其量值可靠溯源，保证参量表述过程中量值定义的一致性，从而最终保证装备性能控制目标的可靠实现。这要求计量工作深度嵌入设计、验证、生产及使用维护工作，切实保证全寿命各阶段都能对关键参数量值进行有效管控，保证研制设计生产和使用维护等过程中量值传递溯源的一致性。

在国外，装备计量设计已经成为装备设计中的一个成熟理念，将计量工作与装备建设同步发展，在军用标准中专门规定将计量能力作为装备系统设计的重要内容。美国国防部对承担武器研制的承包商提出明确的计量校准要求，从设备数据的可溯源性提高到武器技术参数的可溯源性。美军强调系统级测量溯源，军用标准中明确规定"为确保装备中系统和设备运行时的一致性和准确性，所有的系统、分系统和设备的参数的校准和测量必须具有溯源性。"国内相关标准也规定，承制单位开展技术方案设计时应充分进行计量性分析，权衡计量性设计要求和计量保障资源要求；并提出了装备及其系统、分系统和设备，以及检测设备和校准设备的测试不确定度比等相关要求；关于详细的计量要求在相关法规标准中有明确规定，在此不再展开讨论。

本书提出的"计量设计"，是与目前相关标准不同的一个设计理念（详见 8.2.2 节和 8.2.3 节）。装备计量设计工作应当面向作战场景，打通"能力→性能→参数→参数测量准确度（真实值、测量值）"的闭环，其中关键环节是对基本性能参数的把握，以及关键计量参数的识别。型号计量设计是依据作战需求、装备需求开展的正向设计，其中设计部门在产品设计时要吸纳计量的基本原理、方法和工具，在计量设计中承担更多责任。装备设计阶段的计量工作是武器装备全寿命计量能力生成的黄金阶段，主要工作包括落实论证阶段提出的计量要求，保证所研制武器装备的计量特性，即装备战技指标计量特性的溯源；另一方面是同步开展计量技术、方法和手段研究，确保在装备型号研制、试验鉴定和使用阶段同步形成计量保障能力。

在研制设计阶段，设计部门要贯彻计量溯源和量值控制要求，以不确定度理论方法为指导，在战技指标分解分配过程中明确精度分配和误差传递要求。设计部门在机载产品协议中明确计量定性和定量要求，保证装备量值统一、准确可靠，建立不间断的溯源链。战技指标及指标分解分配的环节，要借鉴测量不确定度理论，对指标分解不确定度进行分析和评定，即开展"指标分解不确定度"的分析评定。计量参数识别环节，将战技指标与计量参数关联起来，通过权重分析和排序，精准识别影响较大的关键计量参数，进行贡献度分析评价，并实现关键战技指标的量值控制。

8.2.2　基于不确定度的计量设计理念

产品设计的概念比较宽泛，在机械产品设计、装配设计领域，已有一些经典的设计方法如公差与配合、允差控制等，近年来又发展了一些新的设计方法如数字化容差分配等，这些都值得武器装备研制设计工作者借鉴。关于误差、误差树及测量不确定度的相关理论和方法，具有很强的通用性和指导性，同样可以供装备研制设计工作者参考。

为了便于理解，本小节首先介绍机械设计和试验测试等领域的公差、允差、容差分配、误差树及不确定度典型案例，在此基础上提出"基于不确定度的计量设计理念"，旨在型号设计中推广使用"允差或不确定度"，在装备系统、分系统和机载设备等各级产品设计和战技指标分解分配过程中，在产品性能指标的"量值"基础上增加"允差或不确定度"，目标是实现性能指标的精细化设计和量值精确控制，最终将产品性能指标的不确定度控制在合理范围内，通过对各级产品性能指标的控制来保证装备的总体战技指标。

8.2.2.1　公差与允差设计

在机械设计制造领域，公差主要用来确定产品的几何参数，确保变动量被控制在允许范围内。公差与配合是一门十分严谨的学科，是人们在长期的机械设计制造与装配中总结出来的科学理论。公差与配合对机械设计与制造有着很重要的影响，直接决定零件质量的好坏，也关系到零件在配合使用中的寿命。在机械设计制造及装配中，公差根据几何参数可以分为尺寸公差、形状公差和位置公差三类。尺寸公差是指零件被加工时所要求的尺寸的变动量，是最大极限值和最小极限值减基本尺寸的代数差。形状公差是指单一实际要素所允许的变动量，如平面度、圆度和直线度等，被测要素的几何形状公差是几何形象的准确性，不存在基准的要求，有一定的独立性。位置公差是指关联实际要素的方向或位置对基准所允许的变动全量，被测要素的合格区域范围为位置公差带，被测要素在位置公差带内是为合格。在机械设计和加工中，公差是一个常用的概念。如图8-3 所示，为航空发动机涡轮盘枞树形榫槽加工图例，图中很多位置都标注了产品设计所要求的公差。

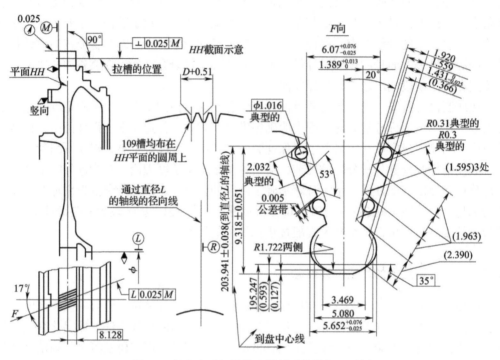

图 8-3　航空发动机涡轮盘枞树形榫槽加工图例

　　在航空发动机领域，装配技术文件、装配图样中通常给出两个允许的极限值，其差值即为装配参数的允许误差（公差），装配时所得到的实际参数不应超出公差范围。为了满足上述要求，应预先对精度进行计算，求出装配参数的期望精度值，并根据计算结果选择最适合该生产条件的装配方法。精度计算一般在设计阶段完成，但由于结构不可避免的变化和一系列工艺因素的影响，在装配过程中也要求进行计算。在航空发动机的装配过程中，即使单个部件的加工均满足设计指标，但是装配后也可能达不到设计要求。因为单个部件的加工误差会在装配过程中逐级传递、累积和放大，甚至最终导致装配指标超差。目前多部件装配理论方法主要用于部件加工前公差分配，用于机械产品设计之初，当机械部件加工完毕后并不能指导装配；成熟的测量仪器可对加工后的机械部件进行表面形貌检测，但是操作人员在装配过程中只能结合表面形貌参数依赖个人经验进行装配。

　　在机载产品领域，也有与公差类似的允差要求。如飞机的大气数据系统，在规定的全环境工作范围内系统的数字量信号输出精度（按 3σ）应不低于规定要求，模拟量输出、离散量输出及特殊信号输出由详细规范规定。为满足空中交通管制高度分层的要求，系统输出参数中的气压高度误差（即主高度通道测量系统的误差）应为 ±76 m，其中 ±15.24 m 的误差分配给总静压系统重复性误差，其余误差分配给大气数据计算机和高度显示设备。表 8-1 给出了飞机大气数据系统的气压高度输出精度要求，表中明确给出了允差，例如在气压高度 12192 m 时的允差是 ±30 m。

表 8-1　大气数据系统的气压高度输出精度要求　　　　　　　　单位：m

序号	气压高度 H_p	允差	序号	气压高度 H_p	允差
1	0		9	4267	±12
2	305		10	5182	±14
3	610	±8	11	6096	±15
4	914		12	9144	±23
5	1219		13	12192	±30
6	1524		14	15240	±38
7	2438	±9	15	18288	±46
8	3353	±11	16	21336	±53

在大型试验领域，也有严格的误差控制要求。例如美国开展的 F/A-18E 飞机性能飞行试验计划，美国海军在承包合同中规定波音公司须提供飞机性能计算模型，此模型可以给出关键性能参数，而获得此模型需要在飞行包线内安排足够多的飞行试验点即试验矩阵，来获取足够多的试验数据。在整个飞行试验计划中，所有飞行试验点中有 75% 为稳态试验点，准稳态和动态试验点约占 25%。根据试飞经验和不确定度分析，每个稳态试验点稳定 3 min 就可以满足稳态试验数据获取的要求。不同的稳态飞行动作对试验点的稳定要求也不同，例如等马赫数等高度的巡航试验点要求马赫数的误差范围为 ±0.005，等周盘旋的试验点要求马赫数的误差范围为 ±0.01，对飞行高度的误差范围亦有严格要求。可以说，没有精确的误差控制，就没有准确的数据，由此可见在大型试验中误差控制的重要性。

8.2.2.2　容差分配设计

飞机的装配过程具有零部件种类数量繁多、结构外形复杂、装配层次和相互约束关系复杂等特点，过紧的容差要求会导致装配对象超差率与零件加工成本的上升，而过松的容差要求又会使产品装配性和质量下降。因此，制定合理的容差分配方案已经成为飞机装配过程中不可缺少的重要一环[2-4]。飞机装配的容差分配方案设计与优化是一个迭代的过程，典型流程如图 8-4 所示。首先，产品设计人员依据个人经验与标准文件，设计初始的容差分配方案。其次，依据装配基准、装配顺序等装配工艺方案，建立容差分析模型，并针对飞机产品的功能性目标、可装配性目标和外观性目标等关键控制尺寸，利用极值法、均方根法及蒙特卡罗模拟法等进行装配过程的容差累积计算。如果装配误差累积导致关键尺寸不合格，要对容差累积组成环的尺寸定义进行调整，重新进行容差建模与计算。如果分析计算结果合格，但关键控制尺寸余量过大，为了降低生产成本可以考虑将一些容差累积组成环内的某些容差要求适当放松，并重新进行容差分析计算。当产品装配关键控制尺寸和成本因素都满足要求时，停止迭代，生成最终的容差分配方案。

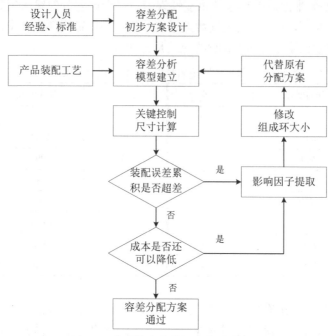

图 8-4　典型的容差分配方案设计流程

　　文献[3]针对复杂产品零部件数量较大、装配尺寸链结构复杂、装配关系复杂等特点，以通飞产品的典型组件为研究对象进行了复杂产品的装配公差分析。分析了 CATIA 软件的装配公差模型结构，应用拓扑和技术相关联表面（TTRS）理论，建立装配公差模型的 TTRS 层次结构。通过提取装配公差模型的公差信息和约束信息构建装配公差模型的尺寸-关联特征要素矩阵和约束-关联特征要素矩阵，完成尺寸公差-装配约束图，建立起基于搜索关联特征要素的尺寸链自动生成方法。研究了极值法、概率法、蒙特卡罗法等公差分析方法，其中蒙特卡罗法主要是通过对尺寸链的各个组成环尺寸值进行随机抽样，利用公差设计函数求得封闭环尺寸值，再对封闭环的样本进行统计分析求解封闭环。研究了公差分配技术，根据封闭环的尺寸公差完成各个组成环的公差分配。装配层次化解析是尺寸公差-装配约束图生成的基础，合理的装配层次化解析有助于建立装配公差信息之间的联系，方便尺寸链搜索。装配尺寸链的搜索需要使用几何特征元素之间的装配约束关系和尺寸关联关系，因此需要对模型层次关系进行更深入的解析。CATIA 根据 TTRS 理论将零件作为 TTRS 节点（TTRS Node），不同的 TTRS Node 和子装配体组成总装配体，TTRS Node 的下层由不同的 TTRS 支干（TTRS support）组成，TTRS Support 的下层由最小基准元素 MGDE 组成。于是，可将装配公差模型信息层次划分为总装配层、子装配层、零件层、MGDE 层、几何元素层、尺寸公差层和装配约束层。

　　在飞机设计过程中，容差的合理分配与优化起着至关重要的作用。若容差分配过紧，飞机性能增强、装配精度提高、零部件返修数量减少，但零部件精度提高的同时制造过程中报废量增加，所需工装以及设备精度要求更高从而导致零部件的制造成本提高。若容差分配过松，零部件制造容差范围扩大，报废量降低，零部件制造成本降低，但飞机的装配精度下降、性能降低而且零部件返修数量增多。因此，合理的容差分配可以平衡制造成本与装配精度之间的关系。传统的容差分配是由工艺人员的经验决定的，具有很大的不确定性和误差，很难平衡制造成本与装配精度之间的关系。目前国内外对容差分配模型及优化方法的研究已有一定的成果，但针对复杂产品的容差分配过程适用性仍存在一定的缺陷。飞机装配过程中偏差的非线性叠加导致容差分配模型的优化求解效率低，无法满足装配精度与制造成本的均衡性控制要求。有研究者从装配性能、制造成本、质量损失等方面构建容差分配模型，提出基于蒙特卡罗自适应差分进化算法（Monte Carlo-Adaptive Differential Evolution Algorithm，MC-SADE）的优化方法[4]。

飞机容差分配是大规模非线性优化问题，非线性主要是指装配偏差传递过程和容差与优化目标的非线性关系。多工位装配偏差传递过程的非线性关系使得容差优化结果较差，同时决策变量较多，现有的启发式搜索算法的全局搜索性较差，飞机装配的层次结构使得优化效率低下，不利于并行设计。针对上述问题提出 MC-SADE 优化方法，其中 MC 方法在样本初始化过程中能够充分适应飞机装配偏差的多种分布状态的特点；SADE 算法在全局搜索性和求解效率方面比其他启发式算法有更大的优势。在优化多目标容差分配模型时，初始种群的选择对优化效率影响很大。在实际装配过程中各部件的公差受不同的分布类型的影响，随着装配工艺的进行，偏差存在非线性叠加的情况，如图 8-5 所示。考虑到上述因素，这种方法提供了有效的解决方案。

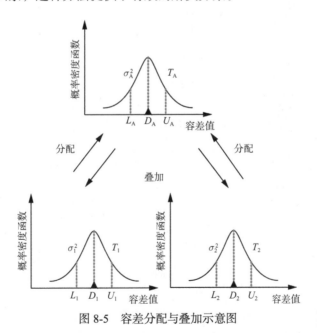

图 8-5 容差分配与叠加示意图

8.2.2.3 误差树及不确定度

在战术导弹的光学特性测试中，误差分析目的是通过综合分析被测目标、测量设备、试验场参数的不确定性，给定被测目标光学特性测量的 95%置信区间。误差分析通过标定和试验数据来推导不确定度，然后将结果与公共标准源测量值进行比较以确定偏差。

光学测量不确定度与设备的时间、光谱和空间影响紧密相关，尤其在外场试验时，周围条件、背景场景和大气条件都在改变，测量不确定度与实验室条件下相比大幅增加。设备标定不确定度分析的价值主要有：一是为试验者提供标定值，可给数据用户提供信任等级；二是在数据分析时，不确定度值可用于误差树；三是不确定度分析可记录设备性能的异常。

建立设备的误差树，目的是评估导弹光谱中与波长相关的不确定度。标准不确定度被放置在误差树上，以揭示对最终数据产品不确定度影响最大的参数。成像仪、光谱仪和辐射计都有自己的误差树，例如图 8-6 为典型的辐射计误差树[5]。

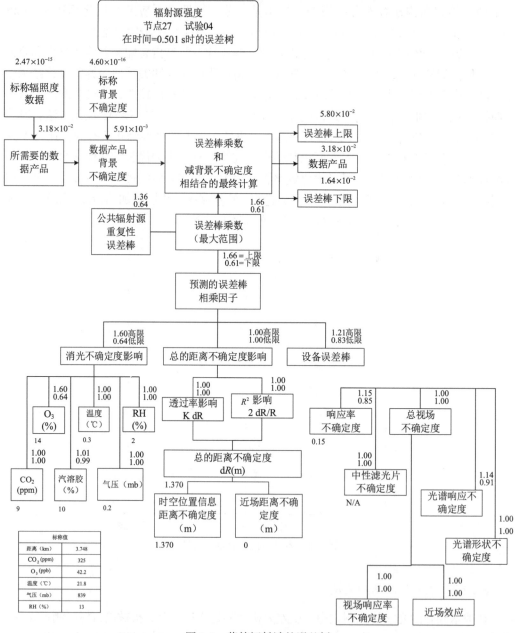

图 8-6　紫外辐射计的误差树

在目标光学特性测试中，要评估各种不确定度对测量数据结果的影响，需要一个系统的统计过程来确定哪些数据在最终测量不确定度中占据优势。不确定度分析可用图形表示法，主要有表格法与误差树法。图 8-7 给出了不确定度估计的典型架构，展示出如何将实验数据输入误差树并用于计算最终的误差棒。任何误差树上的单个因素自身都可能是一个误差树分析的结果，由于设备的应用不同，有必要对误差树上的一些因素进行单独评估，需要增加或减少误差树上的其他因素。误差树各个因素是否展开分析，取决于数据结果的最终应用。

8.2.2.4　战技指标分解分配及其不确定度示例

借鉴前面的公差和允差设计、容差分配设计、误差树与不确定度，下面以飞行器 RCS 指标分解为例阐述计量设计的基本思路。首先根据飞行器的战技指标要求，确定平台的 RCS 指标；然后针对不同的扇区，确定对该扇区雷达目标特征信号产生贡献的所有散射源。确定各个扇区主要的散射源后，根据当前和未来一段时间各散射源可能达到的技术能力，结合整机指标确定各散射源初步的指标。指标的分解和确定是一个反复迭代的过程，在完成初步的指标分解后，各个散射源应根据指标开展初步的隐身方案设计，继而根据初步的隐身方案对达到隐身指标所需的代价进行一个初步的评估，再结合整机的其他要求，对各个散射源的指标进行适当调整。

确定了主要散射源的 RCS 指标，为了让下游专业能有更明确的设计输入，如涂料设计单位应设计哪种性能的材料、吸波结构设计单位应设计哪种类型的吸波结构、舱盖镀膜的性能又应该满足哪些要求等等，这些都需要具体的指标要求，因此必须对散射源指标进行细化和进一步分解，提出更加具体的部件和材料的性能指标。以进气系统为例，其散射主要包括腔体散射和唇口散射两大部分，对于腔体可能采用的措施包括吸波导流体、吸波涂料、吸波壁板以及发动机自身采取隐身措施；对于唇口散射，最直接的措施是采用雷达吸波结构。为实现进气系统的 RCS 指标，需要进一步确定吸波导流体的性能指标、吸波涂料和壁板的性能指标、发动机采取隐身措施后自身的 RCS 指标和吸波结构唇缘的性能指标。

无论整机指标分解到各个散射源，还是散射源指标的进一步细化分解，都是非常重要的设计过程。科学的指标分解，可使整个隐身飞行器达到整机指标所付出的代价最少、风险最小。同时，可以根据最终分解到部件和材料的指标，结合当前的技术能力，来评估整个隐身方案的可行性和风险。但是，指标的分解面临各种不确定性，包括未知材料、能力、测量、人的认知等，对这些不确定性进行度量即为不确定度。应当考虑这些不确定性因素及其影响，并对不确定性进行量化设计。假定隐身飞行器前向的 RCS 指标为 $x\,\mathrm{m}^2$，可以给出典型隐身战斗机前向扇区 RCS 指标分解如表 8-2。在该表格中，左侧为部件类别，中间为 RCS 指标分配值，根据不确定性设计理论就可以在右侧加上一列"允差"（或不确定性）用于表示不确定性的大小。比如，在进气系统 RCS 指标 $0.15x$ 的基础上，经过不确定性分析（定性和定量），进一步给出设计允差，若设计允差为 $\pm 5\%$，则进气系统 RCS 指标就变成了 $(0.15 \pm 0.0075)x$。若继续深入，则应得到设计变量/参数的分布类型、期望值及标准差之间的关系，开展不确定性设计优化和不确定性量值控制。

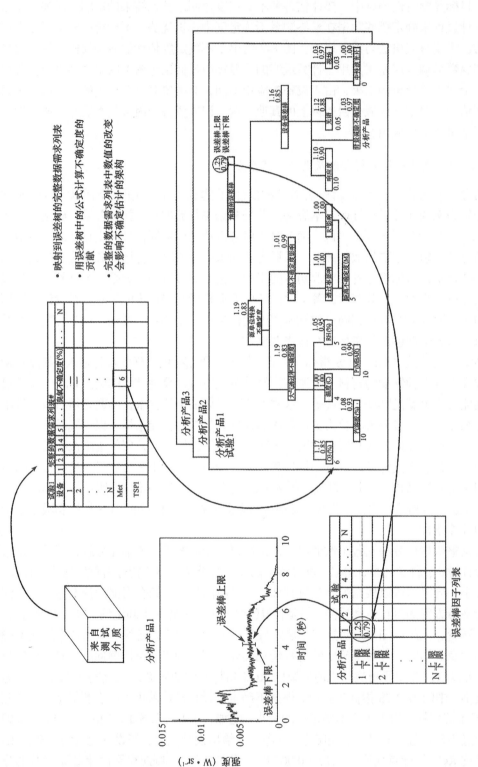

图 8-7　典型的不确定度估计架构

表 8-2　典型的 RCS 指标分解分配不确定性研究示例

部件类别	RCS	允差或不确定性	备注
平台	$0.15x$	±… ⋀	
进气系统	$0.15x$	±… ⋀	
雷达天线舱	$0.15x$	±… ⋀	
座舱	$0.05x$	±… ⋀	给出设计变量/参数的分布类型（如正态分布）、标准差，并进行不确定性多学科设计优化，形成不确定性减缩设计和不确定性量值控制的闭合环路
其他天线	$0.15x$	±… ⋀	
光电系统传感器	$0.05x$	±… ⋀	
大气数据传感器	$0.05x$	±… ⋀	
灯具	$0.05x$	±… ⋀	
表面电磁缺陷	$0.1x$	±… ⋀	
设计余量	$0.1x$	±… ⋀	

对于机载产品，在设计性能指标时，同样可以明确设计指标的允差或不确定度。特别是为了满足试验鉴定或测试评估要求，当签订产品协议时主机单位设计部门不仅要给出性能指标的范围及量值，更要明确指标的允差或不确定度。承研单位在组织研制时，首先要精准识别并完整捕获产品的检测需求，明确允差或不确定度，通过建立"产品检测需求—检测设备—校准设备"完整的溯源性关系，最终实现产品性能的精确控制。再如表8-1 所示的大气数据系统，除了表中关于性能指标的允差要求，还应当对机载产品的重量与尺寸等战技指标作出严格约束。以尺寸为例，如果机载设备的外形尺寸超差，多个设备的尺寸超差累积将直接影响飞机的总体外形尺寸精度，甚至造成蒙皮出现对缝间隙超差，从而影响整机的气动和隐身性能。

8.2.3　基于 UMDO 的计量不确定度理论

在前面的 8.2.2 节，介绍了机械设计和试验测试等领域的公差、允差、容差分配、误差树及不确定度典型案例，在此基础上初步提出"基于不确定度的计量设计理念"，旨在型号设计中推广使用"允差或不确定度"。对于一型武器装备，从第一层产品到第 N 层产品（全系统、分系统、子系统、设备、元件），应当正向开展参数溯源性设计，明确量值传递关系和计量要求，特别是战技指标的不确定度要求。仅有这些设计理念是远远不够的，还要研究相应的计量设计理论和方法。本节介绍飞行器不确定性多学科设计优化（UMDO）理论，然后提出基于 UMDO 的计量不确定度理论初步架构。

8.2.3.1　基于不确定性的装备设计理念

1. 基于不确定性的飞行器总体设计理念

飞行器总体设计是一项复杂的系统工程，根据作战使命任务要求和技术发展实际状况，对飞行器及组成飞行器的各系统进行综合、协调、研究、设计与试验，直接影响飞行器的综合性能、研制周期和研制经费,往往要经过多次反复设计,才能得到一个综合性能最佳的飞行器总体技术方案。在传统的飞行器总体设计过程中,往往忽略不确定因素,或者用参数的较大包络去涵盖不确定性因素的影响,采用确定性问题获得飞行器初始方案,再通过多次迭代获得可靠的总体方案。但实际上,不确定性存在于飞行器设计的各个阶段,按照不确定性的来源可分为随机不确定性和认知不确定性。在飞行器总体设计过程中,识别不确定性因素并充分考虑不确定性影响,从而降低综合性能对不确定性影响的敏感程度,提高综合性能的稳健性和可靠性。飞行器设计优化是从一组可行方案中选择最佳可行方案的过程,即对优化问题通过优化算法求得最优解。由于工程实际中存在的不确定性,不可能获得满足要求的最优解,而是退而求其次,追求满足要求的次优解。文献[6]以某飞行器总体设计为对象,利用不确定性优化设计方法对其进行了优化分析,获得了满足约束条件的较优解。然而,在工程实际中还需要在以下方面开展深入研究:飞行器总体设计过程是一个多轮次迭代的过程,飞行器总体方案由粗到细,在使用不确定性方法时还需要进一步分析在什么环节考虑哪些不确定性因素;飞行器总体设计各学科专业建模时,要充分考虑不确定性,除了随机不确定性,更要关注认知不确定性,对工程实际问题进行完整描述;要提高学科专业模型的精度或置信度,当模型精度较低时,计算结果会覆盖不确定性因素的影响;当优化问题中涉及的不确定性因素较多时,要事先完成不确定性参数灵敏度分析,当模型计算量较大时要考虑构建近似模型。

　　2. 基于不确定性的航空发动机设计理念

　　在航空发动机领域,几何偏差和来流随机扰动等不确定性因素客观存在,并导致航空发动机气动热力性能发生不确定性变化,严重影响发动机性能的稳健性和可靠性。考虑不确定性影响的航空发动机气动热力设计是未来重要发展方向,GE 公司、罗·罗公司等国际航空发动机厂商高度重视该领域,并已取得了部分成果,如采用低维度分析方法对发动机部件进行气动不确定性评估并已实现了低维度鲁棒性设计。但是,三维叶片甚至部件级的高精度、高维度不确定性研究,仍面临数值方法、机理分析、验证技术等方面的挑战。发动机内部流动存在几何约束空间小的特点,在目前的加工制造条件下,几何偏差的不确定性影响不容忽略。此外,发动机内部流动还存在流动复杂度高、多学科耦合紧密等特点,几何偏差和边界流动扰动对发动机内部复杂流动发展及演化的影响机制是首要研究重点。由于不确定性研究需要采用概率统计方法,如何发展高效率、高精度的不确定性量化方法是第二个研究重点。不确定性研究的主要应用方向是鲁棒性设计,发展考虑不确定性影响的叶片鲁棒性设计技术是第三个研究重点。2023 年《航空学报》发出通知,拟推出以"航空发动机气动热不确定性"为主题的专栏,征稿范围包括与航空发动机不确定性的影响机理、预测方法、设计技术等相关的研究,例如不确定性特征分析、不确定性量化方法、不确定性设计等方面的研究方法、理论模型、作用机理等。

　　8.2.3.2　基于 UMDO 的飞行器设计案例

　　随着空间技术水平的不断提高和应用需求的不断发展,对卫星的稳健性和可靠性提出了越来越高的要求。对于考虑不确定性因素的由多个耦合学科组成的卫星系统总体设计优化问题,不确定性多学科设计优化(Uncertainty Multidisciplinary Design Optimization,

UMDO）方法是有效的解决途径。UMDO 是多学科设计优化 MDO 的一个重要分支，其核心思想是通过综合考虑各个学科间的耦合作用，充分考虑不确定性因素的传递影响，获取稳健和可靠的系统整体最优解。UMDO 使卫星总体设计追求性能最优的同时，能够提高设计方案的稳健性和可靠性，为提高卫星总体设计水平提供了新的思路，因此在飞行器设计中有着巨大的应用价值和广阔的应用前景。文献[7]对基于 UMDO 的卫星总体设计方法进行了研究，重点讨论了卫星总体的 UMDO 流程及其优化过程，并将其用于某遥感小卫星的总体设计。针对该卫星的应用任务，建立了总体设计的学科简化模型，对总体设计中存在的不确定性因素进行了提取与建模。对该卫星总体的 UMDO 数学问题进行了表述，以 UMDO 优化过程对优化问题进行组织求解，最终获得了稳健、可靠的优化方案。卫星总体 UMDO 针对卫星复杂系统不确定性设计优化问题，充分考虑学科间的耦合关系，通过 UMDO 优化过程集成学科模型、不确定性分析方法和搜索策略，并采用试验设计和近似建模方法等降低问题复杂性，协调优化获取卫星总体设计稳健可靠的最优解，其求解流程如图 8-8 所示。

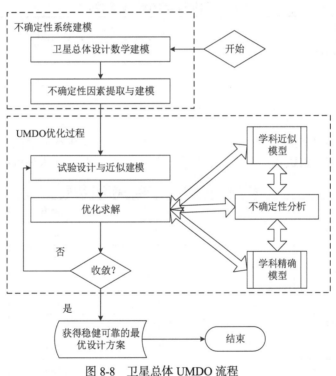

图 8-8　卫星总体 UMDO 流程

　　卫星总体 UMDO 的关键之一是不确定性系统建模。不确定性系统建模包括对卫星系统进行建模，以及对卫星系统存在的不确定性因素进行提取和建模。卫星系统建模是指对研究的卫星系统及其组成学科进行建模，对其设计优化问题进行数学抽象和表述。确定卫星总体设计优化问题的设计空间、设计变量、系统参数、目标和约束，设定具有稳健性要求的性能目标和方案满足约束的可靠度要求。不确定性建模是指对卫星系统总体设计中存在的不确定性因素进行提取，采用不确定性数学方法对其进行描述和量化。

目前主要的不确定性建模工具包括概率论与数理统计、随机过程理论、可信性理论、模糊理论、证据理论等。由于卫星系统的不确定性因素众多，因此在完成不确定性建模后，还需采用灵敏度分析方法进行显著性分析，滤除对系统性能影响微弱的变量与参数，以此降低不确定性设计优化的计算复杂度。与 MDO 相比，UMDO 的最大区别在于其具有不确定性分析环节，该环节用于获得在设计变量和系统参数的不确定性影响下，系统性能和约束的不确定性分布特性，以此为基础对设计方案的稳健性和可靠性进行分析。不确定性分析方法主要包括蒙特卡罗仿真方法、基于泰勒级数展开的一次二阶矩方法及二次二阶矩方法等。下面简要介绍不确定性因素建模。

1. 结构不确定性

由于制造加工存在误差，因此小卫星结构尺寸存在不确定性。假设尺寸的加工误差为正态随机分布，标准公差等级为 3，则根据各个星体尺寸设计变量的取值范围确定其标准公差如表 8-3 所示。

表 8-3　结构设计变量不确定性分析

名称	符号	分布类型	标准差
结构边长/mm	b	正态	0.5
结构厚度/mm	l	正态	0.5
结构壁厚/mm	t	正态	0.001

小卫星结构材料的性能参数和发射力学环境参数也存在不确定性。假设材料的抗拉强度和屈服强度为对数正态分布，其他参数均为正态分布，具体分析如表 8-4 所示。

表 8-4　结构分系统参数不确定性分析

名称	符号	分布类型	期望值	标准差
运载火箭轴向基频/Hz	f_{axial}	正态	30.0	0.3
运载火箭横向基频/Hz	$F_{lateral}$	正态	15.0	0.15
轴向过载系数	g_{axial}	正态	6.0	0.06
横向过载系数	$g_{lateral}$	正态	3.0	0.03
纵向极限抗拉强度/(N/m²)	σ_{yield}	对数正态	4.2e8	4.2×10^5
纵向拉伸屈服强度/(N/m²)	$\sigma_{ultimate}$	对数正态	3.2e8	3.2×10^5
结构材料杨氏模量/(N/m²)	E	正态	7.1e10	7.1×10^7

2. 轨道与有效载荷分辨率不确定性

由于地球扁率、低轨大气影响等诸多因素，使轨道高度存在一定的漂移。同时，由于加工精度影响，CCD 相机焦距也存在随机偏差。假设轨道高度为截尾正态分布，CCD 相机焦距为正态分布，具体如表 8-5 所示。

表 8-5　轨道与有效载荷设计变量不确定性分析

名称	符号	分布类型	标准差
轨道高度/km	h	截尾正态，$a=900$，$b=1100$	0.5
CCD 相机焦距/mm	f_c	正态	0.1

3. 其他分系统质量与功耗估算不确定性

在小卫星质量和功耗估算中，测控、数管和热控三个分系统均根据经验值采用比例估算方法进行计算，估算结果存在很大的不准确性。上述比例参数中，质量估算比例参数只能确定其变化区间，而没有足够信息获取其具体分布特性，因此直接采用由上下限确定的区间对其进行描述。功耗比例参数为一个确定预估值，将其作为随机变量处理，并假设为正态分布。各个参数的不确定性分析如表 8-6 所示。

表 8-6　其他分系统参数不确定性分析

名称	符号	分布类型	期望值	标准差
热控分系统功率比例	W_{tm_p}	正态	0.05	0.0005
测控分系统功率比例	W_{ttc_p}	正态	0.05	0.0005
数管分系统功率比例	W_{DH_p}	正态	0.05	0.0005
热控分系统质量比例	W_{tm}	变化区间[0.03，0.04]		
测控分系统质量比例	W_{ttc}	变化区间[0.03，0.04]		
数管分系统质量比例	W_{DH}	变化区间[0.04，0.05]		

4. 不确定性设计变量和系统参数的显著性分析

基于前述分析，总体设计数学模型包括 5 个不确定性设计变量，14 个不确定性参数。为了降低计算复杂度，需要对上述变量和参数对小卫星总体方案的影响进行显著性分析，以滤除影响微小的因素。由于 5 个设计变量对小卫星设计的各项性能和约束指标都直接产生很大影响，因此所有设计变量均直接确定为不确定性设计变量参加设计优化。对于 14 个不确定性系统参数，采用基于蒙特卡罗试验仿真的二阶多项式响应面灵敏度方法进行显著性分析。对小卫星总质量影响的显著性分析结果，列出了影响最大的 10 个因素，其中轴向过载系数、横向过载系数、测控分系统质量比例、数管分系统质量比例、结构材料杨氏模量的影响最大，这 5 个因素的影响百分比总和超过 90%。采用上述相同方法对不确定性因素对小卫星对地观测性能、结构可靠性因子、卫星容积等性能和约束的影响进行分析，结果表明仍然是上述 5 个因素的影响最大，其影响百分比总和超过 90%。基于以上分析，滤除其他对小卫星总体方案影响微弱的参数，最后确定该 5 个不确定性系统参数参与总体的不确定性设计优化，在优化过程中考虑其不确定性影响，其他参数在优化过程中均作为固定确定量处理。

8.2.3.3　基于 UMDO 的计量不确定度理论初步架构

由前面的小节可知，飞行器总体设计中存在不确定性，采用 UMDO 是一个理想的解决方案。而在计量领域，也有一个类似的概念，即测量不确定度。不确定性与不确定度，英文表达同为 uncertainty，两者在根本上是相通的。不确定性是定性的描述，而不确定度是定量的表达。根据不确定度所处的装备型号周期的不同阶段，除了传统意义上的测量不确定度，还可进一步衍生出以下概念，如型号设计不确定度、制造装配不确定度、试验验证不确定度等。

本书在 UMDO 理论的基础上，融合计量领域的测量不确定理论，以及现代计量学基础理论方法（量值溯源、量值传递等），进行交叉创新并提出计量不确定度设计与量值控制理论，简称计量不确定度理论，初步架构如图 8-9 所示，自上而下分为三个层次：

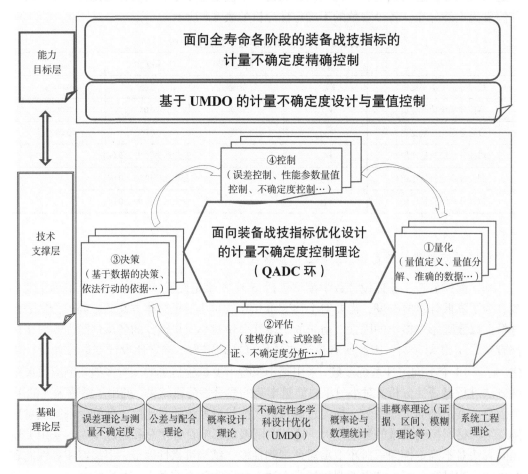

图 8-9　基于 UMDO 的计量不确定度设计与量值控制理论初步架构示意图

（1）能力目标层。面向全寿命各阶段的装备战技指标的计量不确定度精确控制，基于 UMDO 的计量不确定度设计与量值控制。

（2）技术支撑层。核心是面向装备战技指标优化设计的计量不确定度控制理论，打通"量化（Quantization）-评估（Assessment）-决策（Decision）-控制（Control）"的闭环，即 QADC 环。其中，量化包括量值定义、量值分解、准确的数据……；评估包括建模仿真、试验验证、不确定度分析……；决策包括基于数据的决策、依法行动的依据……；控制包括误差控制、性能参数量值控制、不确定度控制……。

（3）基础理论层。误差理论与测量不确定度，公差与配合理论，概率设计理论，不确定性多学科设计优化（UMDO），概率论与数理统计，非概率理论（如证据理论、区间理论、模糊理论等），系统工程理论等。

8.3　装备计量化与计量装备化

精确制导武器的发展，改变了现代战争的形态。采用科学先进的计量测试理论、方法和手段，在武器装备的精确管理中发挥着越来越重要的作用，促进武器装备向精确化、计量化方向发展。另一方面，一些先进的计量标准装置不断进入装备，为提升装备性能发挥了关键作用，促使计量朝着装备化的方向发展。装备计量化与计量装备化属于新的概念，为了便于理解，本节首先从标准化开始讲起，首先介绍标准化与计量的渊源，说明标准化与计量的关系，介绍计量、标准与合格评定，并由装备标准化的概念进一步阐述装备计量化；然后阐述计量装置上装备与计量装备化，介绍计量校准发动机与计量校准飞机，为提出装备计量学概念奠定基础。

8.3.1　装备标准化与装备计量化

8.3.1.1　标准与计量的渊源

从历史上看，标准和标准化开始进入人们的视野已经相当久远。当人类还处在懵懂时代，由于对包括语言在内的生产生活和交流工具产生了一致性的选择，对劳动成果的统计和记录形成了一致性需要，就产生了对标准和标准化理念的原始向往。人与人之间，部落与部落之间，地区与地区乃至国家与国家之间，在对标准和标准化活动的统一理解与相互认同方面，是在人们之间通过协商谈判或协同一致达成协议、共识或默契中完成的，那时的标准还没有找到现实的载体，往往存在于皇帝或国王的王权中。人类面临的一个共同的基本问题，是怎样进行更权威、更合理的测量。要达到这一目的，必须具备两个条件：一是统一完备的测量器具；二是具备权威一致的量值规定，量值规定是什么？就是标准。

最初人们在生产生活中产生朦胧的标准化意识的时候，并没有建立量的概念，随着社会的不断进步，交往和交易活动的增加，也促进了人们认识的不断深化，逐渐产生了量化的概念，开始是刻划标记或结绳记事，以点或线段等符号计数，最后发展到数字和数量概念的出现，直至研究出专门的标准计量器具，产生了度量衡，从此也就把标准和标准化的思想原理同测量手段紧密结合并牢固地绑定在一起。什么是计量？计量是可以溯源到标准量的测量。最初人类想到的是测和量，那时的单位并不统一，也不可能统一，后来逐渐朝向一致的标准值靠拢，直至最终由法律做出明确的规定之后合二为一。所以，人类真正把标准和标准化的理念、原理、方法整理出来并加以应用，是在度量衡产生的时代[8,9]。

总之，计量的出现，使量值成为标准的具体内涵，量具成为标准内涵的物质载体。为了确定这种结合方式保持不变和权威统一，无论在中国还是在外国，这一关系的确立最终都是由最有权威的人如皇帝或国王，或由最权威的机构如议会或寺庙，颁布相应的法令或规定来要求人们执行的。从此，凝固在计量器具中的量值标准和计量本身一样，具有至高无上的法律地位，这就开启了标准与计量同生共长的纪元。

8.3.1.2　标准化与计量的关系

可以说，在有文字记载的中国古代文明史中，如果从秦始皇以法律手段统一度量衡算起，在相当长的历史时间内标准和计量是牢牢绑定在一起的，标准就是计量，计量也就是标准，这就是为什么现在许多人在讲到标准或计量的历史时都习惯从"车同轨、书同文"说起的原因。后来，随着标准的自身发展，逐渐开始与计量分离，一个标志性的事件是印刷术的诞生。活字印刷不但改变了中国字用毛笔以不同风格和字体书写的传统局面，实现了字体的统一、一致，也充分体现了重复和互换的标准化原理。不但如此，无论是造字还是印刷，都不再需要把度量衡手段绑定在一起，至多也只是用其作为测量手段的技术支持，从此开始了标准与计量分离的初步实践。自从活字印刷出现，标准才开辟了自己的专有领域，体现了标准化的基本原理，即强调一致、互换和简化。在标准单独推进自己领域的过程中，也实现了一种转化，那就是将原来长期并存的计量器具和量值传递转化为可以对自己领域开拓技术支持的实用工具。这种转化和应用的关系不仅从那时起一直维系至现在，而且开辟了标准和计量相互支撑、互为应用的新纪元，其中最辉煌的阶段应该在大工业出现至国家标准化组织和国际标准化组织相继诞生的阶段。

当人类步入大工业时代，标准化的核心任务是制定、颁布和实施各种工业产品标准。在这些标准中，无论是公差尺寸、产品规格，还是内在质量、检验检测，都绝对离不开计量的支持。计量扮演了标准制定工具的重要角色，为了保证标准的可靠性，计量不但要及时，而且要准确。标准和计量二者唇齿相依、互为条件。可是后来情况发生了很大的变化，有越来越多的标准不再需要计量的支撑，而独立产生、独立存在。标志性的事件就是最先由英国标准协会 BSI 研究并发布实施的 BS5750，即后来的 ISO9000 系列标准，成为一种具有独特魅力的管理标准；再以后就是大量的管理标准、服务标准、评价标准，涉及的领域有农业、贸易、环境、服务业（金融/物流/电信）、教育、体育、信息化，现在又进入社会责任、公共安全、社会管理等领域。这些方面的标准都不再需要经过计量器具和量值的精准度量后再做出准确无误的直接规范了。而另一方面，许多标准却与计量绑定得更加密切，需要计量以更精准的科技手段为其服务，如纳米的技术标准、芯片的技术标准、光纤的技术标准、航空航天的技术标准等。因此，可把这一阶段开始到现在称为现代标准和标准化，或称为标准的现代化阶段[8,9]。应该强调，现代标准和标准化并不排斥传统的东西，这是因为数量更庞大、要求更严格的标准不但仍然需要计量的支持，而且要求计量得更准确、更精密，这样划分既符合事务发展的螺旋上升趋势，也符合历史发展阶段的逻辑规律。

以上可见，标准强调了专业性、技术性，从皇帝和国王手中的王权变成了专家手中的技术。对标准发展历史的回顾可见，在现代大工业之前，标准不仅和计量是绑定在一起的，而且是由皇帝或国王颁布的，具有至高无上的法律地位，正如大家所知，现在计量的法定意义也比标准强烈得多，因为计量的精准程度不仅直接关系到国计民生，也关系国家安全和科学技术体系的命运。标准却不同，标准只不过是以计量为依据，制定供大家以自愿实行为主，这方面的典型案例如惠氏螺纹。中国人对螺钉、螺杆和螺母起了一个通用的名字叫"标准件"，在惠氏之前虽然已有人制造和使用这些东西并将其组装在机器上，可是由于尺寸和公差不同，没有互换性，不能通用，所以不叫标准件。正是英国工程师惠特沃斯搜集和比较了大量的英国工厂的螺钉、螺母，于 1841 年向工程师协会提交了报告，建议螺纹侧面使用 55°的恒定角度，并为各种直径的螺钉提供了每英寸螺纹数目的规格，得到一致公认后才彻底解决了这一问题。此后就诞生了众多专门按照这个标准加工螺母的标准件工厂，任何制造商、任何工程师只要需要，按照统一的规格订货或设计就可以准确无误地解决问题了，这样既确保了质量的一致性，也极大地解放了生产力[10]。标准从传统阶段一开始就把自愿实行当作自己的属性，改变了和计量绑定时的强制属性。事实上，如果我们通观标准和标准化的发展历史，就不难发现，标准只有在和计量绑定在一起的时候，才依法取得了强制性，即使到现在作为计量量值的标准也必须是依法强制执行的。

综上所述，无论从历史的角度，还是从现实的角度看，标准与计量都具有密不可分的联系，正如美国国家计量院的名称 NIST，全称为美国国家标准与技术研究院（National Institute of Standards and Technology），同时含有"标准"和"技术"两个单词，本质上也蕴含着这一道理。NIST 从事物理、生物和工程方面的测量技术和测试方法研究，为政府和社会公众提供标准以及标准参考数据等相关服务，在国际上享有很高的声誉。德国的国家计量院是德国联邦物理技术研究院（Physikalisch Technische Bundesanstalt，PTB），同样含有"技术"一词，其核心是测量技术及以测量技术为基础的测量标准（计量标准）。德国计量院的历史可以追溯到 19 世纪 80 年代，当时因为英国议会通过了侮辱性的商标法条款，规定所有从德国进口的商品必须标注"Made in Germany"字样，以此将价廉质劣的德国货与优质的英国产品区分开来；为了提高德国在工业制造和国际贸易上的竞争力，西门子公司创始人资助建立了以先进技术为基础的测试研究机构，即德国计量院PTB，促使德国走上了现代化发展和制造业强国之路，PTB 作为国际著名的计量院被誉为"具有德国制造的灵魂"。

8.3.1.3　计量、标准与合格评定（NQI）

国家质量技术基础（National Quality Infrastructure，NQI）是标准、计量、认证认可、检验检测所需的质量体制框架的统称。2005 年联合国贸易发展组织和世界贸易组织首次提出 NQI 概念，2006 年联合国工业发展组织和国际标准化组织在总结质量领域 100 多年实践经验的基础上，正式提出计量、标准化、合格评定（包括认证认可、检验检测）共同构成国家质量技术基础，指出计量、标准化、合格评定是未来世界经济可持续发展的三大支柱，是政府和企业提高生产力、维护生命健康、保护消费者权益、保护环境、维护安全和提高质量的重要技术手段，这三个支柱能够有效支撑社会福利、国际贸易和可持续发展。从相互关系上看，计量是标准和合格评定的基准；标准是合格评定的依据，是计量的重要价值体现；合格评定是推动计量溯源水平提升和标准实施的重要手段。简单地说，计量解决准确测量的问题，质量中的量值要求由标准统一规范，标准执行得如何就需要通过检验检测和认证认可来判定。计量是控制质量的基础，标准引领质量提升，合格评定控制质量并建立质量信任，三者形成完整的技术链条，相互作用、相互促进，如图 8-10 所示。

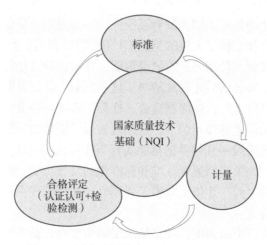

图 8-10　国家质量技术基础（NQI）示意图

标准是实现计量工作量值传递和溯源的必要条件，是认证认可工作的重要依据，是检验检测工作的基本规范，在 NQI 整体建设中起到基础主线的作用。要进一步提升国家质量基础整体能力，标准除了要加强自身能力建设，增加有效供给，也要不断加强与计量、检验检测、认证认可的高效协同，发挥标准引领作用，建立相关技术机构协同创新工作机制，提高 NQI 整体协同能力水平，不断提高国家质量基础设施支撑能力。

计量工作在质量管理科学中一直占据重要地位，美国的质量管理专家朱兰博士曾发表过一篇著名的论文《质量三部曲》，其副标题为一种普遍适用的质量管理方法。朱兰认为质量管理是由质量策划、质量控制和质量改进三个内在相关、顺序排列的基本质量过程来实现的，而每一阶段计量都参与其中。在质量策划阶段，不仅要确定顾客的需要，还需要验证过程能力，即证实该生产过程在当前作业条件下能满足质量目标，这就需要综合考虑生产设备、计量设备和计量方法等。在质量控制阶段，需要配置相应的测量设备，确定计量方法，计量对最终质量具有决定性作用。在质量改进阶段，伴随着对产品质量的新要求，提出对计量的改进需求。通过如此循环，计量工作嵌入其中，促使产品质量不断提高。

NQI 支撑并服务于国民经济的各个领域，具有公共产品属性，技术性、专业性、系统性和国际性特征鲜明，不仅被国际公认为提升质量竞争能力的基石，更是保障国民经济有序运行的技术规则、促进科技创新的重要技术平台、提升国际竞争力的重要技术手段。世界发达国家都将提高 NQI 水平上升到国家战略，美、德等 44 个国家将计量写入宪法，"美国创新战略"提出为美国 NIST 提供双倍经费支持，每年投入近 10 亿美元支持基础性公益性计量技术和标准研制，德国实施"工业 4.0"计划并将标准、计量、认证作为核心战略。在经济全球化的背景下，标准、计量、认证认可、检验检测已经成为国际通用的"技术语言"。发达国家利用其所掌握的先进技术，推动国家质量技术基础发生重大变革。在计量方面，随着量子技术和信息技术的快速发展，以量子基准代替实物基准的国际单位制重新定义，促进了量值传递的扁平化，都是这个领域的重大技术变革。计量被称作工业生产的"眼睛"，产品生产过程中每个环节质量控制水平的提升，都离不开精准的计量。只有不断发展新技术，夯实自身技术基础，才能应对未来各种挑战。

8.3.1.4　装备标准化

武器装备要发展，就必须有完善的标准体系作为技术支撑。研制先进的武器装备，标准需先行，质量做保障。在型号研制中将技术标准作为纽带，确保技术和质量管理的协调统一，把标准化工作贯穿于型号全寿命，对提升武器装备的性能及质量，缩短研制周期，降低全寿命周期费用具有重要作用。在武器装备发展过程中，标准作为判定产品质量的技术依据，为型号研制提供技术基础保障。没有标准，质量监督则失去了控制准绳。质量管理过程就是制定标准、实施标准及对标准实施进行监督检查的过程。标准是对一定范围内的重复性事物所作的统一规定，以获得最佳秩序、促进最佳社会效益为目的。标准的贯彻和实施，需要通过质量管理进行推动；经得起质量监督的标准，其标准化工作更具有生命力。型号研制总要求在规定武器装备性能指标的同时，也规定了型号研制工作的质量管理及质量监督要求，而这些质量管理要求是通过规定所执行相关标准及规范来实现的。型号研制中执行标准规范不仅可以避免设计的局限性和随意性，还有利于武器装备的协调统一。标准化工作是型号研制成果转化为生产力的桥梁与纽带，标准的实施有助于稳定和提高产品质量[11]。

质量管理与标准化工作的目标是一致的。在产品全寿命周期的方案、工程研制、定型等不同阶段，形成的产品图样及设计文件不仅要进行标准化审查，更重要的是标准化人员和质量人员从方案阶段就应参与设计，将标准中的相关指标要求与产品设计紧密结合，对研制过程进行质量监督。产品标准规定了产品制造、加工及验收的要求，规定了判定产品合格与否的质量判据；质量管理是为产品达到性能要求需进行的管理，为型号研制提供监督与保证。质量管理的依据和基础是标准体系，围绕并贯穿型号全寿命周期，型号研制标准化工作的根本目的则依靠质量管理来实现。标准化工作与质量管理贯穿于型号全寿命周期，二者目的一致，须执行相关的国家标准、国家军用标准、行业标准及企业标准，确保产品性能、质量满足用户要求。

标准化是武器装备型号工程科学化管理和优化设计的主要手段，是确保型号研制生产获得最佳秩序、取得经济效益的有效途径。型号标准化的主要任务是贯彻标准化方针、政策和相关法规，开展标准化要求论证，提出型号标准化综合要求；建立完善型号标准化文件体系，组织标准的贯彻与实施；建立标准化工作系统，协调相关系统的管理职责；提供标准化技术支持，做好指导和服务工作；组织开展通用化、系列化、组合化设计；对标准执行进行监督检查，提出标准化审查报告；总结型号标准化成果，组织研制成果向新标准的转化[12]。标准化是一种优化设计和制造的管理技术，一型武器装备设计、试验和生产往往需要成百上千项标准来支持，这些标准的对象从整机到设备、零部件、原材料、元器件，内容从通用标准到武器装备的性能、质量要求、试验方法、验收规则等。采用和实施这些标准为研制生产提供依据，也使标准化成为缩短研制周期、降低风险、节省全寿命周期费用、保证产品质量的重要手段，是武器装备型号研制生产系统工程不可或缺的组成部分。

简而言之，标准化是一种确立和采用标准、规范、准则的创造性的有组织的活动。标准化不仅包括物化为各种技战术参数指标的标准，更包括相关的管理流程，前者是技术问题，后者更多属于管理和实际应用的范畴。从表面上看，标准化是一门不断与人类生活、生产建设日益复杂化作斗争的学问。从本质上来说，作用更体现在满足日益复杂的社会生产需要，提高社会各个部门之间的协调衔接，共同促进社会生产力的发展上。随着武器装备日益复杂化，标准化在武器装备全寿命管理中的作用越来越突出，具体表现在以下几个方面[13]：

（1）提高装备性能水平。通过标准化的实施，武器装备的各个分系统、全寿命管理的各个阶段有了工作参考和决策依据，一方面有利于指导自身的日常工作，减少由于信息的不确定造成的工作不合理，提高武器装备的整体技战术性能；另一方面，通过标准化的实施，全寿命周期各阶段有了相互交流的"语言"，方便相互交流，也有利于改进全寿命管理自身，更好地为武器装备的建设服务。

（2）规范装备管理流程。通过标准化的实施，将原本依靠经验/惯例的抽象的管理方法和流程具体化、文字化，用标准化的文件指导和规范装备管理工作，减少违规现象的发生，保证装备管理工作的顺利开展。对于全寿命管理来说，在一定程度上减少了不确定性因素对武器装备全寿命管理的影响。

（3）严格装备经费管理。通过标准化的实施，一方面将全寿命周期各阶段的经费管理方法统一，例如成本核算方法、会计科目和开支范围等，有利于准确核算全寿命周期费用，为提高全寿命管理水平打下坚实基础；另一方面，将标准化应用于装备经费管理可以更好地预测装备寿命周期费用，为合理分配装备经费、安排有限国防资源提供有力的支撑。

（4）加强装备建设监督。通过标准化的实施，可以统一全寿命管理各方面的工作，使得原本相互无法比较的不同装备、不同系统的全寿命管理工作具有了可比性，也方便进行评价和监督，促进装备全寿命管理工作的开展。

8.3.1.5　装备计量化

本书提出的"装备计量化"，是指贯彻执行国家、军队和国防科技工业系统的计量法律法规及相关规定，将计量强制性要求、先进计量方法手段及系列标准规范深度嵌入装备论证、研制、试验、生产、采购、使用、维修等全链条，通过计量论证、计量设计、计量评估、计量控制及计量检定、校准和测试等工作，构建涵盖装备全寿命各阶段的完整的量值溯源传递体系，保证武器装备战技指标先进、战备状态完好并有力支撑联合作战的一系列计量管理和技术活动。

装备计量化是一个面向全寿命周期、进行全寿命量值控制的概念，其核心是装备战技指标的可量化（带有允许误差与不确定性控制）、可溯源（满足量值传递与溯源要求），以装备全寿命不确定性度量（Uncertainty Metric for Equipment Life-cycle，UMEL）理论为基础支撑，通过开展设计不确定度评估和量值不确定度控制，对全寿命周期各阶段的关键量值进行精确控制。装备计量化的主要任务包括但不限于以下内容：型号论证阶段的计量要求论证，型号设计阶段的日常不确定度设计、量值控制，型号试验阶段的关键性能参数的计量保障、考核验证、计量仲裁，制造阶段的生产过程监视计量、测量活动控制，采购阶段的计量验收与计量确认，使用阶段的日常性能检测、计量测试、任务状态保持及量值控制，修理阶段的过程计量修竣装备计量、反哺型号研制等。面向全寿命周期的装备计量化概念简图如图 8-11 所示。

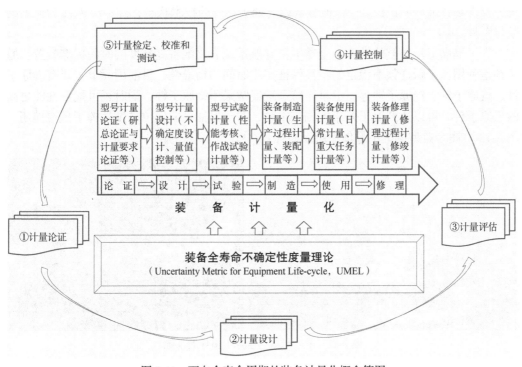

图 8-11　面向全寿命周期的装备计量化概念简图

8.3.2　计量装置上装备与计量装备化

在计量领域，标准物质是具有一种或多种足够均匀、已知确定特性的，用于校准测量设备、评价测量方法或给材料赋值的物质或材料，可以是纯的或混合的气体、液体或固体，例如校准量热计的热容量所用的蓝宝石。除了标准物质外，还有能够作为测量标准使用的实物器具、测量仪器和测量系统，这些计量装置不仅可以单独使用，还可与武器装备密切结合，有的计量装置甚至直接上装备使用。随着大型试验设备设施及海上、空中、航天等领域武器装备的快速发展，对性能指标精度的要求越来越高，需要先进的计量装置进行精确测量和量值传递。下面首先介绍计量装置上舰、上星、上飞船的典型案例，然后提出"计量装备化"的概念。

8.3.2.1　计量装置上舰、上星、上飞船

美国海军拥有遍布全球的外场修理和校准机构，如海军大西洋舰队、太平洋舰队的航空兵司令部下设地区保障大队、维修中心和中继级维修机构的校准中心等。外场校准机构的主要职责是协调、规划和实施其责任范围内的校准或修理工作，配备了可支撑舰船和武器系统计量保障的测试/测量/诊断设备，以及自动测试系统和计量校准程序。大西洋舰队和太平洋舰队司令部颁布了《海军航空母舰计量与校准大纲》，为航空母舰建立了统一的计量与校准规范[14,15]。有些重要的计量装置直接配备在舰船上，随时可对关键系统进行现场校准和测试诊断，保证装备始终处于良好的技术状态，图 8-12 左图为典型的航母图片。

为了提高卫星导航的精度，全球卫星导航系统需要配备高精度的时间标准装置。原子钟是利用原子跃迁频率稳定的特性保证产生时间的精准性，目前国际上主要有铷原子钟、氢原子钟、铯原子钟等。卫星导航系统通常采用铷原子钟，同时还可配置性能更高的氢原子钟，可以达到上千万年才偏差 1 秒，对于保证导航定位精度发挥了重要作用。图 8-12 右图为典型的卫星导航系统示意图。

图 8-12　航空母舰与全球卫星导航系统

随着我国载人航天、月球探测等重大工程的快速发展，对微小气体流量（漏率）的精确测量提出了迫切需求。航天员在舱内生存，维持其正常生活的气体不能泄漏，因此精准快速检测舱门的密封性至关重要。国防科技工业真空计量一级站（兰州空间技术物理研究所）成功研制了载人飞船舱门快速检漏仪及其精确标定装置等计量仪器，解决了航天领域对微小气体流量的精确测量难题，不仅用于神舟系列飞船，还可用于空间站和货运飞船等。2020 年 12 月，嫦娥五号顺利返回地球，带回了无人采集的 1731 克月球样品。嫦娥五号的核心任务是采集月球样品并返回地面，但是相比月面的极高真空环境，地球表面包裹着大气层，为了防止大气对月球样品的污染，须设计月球样品密封装置，解决样品返回地面过程的污染防护难题。如图 8-13 所示，研制的密封装置质量 4.77 kg，有效容积 4 L，可盛装月球样品 5 kg，密封漏率低于 4.5×10^{-9} Pa·m^3/s，成功实现了月球样品的低漏率密封。月球样品密封装置的成功应用，为后续月球极区水冰采样返回、小行星和火星采样返回等任务奠定了技术基础[16,17]。

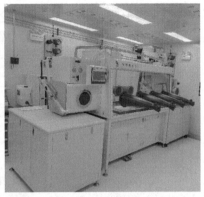

图 8-13　国防科技工业计量一级站研制的月球样品密封装置及解封操作台

作为空间气体成分探测的重要科学载荷，小型化质谱计的研究日益成熟，既可应用于现场测试，又可用于空间探测。2010 年起兰州空间技术物理研究所研制了用于空间探测的小型磁偏转质谱计，并于 2012 年 11 月在我国新技术试验卫星上实现了成功搭载，探测出地球卫星轨道上的气体成分，如图 8-14 所示[18]。

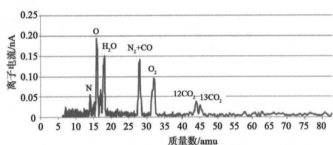

图 8-14　空间探测用小型质谱计及卫星轨道成分质谱图

8.3.2.2　计量装备化

装备是军事专用术语，通常是武器装备的简称，包含用于作战和作战保障的各种器械、器材等。空军装备是空军用以实施和保障军事行动的武器、武器系统和其他军事技术器材的统称，主要指编制内的武器、弹药、车辆、机械、器材、装具等。从狭义上讲，则指空军使用并有军种特色的专用装备，如飞机、地空导弹、地面情报雷达以及与此配套的技术保障、后勤保障装备。装备体制按照功能的不同，分为战斗类装备体制和保障类装备体制。战斗类装备体制主要由作战飞机、地空导弹、航空弹药等装备组成；保障类装备体制主要由雷达、指挥自动化装备、专用车辆、空降兵专用装备等装备组成。

先进计量装置不断进入装备，随着装备一起列装服役，支撑装备提升其关键性能，或计量装置直接作用单独的装备使用并列入装备体制（如军用时间标准装备），这样的发展方向称为"计量装备化"。如图 8-15 所示计量装备化发展的不同阶段示意图，自下而上按照四个层次逐级上升，包括计量标准物质、计量标准装置、计量标准试验设施和计量标准装备。可以预见，随着信息化、智能化战争形态的演进，对高性能、高精度武器装备的发展需求越来越迫切，以先进计量理论和技术为支撑的精确计量装置，必将对计量装备化做出更大的贡献，在装备发展中发挥更大的作用。

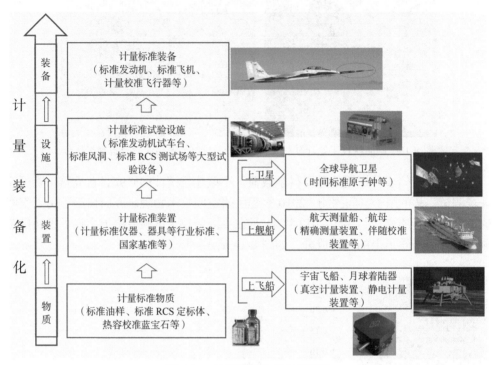

图 8-15　计量装备化概念示意图

8.3.3　计量校准发动机与计量校准飞机

前面介绍了计量装置上装备及计量装备化的概念，实际上在航空领域已经具有很多类似的概念基础和技术储备，只是领域不同、称呼不同，从基本原理上讲都是相通的。例如，在航空发动机领域，业内已经拥有基准试车台、校准发动机等概念，在飞机领域也有导航校验飞机、飞行校验、飞行校准等概念。下面，简要介绍计量校准发动机（或称标准发动机），以及计量校准飞机（或称标准飞机）。

8.3.3.1　计量校准发动机（标准发动机）

在航空发动机领域，计量校准是一项非常重要的工作[19]。试验测试是获取发动机数据的主要途径，是验证设计结果、调试发动机状态的重要手段，所获试验数据的准确性对分析发动机性能、进行发动机设计验证、确定发动机实际水平至关重要，也直接影响到科研生产的进度。经验表明，一型发动机研制过程中，试验测试所耗费的时间约占总研制时间的 70%以上。航空发动机发达国家都建有大量的试车台，对试车台开展了大量的校准工作，制定了严格的管理规定和详细的程序，建立了完善的试车台测试、修正和校准方法，并建立了很多基准试车台。国外通行的试车台校准方法主要有两种：交叉校准、气动修正。美国自动机工程师学会 SAE 早在 1961 年就发布 AIR 741《关于改善涡轮发动机试车台校准的分析和建议》报告，形成推荐标准 ARP 741《燃气涡扇和涡喷发动机试车台交叉校准》，系统地规定了试车台交叉比对校准的流程、方法。国外通常采用校准发动机定期对各试车台进行交叉比对校准，保证每个试车台测试结果的准确性。FAA、普惠公司、GE 公司都开展了大量的交叉比对，并规定新建试车台、试车台改造、试验新的发动机型号时，都必须按照规定采用校准发动机在标准试车台和被校试车台间进行比对。德国 MTU 和英国 R&R 公司在新建试车台用于发动机型号性能验收试车前，需将该型号发动机与基准试车台进行交叉比对试车。俄罗斯采用经过多个试车台大量试验后的校准发动机来对试车台进行比对校准，要求同一型号发动机试车台结构、气动特性、安装方式、测试设备等必须完全相同，选取若干试车台对同一台发动机进行循环试车，用获得的数据对各试车台进行修正，且这种修正至少每年进行一次。

国内也规定了航空涡轮喷气和涡轮风扇发动机的露天及室内试车台校准的一般要求、试车台测试系统校准及确认要求、试车台校准方法、校准试车要求和校准试车报告要求，适用于航空涡轮喷气和涡轮风扇发动机露天及室内试车台推力的校准。计量的主要理念包括校准、基准、标定、修正、参数传递、交叉对比等，这些概念已经全面融入试车台的标准中。例如，根据发动机试车台校准相关要求的定义，"基准试车台"是用于试车台校准过程中对校准发动机进行性能标定的试车台；"基准试车"是发动机在基准试车台上进行性能标定的试车；"校准发动机"是通过基准试车的性能稳定、合格并在试车台校准过程中作为基准参数传递的发动机（从计量的视角看，也可称作"标准发动机"）；"校准试车"是将校准发动机安装在被校准试车台上进行的试车；"试车台修正值"是基准试车与校准试车发动机推力的差值，或采用气动修正法获取的发动机及台架系统的推力修正值；"试车台修正系数"是基准试车与校准试车发动机推力的比值，或采用气动修正法获取的发动机修正后的推力与未经修正推力的比值；"交叉校准法"是利用校准发动机在基准试车台录取发动机的性能参数，作为被校准试车台的基准数据，再利用校准发动机在被校准试车台录取发动机的性能参数，对被校试车台进行校准，通过交叉对比获得被校试车台推力测量的修正值或修正系数的方法。

1. 典型的基准试车台及其要求

1）露天基准试车台

对同一种型号的发动机应只选择一个露天基准试车台。试车台应该经过校准合格并取得资质，且满足以下要求。露天基准试车台的气动性能应该使发动机试车时实现基准状态，试车台应选择设置在常年平均风速较低的地方，发动机进气方向应与常年风向一致。为减少风向、风速的影响，在保证试车台所要求的气动性能的前提下，可设置风挡。试车台周围应空旷，保证进气无干扰，排气无阻塞。发动机安装轴线距地面应保持一定的高度，保证进气不受地面效应的干扰，必要时设置消除地面效应的装置。为保证进气均匀、不受试车台架干扰，发动机进气道应向前伸出，其位置应超过台架前缘，伸出量一般不小于 1.5 倍进气道直径。此外，试车台位置应减少发动机受外界振动、大气污染或其他环境因素的不良影响，以防止损伤发动机或影响被试发动机性能；进气道应经过校准，以确认总压恢复系数和流量系数；在执行试车台校准试车前，应由具有资质的国家计量单位对露天基准试车台的测试系统进行校准和确认。

2）室内基准试车台

室内基准试车台应符合相关标准的规定，试车台应经过校准合格并取得资质，且满足以下要求：试车台位置应使被试发动机不受外界振动、大气污染或其他环境因素的不良影响，以防止损伤发动机或影响被试发动机性能。进气塔不允许有回流。试车间发动机喷口与排气引射筒进口距离若是可调的，则这个距离在调整试车时予以确定。对同一型号发动机，试车台一经校准，则该位置不可变动。试车间应排气顺畅，不允许有回流。测试仪表的环境温度、湿度应满足测试仪表的使用要求，仪表的安放位置应不影响其测试精度。在执行试车台校准试车前，应由具有资质的国家计量单位对室内基准试车台的测试系统进行校准和确认。

2. 试车台的校准时机与校准发动机的要求

关于试车台的校准时机，当出现下述情况之一时，需进行校准：新建试车台时，试车台定期校准时，发动机性能试车出现异常情况需进行比对分析时，试车台结构变化影响发动机性能时，被试发动机结构和性能发生重大变化时，对发动机性能测试有影响的其他情况。

关于校准发动机的具体要求如下：校准发动机应与被校准试车台所试发动机型号相同。校准发动机应在完成检验试车的合格发动机中挑选。校准发动机应采用一台运转若干小时、性能稳定的发动机。校准发动机的可变几何部分应固定，以避免由于几何形状的变化而引起的性能变化。不允许对校准发动机进行任何影响性能的调整、零件更换或控制规律调整，否则该发动机停止作为校准发动机使用。校准发动机的有效使用期（包括运转小时数和日历时间）及保存方法应在具体校准试车文件中规定。过期的发动机应停止作为校准发动机使用。校准发动机在有效使用期内，若性能出现不允许的衰减和下降，应停止作为校准发动机使用，衰减和下降的具体值应在校准试车文件中规定。

3. 试车台的测试系统及其校准和确认

试车台的测试系统在试车台校准试车程序执行前均应校准。数据采集系统和试验测试设备应在校验合格期内，并应进行现场校准，校准精度应满足相关标准和型号规范的规定。测试系统校准还应包括测试软件确认和数据处理方法确认。标准设备的要求如下：标准设备应符合计量保障通用要求等相关标准；现场校准的使用环境条件与实验室环境有差别时，应评估环境差异对标准设备不确定度的影响；标准设备应有合格证书，并可溯源到国家计量标准。

试车台的测试系统，包括燃油流量测量系统等若干系统，都与计量校准密切相关。此处以推力测量系统为例进行介绍，具体要求如下：推力传感器应安装在靠近推力架的前端且与发动机尾喷口保持一定的距离，以减少由于发动机排气高温热辐射而引起的测试误差，推力测量系统应减少由于结构中的温度梯度以及在与推力加载不同的平面上进行校准而造成的推力传感器加载。可在测力架上增加温度测点，用以评估试验与校准时台架温度梯度对测力结果产生的影响；可在测力台架上安装台架加载变形位移测量传感器，用以评估静态校准与试车中的台架变形对测力结果的影响；台架测力系统静态校准应采用中心加载方式，在台架有足够刚性的情况下也可用安装在试车台动架中的内置校准设备进行平面加载，否则应确认平面加载与中心加载的差异，并在测力结果中予以修正；基准试车台推力测量系统允许误差±0.25%，其他试车台推力测量系统允许误差为±0.5%或根据发动机型号规范确定；应监视和记录测力传感器激励电压。

8.3.3.2 计量校准飞机（标准飞机）

在本书第 5 章 5.2 节介绍机载大气数据系统的空中校准时，讲到美军在爱德华空军基地的飞行试验中心拥有 F-15、F-16 等标准飞机，在 F-35 飞机研制试飞时以 F-16 作为标准飞机进行了大气数据系统的伴飞校准。伴飞校准是美军常用的空中校准方法，可以校正空速误差和高度误差，该方法是用一架经过可靠校准的标准飞机（也称伴飞飞机），与待测飞机在近空以相同高度伴飞飞行，读取两架飞机的指示空速和气压高度，根据数值的差异就可计算大气数据的误差，从而获得待测飞机的静压和气压高度等信息。若两架飞机在飞行时存在几何高度差，可采用光学测量等方法对高度差进行校正，也可利用差分 GNSS 高度数据进行比较处理。

本书提出的计量校准飞机是一个新的概念，也可以列入标准飞机的范畴。但是，标准飞机不限于上面提到的针对大气数据系统校准的标准飞机，凡是在空中平台上加装高精度计量测试标准或基准测量设备，能够作为参考基准实施空中飞行校验或飞行传递校准的飞机（含无人机），都可称为计量校准飞机。

如图 8-16 所示，可以设计 1 架作为最高溯源标准的计量基准飞机（例如装有标准的空速管），以"长机校准僚机"方式先对部队的标准飞机进行空中校准，再由标准飞机校准部队剩余的机群飞机，构建"1 架计量基准飞机→N 架量值传递标准飞机→X 架部队机群飞机"金字塔式三级校准溯源体系（1→N→X）。这样的计量基准飞机，就是一把能够解决各型飞机飞行高度校准问题的"尺子"，利用三级校准溯源体系可以低成本、高效率统一各机型的气压高度状态。如果有扁平化校准溯源的需求，也可将三级体系压缩为两级体系，即利用基准飞机直接向部队机群飞机进行量值传递。

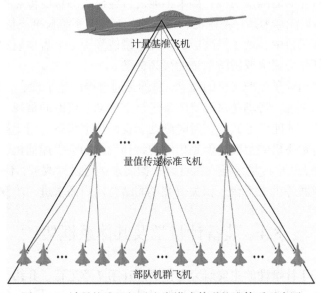

图 8-16 计量校准飞机及金字塔式传递校准体系示意图

　　其实，标准飞机不限于空中飞行的飞机，在地面也可以实现类似功能。例如，在雷达 RCS 测量领域，飞机模型也可看作是一种特殊的标准飞机（如图 8-17 左图），可以将其作为测量基准或测量标准获得精确的量值，并进一步执行量值传递或比对任务。在红外隐身测试领域，也可将一台发动机作为标准发动机（性能状态稳定可控），并构建一个不受外界干扰的红外测试室外标准环境（测试空间有效遮挡、目标周围及地面涂覆低发射率材料等），把该发动机的红外辐射测试结果作为标准值，将其他发动机的红外特性测试结果与之比较，就可得到比较值；同样的，也可以将一架飞机作为标准飞机，构建一个理想的红外测试室内标准环境，实验室内部四周可以涂覆高发射率材料并采取环境控温措施，如图 8-17 右图所示。

　　在雷达隐身领域，常用雷达散射截面 RCS 表征隐身性能，这一概念简洁明了、容易理解，便于隐身数据的直接比对。为了便于红外隐身性能的直接比较，评价不同装备之间的红外特性差异，可以从红外辐射经典理论模型出发，研究采用红外辐射截面（Infrared Radiation Cross Section，IRCS）表征武器装备的红外隐身特性；不妨将 IRCS 定义为特征温度下的等效红外辐射截面积，简称红外截面，单位 m²，相关研究还有待进一步深入。

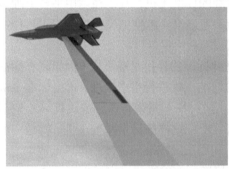

图 8-17　用于隐身测试的标准飞机及标准试验环境示意图

　　本书第 6 章所介绍的测量飞机，如果不能进行整机级的量值传递校准，则不能算作整机的校准飞机，只能称为某一系统的校准飞机（如导航系统校准飞机）。在能够进行整机传递校准的标准飞机中，处于最高层次、位于量值溯源金字塔顶端的标准飞机称为基准飞机，可以将其作为国家或国防系统的最高标准。

　　本书之所以提出计量校准飞机的概念，目的是通过提出这个理念，引起大家对量化、量值和量值控制的重视，特别是对航空装备进行空中动态校准的重视。只有关键性能量值测得准、控得住，才能保证武器装备时刻处于良好技术状态。用于量值传递的计量校准飞机，可归于特种飞机的范畴。但是传统的特种飞机如空中加油机、电子侦察机等，通常以运输机为平台[20]。计量校准飞机可以根据需求进行设计改进，不一定采用运输机，也可采用战斗机或教练机为平台，相关研究还需结合用户需求进一步深入。

8.4　装备计量学及其体系框架

　　目前，国内关于计量性的主要研究工作已经在第 7 章进行了介绍，无论计量性、广义计量性、装备可计量性，还是航空产品的可计量性及计量性设计，包括新颁布的装备计量保障通用要求等标准，其核心内容、出发点和落脚点都离不开全寿命各阶段的"保障"上，离不开一个"保"字，居于主导地位的思想也是"保"。"保"的思想主要表现在以下几个方面：一是"保障"的保，计量工作者长期以来从事的主要是保障性的工作，从服务对象的视角看处于从属性的地位，即使科学计量的研究工作也是以某个领域为潜在的应用场景或服务对象。二是"保证"的保，在型号计量师系统，习惯把型号研制、试验和生产过程中的计量工作称为计量保证，即采用各种计量手段来保证型号研制和生产的顺利进行。三是"保质"的保，这属于质量控制的范畴，计量作为一种管理手段和技术手段来保证军工产品的质量，交付满足用户要求的高质量产品。

本书提倡开展计量理念创新，但是不颠覆传统计量工作的"保"的思想，而是在吸收借鉴的基础上继续发展，在此提出从"保"向"计"转变的思想，如图 8-18。"计"的思想主要表现在以下几个方面：一是"计划"的计，着眼全寿命周期提前做好策划，紧紧把握型号立项论证和研制总要求论证的源头开展计量论证，在型号实施阶段从顶层强化"初始计量"，将来装备交付部队后通过"持续计量"保证装备的量值统一、准确可靠和战备状态完好。二是"设计"的计，开展正向设计和数值计算，在战技指标分解分配时就要精准捕获检测需求，针对战技指标分解分配的所有"量"和"值"，明确精度分配、误差传递和计量测试要求，进一步强化设计部门的设计责任。关于计量设计的理论方法，可以借鉴 UMDO 方法开展设计不确定度计量控制研究，并结合计量领域的测量不确定度等理论，进行计量设计理论方法的创新和实践，这些工作还需要进一步深入。三是"计量"的计，按照法制计量的要求做好计量监督检查、技术监管和量值控制，按照科学计量的要求做好关键技术攻关，按照工程计量的要求做好配套建设、计量保证和计量保障，构建"装备→系统→分系统→设备→计量标准"不间断的溯源链，使战技指标分解分配的所有"量"和"值"都要达到量值准确可靠的最终目标。

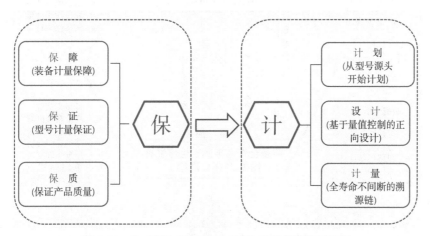

图 8-18　由"保"的思想向"计"的思想转变示意图

本书在前面已经提出装备型号的计量论证、计量设计概念，着眼全寿命周期计量阐述了装备计量化与计量装备化的思想，在此探索提出装备计量学的概念，并给出初步的定义、内涵和体系要素框架，如图 8-19 所示。基本的顶层指导思想是，将计量溯源和精确测量贯穿"全链条"，作战使命任务→装备能力要求→战技指标分解分配→计量参数识别→装备性能的量值定义→量值溯源与精确测量→装备能力量化评估,从而形成一个完整的闭环。装备计量学是研究测量及其在装备领域应用的科学,装备计量学的核心是装备计量化与计量装备化,而装备计量化的基础是装备全寿命不确定性度量理论(UMEL理论),可以理解为面向装备全寿命周期的不确定性度量理论。从内核要素看,包括型号计量论证、型号计量设计、计量测试技术、计量标准装置、计量校准规程、量值溯源传递等。从装备类型看,包括航空装备、航天装备、地面装备、水面装备、水下装备、网电空间装备等。针对装备全寿命各阶段,如装备论证、装备设计、装备试验、装备制造、装备使用、装备修理等,装备全寿命计量工作包括装备论证计量、装备设计计量、装备试验计量、装备使用计量、装备修理计量等。针对具体装备的全系统计量,内容包括装备级计量、系统级计量、分系统级计量、机载设备计量(航空)、通用保障设备计量、专用保障设备计量等。至于计量学研究,包括测量新理论新方法、测量新技术新仪器、测量量值分析、测量不确定度、测量标准装置、测量应用研究等。

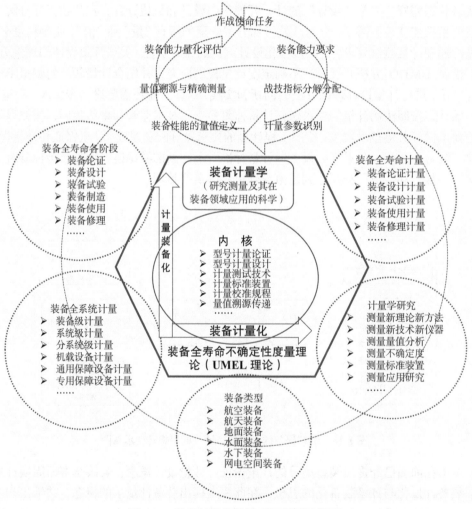

图 8-19　装备计量学的体系要素框架简图

　　装备计量学的核心是装备计量化与计量装备化，基本框架如图 8-20 所示。①计量装备化，从标准物质、标准装置、标准设施到标准装备。其中，计量标准物质包括标准油样、标准 RCS 定标体、热容校准蓝宝石等，计量标准装置包括计量标准仪器、器具等行业标准、国家基准等，计量标准试验设施包括标准发动机试车台、标准风洞、标准 RCS 测试场等大型试验设备，计量标准装备包括标准发动机、标准飞机、计量校准飞行器等。标准装置可以上卫星、上舰船、上飞船，例如全球导航卫星的时间标准原子钟等，航天测量船、航母上的精确测量装置、伴随校准装置等，宇宙飞船、月球着陆器上的真空计量装置、静电计量装置等。②装备计量化，基于装备全寿命不确定性度量理论（UMEL 理论），涵盖论证、设计、试验、制造、使用、修理等各个阶段，具体工作包括型号计量论证（研总论证与计量要求论证等），型号计量设计（不确定度设计、量值控制等），型号试验计量（性能考核、作战试验计量等），装备制造计量（生产过程计量、装配计量等），装备使用计量（日常计量、重大任务计量等），装备修理计量（修理过程计量、修竣计量等）。

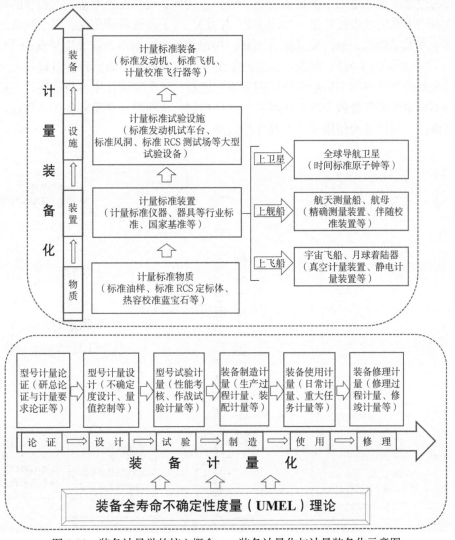

图 8-20　装备计量学的核心概念——装备计量化与计量装备化示意图

8.5　装备全寿命不确定性度量理论刍议

纵观人类认识世界和改造世界的历史，尺子作为重要的基本工具，其发展可以划分为五种不同的形态（如图 8-21 左图）：一是自然经验之尺，人类早期通常借用人体进行测量活动，例如古埃及的肘尺、腕尺，中国古代的布手知尺、舒肘知寻；二是刻度之尺，即带有精确刻度的尺子，如直尺、卡尺、千分尺等；三是仪器之尺，即研制精密仪器进行测量，如测长机、激光测距仪；四是装备之尺，研制能够作为测量标准或基准的装备，如用于全球导航卫星的时间标准装备原子钟，用于大气数据参数空中飞行校准的标准飞机；五是理论之尺，属于无形的尺子，例如数学之尺（哥隆尺、数学测度）、哲学之尺（道德准则等）。哲学家康德有句名言："世界上有两件东西，我们思索越久，越充满赞叹和敬畏，那就是头顶的星空和内心的道德准则。"头顶的星空，寓意对宇宙的探索与敬畏，而内心的道德准则就是用于衡量道德的"尺子"。为此，我们设想塑造一把数学的尺子对装备全寿命不确定性进行度量（如图 8-21 右图），基于系统科学理论、军事装备理论、工程理论和数学理论，通过交叉融合创新，构建装备全寿命不确定性度量理论（UMEL理论）。本书所谓的 UMEL 理论，是面向装备全寿命周期的不确定性度量理论，其目的是针对全寿命各阶段的不确定性影响因素进行度量，从不确定性中寻找确定性，通过对全寿命不确定性进行量值设计优化和量值评估控制，从而提升武器装备的可靠性、鲁棒性和稳健性，保证服役使用安全及其作战效能。

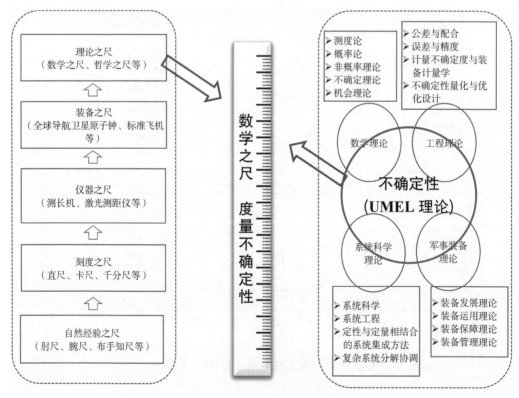

图 8-21　尺子的发展阶段及 UMEL 理论交叉融合关系示意图

目前，关于装备不确定性的研究工作主要集中在装备设计及装备试验领域，本节试图从全寿命周期的角度构建一个初步的体系框架。如图 8-22 所示的装备全寿命不确定性度量理论话语基本框架，从横向看包括 4 类维度，分别是装备 A、全寿命 B、不确定性 C、度量 D，从纵向看每一类又包含若干不同层次的要素。①装备 A。包括装备级（全系统级）、系统级、分系统级、设备级、保障设备及配套器材等。②全寿命 B。包括论证阶段、设计阶段、试验阶段、制造阶段、运行阶段、维修阶段等。如果以交付用户的时间点为基准，其左侧可统称为孕育期，其右侧可统称为服役期，直至最终退役。③不确定性 C。包括总体不确定性、专业不确定性，多学科不确定性，战技指标不确定性和功能性能不确定性，管理不确定性等。此外，还有其他的视角，比如随机不确定性、认知不确定性、混合不确定性等。④度量 D。此处是一个"大度量"的概念，包括不确定性的来源分析、建模表征、传播分析、校准标定、评估优化、控制策略等。以上是基本框架的矩阵式表达，从中选择不同的排列组合，可以得到不同的表达。例如，A1-B3-C1-D1 是装备全系统级的试验阶段的总体不确定性来源分析；A2-B2-C3-D2 是装备系统级的设计阶段的多学科不确定性建模表征。

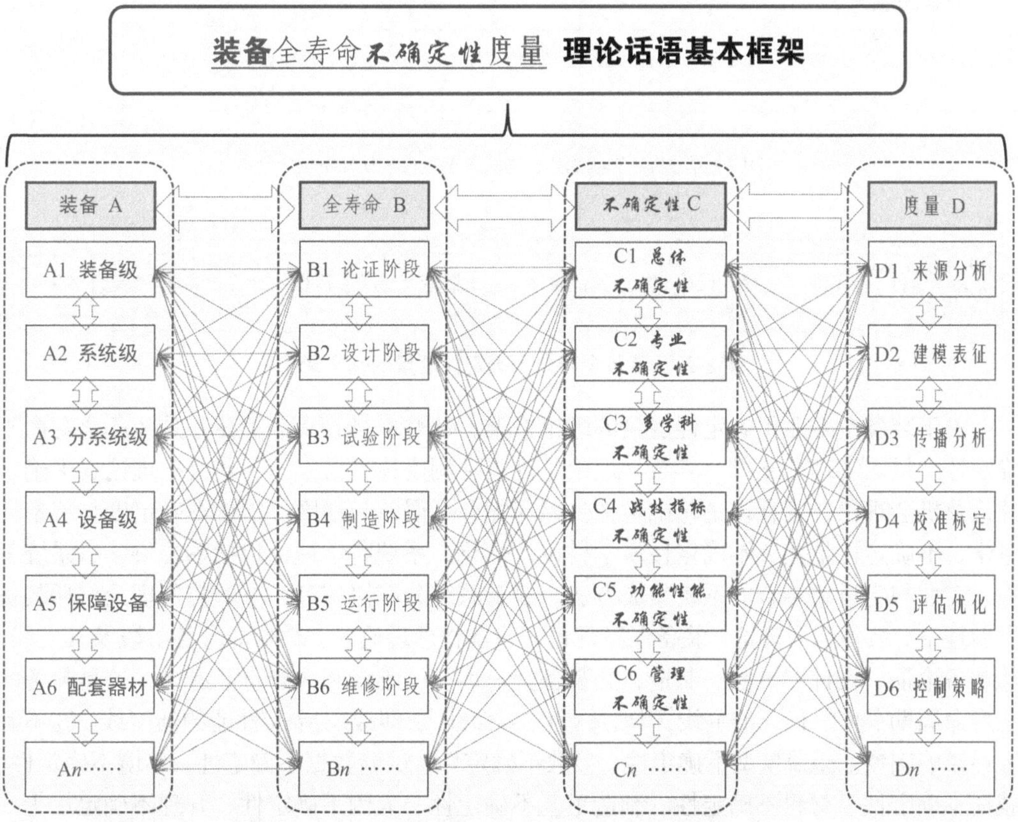

图 8-22　装备全寿命不确定性度量理论话语的基本框架

图 8-23 为不确定性度量的基本架构。底层为全寿命周期的相关阶段及其不确定性，中间层是不确定性度量活动的流程（含迭代优化），顶层（屋顶）是不确定性度量的目标，

即面向全寿命周期的不确定性量值控制。

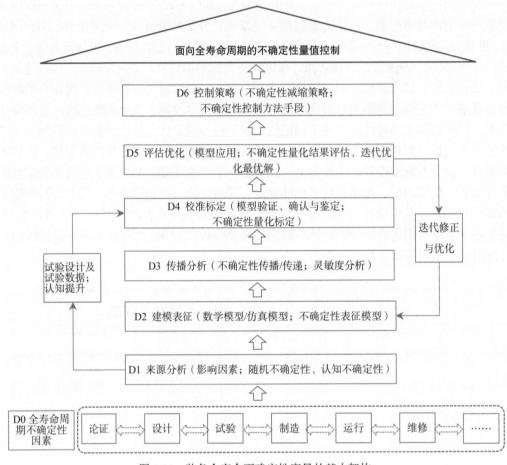

图 8-23　装备全寿命不确定性度量的基本架构

关于装备全寿命不确定性度量的理论框架，如图 8-24 所示，其核心是装备全寿命不确定性度量。①理论支撑。其数学理论基础包括测度论、概率论、非概率理论、不确定理论及机会理论，工程理论基础包括公差与配合、误差与精度、计量不确定度与装备计量学、不确定性量化、不确定性多学科设计优化，系统科学理论包括系统科学、系统工程、定性与定量相结合的系统集成方法、复杂系统分解协调等，军事装备理论包括装备发展理论、装备运用理论、装备保障理论、装备管理理论等。②全寿命各阶段及其主线。从装备论证、设计、试验、制造，到装备交付运行、维修和大修直至退役，这是装备的全寿命周期。其中有一条主线，本书称为"生命线"，即战技指标/性能的演变线。③不确定性影响因素。涵盖模型不确定性、参数不确定性、试验数据不确定性、环境不确定性、载荷不确定性、材料不确定性、制造工艺不确定性、人因不确定性、管理不确定性等。④不确定性统一测度。基于概率测度、非概率测度、机会测度等理论，从数学上构建不确定性统一测度，以此作为尺子展开统一度量，为实现装备全寿命周期的统一不确定性度量奠定基础。

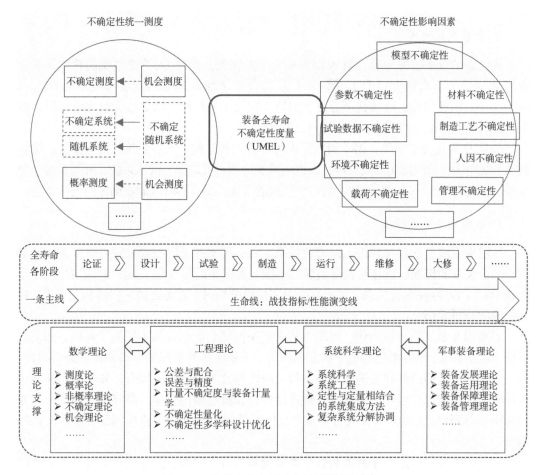

图 8-24　装备全寿命不确定性度量理论框架

武器装备是典型的复杂系统，关于面向装备全寿命周期的不确定性度量方法，可以充分借鉴复杂系统的分解协调法[21]。在此针对装备全寿命不确定性，构建了一个用于不确定性度量的多层次系统结构关系图，如图 8-25 所示。下面，从三个视角对该图进行阐述。

1. 全寿命周期视角

从装备的全寿命周期看，第 N 层可视为全寿命的顶层，U_N 为全寿命的总体不确定性度量结果（不确定度量值）。第 $N-1$ 层可分为论证、设计、试验、制造、运行、维修、大修等若干阶段，其不确定度可表示为 U_{N-1}^i，$i=1,2,3,\cdots$。以此类推，第 $N-2$ 层继续往下分解，到第 3 层、第 2 层，直至第 1 层为止。第 1 层的不确定度表示为 U_1^i，$i=1,2,3,\cdots$。

如果把 U 定义为飞机制造阶段，则下面的层次可分为飞机机身制造、发动机制造、机载系统制造……；按照层次分解法次继续分解，以发动机制造为例，可以进一步分解为压气机制造、涡轮制造、燃烧室制造等。

如果 U 为飞机维修阶段，则下面的层次可分为飞机维护、飞机修理、飞机大修……；按照层次继续分解，以飞机大修为例，可以分为机体大修、发动机大修、机载设备大修等。

2. 全系统层次视角

从装备的全系统视角看，第 N 层可视为全系统级，此时 U_N 为全系统的总体不确定性度量结果（不确定度量值）。第 $N{-}1$ 层为分系统级，其不确定度可表示为 U_{N-1}^i，$i=1,2,3,\cdots$。以此类推，继续往下分解，如第 3 层为子系统级，第 2 层为组件级；第 1 层为元件级，其不确定度表示为 U_1^i，$i=1,2,3,\cdots$。

如果 U 为飞机全系统，则下面的层次可分为飞机结构、飞控系统、机电系统、航空电子系统……；按照层次继续分解，以机电系统为例，可以分为液压系统、环控系统、救生系统、供电系统、燃油系统等。每一个层次的系统，都有其对应的不确定性表达方法。

3. 嵌套耦合关系视角

从层次系统与非层次系统的嵌套关系看，每一层次的不同因素之间可能存在相互影响、耦合关联的情况，也存在没有关联的可能。如图中的第 3 层，U_3^1、U_3^2、U_3^3 这 3 个因素中 U_3^1、U_3^2 存在耦合关系。在分解协调和建模分析时，需要甄别它们的相互关系，建立正确的分析模型。

对照图 8-25，以飞机为例，可将飞机全系统按照功能划分为不同的子系统，如动力系统、武器系统、结构系统和电子控制系统等。子系统按照不同的学科知识划分为组件，如气动组件、结构组件和推进组件等。每个组件包含了多学科的耦合，如气动组件包含流固耦合、结构组件包含热固耦合、推进组件包含流热固耦合等。最终，按照学科专业的解耦划分到单元层级，例如飞行器某个具体部件的 CFD 问题、强度问题和耐热性能问题等。

总之，不确定性遍布于武器装备全寿命周期的各个阶段，为了实现装备全寿命不确定性的度量，应当以系统科学理论为指导，以不确定性相关数学理论和工程应用理论为基础，以装备战技指标/性能演化为主线，以武器装备性能指标的全寿命周期精确控制为目标，系统分析装备全寿命各阶段的不确定性来源及影响因素，归纳总结并研究提出面向装备全寿命周期的不确定性度量理论与方法，以此推动不确定性理论方法的研究与应用，在不确定性中寻找确定性，为武器装备发展及作战运用提供理论与方法支撑。本书提出的"不确定性度量"，目的是构建统一的数学尺度对不确定性进行数学表达和分析优化，其概念范畴包括不确定性的来源分析、建模表征、传播分析、校准标定、评估优化、控制策略，其理论基础是系统科学理论、军事装备理论、概率论/不确定理论/机会理论及不确定性多学科设计优化理论等工程理论，其方法论基础是基于数学测度"尺子"的数学度量理论方法，其技术基础是以计算机为主的建模仿真和数值计算，其标定基础是以先进试验技术和精密仪器设备为手段的精确试验数据。以上这些还只是一个初步的设想，相关研究工作有待深入，同时期待相关领域的研究者不吝赐教，共同推进不确定性理论研究及其工程实践。

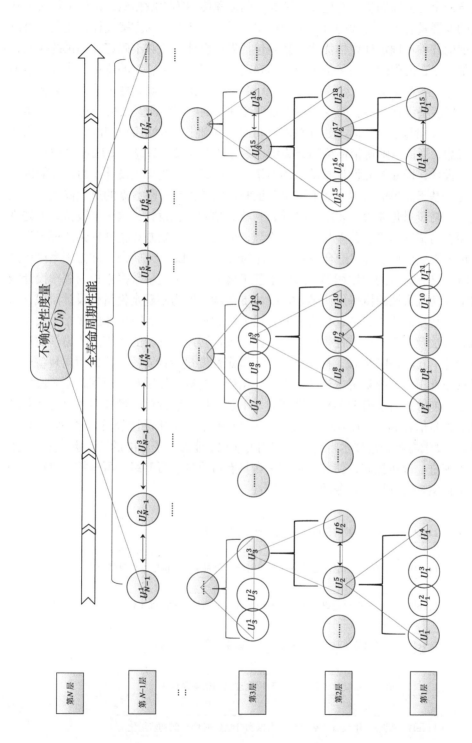

图 8-25　不确定性度量的多层次系统结构关系图

从装备的全寿命周期看，与论证、试验、制造和使用等阶段相比，设计工作对不确定性理论的发展具有不可替代的重要推动作用。无论装备型号的方案设计，还是针对设计阶段开展的各种不确定性评估优化，甚至包括先进设计理念和不确定性理论的探索，"设计"都是走在前列的，在装备全寿命不确定性研究中处于领跑的位置；将来的不确定性研究工作，还需要设计师继续担当"领头雁"，持续带动不确定性理论方法创新及应用。下面，以装备设计为例，简要阐述装备设计理念的不同阶段及发展趋势，如图 8-26 所示。①Level 1 阶段。这一阶段建立在测绘仿制的基础上，将测绘仿制的经验转化为初步的设计思想，形成以师傅带徒弟和经验传承为主的经验设计理念。②Level 2 阶段。称为粗略量化设计，即在经验设计基础上逐渐拓展，形成了一些自主设计能力，并能进行粗略的量化。基于简单的模拟，加上试验验证和使用维护等有限数据的迭代修正，形成了自主设计的初步量化能力。③Level 3 阶段。称为精确量化设计，这一阶段借鉴了先进的理论如误差与精度理论、公差与配合理论等，形成了基于误差和精度理论的精确设计能力，以精密机械设计、公差配合与容差设计为代表。④Level 4 阶段。称为概率设计阶段，这一阶段已有大量的数据积累，形成了基于概率分布和大量数据累积的概率设计能力，如航空发动机领域的概率设计等。⑤Level 5 阶段。称为不确定性量化设计阶段，这一阶段形成了初步的不确定性量化表征和传播分析的理论方法，不仅考虑概率方法还要研究非概率方法及混合不确定性量化方法，例如飞行器设计领域的计算流体力学仿真及不确定性量化。⑥Level 6 阶段。称为全寿命不确定性度量设计阶段，特指面向装备全寿命周期开展设计工作，统筹考虑论证、设计、试验、制造、使用和修理等若干阶段的各类不确定性，能够进行全寿命不确定性度量、不确定性减缩设计，最终实现全寿命各阶段的不确定性量值控制。⑦Level 7 阶段。称为智能化、数字化设计阶段，这一阶段是人工智能 AI 深度学习等先进技术得到广泛应用的阶段，能够赋予智能的"大脑"进行自主管理、学习演进、决策控制，使装备物理平台具有可重构、可升级、可调控、可演进的灵活性，从而实现对环境与任务的自主适应性。

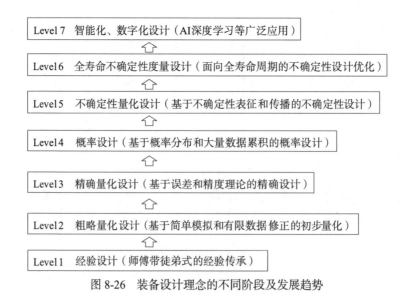

图 8-26　装备设计理念的不同阶段及发展趋势

图 8-26 只是一个粗略的划分，不同阶段之间也有耦合性和层次性。比如，不确定性量化设计既有单一学科量化设计，也有多学科耦合量化设计。不确定性度量理论也有不同的细分阶段，例如，可以先对单一学科的不确定性量化或对某一产品的关键指标进行不确定性量化，再对某一分系统或子系统进行多学科耦合设计并研究概率/非概率混合不确定性量化方法，最后针对系统级或整机级不确定性进行量化形成基于不确定性多学科设计优化的装备总体设计能力。此处，之所以对装备设计阶段进行专门讨论，主要是想借助行业之力促进装备设计理念的变革。从设计思想层面看，以往的设计理念是根据经验留有足够的余量从而确保可靠，是一种粗犷的设计思路；未来，我们要转向对不确定性因素进行全面分析与精确建模，通过面向不确定性的精细化设计，最终实现功能性能与可靠性、稳健性之间的综合权衡与设计优化。

据中国航空报报道，2024 年 7 月中国航空工业集团召开本质安全交流会，面向权衡设计、筑牢本质安全基石，努力打造高端航空装备，实现航空工业高质量发展，其基本理念是："正向设计的核心是权衡，权衡的核心是定量，只有定量才能实现本质安全"。本书作者认为，此处所谓的"定量"应该不限于一般意义上的针对常规确定性的定量，其重点、难点、痛点是针对正向设计中面临的各种不确定性进行定量，包括随机不确定性（ Stochastic Uncertainty ）、认知不确定性（ Epistemic Uncertainty ）及混合不确定性（ Mixed Uncertainty ）。据此类推，正向设计的核心是权衡，权衡的核心是定量，定量的核心是不确定性度量。近年来，国内一些高等院校、工业部门及试验机构已经开展了卓有成效的研究工作，代表性成果如不确定理论、确信可靠性理论、概率设计、不确定性量化、结构可靠性设计及不确定性多学科设计优化，我们相信关于不确定性方面的研究成果将会越来越多，并在工程实践中落地生根、发展壮大。

参 考 文 献

[1]　北京长城计量测试技术研究所. 航空计量技术[M]. 北京: 航空工业出版社, 2013
[2]　吕瑞强, 侯志霞, 王明阳. 基于 3DCS 的飞机翼盒容差分配方案优化方法研究[J].航空制造技术, 2016, 22: 68-71
[3]　钮世稳. 通飞产品典型组件的计算机辅助容差分配技术研究[D]. 石家庄: 河北科技大学硕士学位论文, 2017
[4]　荆涛, 田锡天. 基于蒙特卡洛自适应差分进化算法的飞机容差分配多目标优化方法[J]. 航空学报, 2022,43(3): 425278
[5]　陈晓盼. 国外目标与环境光学特性测试技术[M]. 北京: 国防工业出版社, 2018
[6]　池元成, 刘闻, 李晶, 等. 基于不确定性的飞行器总体设计应用[J]. 强度与环境, 2021, 48(6):45-49
[7]　姚雯, 陈小前, 赵勇. 基于不确定性 MDO 的卫星总体优化设计研究[J]. 宇航学报, 2009, 30(5): 1808-1815
[8]　王忠敏. 标准化的历史分几个阶段（之一）[J]. 中国标准化, 2012(2): 26-27
[9]　王忠敏. 标准化的历史分几个阶段（之二）[J]. 中国标准化, 2012(3): 50-51
[10]　王忠敏. 标准化阶段的划分之我见（二）[J]. 中国标准化, 2012, 54(6): 70-75
[11]　王秋雨, 孙家利, 董庆文, 等. 武器装备型号研制中标准化工作[J]. 兵工自动化, 2017, 36(7): 58-59
[12]　陶威. 型号标准化浅议[J]. 航空标准化与质量, 2011(2): 17-20
[13]　尹斌, 郑先斌. 武器装备全寿命管理中的标准化体系研究[J]. 四川兵工学报, 2013, 34(110): 63-66
[14]　白宪阵, 李志滨, 王绪智, 等. 美军装备计量管理研究[J]. 宇航计测技术, 2011, 31(3): 74-78
[15]　王瑞宝, 王节旺, 潘德祥. 美国防部及海军装备计量军用标准、规范研究和启示[J]. 中国计量大学学报, 2022, 33(3): 373-378
[16]　王春勇, 付朝晖, 李昊璘, 等. 月球样品密封封装装置[J]. 真空与低温, 2021, 27(1): 100
[17]　吴启鹏, 付朝晖, 王春勇, 等. 月球样品解封操作台[J]. 真空与低温, 2021, 27(1): 101
[18]　李得天. 中国真空计量 2004—2019 年发展概况及趋势分析[J]. 真空与低温, 2020, 26(1): 1-16

[19]　范静, 王光发, 荆卓寅, 等. 航空发动机测试校准技术译文集: 试车台测试校准技术[R]. 中航工业计量所发动机测试校准中心, 2012

[20]　欧阳绍修, 赵学训, 邱传仁, 等. 特种飞机的改装设计[M]. 北京: 航空工业出版社, 2014

[21]　陈小前, 姚雯, 赵勇, 等. 飞行器多学科设计优化理论与应用研究[M]. 北京: 国防工业出版社, 2023

附　　录

附录列出美国军用标准手册"校准和测量要求"，介绍国际计量组织及国外主要国家计量技术机构，给出本书的术语及缩略语。

A1　美国军用手册"校准和测量要求"

美国国防部、陆军、海军、空军及 NASA 出台了一系列关于计量校准的标准、规范、指令及手册，相关内容可参考国防工业出版社 2017 年出版的《美国计量精确管理的基石——军事计量法规集萃》。

以下内容节选自美国国防部军用手册"校准和测量要求"（MIL-HDBK-1839A），仅供参考。

A1.1　手册概述

本手册所提供的信息及解释性指南，旨在明确国防部军用标准"校准和计量要求"MIL-STD-1839D（以下简称 1839 标准）的各项实践要求，旨在加深设计单位（国防部代表和合同商人员）对 1839 标准的理解，有助于对合同商是否符合合同要求进行评估提供统一依据。

1839 标准适用于为确保正确运行而对各类测量提出要求的所有系统、子系统和设备，而本手册则给出了对标准的补充信息。如果对采办项目进行后勤保障分析（Logistics Support Analysis，LSA），则 1839 标准的要求应成为 LSA 工作不可分割的一部分。由此产生的数据应形成文件并成为 LSA 文件的组成部分；如果 LSA 被豁免或被剪裁到免除数据要求，则 1839 标准可作为采办项目的独立遵守文件，并根据合同进行裁剪。

A1.2　术语定义

1. 测量溯源性

通过一条具有规定不确定度的不间断的比较链，使测量结果或测量标准的值能够与规定的参考标准（通常是国家测量标准或国际测量标准）联系起来的特性。本手册所称的溯源性，是对主系统或子系统进行测量/校准，并通过一条不间断比对链溯源到参考标准。

2. 测试、测量和诊断设备（Test, Measurement, and Diagnostic Equipment，TMDE）

所有用作测量、评估、检测的系统或装置，除此以外的材料、补给品、设备，用于识别、隔离任何实际/潜在的故障的系统或装置；或由研究、新发明、测试和评估文件，及规范、工程制图、技术命令等技术文件形成的系统或装置。

3. 测试不确定度比（Test Uncertainty Ratio，TUR）

被测或被校设备的总不确定度除以用于测量的测量装置或发生装置的总不确定度。例如，一个系统或设备输出参数的不确定度为 8%，而用于测量输出参数的测量装置的不确定度为 2%，那么测试不确定度比就是 8∶2 或 4∶1。

4. 校准和测量要求概要（Calibration and Measurement Requirement Summary，CMRS）

一份详细描述系统、子系统或设备测量要求的报告，要求 TMDE 及校准标准/设备要通过适当单独的军用计量及校准程序来确保所有测量的溯源性。

CMRS 是对武器系统、子系统、保障装备（含测试设备）及校准标准的校准和测量要求的一个技术概要，给出相关参数、量程、准确度及校准间隔的总体情况。CMRS 是一个公认的工具，用于记录从主系统通过测量链一直到国家标准或国际标准的测量溯源性。

CMRS 是测量溯源性文件，将主系统（如 F/A-18 战斗机、B-2 轰炸机、V-22 直升机等）通过经校准的 TMDE 和校准实验室的不间断链溯源到国家标准或物理常数。CMRS 列出了来自主系统的各测量值，通过保障设备或校准标准向美国国家计量院（NIST）、美国海军天文台（USNO）或其他经认可的参考标准进行溯源。

更具体地讲，CMRS 的作用主要体现在从初始系统或子系统到国家标准或国际标准的测量溯源性，明确所有需要测试的系统及子系统参数，为检定保障设备提供数据且达到 TUR 最低 4∶1 的要求，明确保障设备、校准标准及校准规程要求，针对校准情况推荐校准实验室水平。

5. 设计单位

设计单位是负责产品设计或更改的单位，可以是政府、商业或非营利组织。设计单位通常是负责拟制 CMRS 的单位。这确保了美国政府从 CMRS 的拟制中获益最大，最大限度地减少冗余和互相矛盾的工程决策。

A1.3 总测量要求

设计单位应确保对系统和装备在整个寿命周期内完成以下工作：

为确保系统正常和准确运行需要测量的所有参数均得到识别，并有证明文件。应特别注意要确保覆盖所有的参数，可用辅助工具包括维修计划、维修手册、故障树分析、测试要求文件、测试计划及 LSA 文件等。

按照要求进行校准和测量工作，以保持准确运行。校准和测量工作要在所有适用的系统级及子系统级完成，并纳入到全系统要求中。所进行的校准和测量工作要彻底，以便对系统和子系统的性能进行充分评定。

所有参数是易读取和可测量的，最大限度地减少需要测试的数量和时间。既要考虑物理读取，也要考虑通过软件读取，或两者兼备。

所有系统和子系统的测量溯源性均有证明文件。所有的参数包括机内测试（BIT）及机内测试设备（BITE），要有文件证明从最终项目一直到国家或国际标准，或国防部批准的其他标准源的溯源链是不间断的。

设计单位应对所有要求测量或测试的系统、子系统及设备的参数进行评定，确保系统及设备的正确工作和准确度，并确保达到预定的任务目标。

A1.4　校准和测量要求概要示例

表 A-1 为典型的校准和测量要求概要 CMRS 数据（节选），给出了从系统装备到测试测量诊断设备，再到校准设备/标准的具体要求。

表 A-1　校准和测量要求概要 CMRS（示例）

	Ⅰ类　作战/系统装备			Ⅱ类　测试、测量和诊断设备			Ⅲ类　校准设备/标准		
编号	项目名称	工作范围特定值	工作允许误差	项目名称	特定范围/值	特定允许误差	项目名称	特定范围/值	特定允许误差
1.0	某系统装备								
1.1	某型产品 1			仪表校准仪 5700A NAF（PATEC 的一部分）			33K8-4-567-1（空军程序）		
	DC 电压（V）	0.03	±0.02%		200mV	±0.002%			
		0.3	±0.05%		2V	±0.002%			
		3.0	±0.03%		20V	±0.002%			
		30.0	±0.05%		200V	±0.008%			
		300.0	±0.06%		1100V	±0.008%			
	AC 电压增益 Freq.@1kHz(Vac)			仪表校准仪 5700A NAF（PATEC 的一部分）			33K8-4-567-1（空军程序）		
		0.03	±0.4%		200mV	±0.1%			
		0.3	±0.4%		2V	±0.1%			
		300.0	±0.4%		200V	±0.1%			
		30.0	±0.4%		20V	±0.1%			
	AC 电压频率响应测试(Vac)			仪表校准仪 5700A NAF（PATEC 的一部分）			33K8-4-567-1（空军程序）		
		略							
1.2	某型产品 2								
		下略							

A2 国际计量组织及国外计量技术机构简介

1. 国际计量委员会（Comité International des Poids et Mesures，CIPM）

国际计量委员会是米制公约的领导机构，接受国际计量大会的领导，负责计量大会休会期间的咨询和组织工作。委员会由不同成员国的专家组成，委员的人选由各成员国推荐优秀的科学家、计量专家，经国际计量大会选举产生，可以连选连任。委员以专家身份参加国际计量委员会会议和出席国际计量大会，讨论和审议计量科学的重大问题，而不作为其本国的正式代表。国际计量委员会每年或每两年召开委员会会议，休会期间由计量委员会主席、副主席及秘书组成执行委员会，主持日常事务，重大问题通知委员会委员，并筹备召集专门会议。国际计量局局长参加国际计量委员会并执行委员会的决议。

国际计量委员会的主要任务是：①组织成员国承担国际计量大会决定的计量任务，并进行指导和协调；②负责监督国际原器和国际基准的建立与保存；③设立咨询委员会，指导他们的工作；④领导国际计量局；⑤委员会办事处向各成员国政府报送关于国际计量局的行政与财务状况的年度报告。

2. 国际计量局（Bureau International des Poids et Mesures，BIPM）

国际计量局是一个中立而自治的机构，不依附于任何政府间的组织，也没有参加任何国际联盟或协会。局址设在法国巴黎附近的桑特-克鲁德公园。BIPM 是国际计量大会和国际计量委员会的执行机构，是常设的国际计量科学研究中心，主要任务是：①建立基本量的基准、标准，保存国际原器；②组织国家计量基准与国际计量基准的比对；③协调测量技术；④进行并协调基本物理常数的测定；⑤开展国际检定。

国际计量局的人员来自世界各成员国，局长由国际计量委员会任命，必须是来自于与国际计量委员会委员不同的国家。其人员包括科学家、行政管理、技术和服务人员，其中的科学家和技术专家在实验室工作。

3. 国际计量技术联合会（IMEKO）

国际计量技术联合会创立于 1958 年 11 月，是一个非政府间的国际性计量学术组织，我国于 1961 年经国务院批准正式参加，也是该组织的发起国之一。IMEKO 的宗旨是促进测量和仪器领域的科学技术国际交流，加强科学研究和工业方面的科学家和技术人员的国际合作。IMEKO 的最高组织活动形式是会员代表大会，一般每 3 年召开一次。为便于在会员代表大会间隔期间对技术问题经常进行讨论与交流，国际计量技术联合会下设专业技术委员会（TC），定期或不定期举行相应的专题讨论与交流活动，技术委员会不断更新，目前设有 25 个技术委员会：

TC-1 测量与仪器教育培训委员会

TC-2 光子学测量委员会

TC-3 力与质量测量委员会

TC-4　电子测量委员会

TC-5　硬度测量委员会

TC-6　数字化测量委员会会

TC-7　测量科学委员会

TC-8　计量溯源性委员会

TC-9　流体流量测量委员会

TC-10　技术诊断委员会

TC-11　测试、优化和控制委员会

TC-12　温度测量委员会

TC-13　生物学与医学测量委员会

TC-14　几何量测量委员会

TC-15　实验力学委员会

TC-16　压力与真空测量委员会

TC-17　机器人测量委员会

TC-18　人体功能测量委员会

TC-19　环境测量委员会

TC-20　能量与相关量测量委员会

TC-21　数学工具测量委员会

TC-22　振动测量委员会

TC-23　食品与营养测量委员会

TC-24　化学测量委员会

TC-25　量子测量与量子信息委员会

4. 美国国家标准与技术研究院（National Institute of Standards and Technology, NIST）

NIST 成立于 1901 年，隶属于美国商务部，主要负责美国物理测量中的标准问题以及与标准有关的技术研究工作，前身为美国标准局（The National Bureau of Standards, NBS）。NIST 是一个多学科综合的研究机构，研究领域非常广泛，技术力量雄厚，并因其在物理、生物和工程方面的基础和应用研究，针对测量技术和测试方法方面的研究，为政府和社会公众提供标准以及标准参考数据等相关服务，而在国际上享有很高的声誉。其主要研究领域涉及生物技术、化学、半导体、电子学、陶瓷、物理学、光电子学、防火安全、聚合物、信息技术、制造工程和测量科学等。除设有管理和服务部门外，主要实验如下：①制造工程实验室，其校准技术研究有长度、质量、力、加速度、声压及测量不确定度。②化学科学和技术实验室，涉及化学、生物分子、化学工程测量等方面数据、模式和参考标准，以提高美国工业在国际市场上的竞争力，保证商品质量，改善公众健康、安全和环境的质量。主要研究工作分别是：生物技术，包括 DNA 技术、生物处理工程、结构生物学、生物分子材料；过程测量，包括液体流量、液体科学、过程探测、热学、压力和真空、热核反应过程；表面和微量分析科学，包括大气化学、微量分析研究、表面动态过程和分析显微学；物理化学特性，包括实验动力学和热动力学、化学参考数据、计算化学、流体的实验特性及液体理论和模型；分析化学，包括谱化学方法、有机分析方法、气体计量和分类法、分子谱学和微波方法以及核方法等。③材料科学和工程实验室，研究内容涉及陶瓷学、材料可靠性、聚合物、冶金学、中子研究等领域。④电子学和电气工程实验室，设有一个办公室和电学、半导体电子学、无线电频率技术、电磁技术、光电子技术和磁技术等分部。⑤信息技术实验室，研究领域涉及数学、网络安全、软件试验、信息存取、网络研究、信息系统等有关内容。⑥建筑和防火研究实验室，设有4个分部：结构、建筑材料、建筑环境和防火研究。⑦物理实验室，研究涉及电子和光学物理、原子物理、电离辐射、时间频率、量子物理等分部，还有纳米技术、量子信息、生物物理和医学物理等领域。

5. 德国联邦物理技术研究院（Physikalisch Technische Bundesanstalt，PTB）

PTB是德国的综合性计量技术研究机构，建立于1888年，下设部门包括：①力学和声学。主要研究力学和声学量、质量、力、黏度、加速度、流量率、声压和声功率，主要任务是将合适的单位传递到校准实验室及工业、环境保护和医疗单位等领域。②电学。主要工作在于电气精密测量技术研究，特别是电学单位研究，基本常数测定，特殊薄膜和半导体结构研究，解决高频和能量测量技术研究中的问题，以及测定材料特性。设有直流和低频、高频和磁学、电能测量技术，以及量子电子学等分部，在柏林分部设有测量和试验技术研究部门。③热力学和防爆。主要从事热力学量的测量和量值传递，研究分析化学标准方法和建立标准，以及研究物理和电气防爆。此外，还承担PTB在该领域特定的仪器检验任务，设有热力学量、化学物、爆炸基础研究、电气设备防爆等分部。④光学。为工业、科研和社会提供测量服务，研究开发光学技术，还基于SI单位复现长度、时间和发光强度等不同单位，开展量值传递并研究精确测量标准和测量技术。下设光和辐射、影像和光波、长度和时间等分部。⑤精密工程。主要研究开发工作是为了改进测量过程、测量设备及在工业计量中用于校准的参考标准，并与基本常数的测量进行合作。下设纳米和微米计量、长度和角度计量及测量仪器技术等分部。⑥电离辐射。主要涉及电离辐射计量（包括电离辐射探测、辐射治疗、辐射诊断和辐射防护剂量学），环境辐射测量，活度测量和原子及核数据测量，复现活度、注量率、空气比释动能、吸收剂量和剂量当量等单位，并开展校准工作，保证电离辐射领域测量单位统一。下设活度、辐射治疗和诊断剂量学、辐射防护剂量学和中子辐射等分部。⑦温度和同步辐射。研究温度测量标准，提高温度测量的准确度，以及真空度测量等方面工作。⑧医学物理和计量信息技术。有医学测量技术、生物信息和计量信息技术等分部。主要研究目的是改进在医疗和诊断中质量保证的硬件、软件，以及在科研工业生产中使用的软硬件的计量服务保证。

6. 英国国家物理实验室（National Physical Laboratory，NPL）

是英国国家计量研究机构，下设若干研究中心。①基础、热学和长度计量中心：保存和研究国家热学和长度测量标准，下设基础计量、热学计量和长度计量等研究组，保存有国际温标。②电磁和时间计量中心：拥有世界最高水平的时间测量和电磁量测量设备，主要开展四方面工作：直流和低频、无线电频率和微波、超快测量、时间频率传递等。③电离辐射计量中心：保存和研究电离辐射测量中需要的标准和相应的方法与仪器设备。涉及使用 X 射线、γ 射线、电子、中子、放射性核素的安全和人员健康有关需求，以及环境监测和辐射防护监测等方面需要的测量标准和测量方法。④材料测量和技术中心：主要研究测量方法，支持英国的工业和贸易。主要工作领域为：机械性能测试、物理特性测量、制作模型方法、材料腐蚀和环境退化、处理和过程控制、表面分析、表面工程、热力学，以及电接触等诸多方面。⑤数学和科学计算中心：主要提供数学和科学计算方面工作和人员培训，着重于对计量工作的支撑软件方面。⑥机械和声学中心：主要提供声、超声（在空气中和水中）、质量、密度、力、黏度、硬度、延展度、压力和真空等测量标准。⑦光学和环境计量中心：负责复现发光强度的 SI 单位坎德拉与其他初级光辐射量和在英国范围内光辐射测量的溯源。还提供国家空气污染监测网络的测量质量保证，从而制定工业气体排放监测规定，以及最佳的化学和燃烧过程监测的测量质量保证。⑧知识传播中心：是 NPL 业务架构中一个新的中心，主要研究和承担 NPL 快速增长的管理和技术推广等业务。负责大量政府和技术部门之间的联系。

A3　术语及缩略语

本节收录了书中的主要术语及缩略语，以便对照查询，如表 A-2 所示。

表 A-2　术语及缩略语

术语/缩略语	中文对照	备注
AC QHE	交流量子霍尔效应	
ADS	大气数据系统	Air Data System
Airworthiness	适航性	
A/RIA	阿波罗/靶场仪器飞机	Apollo/Range Instrument Aircraft
ARIA	高级靶场仪器飞机	Advanced Range Instrument Aircraft
ASIMS	机载红外测量系统	
BASES	波束式导引头鉴定系统	
BIPM	国际计量局	
Black Box	黑匣子	
BSI	英国标准协会	
Calibration	校准	
CCD	数字成像电荷耦合器件	
CDD	能力开发文件	
CIGTF	中央惯性制导测试实验室	
CIPM	国际计量委员会	
CPD	能力生成文件	
CSMP	通用测量吊舱	

续表

术语/缩略语	中文对照	备注
CVD	化学气相沉积	
DDAC	量值论证-量值设计-量值评估-量值控制的环路	论证（Demonstration）-设计（Design）-评估（Assessment）-控制（Control）
DT	数字孪生	Digital Twin
DoD	国防部	
EMAS	飞机电子装配对接系统	
FAA	美国联邦航空管理局	
FADS	嵌入式大气数据系统	
FISTA	飞行红外特征技术试验机	Flying Infrared Signature Technology Aircraft
Fit to Fly	适合/适应飞行	
FOV	红外热像仪视场	
GGM	燃气发生器法	
GINS	全球定位惯性导航系统	
GNSS	全球卫星导航系统	
ICD	初始能力文件	
ILS	仪表着陆系统	
IMU	惯性测量组件	
iGPS	室内空间定位测量系统	indoor Global Positioning System
Inspection	检验	
IMEKO	国际计量技术联合会	International Measurement Confederation
IQHE	整数量子霍尔效应	
IRCS	红外辐射截面	Infrared Radiation Cross Section
IRST	机载红外搜索跟踪系统	
ISO	国际标准化组织	
JCIDS	联合能力集成与开发系统	
LDV	激光多普勒测速技术	
LSF	线扩展函数	
MBE	分子束外延	
MDTD	最小可探测温差	
Metrology	计量学	
MLS	微波着陆系统	
MC-SADE	基于蒙特卡罗自适应差分进化算法	Monte Carlo - Adaptive Differential Evolution Algorithm
MOT	磁光阱	
MRTD	最小可分辨温差	

术语/缩略语	中文对照	备注
MTF	调制传递函数	
NQI	国家质量技术基础	National Quality Infrastructure
NIA	导航校验飞机	Navigation Inspection Aircraft
NETD	噪声等效温差	
NIST	美国国家标准技术研究院	
NPL	英国国家物理研究室	
PDPA	相位多普勒粒子分析仪	
PTB	德国联邦物理技术研究院	Physikalisch Technische Bundesanstalt
PIV	粒子图像测速技术	
Ps	静压	
PSP	压敏涂料光学测压技术	
Pt	总压	
PTF	相位传递函数	
QADC	量化-评估-决策-控制的环路	量化（Quantization)-评估（Assessment）-决策（Decision）-控制（Control）
RCS	雷达散射截面	
SAE	美国自动机工程师学会	
SAIMS	超音速红外测量吊舱	
SATIRS	超音速机载三自由度常平架红外系统	
SEAIP	机载光电仪器稳定平台	
SINS	捷联式惯性导航系统	
SiTF	信号传递函数	
SSEC	静压源误差修正	
TACAN	塔康	
Testing	测试	
uncertainty	不确定度	
UMDO	不确定性多学科设计优化	Uncertainty Multidisciplinary Design Optimization
UMEL	装备全寿命不确定性度量	Uncertainty Metric for Equipment Life-cycle
VAC	自准直仪	
Verification	检定	